ॐ

SANSKRIT PAST PARTICIPLES NISHTHA

Dhatupatha with **kta** & **ktavatu** forms of all Roots

Ashwini Kumar Aggarwal

जय गुरुदेव

© 2020, Ashwini Kumar Aggarwal

ISBN13: 978-81-945212-2-8   Paperback Edition
ISBN13: 978-81-945212-3-5   Hardbound Edition
ISBN13: 978-81-945212-4-2   Digital Edition
ISBN13: 978-81-947338-6-7   Trade Paperback Edition

This work is licensed under a Creative Commons Attribution 4.0 International License. Please visit
https://creativecommons.org/licenses/by/4.0/

Title: Sanskrit Past Participles Nishtha
Sub Title: Dhatupatha with kta & ktavatu forms of all Roots

Printed and Published by
Devotees of Sri Sri Ravi Shankar Ashram
34 Sunny Enclave, Devigarh Road,
Patiala 147001, Punjab, India

https://advaita56.weebly.com/
The Art of Living Centre

https://www.artofliving.org/

4th February 2020 Dashami Tithi
Vikram Samvat 2076 Paridhavi, Saka Era 1941 Vikari

1st Edition February 2020

जय गुरुदेव

Dedication

Gurudev Sri Sri Ravi Shankar

> We need the help of language to understand what we are worrying or not worrying about.

An offering at His Lotus feet

Acknowledgements

A great shift to a new workplace, homeAshram on Gurpurab, the 550th anniversary of Guru Nanak, Nov 2019. **Apurav Gupta** and **Raghav Gupta** for facilitating dataEntry.

Cover Photo Credits

Rangoli by Jothilakshmi at her home entrance. Photo dated 5 Mar 2019.

Preface

Niṣṭhā or Nishtha i.e. निष्ठा in Sanskrit Grammar is a kridanta word, i.e. formed by adding a कृत् affix. These kṛt affixes are क्त and क्तवत् (*kta*, *ktavat*).

Sanskrit Literature, especially the Bhagavad Gita and the Upanishads have frequent use of निष्ठा words, primarily as Participles used as Verbs. And that too the Past Participle Passive क्त (kta) used in the **sense of Past Tense**, in place of the Verbs made using the लङ् **affix**.

The beauty of using निष्ठा lies in the fact that the same निष्ठा Participial Verb can be used in first person, second person or third person with no change in spelling. (This is not true of using लङ् affixed Verbs).

Nishtha words are also used as **Adjectives** in a sentence.
Another significance of using निष्ठा words is in a spiritual context, since the dictionary meaning of Nishtha is Determination or Commitment. Also Faith, Devotion and Assimilation of Knowledge.

Blessing

ज्ञानाधिष्ठानं मातृका । १.४

Carefully observe and distinguish the different ideas, thoughts or worries that arise in your mind. Then observe one thought, then one sentence and then one word. Then separate that one word into letters and look at each letter carefully. When you do this, your worries will disappear.

H H Sri Sri Ravi Shankar
an excerpt from commentary on the Shiva Sutras

Prayer

Traditionally a prayer is chanted before the beginning of any work or study. Since our purpose is study, we have taken a prayer that expresses gratefulness towards our Teacher.

गुरुर्ब्रह्मा गुरुर्विष्णुः गुरुर्देवो महेश्वरः ।
गुरुः साक्षात् परं ब्रह्म तस्मै श्री गुरवे नमः ॥

In Sanskrit, the opening prayer specific to a task is called Mangalacharanam मङ्गलाचरणम् । It helps to focus one's mind on the current topic. Bringing the Mind to The Present Moment.

Table of Contents

Preface 3
Blessing 4
Prayer 4
Introduction 9
Maheshwar Sutras माहेश्वराणि सूत्राणि 10
The 10 Conjugational Groups 11
Noun Declension Matrix with 7x3 सुँप् Affixes 12
Nishtha क्त Declension Template Masculine 12
Nishtha क्त 7x3 Template in 3 Genders 14
Sample क्त 7x3 Forms in 3 Genders using 1c भू ,भूत 14
    Past Participle Passive क्त 14
English Meaning—Sample Nishtha क्त Participles 16
    Usage as Verb - Past Participle Passive 16
    Usage as Adjective (Noun) - Past Participle Passive 17
Nishtha क्तवत् Declension Template Masculine 17
Nishtha क्तवत् 7x3 Template in 3 Genders 18
Sample क्तवत् 7x3 Forms in 3 Genders using 1c भूत 18
    Past Participle Active क्तवतुँ 18
English Meaning—Sample Nishtha क्तवत् Participles 19
    Usage as Verb - Past Participle Active 19
    Usage as Adjective (Noun) Past Participle Active 19
1c – bhavādi – 1 to 1010 = 1010 Roots 20
    741 द्युतादि अन्तर्गणः । 91

758 वृतादि अन्तर्गणः आरम्भः । 93

763 घटादि अन्तर्गणः आरम्भः । 94

821 फणादि अन्तर्गणः । 103

831 ज्वलादिः अन्तर्गणः । 105

1002 यजादि अन्तर्गणः । 125

2c – adādi – 1011 to 1082 = 72 Roots 127

1067 रुदादि अन्तर्गणः । 134

1071 जक्षादि अन्तर्गणः । 134

3c – juhotyādi – 1083 to 1106 = 24 Roots 137

1087 भृञादि अन्तर्गणः । 137

1093 णिजादि अन्तर्गणः । 138

4c – divādi – 1107 to 1246 = 140 Roots 141

1132 स्वादयः अन्तर्गणः । 144

1145 श्यत्यादि अन्तर्गणः । 145

1182 पुषादि अन्तर्गणः । 150

1193 रधादि अन्तर्गणः । 152

1201 शमादि अन्तर्गणः । 154

5c – svādi – 1247 to 1280 = 34 Roots 160

6c – tudādi – 1281 to 1437 = 157 Roots 165

1308 तृम्फादि अन्तर्गणः । 168

1366 कुटादि अन्तर्गणः। 173

1409 किरादि अन्तर्गणः । 178

1430 मुचादि अन्तर्गणः । 181

- 7c – rudhādi – 1438 to 1462 = 25 Roots 183
- 8c – tanādi – 1463 to 1472 = 10 Roots 187
  - 1463 तनोत्यादि अन्तर्गणः 187
  - 1466 उ-प्रत्ययनिमित्तो लघूपधगुण अन्तर्गणः 187
- 9c – kryādi – 1473 to 1533 = 61 Roots 189
  - 1482 प्वादि अन्तर्गणः । 190
  - 7.3.80 प्वादीनां ह्रस्वः । 190
  - 1483 ल्वादि अन्तर्गणः । 190
- 10c – curādi – 1534 to 1943 = 410 Roots 197
  - 1624 ज्ञपादि अन्तर्गणः । 207
  - 1673 आकुस्मीय अन्तर्गणः । 214
  - 1749 आस्वदीयः अन्तर्गणः। 225
  - 1806 आधृषीयः अन्तर्गणः । (युजादिः अन्तर्गणः तु) । 235
  - 1851 कथादयः अदन्ताः । 245
  - 1898 आगर्वीय अन्तर्गणः । 252
- Latin Transliteration Chart 263
- Roots Set Flag to Anit for Nishtha 264
  - Set Flag due to a Dhatu Tag Letter 264
  - Set Flag due to a specific Sutra 265
  - Roots with आ Tag Letter 266
  - Roots with ई Tag Letter 267
  - Roots with उ Tag Letter 268
  - Roots with ऊ Tag Letter 269

Roots ending in ॠ 270
Roots Nishtha त् to न् , क् , व् , म् 270
    Anit Roots ending in Repha, दकारः 272
Roots Nishtha कित् to अकित् 272
Relevant Ashtadhyayi Sutras 273
Alphabetical Index of Dhatus 278
Standard Alphabetical Index 297
References 316
Epilogue 316

Introduction

Sanskrit is not just a language. Sanskrit is not just a mode of communication and expression. Rather it is intimately connected to Sound, the attribute of Space, and as such Governs the entire manifest Creation.

The letters, syllables and words in Sanskrit have a one-to-one relationship with the anatomy of creation, whether subtle mind and emotion and aubatomic particles, or gross molecular structures - names and forms – men machines manifest phenomena, and cosmic superconscious elements – black holes, galaxies, stars, planetary systems.

The Seers who formulated the Rules of Grammar - Vyakarana, collected some 2000 sounds and put them in atext, which is now available to us as the Dhatupatha of Panini. While learning Grammar in a Gurukul, the principles of yore are followed, the tradition of teaching is maintained. This is because the Ancients had a perfect relationship with Nature. They were in tune with the Supreme Consciousness, and lived a live of pristine purity. In following the methods of theirs we also hope to ingrain the divine aspects, and make our vision broad and soul bright.

So this handbook of Nishtha forms of all the Roots of the Language preserves the Dhatupatha structure, and lists each Root in correct sequence as in a standard Dhatupatha.

For the serious learner, a clue to the derivation of the Nishtha form is given by listing the correct Ashtadhyayi Sutras reponsible for changes during word formation.

For ease of locating a Root, properly constructed alphabetical Indexes are given at the end.

Maheshwar Sutras माहेश्वराणि सूत्राणि

Encompasses sounds that are the foundation of the Devanagari Alphabet. Attributed to Maharishi Panini circa 600 BC.

#	Sutra		Description
1	अ इ उ	ण्	All vowels = अच् letters
2	ऋ ऌ	क्	Simple vowels = अक् letters
3	ए ओ	ङ्	Diphthongs = एच् letters
4	ऐ औ	च्	Semivowels = यण् letters
Vowel – Consonant boundary			
5	ह य व र	ट्	All consonants = हल् letters
6	लँ	ण्	=ल्+अँ, No nasal equiv. for र्
7	ञ म ङ ण न	म्	5th of row = Nasals = ञम् letters
8	झ भ	ञ्	4th of row = झष् letters
9	घ ढ ध	ष्	are all soft consonants
10	ज ब ग ड द	श्	3rd of row = जश् letters (soft)
11	ख फ छ ठ थ च ट त	व्	1st and 2nd of row = खय् letters
12	क प	य्	are all hard consonants
13	श ष स	र्	Sibilants (hard) = शर् letters
14	ह	ल्	Aspirate is soft

The 10 Conjugational Groups

The Dhatupatha contains ten conjugational groups, the gana vikarana गण-विकरण is common for each group, for the sarvadhatuka सार्वधातुक conjugational tenses & moods; Lat, Lot, Lang & VidhiLing.

SN	Dhatu	Meaning	Gana Vikarana	Without Tag	Conjugation Group name & No		No of Roots
1	भू	सत्तायाम्	शप्	अ	भवादि-गण	1c	1010
1011	अद्	भक्षणे	शप् – लुक्	-	अदादि-गण	2c	72
1083	हु	दान-अदानयोः	शप् – श्लु	-	जुहोत्यादि-गण	3c	24
1107	दिवु	क्रीडा०	श्यन्	य	दिवादि-गण	4c	140
1247	षुञ्	अभिषवे	श्नु	नु	स्वादि-गण	5c	34
1281	तुद्	व्यथने	श	अ	तुदादि-गण	6c	157
1438	रुधिर्	आवरणे	श्नम्	न	रुधादि-गण	7c	25
1463	तनु	विस्तारे	उ	उ	तनादि-गण	8c	10
1473	डुक्रीञ्	द्रव्य-विनिमये	श्ना	ना	क्र्यादि-गण	9c	61
1534	चुर्	स्तेये	णिच् + शप्	अय	चुरादि-गण	10c	409
1943	**तुत्थ**	**आवरणे**	**णिच् + शप्**	**अय**	**Last Root**	**10c**	**1943**

Note - For the six Ardhadhatuka आर्धधातुक tenses and moods; Lit, Lut, LRt, AshirLing, Lung & LRng, all the 1943 Roots are one set and not ten groups as above. The same is true for Nishtha क्त, क्तवत् ।

Noun Declension Matrix with 7x3 सुँप् Affixes

	Situation Case / Number	Singular	Dual	Plural
1	Nominative = Actor or Doer or Protagonist or **Subject**	सुँ	औ	जस्
2	Accusative = **Object**	अम्	औट्	शस्
3	Instrumental = **by, with**	टा	भ्याम्	भिस्
4	Dative = Recipient = **for, to**	ङे	भ्याम्	भ्यस्
5	Ablative = Point-Of-Origin = **from, due to**	ङसि	भ्याम्	भ्यस्
6	Genitive = Possessive = Relationship with another noun = **of**	ङस्	ओस्	आम्
7	Locative = Subject Matter = Place/Time = **in, at, among**	ङि	ओस्	सुँप्
8	Vocative = Hailing someone = Calling aloud the name = **proper nouns only**	संबोधन प्रथमा same as 1st case		
		सुँ	औ	जस्

Nishtha क्त Declension Template Masculine

Masculine "राम" अकारान्तः शब्दः ।

	Situation Case / Number	Singular = one entity	Dual = two entities	Plural = three or more
1	Nominative	रामः	रामौ	रामाः
2	Accusative	रामम्	रामौ	रामान्
3	Instrumental	रामेण	रामाभ्याम्	रामैः
4	Dative	रामाय	रामाभ्याम्	रामेभ्यः
5	Ablative	रामात्	रामाभ्याम्	रामेभ्यः
6	Genitive	रामस्य	रामयोः	रामाणाम्
7	Locative	रामे	रामयोः	रामेषु
8	Vocative	With expletive हे		
		हे राम	हे रामौ	हे रामाः

Stem = राम = राम् अ = अकारन्तः पुंलिङ्गः शब्दः । Theoretical Matrix			
	Singular	Dual	Plural
1	रामः पठति ।	रामौ पठतः ।	रामाः पठन्ति ।
	राम reads.	two boys named राम read.	three or more boys named राम read.
2	सीता रामं पश्यति ।	सीता रामौ पश्यति ।	सीता रामान् पश्यति ।
	Sita sees Rāma.	Sita sees two Rāma(s).	Sita sees many Rāma(s).
3	सेना रामेण नीयते ।	सेना रामाभ्यां नीयते ।	सेना रामैः नीयते ।
	Army is led by Rāma.	Army is led by two Rāma(s).	Army is led by many Rāma(s).
4	रामाय नमः ।	रामाभ्यां नमः	रामेभ्यः नमः ।
	Prostration to Rāma.	Prostration to two Rāma(s).	Prostration to many Rāma(s).
5	रामात् शान्तिः उदेति ।	रामाभ्यां शान्तिः उदेति	रामेभ्यः शान्तिः उदेति ।
	Peace arises due to Rāma.	Peace arises due to two Rāma(s).	Peace arises due to many Rāma(s).
6	भरतः रामस्य भ्राता ।	भरतः रामयोः भ्राता ।	भरतः रामाणाम् भ्राता ।
	Bharat is Rāma's brother.	Bharat is brother of two boys named Rāma.	Bharat is brother of many boys named Rāma.
7	श्री राम राम रामेति रमे रामे मनोरमे ।	रामयोः रमे ।	रामेषु रमे ।
	I delight in (chanting) Rāma.	I delight in two Rāma(s).	I delight in many Rāma(s).
8	हे राम आगच्छ ।	हे रामौ आगच्छतम् ।	हे रामाः आगच्छत ।
	O Rāma! Please come.	O two Rāma(s)! Please come.	O many Rāma(s)! Please come.

Nishtha क्त 7x3 Template in 3 Genders

PAST PARTICIPLE PASSIVE क्त

राम –अकारान्तः पुंलिङ्गः			दुर्गा – आकारान्तः स्त्रीलिङ्गः			फल – अकारान्तः नपुंसकलिङ्गः		
रामः	रामौ	रामाः	दुर्गा	दुर्गे	दुर्गाः	फलम्	फले	फलानि
रामम्	रामौ	रामान्	दुर्गाम्	दुर्गे	दुर्गाः	फलम्	फले	फलानि
रामेण	रामाभ्यां	रामैः	दुर्गया	दुर्गाभ्यां	दुर्गाभिः	फलेन	फलाभ्यां	फलैः
रामाय	रामाभ्यां	रामेभ्यः	दुर्गायै	दुर्गाभ्यां	दुर्गाभ्यः	फलाय	फलाभ्यां	फलेभ्यः
रामात्	रामाभ्यां	रामेभ्यः	दुर्गायाः	दुर्गाभ्यां	दुर्गाभ्यः	फलात्	फलाभ्यां	फलेभ्यः
रामस्य	रामयोः	रामाणां	दुर्गायाः	दुर्गयोः	दुर्गाणां	फलस्य	फलयोः	फलानां
रामे	रामयोः	रामेषु	दुर्गायाम्	दुर्गयोः	दुर्गासु	फले	फलयोः	फलेषु
हे राम	हे रामौ	हे रामाः	हे दुर्गे	हे दुर्गे	हे दुर्गाः	हे फल	हे फले	हेफलानि

Sample क्त 7x3 Forms in 3 Genders using 1c भू ,भूत

Past Participle Passive क्त

1.1.26 क्तक्तवतू निष्ठा । Affixes क्त and क्तवतुँ are given the technical name निष्ठा Nishtha.

3.2.84 भूते । In the sense of Past Tense.

3.2.102 निष्ठा । Nishtha Affixes are joined to Roots in the sense of Past Tense. वा० आदिकर्मणि निष्ठा वक्तव्या । A vartika elaborates what Nishtha affixes are also used to indicate.

3.4.67 कर्त्तरि कृत् । Krit Affixes are applied in the sense of Active Voice.

3.4.69 लः कर्मणि च भावे चाकर्मकेभ्यः । Tense & Mood Affixes are applied in the sense of Passive Voice and for Intransitive Roots in the sense of Internal Emotion Voice.

3.4.70 तयोरेव कृत्यक्तखलर्थाः । The Affixes कृत्य and क्त , and those that have the sense of खल (see 3.3.126), are added in the sense of Passive Voice and Internal Emotion Voice only. Thus we see that Nishtha क्त is in the sense of Passive Voce and by 3.4.67 क्तवतु is in the sense of Active Voice.

3.4.71 आदिकर्मणि क्तः कर्तरि च । Beginning of an Action. In addition to denoting the Object in other sentences, the Affix क्त denotes the Agent also when used in the sense of beginning of an action.

In Passive voice कर्म-वाच्य, the subject कर्ता will be in instrumental case तृतीयाविभक्ति , the object कर्म will be in nominal case प्रथमाविभक्ति and the verb with क्त (kta) suffix will follow the number वचन and gender लिङ्ग of the object कर्म ।

3.3.114 नपुंसके भावे क्तः । Affix क्त is added to Roots to express Emotion, and the resultant word is in Neuter gender. These are Abstract Nouns, and are also Substantives. गतं departure, attainment, liberation. हसितं Laughter. जल्पितं Speech, word.

3.3.174 क्तिच्क्तौ च संज्ञायाम् । Affixes क्तिच् , क्त are added to Roots to express benediction, and when the word so formed is used as an Agent.

3.2.187 ञीतः क्तः । Usage of Affix क्त in Present Tense for Roots having Tag ञि ।

1448 ञिइन्धी , 1244 ञिक्ष्विदा , 1228 ञितृषा , 775 ञित्वरा , 1269 ञिधृषा , 516 ञिफला , 1084 ञिभी , 743 ञिमिदा , 1243 ञिमिदा , 1068 ञिष्वप , 744 ञिष्विदा , 978 ञिष्विदा ।

3.2.188 मतिबुद्धिपूजार्थेभ्यश्च । Usage of Affix क्त in Present Tense for Roots used in the sense of Opinion-inclination, Intelligence-understanding, and Worship-respect.

Thus we see that Affix क्त is also used in the sense of Present Tense (but not affix क्तवतुँ).

In Impersonal voice or भाव-वाच्य , the verb with क्त (kta) suffix follows the nominative case singular प्रथमाविभक्ति एकवचन of the neuter form.

However it is observed in Sanskrit Literature that क्त is used more or less in the active sense कर्तृ as well, and क्तवतु is used to a lesser degree for the same.

भूत –अकारान्तः पुंलिङ्गः			भूता – आकारान्तः स्त्रीलिङ्गः			भूत – अकारान्तः नपुंसकलिङ्गः		
भूतः	भूतौ	भूताः	भूता	भूते	भूताः	भूतम्	भूते	भूतानि
भूतम्	भूतौ	भूतान्	भूताम्	भूते	भूताः	भूतम्	भूते	भूतानि
भूतेन	भूताभ्यां	भूतैः	भूतया	भूताभ्यां	भूताभिः	भूतेन	भूताभ्यां	भूतैः
भूताय	भूताभ्यां	भूतेभ्यः	भूतायै	भूताभ्यां	भूताभ्यः	भूताय	भूताभ्यां	भूतेभ्यः
भूतात्	भूताभ्यां	भूतेभ्यः	भूतायाः	भूताभ्यां	भूताभ्यः	भूतात्	भूताभ्यां	भूतेभ्यः
भूतस्य	भूतयोः	भूताणां	भूतायाः	भूतयोः	भूताणां	भूतस्य	भूतयोः	भूतानां
भूते	भूतयोः	भूतेषु	भूतायां	भूतयोः	भूतासु	भूते	भूतयोः	भूतेषु
हे भूत	हे भूतौ	हे भूताः	हे भूते	हे भूते	हे भूताः	हे भूत	हे भूते	हेभूतानि

English Meaning-Sample Nishtha क्त Participles

Usage as Verb - Past Participle Passive

भूत –अकारान्तः पुंलिङ्गः			भूता – आकारान्तः स्त्रीलिङ्गः			भूत – अकारान्तः नपुंसकलिङ्गः		
Nominative			Nominative			Nominative		
भूतः	भूतौ	भूताः	भूता	भूते	भूताः	भूतम्	भूते	भूतानि
existed (a masculine thing or person)			**existed** (a feminine thing or person)			**existed** (a neuter thing or person)		
was			**was**			**was**		
had			**had**			**had**		

had blessed	**blessed**	**blessed**
रामः भूतः ।	**सीता भूता ।**	**सत्यम् भूतम् ।**
Rama was	**Sita blessed**	**Truth was**

Bhagavad Gita 2.39

एषा तेऽभिहिता साङ्ख्ये बुद्धिर्योगे त्विमां श्रृणु । बुद्ध्या युक्तो यया पार्थ कर्मबन्धं प्रहास्यसि ॥

एषा This (knowledge) ते for you अभिहिता । has been taught. क्त Past Participle Singular, Feminine, Verb usage. 1092 डुधाञ् धारणपोषणयोः ।

अभि + धा + क्त + सुँप् 1/1 + टाप् f = अभिहिता ।

Usage as Adjective (Noun) - Past Participle Passive

भूत –अकारान्तः पुंलिङ्गः			भूता – आकारान्तः स्त्रीलिङ्गः			भूत – अकारान्तः नपुंसकलिङ्गः		
भूतम्	भूतौ	भूतान्	भूताम्	भूते	भूताः	भूतम्	भूते	भूतानि
Accusative			Accusative			Accusative		
The one that existed (a masculine thing or person)			**The one that existed** (a feminine thing or person)			**The one that existed** (a neuter thing or person)		

Bhagavad Gita 1.1 धृतराष्ट्र उवाच ।

धर्मक्षेत्रे कुरुक्षेत्रे समवेता युयुत्सवः । मामकाः पाण्डवाश्चैव किमकुर्वत सञ्जय ॥

समवेताः मामकाः पाण्डवाः च । Assembled Brethren and Pandavas.

Here समवेताः is a क्त Past Participle Nominative Plural, Adjective usage.

1045 इण् गतौ । सम् + अव + इ + क्त + सुँप् 1/3 = समवेताः ।

Nishtha क्तवत् Declension Template Masculine

Masculine "धीमत्" तकारान्तः शब्दः ।

Situation Case / Number		Singular = one entity	Dual = two entities	Plural = three or more
1	Nominative	धीमान्	धीमन्तौ	धीमन्तः
2	Accusative	धीमन्तम्	धीमन्तौ	धीमतः
3	Instrumental	धीमता	धीमद्भ्याम्	धीमद्भिः

4	Dative	धीमते	धीमद्भ्याम्	धीमद्भ्यः
5	Ablative	धीमतः	धीमद्भ्याम्	धीमद्भ्यः
6	Genitive	धीमतः	धीमतोः	धीमताम्
7	Locative	धीमति	धीमतोः	धीमत्सु
8	Vocative	With expletive हे		
		हे धीमन्	हे धीमन्तौ	हे धीमन्तः

Nishtha क्तवत् 7x3 Template in 3 Genders

PAST PARTICIPLE ACTIVE

धीमत् – तकारान्तः पुंलिङ्गः			नदी –ईकारान्तः स्त्रीलिङ्गः			जगत् – तकारान्तः नपुंसकलिङ्गः		
धीमान्	धीमन्तौ	धीमन्तः	नदी	नद्यौ	नद्यः	जगत्	जगती	जगन्ती
धीमन्तं	धीमन्तौ	धीमतः	नदीम्	नद्यौ	नदीः	जगत्	जगती	जगन्ती
धीमता	धीमद्भ्यां	धीमद्भिः	नद्या	नदीभ्यां	नदीभिः	जगता	जगद्भ्यां	जगद्भिः
धीमते	धीमद्भ्यां	धीमद्भ्यः	नद्यै	नदीभ्यां	नदीभ्यः	जगते	जगद्भ्यां	जगद्भ्यः
धीमतः	धीमद्भ्यां	धीमद्भ्यः	नद्याः	नदीभ्यां	नदीभ्यः	जगतः	जगद्भ्यां	जगद्भ्यः
धीमतः	धीमतोः	धीमताम्	नद्याः	नद्योः	नदीनां	जगतः	जगतोः	जगतां
धीमति	धीमतोः	धीमत्सु	नद्याम्	नद्योः	नदीषु	जगति	जगतोः	जगत्सु
हे धीमन्	हे धीमन्तौ	हे धीमन्तः	हे नदि	हे नद्यौ	हे नद्यः	हे जगत्	हे जगती	हेजगन्ती

Sample क्तवत् 7x3 Forms in 3 Genders using 1c भूत

Past Participle Active क्तवतुँ

In active voice कर्तृ-वाच्य sentences the verb with क्तवतु (ktavatu) suffix is used to express action in past tense; and it follows the number वचन and gender लिङ्ग of the subject कर्ता ।

The क्तवतु (ktavatu) suffixed word does not follow the person पुरुष of the subject, and has the same verb form for third person प्रथमपुरुष , second person मध्यमपुरुष and first person उत्तमपुरुष ।

भूतवत् – तकारान्तः पुंलिङ्गः	भूती – ईकारान्तः स्त्रीलिङ्गः	भूतवत् –तकारान्तः नपुंसकलिङ्गः

भूतवान्	भूतवन्तौ	भूतवन्तः	भूती	भूत्यौ	भूत्यः	भूतवत्	भूतवती	भूतवन्ती
भूतवन्तं	भूतवन्तौ	भूतवतः	भूतीम्	भूत्यौ	भूतीः	भूतवत्	भूतवती	भूतवन्ती
भूतवता	भूतवद्भ्यां	भूतवद्भिः	भूत्या	भूतीभ्यां	भूतीभिः	भूतवता	भूतवद्भ्यां	भूतवद्भिः
भूतवते	भूतवद्भ्यां	भूतवद्भ्यः	भूत्यै	भूतीभ्यां	भूतीभ्यः	भूतवते	भूतवद्भ्यां	भूतवद्भ्यः
भूतवतः	भूतवद्भ्यां	भूतवद्भ्यः	भूत्याः	भूतीभ्यां	भूतीभ्यः	भूतवतः	भूतवद्भ्यां	भूतवद्भ्यः
भूतवतः	भूतवतोः	भूतवताम्	भूत्याः	भूत्योः	भूतीनां	भूतवतः	भूतवतोः	भूतवतां
भूतवति	भूतवतोः	भूतवत्सु	भूत्याम्	भूत्योः	भूतीषु	भूतवति	भूतवतोः	भूतवत्सु
हे भूतवान्	हे भूतवन्तौ	हे भूतवन्तः	हे भूति	हे भूत्यौ	हे भूत्यः	हे भूतवत्	हे भूतवती	हे भूतवन्ती

English Meaning-Sample Nishtha क्तवत् Participles

Usage as Verb - Past Participle Active

भूतवत् – तकारान्तः पुंलिङ्गः			भूती – ईकारान्तः स्त्रीलिङ्गः			भूतवत् –तकारान्तः नपुंसकलिङ्गः		
Nominative			Nominative			Nominative		
भूतवान्	भूतवन्तौ	भूतवन्तः	भूती	भूत्यौ	भूत्यः	भूतवत्	भूतवती	भूतवन्ती
existed (a masculine thing or person)			**existed** (a feminine thing or person)			**existed** (a neuter thing or person)		
was			**was**			**was**		
had			**had**			**had**		
blessed			**blessed**			**blessed**		

Usage as Adjective (Noun) Past Participle Active

भूतवत् – तकारान्तः पुंलिङ्गः			भूती – ईकारान्तः स्त्रीलिङ्गः			भूतवत् –तकारान्तः नपुंसकलिङ्गः		
भूतवन्तं	भूतवन्तौ	भूतवतः	भूतीम्	भूत्यौ	भूतीः	भूतवत्	भूतवती	भूतवन्ती
Accusative			Accusative			Accusative		
The one that existed (a masculine thing or person)			**The one that existed** (a feminine thing or person)			**The one that existed** (a neuter thing or person)		
The one that was			**The one that was**			**The one that was**		
The one that had			**The one that had**			**The one that had**		
The one that blessed			**The one that blessed**			**The one that blessed**		

1c – bhavādi – 1 to 1010 = 1010 Roots

1. भू सत्तायाम् । भू । भू । भवति । P । सेट्० । अ० । to exist, become, have, bless. 7.2.11 इति इट् निषेधः । भूतः भूता भूतम् । भूतवान् भूतवती भूतवत् ।

2. एध वृद्धौ । एधँ । एध् । एधते । A । सेट् । अ० । to evolve, increase, prosper, live in comfort. एधितः एधिता एधितम् । एधितवान् एधितवती एधितवत् ।

3. स्पर्ध सङ्घर्षे । स्पर्धँ । स्पर्ध् । स्पर्धते । A । सेट् । अ० । to compete, contend स्पर्धितः स्पर्धिता स्पर्धितम् । स्पर्धितवान् स्पर्धितवती स्पर्धितवत् ।

4. गाधृ प्रतिष्ठालिप्सयोर्ग्रन्थे च । गाधृँ । गाध् । गाधते । A । सेट् । स० । stand, seek, compose, compile, weave. गाधितः गाधिता गाधितम् । गाधितवान् गाधितवती गाधितवत् ।

5. बाधृ विलोडने । बाधृँ । बाध् । बाधते । A । सेट् । स० । to obstruct, oppress, harass. बाधितः बाधिता बाधितम् । बाधितवान् बाधितवती बाधितवत् ।

6. नाथृ याच्ञोपतापैश्वर्याशीःषु । नाथृँ । नाथ् । नाथते । A* । सेट् । स० । ask, be ill, be famous, bless. नाथितः नाथिता नाथितम् । नाथितवान् नाथितवती नाथितवत् ।

7. नाधृ याच्ञोपतापैश्वर्याशीःषु । नाधृँ । नाध् । नाधते । A । सेट् । स० । ask, be ill, be famous, bless. नाधितः नाधिता नाधितम् । नाधितवान् नाधितवती नाधितवत् ।

8. दध धारणे । दद धारणे , दध दाने इत्येके । दधँ । दध् । दधते । A । सेट् । स० । support, take. दधितः दधिता दधितम् । दधितवान् दधितवती दधितवत् ।

9. स्कुदि आप्रवणे । स्कुदिँ । स्कुन्द् । स्कुन्दते । A । सेट् । स० । jump स्कुन्दितः स्कुन्दिता स्कुन्दितम् । स्कुन्दितवान् स्कुन्दितवती स्कुन्दितवत् ।

10. श्विदि श्वैत्ये । श्विदिँ । श्विन्द् । श्विन्दते । A । सेट् । अ० । to whitewash, be white. श्विन्दितः श्विन्दिता श्विन्दितम् । श्विन्दितवान् श्विन्दितवती श्विन्दितवत् ।

11. वदि अभिवादनस्तुत्योः । वदिँ । वन्द् । वन्दते । A । सेट् । स० । to greet वन्दना । वन्दितः वन्दिता वन्दितम् । वन्दितवान् वन्दितवती वन्दितवत् ।

12. भदि कल्याणे सुखे च । भदिँ । भन्द् । भन्दते । A । सेट् । अ० । to make auspicious. भन्दितः भन्दिता भन्दितम् । भन्दितवान् भन्दितवती भन्दितवत् ।

13. मदि स्तुतिमोदमदस्वप्नकान्तिगतिषु । मदिँ । मन्द् । मन्दते । A । सेट् । अ० । to praise. मन्दितः मन्दिता मन्दितम् । मन्दितवान् मन्दितवती मन्दितवत् ।

14. स्पदि किञ्चित् चलने । स्पदिँ । स्पन्द् । स्पन्दते । A । सेट् । अ० । to throb. स्पन्दितः स्पन्दिता स्पन्दितम् । स्पन्दितवान् स्पन्दितवती स्पन्दितवत् ।

15. क्लिदि परिदेवने । क्लिदिँ । क्लिन्द् । क्लिन्दते । A । सेट् । अ० । to lament. क्लिन्दितः क्लिन्दिता क्लिन्दितम् । क्लिन्दितवान् क्लिन्दितवती क्लिन्दितवत् ।

16. मुद हर्षे । मुदँ । मुद् । मोदते । A । सेट् । अ० । to rejoice
1.2.21 उदुपधाद्भावादिकर्मणोरन्यतरस्याम् । इति सेट् निष्ठायाः वा अकित् इति गुणः । वा० शब्विकरणेभ्य एवेष्यते । 3.3.114 नपुंसके भावे क्तः । 3.4.71 आदिकर्मणि क्तः कर्त्तरि च । मोदितः । मोदितवान् । पक्षे मुदितः मुदिता मुदितम् । मुदितवान् मुदितवती मुदितवत् ।

17. दद दाने । ददँ । दद् । ददते । A । सेट् । स० । to donate. ददितः ददिता ददितम् । ददितवान् ददितवती ददितवत् ।

18. ष्वद आस्वादने । ष्वदँ । स्वद् । स्वदते । A । सेट् । स० । to taste. 6.1.64 स्वदितः स्वदिता स्वदितम् । स्वदितवान् स्वदितवती स्वदितवत् ।

19. स्वर्द आस्वादने । स्वर्दँ । स्वर्द् । स्वर्दते । A । सेट् । स० । to taste. स्वर्दितः स्वर्दिता स्वर्दितम् । स्वर्दितवान् स्वर्दितवती स्वर्दितवत् ।

20. उर्द माने क्रीडायां च । उर्दँ । उर्द् । ऊर्दते । A । सेट् । अ०* । measure, play, taste 8.2.78 उपधायां च । ऊर्दितः ऊर्दिता ऊर्दितम् । ऊर्दितवान् ऊर्दितवती ऊर्दितवत् ।

21. कुर्द क्रीडायाम् एव । कुर्दँ । कुर्द् । कूर्दते । A । सेट् । अ० । play. 8.2.78 उपधायां च । Note – Use of the एव here is a pointer to the fact that the Roots कुर्द खुर्द गुर्द and गुद have ONLY the given meaning क्रीडायाम् । Conversely this can be extended to mean that in the Roots where एव is not present, those can have more meanings. As stated by ancient Grammarians धातूनामनेकार्थाः । कूर्दितः कूर्दिता कूर्दितम् । कूर्दितवान् कूर्दितवती कूर्दितवत् ।

22. खुर्द क्रीडायाम् एव । खुर्दँ । खुर्द् । खूर्दते । A । सेट् । अ० । play. 8.2.78 उपधायां च । खूर्दितः खूर्दिता खूर्दितम् । खूर्दितवान् खूर्दितवती खूर्दितवत् ।

23. गुर्द क्रीडायाम् एव । गुर्दँ । गुर्द् । गूर्दते । A । सेट् । अ० । play. 8.2.78 उपधायां च । गूर्दितः गूर्दिता गूर्दितम् । गूर्दितवान् गूर्दितवती गूर्दितवत् ।

24. गुद क्रीडायाम् एव । गुदँ । गुद् । गोदते । A । सेट् । अ० । play. 1.2.21 इति सेट् निष्ठायाः वा अकित् इति गुणः । वा० शब्विकरणेभ्य एवेष्यते । Only applies to 1c Roots. गोदितः । गोदितवान् । पक्षे गुदितः गुदिता गुदितम् । गुदितवान् गुदितवती गुदितवत् ।

25. षूद क्षरणे । षूदँ । सूद् । सूदते । A । सेट् । अ०* । eject, effuse, flow, strike, destroy *Famous word मधुसूदनः* / 6.1.64 सूदितः सूदिता सूदिताम् । सूदितवान् सूदितवती सूदितवत् ।

26 ह्राद अव्यक्ते शब्दे । ह्रादँ । ह्राद् । ह्रादते । A । सेट् । अ० । sound, make noise. ह्रादितः ह्रादिता ह्रादितम् । ह्रादितवान् ह्रादितवती ह्रादितवत् ।

27 ह्लादी सुखे च । चात् अव्यक्ते शब्दे । ह्लादीँ । ह्लाद् । ह्लादते । A । सेट् । अ० । be glad, gladden, roar 7.2.14 श्वीदितो निष्ठायाम् । 6.4.95 ह्लादो निष्ठायाम् । 8.2.42 रदाभ्यां निष्ठातो नः पूर्वस्य च दः । ह्लन्नः ह्लन्ना ह्लन्नम् । ह्लन्नवान् ह्लन्नवती ह्लन्नवत् ।

28 स्वाद आस्वादने । स्वादँ । स्वाद् । स्वादते । A । सेट् । स० । taste स्वादितः स्वादिता स्वादितम् । स्वादितवान् स्वादितवती स्वादितवत् ।

29 पर्द कुत्सिते शब्दे । पर्दँ । पर्द् । पर्दते । A । सेट् । अ० । belch, pass wind. पर्दितः पर्दिता पर्दितम् । पर्दितवान् पर्दितवती पर्दितवत् ।

30 यती प्रयत्ने । यतीँ । यत् । यतते । A । सेट् । अ० । endeavour, attempt । 7.2.14
यत्तः यत्ता यत्तम् । यत्तवान् यत्तवती यत्तवत् ।

31 युतृ भासने । युतृँ । युत् । योतते । A । सेट् । अ० । shine, illuminate
1.2.21, 3.3.114, 3.4.71. योतितः । योतितवान् । पक्षे युतितः युतिता युतितम् ।
युतितवान् युतितवती युतितवत् ।

32 जुतृ भासने । जुतृँ । जुत् । जोतते । A । सेट् । अ० । shine, be lit
1.2.21, 3.3.114, 3.4.71 जोतितः । जोतितवान् ।
पक्षे जुतितः जुतिता जुतितम् । जुतितवान् जुतितवती जुतितवत् ।

33 विथृ याचने । विधृ । विथृँ । विथ् । वेथते । A । सेट् । स० । beg, ask
विथितः विथिता विथितम् । विथितवान् विथितवती विथितवत् ।

34 वेथृ याचने । वेथृँ । वेथ् । वेथते । A । सेट् । स० । beg, ask
वेथितः वेथिता वेथितम् । वेथितवान् वेथितवती वेथितवत् ।

35 श्रथि शैथिल्ये । श्रथिँ । श्रन्थ् । श्रन्थते । A । सेट् । अ० । be loose, loosen, relax. 7.1.58 श्रन्थितः श्रन्थिता श्रन्थितम् । श्रन्थितवान् श्रन्थितवती श्रन्थितवत् ।

36 ग्रथि कौटिल्ये । ग्रथिँ । ग्रन्थ् । ग्रन्थते । A । सेट् । अ० । be crooked, bend. 7.1.58 ग्रन्थितः ग्रन्थिता ग्रन्थितम् । ग्रन्थितवान् ग्रन्थितवती ग्रन्थितवत् ।

37 कत्थ श्लाघायाम् । कत्थँ । कत्थ् । कत्थते । A । सेट् । स० । praise, boast
कत्थितः कत्थिता कत्थितम् । कत्थितवान् कत्थितवती कत्थितवत् ।

एधादय उदात्ता अनुदात्तेत आत्मनेभाषाः । अथाष्टत्रिंशत्तवर्गीयान्ताः परस्मैपदिनः ।

38 अत सातत्यगमने । अतँ । अत् । अतति । P । सेट् । स० । go constantly
अतितः अतिता अतितम् । अतितवान् अतितवती अतितवत्

39 चिती संज्ञाने । चितीँ । चित् । चेतति । P । सेट् । अ० । perceive, notice । 7.2.14 चित्तः चित्ता चित्तम् । चित्तवान् चित्तवती चित्तवत् ।

40 च्युतिर् आसेचने । सेचनम् आर्द्रीकरणम् , आङ् ईषदर्थेऽभिव्याप्तौ च । च्युतिँर् । च्युत् । च्योतति । P । सेट् । स० । trickle, flow, ooze. 1.2.21 च्योतितः । च्योतितवान् । पक्षे च्युतितः च्युतिता च्युतितम् । च्युतितवान् च्युतितवती च्युतितवत् ।

41 श्च्युतिर् क्षरणे । श्चुतिर् इत्येके । श्च्युतिँर् । श्च्युत् । श्च्योतति । P । सेट् । स० । ooze, trickle. श्च्युतितः , श्च्युतिता , श्च्युतितम् । श्च्युतितवान् श्च्युतितवती श्च्युतितवत् । पक्षे 1.2.21 श्च्योतितः । श्च्योतितवान् ।

42 मन्थ विलोडने । विलोडनं प्रतिघातः । मन्थँ । मन्थ् । मन्थति । P । सेट् । स० । stir, churn, hurt. 6.4.24 मथितः मथिता मथितम् । मथितवान् मथितवती मथितवत् ।

43 कुथि (हिंसासङ्क्लेशनयोः)। कुथिँ । कुन्थ् । कुन्थति । P । सेट् । स० । hurt, injure. 7.1.58 कुन्थितः कुन्थिता कुन्थितम् । कुन्थितवान् कुन्थितवती कुन्थितवत् ।

44 पुथि (हिंसासङ्क्लेशनयोः)। पुथिँ । पुन्थ् । पुन्थति । P । सेट् । स० । cause pain. पुन्थितः पुन्थिता पुन्थितम् । पुन्थितवान् पुन्थितवती पुन्थितवत् ।

45 लुथि (हिंसासङ्क्लेशनयोः)। लुथिँ । लुन्थ् । लुन्थति । P । सेट् । स० । strike, hurt, suffer, be affected. **लुन्थितः लुन्थिता लुन्थितम् । लुन्थितवान् लुन्थितवती लुन्थितवत् ।**

46 मथि हिंसासङ्क्लेशनयोः । मथिँ । मन्थ् । मन्थति । P । सेट् । स० । hurt, crush, cry. मन्थितः मन्थिता मन्थितम् । मन्थितवान् मन्थितवती मन्थितवत् ।

47 षिध गत्याम् । षिधु इत्येके । षिधँ । सिध् । सेधति । P । सेट् । स० । go सिधितः सिधिता सिधितम् । सिधितवान् सिधितवती सिधितवत् ।

48 षिधू शास्त्रे माङ्गल्ये च । षिधूँ । सिध् । सेधति । P । वेट् । स० । command, rule, instruct, be auspicious । *Famous words सिद्धः, सिद्धा ।* 7.2.44 स्वरति० । 7.2.15 8.2.40 8.4.53 सिद्धः सिद्धा सिद्धम् । सिद्धवान् सिद्धवती सिद्धवत् ।

49 खाद् भक्षणे । खादृँ । खाद् । खादति । P । सेट् । स० । eat, devour
खादितः खादिता खादितम् । खादितवान् खादितवती खादितवत् ।

50 खद स्थैर्ये हिंसायां च । खदँ । खद् । खदति । P । सेट् । स० । be steady, kill, eat. खदितः खदिता खदितम् । खदितवान् खदितवती खदितवत् ।

51 बद स्थैर्ये । बदँ । बद् । बदति । P । सेट् । अ० । be firm, be steady.
बदितः बदिता बदितम् । बदितवान् बदितवती बदितवत् ।

52 गद व्यक्तायां वाचि । गदँ । गद् । गदति । P । सेट् । स० । say, tell, articulate, enumerate. गदितः गदिता गदितम् । गदितवान् गदितवती गदितवत् ।

53 रद विलेखने । रदँ । रद् । रदति । P । सेट् । स० । dig, tear, split, break
रदितः रदिता रदितम् । रदितवान् रदितवती रदितवत् ।

54 णद अव्यक्ते शब्दे । णदँ । नद् । नदति । P । सेट् । अ० । sound, thunder, cry .
Famous word नादः , नदी 6.1.65 **नदितः नदिता नदितम् । नदितवान् नदितवती नदितवत् ।**

55 अर्द गतौ याचने च । अयं हिंसायामपि । अर्दँ । अर्द् । अर्दति । P । सेट् । स० । ask, beg, move, kill. अर्दितः अर्दिता अर्दितम् । अर्दितवान् अर्दितवती अर्दितवत् ।
7.2.24 सम् +अर्द् + क्त = समर्णः । नि + अर्द् + क्त = न्यर्णः । वि + अर्द् + क्त = व्यर्णः ।
7.2.25 अभि +अर्द् + क्त = अभ्यर्णा अभ्यर्णः । पक्षे अभ्यर्दितः ।

56 नर्द (शब्दे) । नर्दँ । नर्द् । नर्दति । P । सेट् । अ० । sound.
नर्दितः नर्दिता नर्दितम् । नर्दितवान् नर्दितवती नर्दितवत् ।

57 गर्द शब्दे । गर्दँ । गर्द् । गर्दति । P । सेट् । अ० । roar, sound.
गर्दितः गर्दिता गर्दितम् । गर्दितवान् गर्दितवती गर्दितवत् ।

58 तर्द हिंसायाम् । तर्दँ । तर्द् । तर्दति । P । सेट् । स० । hurt, injure.
तर्दितः तर्दिता तर्दितम् । तर्दितवान् तर्दितवती तर्दितवत् ।

59 कर्द कुत्सिते शब्दे । कर्दँ । कर्द् । कर्दति । P । सेट् । अ० । rumble, caw like crow. कर्दितः कर्दिता कर्दितम् । कर्दितवान् कर्दितवती कर्दितवत् ।

60 खर्द दन्दशूके । खर्दँ । खर्द् । खर्दति । P । सेट् । स० । bite, masticate, grind with teeth. खर्दितः खर्दिता खर्दितम् । खर्दितवान् खर्दितवती खर्दितवत् ।

61 अति (बन्धने) । अतिँ । अन्त् । अन्तति । P । सेट् । स० । bind
अन्तितः अन्तिता अन्तितम् । अन्तितवान् अन्तितवती अन्तितवत् ।

62 अदि बन्धने । अदिँ । अन्द् । अन्दति । P । सेट् । स० । bind
अन्दितः अन्दिता अन्दितम् । अन्दितवान् अन्दितवती अन्दितवत् ।

63 इदि परमैश्वर्ये । इदिँ । इन्द् । इन्दति । P । सेट् । अ० । have great power. *Famous word इन्द्रः ।* इन्दितः इन्दिता इन्दितम् । इन्दितवान् इन्दितवती इन्दितवत् ।

64 बिदि अवयवे । भिदि इत्येके । बिदिँ । बिन्द् । बिन्दति । P । सेट् । अ० । split, divide. बिन्दितः बिन्दिता बिन्दितम् । बिन्दितवान् बिन्दितवती बिन्दितवत् ।

65 गडि वदनैकदेशे । गडिँ । गण्ड् । गण्डति । P । सेट् । अ० । affect the cheek, have goitre. अन्तत्यादयः पञ्चैते न तिङ्विषया इति काश्यपः । अन्ये तु तिङमपीच्छन्ति । 5 Roots अन्त अन्द इन्द बिन्द गण्ड do not have तिङ् verbal forms, but only कृदन्त प्रातिपदिक forms according to Kashyapa. Others disagree. गण्डितः गण्डिता गण्डितम् । गण्डितवान् गण्डितवती गण्डितवत् ।

66 णिदि कुत्सायाम् । णिदिँ । निन्द् । निन्दति । P । सेट् । स० । blame.
निन्दितः निन्दिता निन्दितम् । निन्दितवान् निन्दितवती निन्दितवत् ।

67 टुनदि समृद्धौ । टुनदिँ । नन्द् । नन्दति । P । सेट् । अ० । be pleased, be satisfied *आनन्दः ।* Nandita. नन्दितः नन्दिता नन्दितम् । नन्दितवान् नन्दितवती नन्दितवत् ।

68 चदि आह्लादने दीप्तौ च । चदिँ । चन्द् । चन्दति । P । सेट् । स० । shine, be glad, rejoice. चन्दितः चन्दिता चन्दितम् । चन्दितवान् चन्दितवती चन्दितवत् ।

69 त्रदि चेष्टायाम् । त्रदिँ । त्रन्द् । त्रन्दति । P । सेट् । अ० । make efforts, be in business. त्रन्दितः त्रन्दिता त्रन्दितम् । त्रन्दितवान् त्रन्दितवती त्रन्दितवत् ।

70 कदि (आह्वाने रोदने च) । कदिँ । कन्द् । कन्दति । P । सेट् । स० । call, wail, shed tears. कन्दितः कन्दिता कन्दितम् । कन्दितवान् कन्दितवती कन्दितवत् ।

71 क्रदि (आह्वाने रोदने च) । क्रदिँ । क्रन्द् । क्रन्दति । P । सेट् । स० । call out, cry. क्रन्दितः क्रन्दिता क्रन्दितम् । क्रन्दितवान् क्रन्दितवती क्रन्दितवत् ।

72 क्लदि आह्वाने रोदने च । क्लदिँ । क्लन्द् । क्लन्दति । P । सेट् । स० । call, lament, invite, weep. क्लन्दितः क्लन्दिता क्लन्दितम् । क्लन्दितवान् क्लन्दितवती क्लन्दितवत् ।

73 क्लिदि परिदेवने । क्लिदिँ । क्लिन्द् । क्लिन्दति । P । सेट् । स० । lament. क्लिन्दितः क्लिन्दिता क्लिन्दितम् । क्लिन्दितवान् क्लिन्दितवती क्लिन्दितवत् । 7.1.58

74 शुन्ध शुद्धौ । शुन्धँ । शुन्ध् । शुन्धति । P । सेट् । अ० । be purified । 6.4.24 शुधितः शुधिता शुधितम् । शुधितवान् शुधितवती शुधितवत् ।

अतादय उदात्ता उदात्तेतः परस्मैभाषाः । अथ कवर्गीयान्ताः आत्मनेपदिनः द्विचत्वारिंशत् ।

75 शीकृ सेचने । सीकृ इति पाठान्तरम् । शीकृँ । शीक् । शीकते । A । सेट् । स० । sprinkle, make wet. शीकितः शीकिता शीकितम् । शीकितवान् शीकितवती शीकितवत् ।

76 लोकृ दर्शने । लोकृँ । लोक् । लोकते । A । सेट् । स० । look, view, perceive. लोकितः लोकिता लोकितम् । लोकितवान् लोकितवती लोकितवत् ।

77 श्लोकृ सङ्घाते । श्लोकृँ । श्लोक् । श्लोकते । A । सेट् । स०* । compose verses, write poetry. श्लोकितः श्लोकिता श्लोकितम् । श्लोकितवान् श्लोकितवती श्लोकितवत् ।

78 द्रेकृ (शब्दोत्साहयोः) । द्रेकृँ । द्रेक् । द्रेकते । A । सेट् । अ० । sound, grow, be enthusiastic. द्रेकितः द्रेकिता द्रेकितम् । द्रेकितवान् द्रेकितवती द्रेकितवत् ।

79 ध्रेकृ शब्दोत्साहयोः । ध्रेकृँ । ध्रेक् । ध्रेकते । A । सेट् । अ० । sound, grow, be enthusiastic. ध्रेकितः ध्रेकिता ध्रेकितम् । ध्रेकितवान् ध्रेकितवती ध्रेकितवत् ।

80 रेकृ शङ्कायाम् । रेकृँ । रेक् । रेकते । A । सेट् । स० । doubt, be suspicious. रेकितः रेकिता रेकितम् । रेकितवान् रेकितवती रेकितवत् ।

81 सेकृ (गतौ) । सेकृँ । सेक् । सेकते । A । सेट् । स० । go, move. सेकितः सेकिता सेकितम् । सेकितवान् सेकितवती सेकितवत् ।

82 स्रेकृ (गतौ) । स्रेकृँ । स्रेक् । स्रेकते । A । सेट् । स० । go, move. स्रेकितः स्रेकिता स्रेकितम् । स्रेकितवान् स्रेकितवती स्रेकितवत् ।

83 स्रकि (गतौ) । स्रकिँ । स्रङ्क् । स्रङ्कते । A । सेट् । स० । go, slip, fall. स्रङ्कितः स्रङ्किता स्रङ्कितम् । स्रङ्कितवान् स्रङ्कितवती स्रङ्कितवत् ।

84 श्रकि (गतौ) । श्रकिँ । श्रङ्क् । श्रङ्कते । A । सेट् । स० । go, creep. श्रङ्कितः श्रङ्किता श्रङ्कितम् । श्रङ्कितवान् श्रङ्कितवती श्रङ्कितवत् ।

85 श्लकि गतौ । श्लकिँ । श्लङ्क् । श्लङ्कते । A । सेट् । स० । go, move. श्लङ्कितः श्लङ्किता श्लङ्कितम् । श्लङ्कितवान् श्लङ्कितवती श्लङ्कितवत् ।

86 शकि शङ्कायाम् । शकिँ । शङ्क् । शङ्कते । A । सेट् । स० । doubt, be anxious. शङ्कितः शङ्किता शङ्कितम् । शङ्कितवान् शङ्कितवती शङ्कितवत् ।

87 अकि लक्षणे । अकिँ । अङ्क् । अङ्कते । A । सेट् । स० । mark, stamp अङ्कितः । अङ्कितवान् ।

88 वकि कौटिल्ये । वकिँ । वङ्क् । वङ्कते । A । सेट् । अ० । act bad, be curved वङ्कितः- । वङ्कितवान् ।

89 मकि मण्डने । मकिँ । मङ्क् । मङ्कते । A । सेट् । स० । adorn मङ्कितः । मङ्कितवान् ।

90 कक लौल्ये । गर्वश्चापल्यं च । ककँ । कक् । ककते । A । सेट् । अ० । wish, be proud. ककितः । ककितवान् ।

91 कुक (आदाने) । कुकँ । कुक् । कोकते । A । सेट् । स० । take, accept, be tempted. 1.2.21, 3.3.114, 3.4.71 कोकितः । कोकितवान् । पक्षे कुकितः । कुकितवान् ।

92 वृक आदाने । वृकँ । वृक् । वर्कते । A । सेट् । स० । seize, grasp, take । वृकितः । वृकितवान् ।

93 चक तृप्तौ प्रतिघाते च । चकँ । चक् । चकते । A । सेट् । स० । be satisfied,be satiated,cheat, deceive. चकितः । चकितवान् ।

94 ककि (गत्यर्थाः) । ककिँ । कङ्क् । कङ्कते । A । सेट् । स० । go 8.3.24, 8.4.58 कङ्कितः । कङ्कितवान् ।

95 वकि (गत्यर्थाः) । वकिँ । वङ्क् । वङ्कते । A । सेट् । स० । bow, to move in curve. वङ्कितः । वङ्कितवान् ।

96 श्वकि (गत्यर्थाः) । श्वकिँ । श्वङ्क् । श्वङ्कते । A । सेट् । स० । go, move, slither. श्वङ्कितः । श्वङ्कितवान् ।

97 त्रकि (गत्यर्थाः) । त्रकिँ । त्रङ्क् । त्रङ्कते । A । सेट् । स० । move. त्रङ्कितः । त्रङ्कितवान् ।

98 ढौकृ (गत्यर्थाः) । ढौकृँ । ढौक् । ढौकते । A । सेट् । स० । go, approach, change places. ढौकितः । ढौकितवान् ।

99 त्रौकृ (गत्यर्थाः) । त्रौकृँ । त्रौक् । त्रौकते । A । सेट् । स० । go त्रौकितः । त्रौकितवान् ।

100 ष्वष्क (गत्यर्थाः) । ष्वक्क इति च पाठान्तरम् । ष्वष्कँ । ष्वष्क् । ष्वष्कते । A । सेट् । स० । go, move । 6.1.64 । वा० सुब्धातु-ष्ठिवु-ष्वष्कादिनां सत्वप्रतिषेधः वक्तव्यः । ष्वष्कितः । ष्वष्कितवान् ।

101 वस्क (गत्यर्थाः) । वस्कँ । वस्क् । वस्कते । A । सेट् । स० । go, move
वस्कितः । वस्कितवान् ।

102 मस्क (गत्यर्थाः) । मस्कँ । मस्क् । मस्कते । A । सेट् । स० । go, move
मस्कितः । मस्कितवान् ।

103 टिकृ (गत्यर्थाः) । टिकृँ । टिक् । टेकते । A । सेट् । स० । go, move, haul
टिकितः । टिकितवान् ।

104 टीकृ (गत्यर्थाः) । टीकृँ । टीक् । टीकते । A । सेट् । स० । go, move, resort to.
टीकितः । टीकितवान् ।

105 तिकृ (गत्यर्थाः) । तिकृँ । तिक् । तेकते । A । सेट् । स० । move
तिकितः । तिकितवान् ।

106 तीकृ (गत्यर्थाः) । तीकृँ । तीक् । तीकते । A । सेट् । स० । move
तीकितः । तीकितवान् ।

107 रघि (गत्यर्थाः) । रघिँ । रङ्घ् । रङ्घते । A । सेट् । स० । go । 7.1.58 इदितो नुँम् धातोः । रङ्घितः । रङ्घितवान् ।

108 लघि (गत्यर्थाः) । लघि भोजननिवृत्तावपि । लघिँ । लन्घ् । लङ्घते । A । सेट् । स० । leap, do fasting, abstain food । तृतीयः दन्त्यादिः इत्येके । Some Grammarians say that the third Root in this list from ककि to लघि, i.e. श्वकि is स्वकि ।
लङ्घितः । लङ्घितवान् ।

109 अघि (गत्याक्षेपे) । अघिँ । अङ्घ् । अङ्घते । A । सेट् । अ० । go, start, blame
7.1.58 । अङ्घितः । अङ्घितवान् ।

110 वघि (गत्याक्षेपे) । वघिँ । वङ्घ् । वङ्घते । A । सेट् । स० । go, start, blame, censure. वङ्घितः । वङ्घितवान् ।

111 मघि गत्याक्षेपे । गतौ गत्यारम्भे चेत्यपरे । मघि कैतवे च । मघिँ । मङ्घ् । मङ्घते । A । सेट् । स० । move, abuse. मङ्घितः । मङ्घितवान् ।

112 राघृ (सामर्थ्ये) । राघृँ । राघ् । राघते । A । सेट् । अ० । be able, be competent. राघितः । राघितवान् ।

113 लाघृ (सामर्थ्ये) । लाघृँ । लाघ् । लाघते । A । सेट् । अ० । be equal to, be competent लाघितः लाघितवान् । 8.2.55 अनुपसर्गात् फुल्लक्षीबकृशोल्लाघाः । with upasarga उत् , उल्लाघः has been stated in Sutra, found in literature, without इट् । Notice sandhi application 8.4.60 तोर्लि । उल्लाघः ।

114 द्राघृ सामर्थ्ये । **ध्राघृ** इत्यपि केचित् । द्राघृ आयामे च । द्राघृँ । द्राघ् । द्राघते । A । सेट् । अ० । be able, be strong, stretch. द्राघितः । द्राघितवान् । ध्राघितः । ध्राघितवान् ।

115 श्लाघृ कत्थने । श्लाघृँ । श्लाघ् । श्लाघते । A । सेट् । स० । praise, extol, applaud. श्लाघितः । श्लाघितवान् ।

शीक्रादयः उदात्तः अनुदात्तेतः आत्मनेभाषाः । अथ कवर्गीयान्ताः परस्मैपदिनः पञ्चाशत् ।

116 फक्क नीचैर्गतौ । फक्कँ । फक्क् । फक्कति । P । सेट् । स० । move slowly, glide, creep, act wrongly. फक्कितः । फक्कितवान् ।

117 तक हसने । तकँ । तक् । तकति । P । सेट् । अ० । laugh at, mock तकितः । तकितवान् ।

118 तकि कृच्छ्रजीवने ।(शुक गतौ)। तकिँ । तङ्क् । तङ्कति । P । सेट् । अ० । live in distress, endure, be brave. तङ्कितः । तङ्कितवान् ।

119 बुक्क भषणे । बुक्कँ । बुक्क् । बुक्कति । P । सेट् । अ० । bark, sound like a dog. बुक्कितः । बुक्कितवान् ।

120 कख हसने । कखँ । कख् । कखति । P । सेट् । अ० । laugh, smile कखितः । कखितवान् ।

121 ओखृ (शोषणालमर्थयोः) । ओखृँ । ओख् । ओखति । P । सेट् । स० । be dry, adorn, be sufficient. ओखितः । ओखितवान् ।

122 राखृ (शोषणालमर्थयोः) । राखृँ । राख् । राखति । P । सेट् । स० । be dry, adorn, arrange, suffice. राखितः । राखितवान् ।

123 लाखृ (शोषणालमर्थयोः) । लाखृँ । लाख् । लाखति । P । सेट् । स० । be dry, be arid, adorn, suffice, prevent. लाखितः । लाखितवान् ।

124 द्राखृ (शोषणालमर्थयोः) । द्राखृँ । द्राख् । द्राखति । P । सेट् । स० । be dry, decorate, be competent. द्राखितः । द्राखितवान् ।

125 ध्राखृ शोषणालमर्थयोः । ध्राखृँ । ध्राख् । ध्राखति । P । सेट् । स० । be dry, decorate, be competent. ध्राखितः । ध्राखितवान् ।

126 शाखृ (व्याप्तौ) । शाखृँ । शाख् । शाखति । P । सेट् । स० । pervade, overhang, spread like vines. शाखितः । शाखितवान् ।

127 श्लाखृ व्याप्तौ । श्लाखृँ । श्लाख् । श्लाखति । P । सेट् । स० । pervade, penetrate, spread. श्लाखितः । श्लाखितवान् ।

128 उख (गत्यर्थाः) । उखँ । उख् । ओखति । P । सेट् । स० । go, move । 1.2.21 ओखितः । ओखितवान् । पक्षे उखितः । उखितवान् ।

129 उखि (गत्यर्थाः)। उखिँ । उङ्ख् । उङ्खति । P । सेट् । स० । go, come close, decorate, wither away 7.1.58, 8.3.24, 8.4.58 उङ्खितः । उङ्खितवान् ।

130 वख (गत्यर्थाः)। वखँ । वख् । वखति । P । सेट् । स० । go, move
वखितः । वखितवान् ।

131 वखि (गत्यर्थाः)। वखिँ । वङ्ख् । वङ्खति । P । सेट् । स० । go, move
वङ्खितः । वङ्खितवान् ।

132 मख (गत्यर्थाः)। मखँ । मख् । मखति । P । सेट् । स० । move
मखितः । मखितवान् ।

133 मखि (गत्यर्थाः)। मखिँ । मङ्ख् । मङ्खति । P । सेट् । स० । move
मङ्खितः । मङ्खितवान् ।

134 णख (गत्यर्थाः)। णखँ । नख् । नखति । P । सेट् । स० । move । 6.1.65 णो नः ।
नखितः । नखितवान् ।

135 णखि (गत्यर्थाः)। णखिँ । नङ्ख् । नङ्खति । P । सेट् । स० । move । 6.1.65 णो नः ।
नङ्खितः । नङ्खितवान् ।

136 रख (गत्यर्थाः)। रखँ । रख् । रखति । P । सेट् । स० । go रखितः । रखितवान् ।

137 रखि (गत्यर्थाः)। रखिँ । रङ्ख् । रङ्खति । P । सेट् । स० । go रङ्खितः । रङ्खितवान् ।

138 लख (गत्यर्थाः)। लखँ । लख् । लखति । P । सेट् । स० । go, move
लखितः । लखितवान् ।

139 लखि (गत्यर्थाः)। लखिँ । लङ्ख् । लङ्खति । P । सेट् । स० । go, move
लङ्खितः । लङ्खितवान् ।

140 इख (गत्यर्थाः)। इखँ । इख् । एखति । P । सेट् । स० । go इखितः । इखितवान् ।

141 इखि (गत्यर्थाः)। इखिँ । इङ्ख् । इङ्खति । P । सेट् । स० । go, shake
इङ्खितः । इङ्खितवान् ।

142 ईखि (गत्यर्थाः)। ईखिँ । ईङ्ख् । ईङ्खति । P । सेट् । स० । go, vacillate
ईङ्खितः । ईङ्खितवान् ।

143 वल्ग (गत्यर्थाः)। वल्गँ । वल्ग् । वल्गति । P । सेट् । स० । go, move, hop
वल्गितः । वल्गितवान् ।

144 रगि (गत्यर्थाः)। रगिँ । रङ्ग् । रङ्गति । P । सेट् । स० । go रङ्गितः । रङ्गितवान् ।

145 लगि (गत्यर्थाः) । शोषणे च । भोजननिवृत्तावपि । लगिँ । लङ्ग् । लङ्गति । P । सेट् ।
स० । go, limp. लङ्गितः । लङ्गितवान् । 6.4.24 वा० । विलगितः । विलगितवान् ।

146 अगि (गत्यर्थाः)। अगिँ । अङ्ग् । अङ्गति । P । सेट् । स० । go 7.1.58
अङ्गितः । अङ्गितवान् ।

147 वगि (गत्यर्थाः)। वगिँ । वङ्ग् । वङ्गति । P । सेट् । स० । go, limp, be lame
वङ्गितः । वङ्गितवान् ।

148 मगि (गत्यर्थाः)। मगिँ । मङ्ग् । मङ्गति । P । सेट् । स० । move मङ्गितः ।
मङ्गितवान् ।

149 तगि (गत्यर्थाः)। तगिँ । तङ्ग् । तङ्गति । P । सेट् । स० । go, shake, stumble.
तङ्गितः । तङ्गितवान् ।

150 त्वगि (गत्यर्थाः) । कम्पने च । त्वगिँ । त्वङ्ग् । त्वङ्गति । P । सेट् । स० । go, move,
tremble. त्वङ्गितः । त्वङ्गितवान् ।

151 श्रगि (गत्यर्थाः)। श्रगिँ । श्रङ्ग् । श्रङ्गति । P । सेट् । स० । go, move
श्रङ्गितः । श्रङ्गितवान्

152 श्लगि (गत्यर्थाः)। श्लगिँ । श्लङ्ग् । श्लङ्गति । P । सेट् । स० । go, move श्लङ्गितः
। श्लङ्गितवान् ।

153 इगि (गत्यर्थाः)। इगिँ । इङ्ग् । इङ्गति । P । सेट् । स० । move, shake, be agitated. इङ्गितः । इङ्गितवान् ।

154 रिगि (गत्यर्थाः)। रिगिँ । रिङ्ग् । रिङ्गति । P । सेट् । स० । move slowly, crawl. रिङ्गितः । रिङ्गितवान् ।

155 लिगि गत्यर्थाः । रिख (रिखि लिख लिखि) त्रख त्रिखि शिखि इत्यपि केचित् । त्वगि कम्पने च । लिगिँ । लिङ्ग् । लिङ्गति । P । सेट् । स० । go. लिङ्गितः । लिङ्गितवान् ।

156 युगि (वर्जने) । युगिँ । युङ्ग् । युङ्गति । P । सेट् । स० । give up, let go युङ्गितः । युङ्गितवान्

157 जुगि (वर्जने) । जुगिँ । जुङ्ग् । जुङ्गति । P । सेट् । स० । leave, deprive, make outcaste. जुङ्गितः । जुङ्गितवान् ।

158 बुगि वर्जने । वुगि , भुगि । बुगिँ । बुङ्ग् । बुङ्गति । P । सेट् । स० । give up, abandon. बुङ्गितः । बुङ्गितवान् ।

159 घघ हसने । दघि पालने । लघि शोषणे । घघँ । घघ् । घघति । P । सेट् । अ० । laugh, laugh at. घघितः । घघितवान् ।

160 मघि मण्डने । मघिँ । मङ्घ् । मङ्घति । P । सेट् । स० । adorn मङ्घितः । मङ्घितवान्

161 शिघि आघ्राणे । अर्घ मूल्ये । शिघिँ । शिङ्घ् । शिङ्घति । P । सेट् । स० । smell. शिङ्घितः । शिङ्घितवान् ।

फक्कादयः उदात्ताः उदात्तेतः परस्मैभाषाः । अथ चवर्गीयान्ताः आत्मनेपदिनः एकविंशतिः ।

162 वर्च दीप्तौ । वर्चँ । वर्च् । वर्चते । A । सेट् । अ० । shine, be bright, be splendid. वर्चितः । वर्चितवान् ।

163 षच सेचने सेवने च । षचँ । सच् । सचते । A । सेट् । स० । sprinkle, wet, serve,satisfy by services । 6.1.64 सचितः । सचितवान् ।

164 लोचृ दर्शने । लोचृँ । लोच् । लोचते । A । सेट् । स० । look, view, perceive, observe. लोचितः । लोचितवान् ।

165 शच व्यक्तायां वाचि । शचँ । शच् । शचते । A । सेट् । स० । speak clearly. शचितः । शचितवान् ।

166 श्वच (गतौ) । श्वचँ । श्वच् । श्वचते । A । सेट् । स० । go, move, slither श्वचितः । श्वचितवान्

167 श्वचि गतौ । शचि च । श्वचिँ । श्वञ्च् । श्वञ्चते । A । सेट् । स० । go, move, slither. श्वञ्चितः । श्वञ्चितवान् ।

168 कच बन्धने । कचँ । कच् । कचते । A । सेट् । स० । bind, cry, shine कचितः । कचितवान् ।

169 कचि (दीप्तिबन्धनयोः) । कचिँ । कञ्च् । कञ्चते । A । सेट् । स० । shine, bind. कञ्चितः । कञ्चितवान् ।

170 काचि दीप्तिबन्धनयोः । काचिँ । काञ्च् । काञ्चते । A । सेट् । स० । shine, bind, be published. काञ्चितः । काञ्चितवान् ।

171 मच (कल्कने) । मचँ । मच् । मचते । A । सेट् । अ० । be arrogant, be wicked, grind. मचितः । मचितवान् ।

172 मुचि कल्कने । कथने इत्यन्ये । मुचिँ । मुञ्च् । मुञ्चते । A । सेट् । अ० । be vain, deceive, cheat. मुञ्चितः । मुञ्चितवान् ।

173 मचि धारणोच्छ्रायपूजनेषु । मचिँ । मञ्च् । मञ्चते । A । सेट् । स० । hold, grow tall, go, shine, adore. मञ्चितः । मञ्चितवान् ।

174 पचि व्यक्तीकरणे । पचिँ । पञ्च् । पञ्चते । A । सेट् । स० । explain in detail. पञ्चितः । पञ्चितवान् ।

175 ष्टुच प्रसादे । ष्टुचँ । स्तुच् । स्तोचते । A । सेट् । अ० । be pleased, be satisfied, shine. 1.2.21 स्तोचितः । स्तोचितवान् । पक्षे स्तुचितः । स्तुचितवान् ।

176 ऋज गतिस्थानार्जनोपार्जनेषु । ऋजँ । ऋज् । अर्जते । A । सेट् । स० । go, acquire, be firm, be strong. ऋजितः । ऋजितवान् ।

177 ऋजि (भर्जने) । ऋजिँ । ऋञ्ज् । ऋञ्जते । A । सेट् । स० । fry, roast ऋञ्जितः । ऋञ्जितवान् ।

178 भृजी भर्जने । भृजीँ । भृज् । भर्जते । A । सेट् । स० । fry, roast । 7.2.14, 8.2.30, 8.4.55 भृक्तः । भृक्तवान् ।

179 एजृ (दीप्तौ) । एजृँ । एज् । एजते । A । सेट् । अ० । shine, tremble, move. एजितः । एजितवान् ।

180 भ्रेजृ (दीप्तौ) । भ्रेजृँ । भ्रेज् । भ्रेजते । A । सेट् । अ० । shine, glow भ्रेजितः । भ्रेजितवान् ।

181 भ्राजृ दीप्तौ । भ्राजृँ । भ्राज् । भ्राजते । A । सेट् । अ० । shine, glow भ्राजितः । भ्राजितवान् ।

182 ईज गतिकुत्सनयोः । ईजँ । ईज् । ईजते । A । सेट् । स० । go, censure ईजितः । ईजितवान् ।

वर्चादयः उदात्ताः अनुदात्तेतः आत्मनेभाषाः ।
अथ चवर्गीयान्ता व्रज्यन्ताः परस्मैपदिनः द्विसप्ततिः ।

183 शुच शोके । शुचँ । शुच् । शोचति । P । सेट् । अ० । suffer, regret, grieve. 1.2.21 शोचितः । शोचितवान् । पक्षे शुचितः । शुचितवान् ।

184 कुच शब्दे तारे । कुचँ । कुच् । कोचति । P । सेट् । स० । sound loudly, utter shrill cry. 1.2.21 कोचितः । कोचितवान् । पक्षे कुचितः । कुचितवान् ।

185 कुञ्च (कौटिल्याल्पीभावयोः) । कुञ्चँ । कुञ्च् । कुञ्चति । P । सेट् । अ० । be curved, shrink, go or come near । 6.4.24 कुचितः । कुचितवान् ।

186 क्रुञ्च कौटिल्याल्पीभावयोः । क्रुञ्चँ । क्रुञ्च् । क्रुञ्चति । P । सेट् । अ० । be curved, shrink, go or come near । 6.4.24 क्रुचितः । क्रुचितवान् ।

187 लुञ्च अपनयने । लुञ्चँ । लुञ्च् । लुञ्चति । P । सेट् । स० । pluck, pull, peel, pare, tear. 6.4.24 लुचितः । लुचितवान् ।

188 अञ्चु गतिपूजनयोः । अञ्चुँ । अञ्च् । अञ्चति । P । सेट् । स० । go, worship, honour 6.4.24 7.2.56 8.2.30 अक्तः अक्ता अक्तम् । अक्तवान् अक्तवती अक्तवत् । पक्षे 7.2.53 6.4.30 नाञ्चेः पूजायाम् । अञ्चितः अञ्चिता अञ्चितम् । अञ्चितवान् अञ्चितवती अञ्चितवत् । 8.2.48 अञ्चोऽनपादाने । सम्+अक्नः = समक्नः , नि+अक्नः = न्यक्नः । पक्षे उद्-अक्तम् ।

189 वञ्चु (गत्यर्थाः) । वञ्चुँ । वञ्च् । वञ्चति । P । सेट् । स० । go, arrive 6.4.24 7.2.56 8.2.30 वक्तः । वक्तवान् ।

190 चञ्चु (गत्यर्थाः) । चञ्चुँ । चञ्च् । चञ्चति । P । सेट् । स० । move, shake, wave. 6.4.24 7.2.56 8.2.30 चक्तः । चक्तवान् ।

191 तञ्चु (गत्यर्थाः) । तञ्चुँ । तञ्च् । तञ्चति । P । सेट् । स० । go, move 6.4.24 7.2.56 8.2.30 तक्तः । तक्तवान् ।

192 त्वञ्चु (गत्यर्थाः) । त्वञ्चुँ । त्वञ्च् । त्वञ्चति । P । सेट् । स० । go 6.4.24 7.2.56 8.2.30 त्वक्तः । त्वक्तवान् ।

193 म्रुञ्चु (गत्यर्थाः) । म्रुञ्चुँ । म्रुञ्च् । म्रुञ्चति । P । सेट् । स० । go, move 6.4.24 7.2.56 8.2.30 म्रुक्तः । म्रुक्तवान् ।

194 म्लुञ्चु (गत्यर्थाः) । म्लुञ्चुँ । म्लुञ्च् । म्लुञ्चति । P । सेट् । स० । go, move
6.4.24 7.2.56 8.2.30 म्लुक्तः । म्लुक्तवान् ।

195 म्रुचु (गत्यर्थाः) । म्रुचुँ । म्रुच् । म्रोचति । P । सेट् । स० । go, move
7.2.56 8.2.30 म्रुक्तः । म्रुक्तवान् ।

196 म्लुचु गत्यर्थाः । म्लुचुँ । म्लुच् । म्लोचति । P । सेट् । स० । go, move
7.2.56 8.2.30 म्लुक्तः । म्लुक्तवान् ।

197 ग्रुचु (स्तेयकरणे) । ग्रुचुँ । ग्रुच् । ग्रोचति । P । सेट् । स० । rob 7.2.56 8.2.30
ग्रुक्तः । ग्रुक्तवान् ।

198 ग्लुचु (स्तेयकरणे) । ग्लुचुँ । ग्लुच् । ग्लोचति । P । सेट् । स० । steal, take away
7.2.56 8.2.30 ग्लुक्तः । ग्लुक्तवान् ।

199 कुजु (स्तेयकरणे) । कुजुँ । कुज् । कोजति । P । सेट् । स० । steal
7.2.56 8.2.30 कुक्तः । कुक्तवान् ।

200 खुजु स्तेयकरणे । खुजुँ । खुज् । खोजति । P । सेट् । स० । steal
7.2.56 8.2.30 खुक्तः । खुक्तवान् ।

201 ग्लुञ्चु (गतौ) । ग्लुञ्चुँ । ग्लुञ्च् । ग्लुञ्चति । P । सेट् । स० । go, change the place
6.4.24 7.2.56 8.2.30 ग्लुक्तः । ग्लुक्तवान् ।

202 षस्ज गतौ । षस्जिरात्मनेपद्यपि । षस्जँ । सस्ज् । सज्जति ।P* ।सेट् ।स० । move, make ready, be ready 8.4.40 स्तोः श्चुना श्चुः इति श्चुत्वम् । 8.4.53 झलां जश् झशि इति जश्त्वम् । सज्जितः । सज्जितवान् ।

203 गुजि अव्यक्ते शब्दे । गुजिँ । गुञ्ज् । गुञ्जति । P ।सेट् । अ० । hum, buzz, sound indistinct. 7.1.58 गुञ्जितः । गुञ्जितवान् ।

204 अर्च पूजायाम् । अर्चँ । अर्च् । अर्चति । P । सेट् । स० । worship, praise
अर्चितः । अर्चितवान् ।

205 म्लेच्छ अव्यक्ते शब्दे । म्लेच्छँ । म्लेच्छ् । म्लेच्छति । P । सेट् । अ० । speak incorrectly, speak in confusion. 7.2.18 इति म्लिष्ट निपात्यते । Given as म्लिष्ट in Sutra without इट् in a particular meaning, म्लिष्टः । म्लिष्टवान् ।
i.e. in other meanings it will take regular form. म्लेच्छितः । म्लेच्छितवान् ।

206 लछ (लक्षणे) । लछँ । लच्छ् । लच्छति । P । सेट् । स० । mark, denote 6.1.73, 8.4.40 लच्छितः । लच्छितवान् ।

207 लाछि लक्षणे । लाछिँ । लाञ्छ् । लाञ्छति । P । सेट् । स० । distinguish, mark, deck, decorate. लाञ्छितः । लाञ्छितवान् ।

208 वाछि इच्छायाम् । वाछिँ । वाञ्छ् । वाञ्छति । P । सेट् । स० । wish, desire
वाञ्छितः । वाञ्छितवान् ।

209 आछि आयामे । आछिँ । आञ्छ् । आञ्छति । P । सेट् । स० । lengthen
आञ्छितः । आञ्छितवान् ।

210 ह्रीछ लज्जायाम् । ह्रीछँ । ह्रीछ् । ह्रीच्छति । P । सेट् । अ० । feel ashamed
6.1.75 दीर्घात् । इति तुँक् आगमः । 8.4.40 ह्रीच्छितः । ह्रीच्छितवान् ।

211 हुर्छा कौटिल्ये । हुर्छाँ । हुर्छ् । हूर्च्छति । P । सेट् । अ० । move crookedly, hide, escape 8.2.78 उपधायां च इति दीर्घः । 6.1.73 छे च । इति तुक् । 8.4.40 स्तोः श्चुना श्चुः । इति तकारस्य चकारः । 7.2.16 आदितश्च । इति निष्ठायाः इडागमः न । 7.2.17 विभाषा भावादिकर्मणोः । 8.4.1 रषाभ्यां नो णः समानपदे । 6.4.21 राल्लोपः । इति रेफः परे छकारस्य वकारस्य च लोपः । 8.2.42 रदाभ्यां निष्ठातो नः पूर्वस्य च दः । 7.2.17 3.4.71 हूर्च्छितः । हूर्च्छितवान् । पक्षे 7.2.16 6.4.21 हूर्णः । हूर्णवान् ।

212 मुर्च्छा मोहसमुच्छ्राययोः । मुर्च्छाँ । मुर्च्छ् । मूर्च्छति । P । सेट् । अ० । faint, swoon, grow, restrict 8.2.78, 6.1.73, 8.4.40, 6.4.21, 7.2.17 3.4.71
मूर्च्छितः । मूर्च्छितवान् । पक्षे 8.2.57 7.2.16 8.4.46 मूर्त्तः । मूर्त्तवान् ।

213 स्फुर्छा विस्तृतौ । स्फुर्च्छा । स्फुर्छाँ । स्फुर्छ् । स्फूर्च्छति । P । सेट् । अ० । spread, extend, forget 8.2.78 , 6.1.73 , 8.4.40 , 8.4.1 , 6.4.21 , 8.2.42 7.2.17 3.4.71
स्फूर्च्छितः । स्फूर्च्छितवान् । पक्षे 7.2.16 स्फूर्णः । स्फूर्णवान् ।

214 युच्छ प्रमादे । युछ । युच्छँ । युच्छ् । युच्छति । P । सेट् । अ० । be careless, neglect. युच्छितः । युच्छितवान् ।

215 उछि उञ्छे । उछिँ । उञ्छ् । उञ्छति । P । सेट् । स० । glean
उञ्छितः । उञ्छितवान् ।

216 उछी विवासे । उछीँ । उच्छ् । उच्छति । P । सेट् । स० । finish । 8.2.36 व्रश्च० । 8.4.41 ष्टुना० । 7.2.14 श्वीदितो० । उष्टः । उष्टवान् ।

217 ध्रज (गतौ) । ध्रजँ । ध्रज् । ध्रजति । P । सेट् । स० । move, transfer
ध्रजितः । ध्रजितवान् ।

218 ध्रजि (गतौ) । ध्रजिँ । ध्रञ्ज् । ध्रञ्जति । P । सेट् । स० । move, transfer
ध्रञ्जितः । ध्रञ्जितवान् ।

219 धृज (गतौ) । धृजँ । धृज् । धर्जति । P । सेट् । स० । move, transfer
धृजितः । धृजितवान् ।

220 धृजि (गतौ) । धृजिँ । धृञ्ज् । धृञ्जति । P । सेट् । स० । move, transfer
धृञ्जितः । धृञ्जितवान् ।

221 ध्वज (गतौ) । ध्वजँ । ध्वज् । ध्वजति । P । सेट् । स० । move, transfer
ध्वजितः । ध्वजितवान् ।

222 ध्वजि गतौ । ध्रिज च । ध्वजिँ । ध्वञ्ज् । ध्वञ्जति । P । सेट् । स० । move, transfer
ध्वञ्जितः । ध्वञ्जितवान् ।

223 कूज अव्यक्ते शब्दे । कूजँ । कूज् । कूजति ।P।सेट्।अ० । make inarticulate sound, hum, coo. कूजितः । कूजितवान् ।

224 अर्ज (अर्जने) । अर्जँ । अर्ज् । अर्जति । P । सेट् । स० । procure, take अर्जितः । अर्जितवान् ।

225 षर्ज अर्जने । षर्जँ । सर्ज् । सर्जति । P । सेट् । स० । earn, acquire, gain by hard work. सर्जितः । सर्जितवान् ।

226 गर्ज शब्दे । गर्जँ । गर्ज् । गर्जति । P । सेट् । अ० । roar, sound गर्जितः । गर्जितवान् ।

227 तर्ज भर्त्सने । तर्जँ । तर्ज् । तर्जति । P । सेट् । स० । threaten, scold तर्जितः । तर्जितवान् ।

228 कर्ज व्यथने । कर्जँ । कर्ज् । कर्जति । P । सेट् । स० । pain, torment कर्जितः । कर्जितवान् ।

229 खर्ज पूजने च । खर्जँ । खर्ज् । खर्जति । P । सेट् । स० । pain, torment, worship. खर्जितः । खर्जितवान् ।

230 अज गतिक्षेपणयोः । अजँ । अज् । अजति । P । सेट् । स० । go, censure, drive 2.4.56 अजेर्व्यघञपोः । इति वी आदेशः । वा० वलादार्थधातुके वेष्यते इति वी आदेशः विकलपः । वीतः । वीतवान् । पक्षे अजितः । अजितवान् ।

231 तेज पालने । तेजँ । तेज् । तेजति । P । सेट् । स० । protect, nourish तेजितः । तेजितवान् ।

232 खज मन्थे । (कज मद इत्येके) । खजँ । खज् । खजति । P । सेट् । स० । churn, agitate. खजितः । खजितवान् ।

233 खजि गतिवैकल्ये । खजिँ । खञ्ज् । खञ्जति । P । सेट् । अ० । limp, walk lame
खञ्जितः । खञ्जितवान् ।

234 एजृ कम्पने । एजृँ । एज् । एजति । P । सेट् । अ० । shake एजितः । एजितवान् ।

235 टुओस्फूर्जा वज्रनिर्घोषे । टुओँस्फूर्जाँ । स्फूर्ज् । स्फूर्जति । P । सेट् । अ० ।
thunder, crash, make lightening strike. 3.3.89 , 8.2.45 , 8.2.30 7.2.17 3.4.71
स्फूर्जितः । स्फूर्जितवान् । पक्षे 7.2.16 8.2.45 स्फूर्ग्णः । स्फूर्ग्णवान् ।

236 क्षि क्षये । क्षि । क्षि । क्षयति । P । अनिट् । अ०* । decay, diminish, waste, be
brief. अन्तर्भावितण्यर्थस्तु सकर्मकः । Having meaning of णिच् । 6.4.60
निष्ठायामण्यदर्थे । 8.2.46 क्षियो दीर्घात् । 6.4.61 वाऽऽक्रोशदैन्ययोः ।
क्षितः । क्षितवान् । पक्षे 8.2.46 क्षीणः क्षीणवान् ।

237 क्षीज अव्यक्ते शब्दे । क्षीजँ । क्षीज् । क्षीजति । P । सेट् । अ० । hum, moan, be
annoyed. क्षीजितः । क्षीजितवान् ।

238 लज (भर्त्सने) । लजँ । लज् । लजति । P । सेट् । स० । disregard, humilate,
roast, fry. लजितः । लजितवान् ।

239 लजि (भर्त्सने) । लजिँ । लञ्ज् । लञ्जति । P । सेट् । स० । disregard, humilate,
roast, fry. लञ्जितः । लञ्जितवान् ।

240 लाज (भर्त्सने) । लाजँ । लाज् । लाजति । P । सेट् । स० । blame, censure,
roast, fry. लाजितः । लाजितवान् ।

241 लाजि भर्जने च । लाजिँ । लाञ्ज् । लाञ्जति । P । सेट् । स० । blame, censure,
roast, fry. लाञ्जितः । लाञ्जितवान् ।

242 जज (युद्धे) । जजँ । जज् । जजति । P । सेट् । अ० । fight, attack
जजितः । जजितवान् ।

243 जजि युद्धे । जजिँ । जञ्ज् । जञ्जति । P । सेट् । अ० । fight, attack जञ्जितः । जञ्जितवान् ।

244 तुज हिंसायाम् । तुजँ । तुज् । तोजति । P । सेट् । स० । cause pain, injure. 1.2.21 तोजितः । तोजितवान् । पक्षे तुजितः । तुजितवान् ।

245 तुजि पालने । तुजिँ । तुञ्ज् । तुञ्जति । P । सेट् । स० । protect, hurt तुञ्जितः । तुञ्जितवान् ।

246 गज (शब्दार्थाः) । मदने च । गजँ । गज् । गजति । P । सेट् । अ० । roar, be drunk, be confused. गजितः । गजितवान् ।

247 गजि (शब्दार्थाः) । गजिँ । गञ्ज् । गञ्जति । P । सेट् । अ० । sound गञ्जितः । गञ्जितवान् ।

248 गृज (शब्दार्थाः) । गृजँ । गृज् । गर्जति । P । सेट् । अ० । sound, roar, grumble गृजितः । गृजितवान् ।

249 गृजि (शब्दार्थाः) । गृजिँ । गृञ्ज् । गृञ्जति । P । सेट् । अ० । sound, roar गृञ्जितः । गृञ्जितवान् ।

250 मुज (शब्दार्थाः) । मुजँ । मुज् । मोजति । P । सेट् । अ० । sound, clean मुजितः । मुजितवान् ।

251 मुजि शब्दार्थाः । गज मदने च । मुजिँ । मुञ्ज् । मुञ्जति । P । सेट् । अ० । sound, clean. मुञ्जितः । मुञ्जितवान् ।

252 वज (गतौ) । वजँ । वज् । वजति । P । सेट् । स० । go, move, roam वजितः । वजितवान् ।

253 व्रज गतौ । व्रजँ । व्रज् । व्रजति । P । सेट् । स० । go, walk, proceed व्रजितः । व्रजितवान् ।

शुचादयः उदात्ताः उदात्तेतः (क्षिवर्जं) परस्मैभाषाः ।
अथ टवर्गीयान्ताः शाड्रन्ताः आत्मनेपदिनः षट्त्रिंशत् ।

254 अट्ट अतिक्रमहिंसनयोः । अट्टँ । अट्ट् । अट्टते । A । सेट् । स० । transgress, hurt, surpass. अट्टितः । अट्टितवान् ।

255 वेष्ट वेष्टने । वेष्टँ । वेष्ट् । वेष्टते । A । सेट् । स० । surround, enclose, envelop. वेष्टितः । वेष्टितवान् ।

256 चेष्ट चेष्टायाम् । चेष्टँ । चेष्ट् । चेष्टते । A । सेट् । अ० । try, endeavour चेष्टितः । चेष्टितवान् ।

257 गोष्ट (सङ्घाते) । गोष्टँ । गोष्ट् । गोष्टते । A । सेट् । अ० । assemble, collect गोष्टितः । गोष्टितवान् ।

258 लोष्ट सङ्घाते । लोष्टँ । लोष्ट् । लोष्टते । A । सेट् । अ० । gather, accumulate लोष्टितः । लोष्टितवान् ।

259 घट्ट चलने । घट्टँ । घट्ट् । घट्टते । A । सेट् । अ० । shake, touch, rub, stir घट्टितः । घट्टितवान् ।

260 स्फुट विकसने । स्फुटँ । स्फुट् । स्फोटते । A । सेट् । अ० । burst, split, bloom. 1.2.21 स्फोटितः । स्फोटितवान् । पक्षे स्फुटितः । स्फुटितवान् ।

261 अठि गतौ । अठिँ । अण्ठ् । अण्ठते । A । सेट् । स० । go 7.1.58 अण्ठितः । अण्ठितवान् ।

262 वठि एकचर्यायाम् । वठिँ । वण्ठ् । वण्ठते । A । सेट् । अ० । go alone, be unaccompanied, be solitary. वण्ठितः । वण्ठितवान् ।

263 मठि (शोके) । मठिँ । मण्ठ् । मण्ठते । A । सेट् । स० । suffer, desire feverishly. मण्ठितः । मण्ठितवान् ।

264 कठि शोके । कठिँ । कण्ठ् । कण्ठते । A । सेट् । स० । mourn कण्ठितः । कण्ठितवान् ।

265 मुठि पालने । मुठिँ । मुण्ठ् । मुण्ठते । A । सेट् । स० । protect, run away, fly मुण्ठितः । मुण्ठितवान् ।

266 हेठ विबाधायाम् । हेठँ । हेठ् । हेठते । A । सेट् । स० । obstruct, be cruel हेठितः । हेठितवान् ।

267 एठ च । एठँ । एठ् । एठते । A । सेट् । स० । annoy, resist एठितः । एठितवान् ।

268 हिडि गत्यनादरयोः । हिडिँ । हिण्ड् । हिण्डते । A । सेट् । स० । wander, humiliate. हिण्डितः । हिण्डितवान् ।

269 हुडि संघाते । हुडिँ । हुण्ड् । हुण्डते । A । सेट् । स० । gather, collect, dive हुण्डितः । हुण्डितवान् ।

270 कुडि दाहे । कुडिँ । कुण्ड् । कुण्डते । A । सेट् । स० । burn कुण्डितः । कुण्डितवान् ।

271 वडि विभाजने । वडिँ । वण्ड् । वण्डते । A । सेट् । स० । partition, share वण्डितः । वण्डितवान् ।

272 मडि च । मडिँ । मण्ड् । मण्डते । A । सेट् । स० । divide मण्डितः । मण्डितवान् ।

273 भडि परिभाषणे । भडिँ । भण्ड् । भण्डते । A । सेट् । स० । jest, accuse भण्डितः । भण्डितवान् ।

274 पिडि सङ्घाते । पिडिँ । पिण्ड् । पिण्डते । A । सेट् । अ० । join, unite, accumulate, make heap. पिण्डितः । पिण्डितवान् ।

275 मुडि मार्जने । मुडिँ । मुण्ड् । मुण्डते । A । सेट् । स० । cleanse, be clean, plunge, sink. मुण्डितः । मुण्डितवान् ।

276 तुडि तोडने । तुडिँ । तुण्ड् । तुण्डते । A । सेट् । स० । pluck, cut with teeth, cause pain, press. तुण्डितः । तुण्डितवान् ।

277 हुडि वरणे । हरण इत्येके । स्फुडि विकसने । हुडिँ । हुण्ड् । हुण्डते । A । सेट् । स० । collect, accept, acknowledge, take. हुण्डितः । हुण्डितवान् ।

278 चडि कोपे । चडिँ । चण्ड् । चण्डते । A । सेट् । अ० । be angry, punch चण्डितः । चण्डितवान् ।

279 शडि रुजायां सङ्घाते च । शडिँ । शण्ड् । शण्डते । A । सेट् । अ० । be ill, hurt, collect. शण्डितः । शण्डितवान् ।

280 तडि ताडने । तडिँ । तण्ड् । तण्डते । A । सेट् । स० । strike, hit, beat तण्डितः । तण्डितवान् ।

281 पडि गतौ । पडिँ । पण्ड् । पण्डते । A । सेट् । स० । go, move पण्डितः । पण्डितवान् ।

282 कडि मदे । कडिँ । कण्ड् । कण्डते । A । सेट् । अ० । be proud. कण्डितः । कण्डितवान् ।

283 खडि मन्थे । खडिँ । खण्ड् । खण्डते । A । सेट् । स० । churn, agitate खण्डितः । खण्डितवान् ।

284 हेडृ (अनादरे) । हेडृँ । हेड् । हेडते । A । सेट् । स० । disregard, neglect हेडितः । हेडितवान् ।

285 होडृ अनादरे । होडृँ । होड् । होडते । A । सेट् । स० । disregard, neglect होडितः । होडितवान् ।

286 बाड्ट आप्लाव्ये । बाड्टँ । बाड् । बाडते । A । सेट् । अ० । flood, sink, dive
बाडितः । बाडितवान् ।

287 द्राड्ट (विशरणे) । द्राड्टँ । द्राड् । द्राडते । A । सेट् । अ० । split, divide
द्राडितः । द्राडितवान् ।

288 ध्राड्ट विशरणे । ध्राड्टँ । ध्राड् । ध्राडते । A । सेट् । अ० । split, divide
ध्राडितः । ध्राडितवान् ।

289 शाड्ट श्लाघायाम् । शाड्टँ । शाड् । शाडते । A । सेट् । स० । praise, boast, swim
शाडितः । शाडितवान् ।

अट्टादयः उदात्ताः अनुदात्तेतः आत्मनेभाषाः । अथ आ टवर्गीयान्तसमाप्तेः परस्मैपदिनः ।

290 शौट्ट गर्वे । शौट्टँ । शौट् । शौटति । P । सेट् । अ० । be proud, be haughty
शौटितः । शौटितवान् ।

291 यौट्ट बन्धे । यौट्टँ । यौट् । यौटति । P । सेट् । स० । join together
यौटितः । यौटितवान् ।

292 म्लेट्ट (उन्मादे) । म्लेट्टँ । म्लेट् । म्लेटति । P । सेट् । अ० । be mad, be crazy
म्लेटितः । म्लेटितवान् ।

293 म्रेड्ट उन्मादे । म्रेड्टँ । म्रेड् । म्रेडति । P । सेट् । अ० । be mad, be crazy
म्रेडितः । म्रेडितवान् ।

294 कटे वर्षावरणयोः । चटे इत्येके । कटेँ । कट् । कटति । P । सेट् । स० । rain, cover. कटितः । कटितवान् ।

295 अट (गतौ) । अटँ । अट् । अटति । P । सेट् । स० । roam, wander
अटितः । अटितवान् ।

296 पट गतौ । पटँ । पट् । पटति । P । सेट् । स० । move, go पटितः । पटितवान् ।

297 रट परिभाषणे । रटँ । रट् । रटति । P । सेट् । स० । speak, shout, yell रटितः । रटितवान् ।

298 लट बाल्ये । लटँ । लट् । लटति । P । सेट् । अ० । act childish, be kiddish, prattle, talk less. लटितः । लटितवान् ।

299 शट रुजाविशरणगत्यवसादनेषु । शटँ । शट् । शटति । P । सेट् । स० । be ill, divide, separate, be tired. शटितः । शटितवान् ।

300 वट वेष्टने । वटँ । वट् । वटति । P । सेट् । स० । surround, encompass, bind वटितः । वटितवान् ।

301 किट (त्रासे) । किटँ । किट् । केटति । P । सेट् । अ० । alarm, trouble, terrorise किटितः । किटितवान् ।

302 खिट त्रासे । खिटँ । खिट् । खेटति । P । सेट् । अ० । be frightened, frighten, pain खिटितः । खिटितवान् ।

303 शिट (अनादरे) । शिटँ । शिट् । शेटति । P । सेट् । स० । despise, insult शिटितः । शिटितवान् ।

304 षिट अनादरे । षिटँ । सिट् । सेटति । P । सेट् । स० । insult, neglect, despise सिटितः । सिटितवान् ।

305 जट (सङ्घाते) । जटँ । जट् । जटति । P । सेट् । अ० । clot, be matted, be twisted, do hair bun. जटितः । जटितवान् ।

306 झट सङ्घाते । झटँ । झट् । झटति । P । सेट् । अ० । be collected, be matted झटितः । झटितवान् ।

307 भट भृतौ । भटँ । भट् । भटति । P । सेट् । स० । wear, have, hire, nourish
भटितः । भटितवान् ।

308 तट उच्छ्राये । तटँ । तट् । तटति । P । सेट् । अ० । be elevated, undergo enlargement तटितः । तटितवान् ।

309 खट काङ्क्षायाम् । खटँ । खट् । खटति । P । सेट् । स० । desire, search, trace
खटितः । खटितवान् ।

310 णट नृत्तौ । णटँ । नट् । नटति । P । सेट् । अ० । dance 6.1.65 णो नः ।
नटितः । नटितवान् ।

311 पिट शब्दसङ्घातयोः । पिटँ । पिट् । पेटति । P । सेट् । अ० । sound, put together, assemble, heap पिटितः । पिटितवान् ।

312 हट दीप्तौ । हटँ । हट् । हटति । P । सेट् । अ० । shine हटितः । हटितवान् ।

313 षट अवयवे । षटँ । सट् । सटति । P । सेट् । अ० । be a part of, be a portion of
सटितः । सटितवान् ।

314 लुट विलोडने । डान्तोऽयमित्येके । लुटँ । लुट् । लोटति । P । सेट् । स० ।
stir,shake, roll. 1.2.21 लोटितः । लोटितवान् । पक्षे लुटितः । लुटितवान् ।

315 चिट परप्रेष्ये । चिटँ । चिट् । चेटति । P । सेट् । अ० । serve, obey like a servant चिटितः । चिटितवान् ।

316 विट शब्दे । विटँ । विट् । वेटति । P । सेट् । अ० । sound, curse, rail
विटितः । विटितवान् ।

317 बिट आक्रोशे । हिट इत्येके । बिटँ । बिट् । बेटति । P । सेट् । स० । curse, abuse
बिटितः । बिटितवान् ।

318 इट (गतौ) । इटँ । इट् । एटति । P । सेट् । स० । go इटितः । इटितवान् ।

319 किट (गतौ) । किटँ । किट् । केटति । P । सेट् । अ० । go, terrorize
किटितः । किटितवान् ।

320 कटी गतौ । कटीँ । कट् । कटति । P । सेट् । स० । go 7.2.14 , 8.4.41
कट्टः । कट्टवान् ।

321 मडि भूषायाम् । मडिँ । मण्ड् । मण्डति । P । सेट् । स० । adorn
मण्डितः । मण्डितवान् ।

322 कुडि वैकल्ये । कुटि इत्येके । कुडिँ । कुण्ड् । कुण्डति । P । सेट् । अ० । burn, mutilate, be blunted. कुण्डितः । कुण्डितवान् ।

323 मुड (मर्दने) । मुट केचित् । मुडँ । मुड् । मोडति । P । सेट् । स० । punch, rub, crush, press. 1.2.21 मोडितः । मोडितवान् । पक्षे मुडितः । मुडितवान् ।

324 प्रुड मर्दने । पुट केचित् । प्रुडँ । प्रुड् । प्रोडति । P । सेट् । स० । grind, rub, fold 1.2.21 प्रोडितः । पक्षे प्रुडितः । प्रुडितवान् ।

325 चुडि अल्पीभावे । चुडिँ । चुण्ड् । चुण्डति । P । सेट् । अ० । be less, be small, be a handful. चुण्डितः । चुण्डितवान् ।

326 मुडि खण्डने । मुटि केचित् । पुडि चेत्येके । मुडिँ । मुण्ड् । मुण्डति । P । सेट् । स० । crush, grind, pierce. मुण्डितः । मुण्डितवान् ।

327 रुटि (स्तेये) । रुटिँ । रुण्ट् । रुण्टति । P । सेट् । स० । steal, rob 7.1.58
रुण्टितः । रुण्टितवान् ।

328 लुटि स्तेये । रुठि लुठि इत्येके । रुडि लुडि इत्यपरे । लुटिँ । लुण्ट् । लुण्टति । P । सेट् । स० । steal, rob, plunder, despise. 7.1.58 लुण्टितः । लुण्टितवान् ।

329 स्फुटिर् विशरणे । स्फुटि इत्यपि केचित् । स्फुटिँर् । स्फुट् । स्फोटति । P । सेट् । अ० । destroy, be destroyed, blast 1.2.21 **स्फोटितः । स्फोटितवान् ।**
पक्षे स्फुटितः । स्फुटितवान् ।

330 पठ व्यक्तायां वाचि । पठँ । पठ् । पठति । P । सेट् । स० । read, learn
पठितः पठिता पठितम् । पठितवान् पठितवती पठितवत् ।

331 वठ स्थौल्ये । वठँ । वठ् । वठति । P । सेट् । अ० । be powerful, be fat
वठितः । वठितवान् ।

332 मठ मदनिवासयोः । मठँ । मठ् । मठति । P । सेट् । अ० । be arrogant, reside
मठितः । मठितवान् ।

333 कठ कृच्छ्रजीवने । कठँ । कठ् । कठति । P । सेट् । अ० । live in difficulty
कठितः । कठितवान् ।

334 रट परिभाषणे । रठ इत्येके । रटँ । रट् । रटति । P । सेट् । स० । speak, shout, yell रटितः । रटितवान् ।

335 हठ प्लुतिशठत्वयोः । बलात्कार इत्यन्ये । हठँ । हठ् । हठति । P । सेट् । अ० ।
jump, hop, be wicked. हठितः । हठितवान् ।

336 रुठ (उपघाते) । रुट केचित् । रुठँ । रुठ् । रोठति । P । सेट् । स० । strike against, fall down, lie flat. 1.2.21 रोठितः । रोठितवान् । पक्षे रुठितः । रुठितवान् ।

337 लुठ उपघाते । लुठँ । लुठ् । लोठति । P । सेट् । स० । knock down, roll on ground 1.2.21 लोठितः । पक्षे लुठितः , लुठितवान् ।

338 उठ उपघाते । ऊठ इत्येके । उठँ । उठ् । ओठति । P* । सेट् । स० । strike, destroy, beat 1.2.21 ओठितः । ओठितवान् । पक्षे उठितः , उठितवान् ।

339 पिठ हिंसासङ्क्लेशनयोः । पिठँ । पिठ् । पेठति । P । सेट् । स० । inflict pain, feel pain पिठितः । पिठितवान् ।

340 शठ कैतवे च । शठँ । शठ् । शठति । P । सेट् । स० । deceive, cheat, suffer शठितः । शठितवान् ।

341 शुठ गतिप्रतिघाते । शुठि इति स्वामी । शुठँ । शुठ् । शोठति । P । सेट् । स० । obstruct, be obstructed, limp 1.2.21 **शोठितः । शोठितवान् । पक्षे शुठितः । शुठितवान् ।**

342 कुठि च । कुठिँ । कुण्ठ् । कुण्ठति । P । सेट् । स० । be blunted 7.1.58 कुण्ठितः । कुण्ठितवान् ।

343 लुठि आलस्ये प्रतिघाते च । लुठिँ । लुण्ठ् । लुण्ठति । P । सेट् । स० । be idle, be lazy, limp, resist. लुण्ठितः । लुण्ठितवान् ।

344 शुठि शोषणे । शुठिँ । शुण्ठ् । शुण्ठति । P । सेट् । स० । dry शुण्ठितः । शुण्ठितवान् ।

345 रुठि (गतौ) । रुठिँ । रुण्ठ् । रुण्ठति । P । सेट् । स० । go, be lame, limp रुण्ठितः । रुण्ठितवान् ।

346 लुठि गतौ । लुठिँ । लुण्ठ् । लुण्ठति । P । सेट् । स० । go, set in motion लुण्ठितः । लुण्ठितवान् ।

347 चुड्ड भावकरणे । चुड्डँ । चुड्ड् । चुड्डति । P । सेट् । अ० । make foreplay, indulge in sex, flirt. चुड्डितः । चुड्डितवान् ।

348 अड्ड अभियोगे । अड्डँ । अड्ड् । अड्डति । P । सेट् । स० । join अड्डितः । अड्डितवान् ।

349 कड्ड कार्कश्ये । चुड्डादयस्त्रयोदोपधाः । कड्डँ । कड्ड् । कड्डति । P । सेट् । अ० । be hard, be rough. कड्डितः । कड्डितवान् ।

350 क्रीड्ट विहारे । क्रीड्टँ । क्रीड् । क्रीडति । P । सेट् । अ० । play, enjoy, entertain
क्रीडितः । क्रीडितवान् ।

351 तुड्ट तोडने । तूड्ट इत्येके । तुड्टँ । तुड् । तोडति । P । सेट् । स० । disregard, pluck 1.2.21 तोडितः । तोडितवान् । पक्षे तुडितः, तुडितवान् ।

352 हुड्ट (गतौ) । हुड्टँ । हुड् । होडति । P । सेट् । स० । go, compete 1.2.21 होडितः । होडितवान् । पक्षे हुडितः, हुडितवान् ।

353 हूड्ट (गतौ) । हूड्टँ । हूड् । हूडति । P । सेट् । स० । go, move
हूडितः । हूडितवान् ।

354 होड्ट गतौ । होड्टँ । होड् । होडति । P । सेट् । स० । go होडितः । होडितवान् ।

355 रौड्ट अनादरे । रौड्टँ । रौड् । रौडति । P । सेट् । स० । disrespect, dishonour
रौडितः । रौडितवान् ।

356 रोड्ट (उन्मादे) । रोड्टँ । रोड् । रोडति । P । सेट् । अ० । be drunk, be mad, be humiliated रोडितः । रोडितवान् ।

357 लोड्ट उन्मादे । लोड्टँ । लोड् । लोडति । P । सेट् । अ० । be mad, be stupid
लोडितः । लोडितवान् ।

358 अड उद्यमे । अडँ । अड् । अडति । P । सेट् । स० । try, endeavor अडितः । अडितवान् ।

359 लड विलासे । लल इत्येके । लडँ । लड् । लडति । P । सेट् । अ० । play, sport, loll the tongue. लडितः । लडितवान् ।

360 कड मदे । कडि इत्येके । कडँ । कड् । कडति । P । सेट् । अ० । be proud, be glad कडितः । कडितवान् ।

361 गडि वदनैकदेशे । गडिँ । गण्ड् । गण्डति । P । सेट् । अ० । affect the cheek, goitre गण्डितः । गण्डितवान् ।

शौट्रादयः उदात्ताः उदात्तेतः परस्मैभाषाः ।
अथ पवर्गीयान्ताः आत्मनेपदिनः स्तोभत्यन्ताः चतुस्त्रिंशत् ।

362 तिपृ (क्षरणे) । तिपृँ । तिप् । तेपते । A । अनिट् । अ० । sprinkle
तिप्तः । तिप्तवान् ।

363 तेपृ (क्षरणे) । कम्पने च । तेपृँ । तेप् । तेपते । A । सेट् । अ० । distill, leak, tremble तेपितः । तेपितवान् ।

364 ष्टिपृ (क्षरणे) । ष्टिपृँ । स्तिप् । स्तेपते । A । सेट् । अ० । drop, drip, ooze
स्तिपितः । स्तिपितवान् ।

365 ष्टेपृ क्षरणार्थाः । आद्योऽनुदात्तः । तेपृ कम्पने च । ष्टेपृँ । स्तेप् । स्तेपते । A । सेट् । अ० । ooze, trickle, wet. स्तेपितः । स्तेपितवान् ।

366 ग्लेपृ दैन्ये । ग्लेपृँ । ग्लेप् । ग्लेपते । A । सेट् । स० । be poor, be dependent
ग्लेपितः । ग्लेपितवान् ।

367 टुवेपृ कम्पने । टुवेपृँ । वेप् । वेपते । A । सेट् । अ० । tremble
वेपितः । वेपितवान् ।

368 केपृ (कम्पने) । गतौ च । केपृँ । केप् । केपते । A । सेट् । अ० । shake, go
केपितः । केपितवान् ।

369 गेपृ (कम्पने) । गतौ च । गेपृँ । गेप् । गेपते । A । सेट् । स० । shake, tremble, go, transfer. गेपितः । गेपितवान् ।

370 ग्लेपृ कम्पने गतौ च । ग्लेपृँ । ग्लेप् । ग्लेपते । A । सेट् । स० । be poor, be dependent, tremble, go. ग्लेपितः । ग्लेपितवान् ।

371 मेपृ (गतौ) । मेपृँ । मेप् । मेपते । A । सेट् । स० । move, serve मेपितः । मेपितवान् ।

372 रेपृ (गतौ) । रेपृँ । रेप् । रेपते । A । सेट् । स० । go, move रेपितः । रेपितवान् ।

373 लेपृ गतौ । लेपृँ । लेप् । लेपते । A । सेट् । स० । go near, reach close, sound लेपितः । लेपितवान् ।

374 त्रपूष् लज्जायाम् । त्रपूँष् । त्रप् । त्रपते । A । वेट् । अ० । be ashamed 7.2.44 स्वरतिसूति० । 7.2.15 त्रप्तः । त्रप्तवान् ।

375 कपि चलने । कपिँ । कम्प् । कम्पते । A । सेट् । अ० । shake, move about कम्पितः । कम्पितवान् । 6.4.24 वा० । विकपितः । विकपितवान् / विकम्पितः । विकम्पितवान् ।

376 रबि (शब्दे) । रबिँ । रम्ब् । रम्बते । A । सेट् । अ० । sound 7.1.58 रम्बितः । रम्बितवान् ।

377 लबि (शब्दे) । लबिँ । लम्ब् । लम्बते । A । सेट् । अ० । sound लम्बितः । लम्बितवान् ।

378 अबि शब्दे । अबिँ । अम्ब् । अम्बते । A । सेट् । अ० । sound अम्बितः । अम्बितवान् ।

379 लबि अवस्रंसने च । लबिँ । लम्ब् । लम्बते । A । सेट् । अ० । sound, hang, dangle, drop head first. लम्बितः । लम्बितवान् ।

380 कबृ वर्णे । कबृँ । कब् । कबते । A । सेट् । अ० । paint, describe, write poetry कबितः । कबितवान्

381 क्लीबृ अधाष्टर्ये । क्लीबृँ । क्लीब् । क्लीबते । A । सेट् । अ० । be timid, be weak, be impotent. क्लीबितः । क्लीबितवान् ।

382 क्षीबृ मदे । क्षीबृँ । क्षीब् । क्षीबते । A । सेट् । अ० । be intoxicated, be carefree 8.2.55 अनुपसर्गात् फुल्लक्षीबकृशोल्लाघाः । without Upasarga, Form is stated as क्षीब in this sutra. क्षीबः । पक्षे प्र–क्षीबितः । प्र–क्षीबितवान् ।

383 शीभृ कत्थने । शीभृँ । शीभ् । शीभते । A । सेट् । स० । praise, boast
शीभितः । शीभितवान् ।

384 चीभृ च । चीभृँ । चीभ् । चीभते । A । सेट् । स० । praise, praise falsely
चीभितः । चीभितवान् ।

385 रेभृ शब्दे । अभि , रभि क्वचित् पठ्येते । लभि च । रेभृँ । रेभ् । रेभते । A । सेट् । अ० । sound. रेभितः । रेभितवान् । 7.2.18 वा० । विरिब्धम् इति स्वरश्चेत् । विरेभितम् अन्यत् । रेभृ शब्दे इत्यस्य एतन् निपातनम् । अन्ये तु विरिभितम् अन्यतिति पठन्ति । रभिं सौत्रं धातुं पठन्ति , ते विरिभितम् इति प्रत्युदाहरन्ति ।

386 ष्टभि (प्रतिबन्धे) । ष्टभिँ । स्तम्भ् । स्तम्भते । A । सेट् । स० । stop, be stupid, hold firmly. स्तम्भितः । स्तम्भितवान् ।

387 स्कभि प्रतिबन्धे । स्कभिँ । स्कम्भ् । स्कम्भते । A । सेट् । स० । stop
स्कम्भितः । स्कम्भितवान् ।

388 जभी (गात्रविनामे) । जभीँ । जभ् । जम्भते । A । सेट् । अ० । yawn, gape, copulate, make love 7.1.61 , 7.2.14 , 8.2.40 , 8.4.53 जब्धः । जब्धवान् ।

389 जृभि गात्रविनामे । जृभिँ । जृम्भ् । जृम्भते । A । सेट् । अ० । yawn
जृम्भितः । जृम्भितवान् ।

390 शल्भ कत्थने । शल्भँ । शल्भ् । शल्भते । A । सेट् । स० । praise, boast
शल्भितः । शल्भितवान् ।

391 वल्भ भोजने । वल्भँ । वल्भ् । वल्भते । A । सेट् । स० । eat, devour

वल्भितः । वल्भितवान् ।

392 गल्भ धाष्टर्ये । गल्भँ । गल्भ् । गल्भते । A । सेट् । अ० । be bold, be confident गल्भितः । गल्भितवान् ।

393 श्रम्भु प्रमादे । दन्त्यादिश्च । श्रम्भुँ । श्रम्भ् । श्रम्भते । A । सेट् । अ० । be careless, be negligent, err 6.4.24 , 7.2.56, 8.2.40 , 8.4.53 श्रब्धः । श्रब्धवान् ।

394 ष्टुभु स्तम्भे । ष्टुभुँ । स्तुभ् । स्तोभते । A । सेट् । अ० । prevent, suppress 8.2.40 , 7.2.56, 8.4.53, 7.2.15 स्तुब्धः । स्तुब्धवान् ।

तिप्यादयः उदात्ताः अनुदात्तेतः आत्मनेभाषाः । तिपिः तु अनुदात्तः ।
अथ पवर्गीयान्ताः परस्मैपदिनः एकचत्वारिंशत् ।

395 गुपू रक्षणे । । गुपूँ । गुप् । गोपायति । P । वेट् । स० । protect, hide 7.2.44 स्वरतिसूतिसूयतिधूञूदितो वा । इति वेट् । 7.2.15 यस्य विभाषा । गुप्तः । गुप्तवान् । 3.1.28 गुपूधूपविच्छिपणिपनिभ्य आयः । गोपायितः । गोपायितवान् । पक्षे 3.1.31 आयादय० । गोपितः । गोपितवान् ।

396 धूप सन्तापे । स्वार्थे आयः । धूपँ । धूप् । धूपायति । P । सेट् । स० । heat, be heated, fumigate 3.1. 31 धूपितः । धूपितवान् । 3.1.28 धूपायितः । धूपायितवान् ।

397 जप (व्यक्तायां वाचि) । मानसे च । जपँ । जप् । जपति । P । सेट् । स० । do japa, mutter, utter in low voice. जपितः । जपितवान् ।

398 जल्प व्यक्तायां वाचि । जप मानसे च । जल्पँ । जल्प् । जल्पति । P । सेट् । स० । prattle, speak जल्पितः । जल्पितवान् ।

399 चप सान्त्वने । चपँ । चप् । चपति । P । सेट् । स० । console, soothe चपितः । चपितवान् ।

400 षप समवाये । षपँ । सप् । सपति । P । सेट् । स० । honour, know well, be attached सपितः । सपितवान् ।

401 रप (व्यक्तायां वाचि) । रपँ । रप् । रपति । P । सेट् । स० । talk, chatter रपितः । रपितवान् ।

402 लप व्यक्तायां वाचि । लपँ । लप् । लपति । P । सेट् । अ० । speak, make general talk लपितः । लपितवान् ।

403 चुप मन्दायां गतौ । चुपँ । चुप् । चोपति । P । सेट् । अ० । move slowly, creep, walk stealthily. 1.2.21 चोपितः । चोपितवान् । पक्षे चुपितः । चुपितवान् ।

404 तुप (हिंसायाम्) । तुपँ । तुप् । तोपति । P । सेट् । स० । hurt, cause pain 1.2.21 तोपितः । तोपितवान् । पक्षे तुपितः, तुपितवान् ।

405 तुम्प (हिंसायाम्) । तुम्पँ । तुम्प् । तुम्पति । P । सेट् । स० । hurt, strike 6.4.24 अनिदितां० । तुपितः । तुपितवान् ।

406 त्रुप (हिंसायाम्) । त्रुपँ । त्रुप् । त्रोपति । P । सेट् । स० । hurt, torture
क्त   त्रुपितः,   त्रोपितः 1.2.21   क्तवत्   त्रुपितवान्, त्रोपितवान्

407 त्रुम्प (हिंसायाम्) । त्रुम्पँ । त्रुम्प् । त्रुम्पति । P । सेट् । स० । hurt, torture 6.4.24 अनिदितां० । त्रुपितः । त्रुपितवान् ।

408 तुफ (हिंसायाम्) । तुफँ । तुफ् । तोफति । P । सेट् । स० । hurt, cause pain
क्त   तुफितः,   तोफितः 1.2.21   क्तवत्   तुफितवान्, तोफितवान्

409 तुम्फ (हिंसायाम्) । तुम्फँ । तुम्फ् । तुम्फति । P । सेट् । स० । hurt, strike 6.4.24 अनिदितां० । तुफितः । तुफितवान् ।

410 त्रुफ (हिंसायाम्) । त्रुफँ । त्रुफ् । त्रोफति । P । सेट् । स० । hurt, torture 1.2.21
क्त   त्रुफितः,   त्रोफितः   क्तवत्   त्रुफितवान्, त्रोफितवान्

411 त्रुम्फ हिंसार्थाः । त्रुम्फँ । त्रुम्फ् । त्रुम्फति । P । सेट् । स० । hurt, torture 6.4.24 अनिदितां०। त्रुफितः । त्रुफितवान् ।

412 पर्प (गतौ) । पर्पँ । पर्प् । पर्पति । P । सेट् । स० । move
क्त पर्पितः क्तवत् पर्पितवान्

413 रफ (गतौ) । रफँ । रफ् । रफति । P । सेट् । स० । go, hurt
क्त रफितः क्तवत् रफितवान्

414 रफि (गतौ) । रफिँ । रम्फ् । रम्फति । P । सेट् । स० । go, hurt
क्त रम्फितः क्तवत् रम्फितवान्

415 अर्ब (गतौ) । अर्बँ । अर्ब् । अर्बति । P । सेट् । स० । go towards, hurt
क्त अर्बितः क्तवत् अर्बितवान्

416 पर्ब (गतौ) । पर्बँ । पर्ब् । पर्बति । P । सेट् । स० । move
क्त पर्बितः क्तवत् पर्बितवान्

417 लर्ब (गतौ) । लर्बँ । लर्ब् । लर्बति । P । सेट् । स० । go, move
क्त लर्बितः क्तवत् लर्बितवान्

418 बर्ब (गतौ) । बर्बँ । बर्ब् । बर्बति । P । सेट् । स० । go, move
क्त बर्बितः क्तवत् बर्बितवान्

419 मर्ब (गतौ) । मर्बँ । मर्ब् । मर्बति । P । सेट् । स० । go, move
क्त मर्बितः क्तवत् मर्बितवान्

420 कर्ब (गतौ) । कर्बँ । कर्ब् । कर्बति । P । सेट् । स० । go
क्त कर्बितः क्तवत् कर्बितवान्

421 खर्ब (गतौ) । खर्बँ । खर्ब् । खर्बति । P । सेट् । स० । go
क्त खर्बितः क्तवत् खर्बितवान्

422 गर्ब (गतौ) । गर्बँ । गर्ब् । गर्बति । P । सेट् । स० । go

क्त गर्बितः क्तवत् गर्बितवान्

423 शर्ब (गतौ)। शर्बँ । शर्ब् । शर्बति । P । सेट् । स० । go, injure, harm
क्त शर्बितः क्तवत् शर्बितवान्

424 षर्ब (गतौ) । षर्व केचित् । षर्बँ । सर्ब् । सर्बति । P । सेट् । स० । go, move
क्त सर्बितः क्तवत् सर्बितवान्

425 चर्ब गतौ । चर्बँ । चर्ब् । चर्बति । P । सेट् । स० । go
क्त चर्बितः क्तवत् चर्बितवान्

426 कुबि आच्छादने । कुबिँ । कुम्ब् । कुम्बति । P । सेट् । स० । cover, tremble
क्त कुम्बितः क्तवत् कुम्बितवान्

427 लुबि (अर्दने)। लुबिँ । लुम्ब् । लुम्बति । P । सेट् । स० । hurt, harm, peck
क्त लुम्बितः क्तवत् लुम्बितवान्

428 तुबि अर्दने । तुबिँ । तुम्ब् । तुम्बति । P । सेट् । स० । hurt, cause pain
क्त तुम्बितः क्तवत् तुम्बितवान्

429 चुबि वक्त्रसंयोगे । चुबिँ । चुम्ब् । चुम्बति । P । सेट् । स० । kiss, touch softly
क्त चुम्बितः क्तवत् चुम्बितवान्

430 षृभु (हिंसार्थौ)। षृभुँ । सृभ् । सर्भति । P । सेट् । स० । hurt, injure 7.2.56, 7.2.15 8.2.40 8.4.53 सृब्धः । सृब्धवान् ।

431 षृम्भु हिंसार्थौ । षिभु षिभि इत्येके । षृम्भुँ । सृम्भ् । सृम्भति । P । सेट् । स० । hurt, injure 8.2.40 8.4.53 6.4.24, 7.2.56, 7.2.15 सृब्धः । सृब्धवान् ।
षिभु । सिब्धः । सिब्धवान् ।

432 शुभ (भाषणे)। शुभँ । शुभ् । शोभति । P । सेट् । स० । shine, speak 1.2.21
क्त शुभितः , शोभितः क्तवत् शुभितवान् , शोभितवान्

433 शुम्भ भाषणे । भासने इत्येके । हिंसायाम् इत्यन्ये । शुम्भँ । शुम्भ् । शुम्भति । P । सेट् । स० । shine, speak 6.4.24 अनिदितां०। शुभितः । शुभितवान् ।

गुपादयः उदात्ताः उदात्तेतः परस्मैभाषाः । अथ अनुनासिकान्ताः आत्मनेपदिनः दश ।

434 घिणि (ग्रहणे) । घिणिँ । घिण्ण् । घिण्णते । A । सेट् । स० । take
निष्ठा क्त घिण्णितः क्तवत् घिण्णितवान्

435 घुणि (ग्रहणे) । घुणिँ । घुण्ण् । घुण्णते । A । सेट् । स० । take, accept
निष्ठा क्त घुण्णितः क्तवत् घुण्णितवान्

436 घृणि ग्रहणे । घृणिँ । घृण्ण् । घृण्णते । A । सेट् । स० । take, accept
निष्ठा क्त घृण्णितः क्तवत् घृण्णितवान्

437 घुण (भ्रमणे) । घुणँ । घुण् । घोणते । A । सेट् । अ० । roll, wheel, stagger, reel घुणितः । घुणितवान् । पक्षे 1.2.21 घोणितः । घोणितवान् ।

438 घूर्ण भ्रमणे । घूर्णँ । घूर्ण् । घूर्णते । A । सेट् । अ० । whirl, turn round, revolve घूर्णितः । घूर्णितवान् ।

439 पण व्यवहारे स्तुतौ च । पणँ । पण् । पणते, पणायति । A* । सेट् । स० । barter, bargain, deal. पणितः । पणितवान् । 3.1.28 गुपूधूपविच्छिपणिपनिभ्य आयः । स्तुतौ अर्थे आय । 3.1.31 आयादय आर्धद्धातुके वा । पणायितः । पणायितवान् ।

440 पन च । व्यवहारे स्तुतौ च । पनँ । पन् । पनते, पनायति । A* । सेट् । स० । praise, extol पनितः । पनितवान् । 3.1.28 3.1.31 पनायितः । पनायितवान् ।

441 भाम क्रोधे । भामँ । भाम् । भामते । A । सेट् । अ० । be angry, wrathful, annoyed भामितः । भामितवान् ।

442 क्षमूष् सहने । क्षमूँष् । क्षम् । क्षमते । A । वेट् । स० । suffer, tolerate, forgive, stop 3.3.104 । अयं षित् । 7.2.44 6.4.15 8.3.24 8.4.58 क्षान्तः । क्षान्तवान् ।

443 कमु कान्तौ । कमुँ । कम् । कामयते । A । सेट् । स० । love, be enamoured of. 3.1.30 3.1.31 8.3.24, 8.4.58 कामितः । कामितवान् । पक्षे 7.2.56, 7.2.15, 6.4.15 कान्तः । कान्तवान् ।

घिण्यादयः उदात्ताः अनुदात्तेतः आत्मनेभाषाः । अथ क्रम्यन्ताः परस्मैपदिनः त्रिंशत् ।

444 अण शब्दे । अणँ । अण् । अणति । P । सेट् । स० । sound अणितः । अणितवान्

445 रण (शब्दार्थाः) । गतौ च । रणँ । रण् । रणति । P । सेट् । अ० । sound, go
रणितः रणितवान्

446 वण (शब्दार्थाः) । वणँ । वण् । वणति । P । सेट् । अ० । sound
वणितः वणितवान्

447 भण (शब्दार्थाः) । भणँ । भण् । भणति । P । सेट् । अ० । speak clearly, be frank, call, give name. भणितः । भणितवान् ।

448 मण (शब्दार्थाः) । मणँ । मण् । मणति । P । सेट् । अ० । murmur, sound indistinct मणितः । मणितवान् ।

449 कण (शब्दार्थाः) । कणँ । कण् । कणति । P । सेट् । अ० । cry in distress
कणितः । कणितवान् ।

450 क्वण (शब्दार्थाः) । क्वणँ । क्वण् । क्वणति । P । सेट् । अ० । hum, jingle, tinkle, sound indistinctly. क्वणितः । क्वणितवान् ।

451 व्रण (शब्दार्थाः) । व्रणँ । व्रण् । व्रणति । P । सेट् । अ० । sound
व्रणितः व्रणितवान्

452 भ्रण (शब्दार्थाः) । भ्रणँ । भ्रण् । भ्रणति । P । सेट् । अ० । sound
भ्रणितः । भ्रणितवान् ।

453 ध्वण शब्दार्थाः । धण इत्यपि केचित् । ध्वणँ । ध्वण् । ध्वणति । P । सेट् । स० । sound ध्वणितः । ध्वणितवान् ।

454 ओणृ अपनयने । ओणृँ । ओण् । ओणति । P । सेट् । स० । remove, take away
निष्ठा क्त   ओणितः   क्तवत्   ओणितवान्

455 शोणृ वर्णगत्योः । शोणृँ । शोण् । शोणति । P । सेट् । अ० । redden, move
शोणितः । शोणितवान् ।

456 श्रोणृ सङ्घाते । श्रोणृँ । श्रोण् । श्रोणति । P । सेट् । अ० । collect, heap, accumulate श्रोणितः । श्रोणितवान् ।

457 श्लोणृ च । सङ्घाते । श्लोणृँ । श्लोण् । श्लोणति । P । सेट् । अ० । collect, gather श्लोणितः । श्लोणितवान् ।

458 पैणृ गतिप्रेरणश्लेषणेषु । प्रैणृ इत्यपि । पैणृँ । पैण् । पैणति । P । सेट् । स० । permit, go, embrace. पैणितः । पैणितवान् ।

459 ध्रण शब्दे । (ध्रन) । बण इत्यपि केचित् । ध्रणँ । ध्रण् । ध्रणति । P । सेट् । स० । sound ध्रणितः । ध्रणितवान् ।

460 कनी दीप्तिकान्तिगतिषु । कनीँ । कन् । कनति । P । सेट् । अ० । shine, desire, come close. 7.2.14   6.4.15   कान्तः । कान्तवान् ।

461 ष्टन (शब्दे) । ष्टनँ । स्तन् । स्तनति । P । सेट् । अ० । sound loud, roar
6.1.64 स्तनितः । स्तनितवान् ।

462 वन शब्दे । वनँ । वन् । वनति । P । सेट् । स० । sound वनितः । वनितवान्

463 वन (सम्भक्तौ) । वनँ । वन् । वनति । P । सेट् । स० । serve, help, be in trouble वनितः । वनितवान् ।

464 षण सम्भक्तौ । षणँ । सन् । सनति । P । सेट् । स० । love, serve, worship
6.1.64 धात्वादेः षः सः । 6.4.42 7.2.49 सातः । सातवान् ।

465 अम गत्यादिषु । गतौ, शब्दे, सम्भक्तौ इत्यर्थः । अमँ । अम् । अमति । P । सेट् । स० । go, eat, sound, serve । 8.3.24 8.4.58 7.2.28 इति निष्ठायाम् इट् विकल्पः ।

आन्तः आन्तवान् । पक्षे 6.4.15 अमितः अमितवान् । Actual form seen in literature is with Upasarga अभि i.e. अभ्यान्तः / अभ्यमितः ।

466 द्रम (गतौ) । द्रमँ । द्रम् । द्रमति । P । सेट् । स० । go about, run about

क्त द्रमितः क्तवत् द्रमितवान्

467 हम्म (गतौ) । हम्मँ । हम्म् । हम्मति । P । सेट् । स० । move

6.4.24 हमितः । हमितवान् ।

468 मीमृ गतौ । मीमृ शब्दे च । मीमृँ । मीम् । मीमति । P । सेट् । स० । go, sound

क्त मीमितः क्तवत् मीमितवान्

469 चमु (अदने) । आङ् पूर्वकः । चमुँ । चम् । आचामति, चमति । P । सेट् । स० । drink, sip 6.4.15, 8.3.24, 8.4.58 7.3.75 । वा० आङि चम इति वक्तव्यम् । 7.2.56 7.2.15 आ–चान्तः आ–चान्तवान् ।

470 छमु (अदने) । छमुँ । छम् । छमति । P । सेट् । स० । eat 7.2.56 उदितो वा । 7.2.15 6.4.15, 8.3.24, 8.4.58 छान्तः । छान्तवान् ।

471 जमु (अदने) । जमुँ । जम् । जमति । P । सेट् । स० । eat 7.2.56 7.2.15 6.4.15, 8.3.24, 8.4.58 जान्तः । जान्तवान् ।

472 झमु अदने । जिमु इति केचित् । झमँ । झम् । झमति । P । सेट् । स० । eat, swallow 7.2.56 7.2.15 6.4.15, 8.3.24, 8.4.58 झान्तः । झान्तवान् ।

473 क्रमु पादविक्षेपे । चरणसञ्चालनम् । क्रमुँ । क्रम् । क्रामति / क्रमते, क्राम्यति । P । सेट् । स० । walk,step, go fearlessly, protect, grow 3.1.70 7.3.76 7.2.56 7.2.15 6.4.15, 8.3.24, 8.4.58 क्रान्तः । क्रान्तवान् । 7.2.36 प्रक्रमिता ।

अणादयः उदात्ताः उदात्तेतः परस्मैभाषाः । अथ रेवत्यन्ताः आत्मनेपदिनः चत्वारिंशत् ।

474 अय (गतौ) । अयँ । अय् । अयते । A* । सेट् । स० । go

निष्ठा क्त अयितः क्तवत् अयितवान्

475 वय (गतौ) । वयँ । वय् । वयते । A । सेट् । स० । go, move
निष्ठा क्त वयितः क्तवत् वयितवान्

476 पय (गतौ) । पयँ । पय् । पयते । A । सेट् । स० । move, flow
निष्ठा क्त पयितः क्तवत् पयितवान्

477 मय (गतौ) । मयँ । मय् । मयते । A । सेट् । स० । go, move
निष्ठा क्त मयितः क्तवत् मयितवान्

478 चय (गतौ) । चयँ । चय् । चयते । A । सेट् । स० । go, move
निष्ठा क्त चयितः क्तवत् चयितवान्

479 तय (गतौ) । तयँ । तय् । तयते । A । सेट् । स० । go, move, guard, protect
निष्ठा क्त तयितः क्तवत् तयितवान्

480 णय गतौ । णयँ । नय् । नयते । A । सेट् । स० । go, move, reach, protect
निष्ठा क्त नयितः क्तवत् नयितवान्

481 दय दानगतिरक्षणहिंसादानेषु । दयँ । दय् । दयते । A । सेट् । स० । donate, award, destroy, have pity दयितः । दयितवान् ।

482 रय गतौ । लय च । रयँ । रय् । रयते । A । सेट् । स० । go, shake
क्त रयितः क्तवत् रयितवान्

483 ऊयी तन्तुसन्ताने । ऊयीँ । ऊय् । ऊयते । A । सेट् । स० । weave, sew
क्त ऊतः 6.1.66 लोपो व्योर्वलि । क्तवत् ऊतवान् 7.2.14 श्वीदितो निष्ठायाम् ।

484 पूयी विशरणे दुर्गन्धे च । पूयीँ । पूय् । पूयते । A । सेट् । अ० । break, tear, be smelly 7.2.14, 6.1.66 पूतः । पूतवान् ।

485 क्नूयी शब्दे उन्दने च । क्नूयीँ । क्नूय् । क्नूयते । A । सेट् । स० । make cracking sound, be wet, be smelly 6.1.66 7.2.14 क्नूतः । क्नूतवान् ।

486 क्ष्मायी विधूनने । क्ष्मायीँ । क्ष्माय् । क्ष्मायते । A । सेट् । स० । be shaken, shake, move 6.1.66 7.2.14 क्ष्मातः । क्ष्मातवान् ।

487 स्फायी (वृद्धौ) । स्फायीँ । स्फाय् । स्फायते । A । सेट् । अ० । grow, swell, be fat 6.1.22, 7.2.14 । सफीतः । सफीतवान् ।

488 ओप्यायी वृद्धौ । ओँप्यायीँ । प्याय् । प्यायते । A । सेट् । अ० । be exuberant, swell 8.2.45 ओदितश्च । 6.1.66 इति यकारस्य लोपः । 6.1.28 प्यायः पी । इति अनुपसर्गात् नित्य पी आदेशः । 7.2.14 8.2.45
6.1.28 पीनः पीना पीनम् । पीनवान् पीनवती पीनवत् । पक्षे प्यानः । प्यानवान् ।
6.1.28 वा० । सोपसर्गस्य न । प्र–प्यानः । प्र–प्यानवान् । आ–प्यानः । आ–प्यानवान् ।
6.1.28 वा० । आङ्पूर्वस्यान्धूधसोः स्यादेव आपीनः । आपीनवान् ।

489 तायृ सन्तानपालनयोः । तायृँ । ताय् । तायते । A । सेट् । स० । protect, spread
क्त तायितः क्तवत् तायितवान्

490 शल चलनसंवरणयोः । शलँ । शल् । शलते । A । सेट् । अ० । go, prick, cover
शलितः । शलितवान् ।

491 वल (संवरणे सञ्चरणे च) । वलँ । वल् । वलते । A । सेट् । स० । cover, encircle, go वलितः । वलितवान् ।

492 वल्ल संवरणे सञ्चरणे च । वल्लँ । वल्ल् । वल्लते । A । सेट् । स० । cover, be covered, hidden, go, move वल्लितः । वल्लितवान् ।

493 मल (धारणे) । मलँ । मल् । मलते । A । सेट् । स० । hold, possess, stick
निष्ठा क्त मलितः क्तवत् मलितवान्

494 मल्ल धारणे । मल्लँ । मल्ल् । मल्लते । A । सेट् । स० । hold, possess, stick
निष्ठा क्त मल्लितः क्तवत् मल्लितवान्

495 भल (परिभाषणहिंसादानेषु) । भलँ । भल् । भलते । A । सेट् । स० । speak, describe, hurt भलितः । भलितवान् ।

496 भल्ल परिभाषणहिंसादानेषु । भल्लँ । भल्ल् । भल्लते । A । सेट् । स० । speak, describe, hurt भल्लितः । भल्लितवान् ।

497 कल शब्दसङ्ख्यानयोः । कलँ । कल् । कलते । A । सेट् । अ० । sound, count कलितः । कलितवान् ।

498 कल्ल अव्यक्ते शब्दे । अशब्द इति स्वामी । कल्लँ । कल्ल् । कल्लते । A । सेट् । स० । utter indistinct sound, be dumb कल्लितः । कल्लितवान् ।

499 तेवृ (देवने) । तेवृँ । तेव् । तेवते । A । सेट् । अ० । sport, cry, repent निष्ठा m तेवितः तेवितवान्

500 देवृ देवने । देवृँ । देव् । देवते । A । सेट् । अ० । play, sport, gamble निष्ठा m देवितः देवितवान्

501 षेवृ (सेवने) । षेवृँ । सेव् । सेवते । A । सेट् । स० । serve, be devoted, be yes man, obey सेवितः । सेवितवान् ।

502 गेवृ (सेवने) । गेवृँ । गेव् । गेवते । A । सेट् । स० । serve
गेवितः गेवितवान्

503 ग्लेवृ (सेवने) । ग्लेवृँ । ग्लेव् । ग्लेवते । A । सेट् । स० । serve
ग्लेवितः ग्लेवितवान्

504 पेवृ (सेवने) । पेवृँ । पेव् । पेवते । A । सेट् । स० । serve
पेवितः पेवितवान्

505 मेवृ (सेवने) । मेवृँ । मेव् । मेवते । A । सेट् । स० । serve
मेवितः मेवितवान्

506 म्लेवृ सेवने । शेवृ खेवृ क्लेवृ इत्यप्येके । म्लेवृँ । म्लेव् । म्लेवते । A । सेट् । स० । serve. म्लेवितः । म्लेवितवान् ।

507 रेवृ प्लवगतौ ।रेवृँ । रेव् । रेवते । A । सेट् । अ० । go flying,swim across, flow like a river रेवितः । रेवितवान् ।

508 मव्य बन्धने । मव्यँ । मव्य् । मव्यति । P । सेट् । स० । bind, check मव्यितः । मव्यितवान् ।

अयादयः उदात्ताः अनुदात्तेतः आत्मनेभाषाः । अथ अवत्यन्ताः परस्मैपदिनः एकनवतिः ।

509 सूक्ष्य (ईर्ष्यायाम्) ।सूक्ष्यँ । सूक्ष्य् । सूक्ष्यति । P । सेट् । अ० । be jealous, be envious सूक्ष्यितः । सूक्ष्यितवान् ।

510 ईक्ष्य (ईर्ष्यायाम्) । ईक्ष्यँ । ईक्ष्य् । ईक्ष्यति । P । सेट् । अ० । envy, be jealous ईक्ष्यितः । ईक्ष्यितवान् ।

511 ईर्ष्य ईर्ष्यार्थाः । ईर्ष्यँ । ईर्ष्य् । ईर्ष्यति । P । सेट् । अ० । be jealous. ईर्ष्यितः । ईर्ष्यितवान् ।

512 हय गतौ । हयँ । हय् । हयति । P । सेट् । स० । go, pray हयितः । हयितवान् ।

513 शुच्य अभिषवे । चुच्य इत्येके । शुच्यँ । शुच्य् । शुच्यति ।P। सेट् ।अ०। bathe, filter, distill शुच्यितः । शुच्यितवान् ।

514 हर्य गतिकान्त्योः । हर्यँ । हर्य् । हर्यति । P । सेट् । स० । go, desire, shine हर्यितः । हर्यितवान् ।

515 अल भूषणपर्याप्तिवारणेषु ।अयं स्वरितेदित्येके । अलँ । अल् । अलति , अलते । U । सेट् । स० । adorn, be competent, prevent, suffice अलितः । अलितवान् ।

516 ञिफला विशरणे ।ञिफलाँ । फल् । फलति । P । सेट् । अ० । produce, burst, bear fruit, yield 3.2.187 ञीतः क्तः । 7.4.89 ति च । 8.2.55 अनुपसर्गात् फुल्लक्षीबकृशोल्लाघाः ।वा० उत्फुल्लसंफुल्लयोरिति वक्तव्यम् । इति फुल्ल निपातनम् ।

क्त फुल्लः 8.2.55

क्त	उत्फुल्लः , संफुल्लः वा०		क्तवत्	उत्फुल्लवान् , संफुल्लवान्
क्त	फलितः	7.2.17 3.4.71	क्तवत्	फलितवान्
क्त	प्र–फुल्तः	7.4.89	क्तवत्	प्र–फुल्तवान्
क्त	फल्तः	7.2.16	क्तवत्	फल्तवान्

517 मील (निमेषणे) । मीलँ । मील् । मीलति । P । सेट् । अ० । wink, blink, hide मीलितः । मीलितवान् ।

518 श्मील (निमेषणे) । श्मीलँ । श्मील् । श्मीलति । P । सेट् । अ० । wink, twinkle, bat eyes श्मीलितः । श्मीलितवान् ।

519 स्मील (निमेषणे) । स्मीलँ । स्मील् । स्मीलति । P । सेट् । अ० । wink, blink स्मीलितः । स्मीलितवान् ।

520 क्ष्मील निमेषणे । क्ष्मीलँ । क्ष्मील् । क्ष्मीलति । P । सेट् । अ० । twinkle, close eyelids, droop क्ष्मीलितः । क्ष्मीलितवान् ।

521 पील प्रतिष्टम्भे । पीलँ । पील् । पीलति । P । सेट् । स० । be stupid, stop, break speed पीलितः। पीलितवान् ।

522 णील वर्णे । णीलँ । नील् । नीलति । P । सेट् । अ० । dye blue, dye indigo नीलितः। नीलितवान् ।

523 शील समाधौ । शीलँ । शील् । शीलति । P । सेट् । अ० । contemplate, meditate शीलितः । शीलितवान् ।

524 कील बन्धने । कीलँ । कील् । कीलति । P । सेट् । स० । bind, tie to stake
कीलितः कीलितवान्

525 कूल आवरणे । कूलँ । कूल् । कूलति । P । सेट् । स० । cover, hide कूलितः । कूलितवान् ।

526 शूल रुजायां सङ्घोषे च । शूलँ । शूल् । शूलति । P ।सेट्। स० । have stomach pain, suffer, assassinate शूलितः । शूलितवान् ।

527 तूल निष्कर्षे । तूलँ । तूल् । तूलति । P । सेट् । स० । give up, exile तूलितः । तूलितवान् ।

528 पूल सङ्घाते । पूलँ । पूल् । पूलति । P । सेट् । अ० । heap, collect, gather पूलितः । पूलितवान् ।

529 मूल प्रतिष्ठायाम् । मूलँ । मूल् । मूलति । P । सेट् । अ० । be rooted, be firm, plant मूलितः । मूलितवान् ।

530 फल निष्पत्तौ । फलँ । फल् । फलति । P । सेट् । अ० । burst, bloom, yield fruit फलितः । फलितवान् । 8.2.55 फुल्लः ।

531 चुल्ल भावकरणे । चुल्लँ । चुल्ल् । चुल्लति । P । सेट् । अ० । make amorous gestures चुल्लितः । चुल्लितवान् ।

532 फुल्ल विकसने । फुल्लँ । फुल्ल् । फुल्लति । P । सेट् । अ० । bloom, expand, open, smile फुल्लितः । फुल्लितवान् ।

533 चिल्ल शैथिल्ये भावकरणे च । चिल्लँ । चिल्ल् । चिल्लति । P । सेट् । अ० । act wantonly, sport, relieve, loosen चिल्लितः । चिल्लितवान् ।

534 तिल गतौ । तिल्ल इत्येके । तिलँ । तिल् । तेलति । P । सेट् । स० । go तिलितः । तिलितवान् ।

535 वेलृ (चलने) । वेलृँ । वेल् । वेलति । P । सेट् । स० । go, move, shake, tremble वेलितः वेलितवान्

536 चेलृ (चलने) । चेलृँ । चेल् । चेलति । P । सेट् । अ० । shake, be disturbed चेलितः । चेलितवान् ।

537 केलृ (चलने) । केलृँ । केल् । केलति । P । सेट् । अ० । be shaken, go केलितः । केलितवान् ।

538 खेलृ (चलने) । खेलृँ । खेल् । खेलति । P । सेट् । अ० । shake, tremble, play, go खेलितः । खेलितवान् ।

539 क्ष्वेलृ (चलने) । क्ष्वेलृँ । क्ष्वेल् । क्ष्वेलति । P । सेट् । अ० । tremble, shudder, jump, play क्ष्वेलितः । क्ष्वेलितवान् ।

540 वेल्ल चलने । वेल्लँ । वेल्ल् । वेल्लति । P । सेट् । अ० । go, move, shake, tremble वेल्लितः । वेल्लितवान् ।

541 पेलृ (गतौ) । पेलृँ । पेल् । पेलति । P । सेट् । स० । go, move, shake पेलितः । पेलितवान् ।

542 फेलृ (गतौ) । फेलृँ । फेल् । फेलति । P । सेट् । स० । go, move, transfer फेलितः । फेलितवान् ।

543 शेलृ गतौ । षेलृ इत्येके । शेलृँ । शेल् । शेलति । P । सेट् । स० । go, move, tremble शेलितः । शेलितवान् ।

544 स्खल सञ्चलने । स्खलँ । स्खल् । स्खलति । P । सेट् । अ० । stumble, tumble, fall स्खलितः । स्खलितवान् ।

545 खल सञ्चये । खलँ । खल् । खलति । P । सेट् । स० । move, gather, collect खलितः । खलितवान् ।

546 गल अदने । गलँ । गल् । गलति । P । सेट् । स० । eat, drop,fall down गलितः । गलितवान् ।

547 षल गतौ । षलँ । सल् । सलति । P । सेट् । स० । go, slither, tremble सलितः । सलितवान् ।

548 दल विशरणे । दलँ । दल् । दलति । P । सेट् । अ० । burst open, crack, cleave
दलितः । दलितवान् ।

549 श्वल (आशुगमने) । श्वलँ । श्वल् । श्वलति । P । सेट् । अ० । walk fast, hurry, jog श्वलितः । श्वलितवान् ।

550 श्वल्ल आशुगमने । श्वल्लँ । श्वल्ल् । श्वल्लति । P । सेट् । अ० । walk fast, hurry
श्वल्लितः । श्वल्लितवान् ।

551 खोलृ (गतिप्रतिघाते) । खोलृँ । खोल् । खोलति । P । सेट् । अ० । limp
खोलितः । खोलितवान् ।

552 खोर्ऋ गतिप्रतिघाते । खोर्ऋँ । खोर् । खोरति । P । सेट् । अ० । limp
खोरितः । खोरितवान् ।

553 धोर्ऋ गतिचातुर्ये । धोर्ऋँ । धोर् । धोरति । P । सेट् । अ० । walk properly, be alert धोरितः । धोरितवान् ।

554 त्सर छद्मगतौ । त्सरँ । त्सर् । त्सरति । P । सेट् । अ० । sneak in, creep in
त्सरितः । त्सरितवान् ।

555 क्मर हूर्च्छने । क्मरँ । क्मर् । क्मरति । P । सेट् । अ० । be crooked in mind or body क्मरितः । क्मरितवान् ।

556 अभ्र (गत्यर्थाः) । अभ्रँ । अभ्र् । अभ्रति । P । सेट् । स० । go, wander
अभ्रितः । अभ्रितवान् ।

557 वभ्र (गत्यर्थाः) । वभ्रँ । वभ्र् । वभ्रति । P । सेट् । स० । go, move, change places वभ्रितः । वभ्रितवान् ।

558 मभ्र (गत्यर्थाः) । मभ्रँ । मभ्र् । मभ्रति । P । सेट् । स० । go, move

मश्रितः । मश्रितवान् ।

559 चर गत्यर्थाः । चरतिः भक्षणे अपि । चरँ । चर् । चरति । P । सेट् । स० । move, go, graze, practise, behave **चरितः । चरितवान् ।**

560 ष्ठिवु निरसने । उदात्तः उदात्तेतः। ष्ठिवुँ । ष्ठिव् । ष्ठीवति । P । सेट् । अ० । spit, eject saliva, spatter 6.1.64 धात्वादेः षः सः । वा० सुब्धातु–ष्ठिवु–ष्वष्कतीनां सत्वप्रतिषेधो वाच्यः । 7.3.75 ष्ठिवुक्लम्याचमां शिति इति दीर्घः । 7.2.56, 7.2.15 6.4.19 6.1.77 इको यणचि । यण् Sandhi ष्ठ् इ ऊ –> ष्ठ् य् ऊ –> ष्ठ्यू । **ष्ठ्यूतः । ष्ठ्यूतवान् ।**

561 जि जये । जि॒ । जि । जयति । P । अनिट् । अ० । conquer, defeat, subjugate 7.4.25 **जितः । जितवान् ।**

562 जीव प्राणधारणे । जीवँ । जीव् । जीवति । P । सेट् । अ० । live, be alive
जीवितः । जीवितवान् ।

563 पीव (स्थौल्ये) । पीवँ । पीव् । पीवति । P । सेट् । अ० । be fat **पीवितः । पीवितवान् ।**

564 मीव (स्थौल्ये) । मीवँ । मीव् । मीवति । P । सेट् । अ० । go, move, be fat
मीवितः । मीवितवान् ।

565 तीव (स्थौल्ये) । तीवँ । तीव् । तीवति । P । सेट् । अ० । be fat
तीवितः । तीवितवान् ।

566 णीव स्थौल्ये । णीवँ । नीव् । नीवति । P । सेट् । अ० । be fat **नीवितः । नीवितवान् ।**

567 क्षीवु (निरसने) । क्षिवु इत्येव । क्षीवुँ । क्षीव् । क्षीवति । P । सेट् । स० । spit, vomit 7.2.56 उदितो वा । 7.2.15 यस्य विभाषा । 6.4.19 च्छ्वोः शूडनुनासिके च । इति वकारस्य ऊठ् । 6.1.77 इको यणचि । यण् Sandhi क्ष् ई ऊ –> क्ष् य् ऊ –> क्ष्यू ।
क्ष्यूतः । क्ष्यूतवान् ।

568 क्षेवु निरसने । क्षेवुँ । क्षेव् । क्षेवति । P । सेट् । स० । spit, vomit 7.2.56, 7.2.15, 6.4.19 6.1.78 एचोऽयवायावः । क्ष् ए ऊ –> क्ष् अय् ऊ –> क्षयू ।

क्षयूतः । क्षयूतवान् ।

अथ अष्टौ धात्वः मध्ये उपधा रेफः च रेफस्य पूर्व उकार । 8.2.78 उपधायां च । इति इकः दीर्घः । 7.2.14 श्वीदितो निष्ठायाम् । इति इण्णिषेधः । 8.2.42 रदाभ्यां निष्ठातो नः पूर्वस्य च दः । 6.4.21 राल्लोपः ।

569 उर्वी (हिंसायाम्)। उर्वीँ । उर्व् । ऊर्वति । P । सेट् । स० । cause hurt, torture 7.2.14 8.2.78 6.4.21 राल्लोपः । 8.2.42 ऊर्णः । ऊर्णवान् ।

570 तुर्वी (हिंसायाम्) । तुर्वीँ । तुर्व् । तूर्वति । P । सेट् । स० । hurt, overpower, be better 7.2.14 8.2.78, 8.2.61 नसत्तनिषत्तानुत्तप्रतूर्तसूर्तगूर्तानि छन्दसि । Vedic usage for निष्ठा shows प्रतूर्त्त ।

8.2.42 6.4.21	तूर्णः	तूर्णवान्
8.2.61 6.4.21 8.2.77	प्रतूर्त्तम्	

571 थुर्वी (हिंसायाम्) । थुर्वीँ । थुर्व् । थूर्वति । P । सेट् । स० । hurt, injure 8.2.78

7.2.14 6.4.21 8.2.42	थूर्णः	थूर्णवान्

572 दुर्वी (हिंसायाम्) । दुर्वीँ । दुर्व् । दूर्वति । P । सेट् । स० । hurt, overpower, be better 7.2.14 8.2.78, 6.4.21 8.2.42 दूर्णः । दूर्णवान् ।

573 धुर्वी हिंसार्थाः । धुर्वीँ । धुर्व् । धूर्वति । P । सेट् । स० । kill, torture 8.2.78

7.2.14 6.4.21 8.2.42	धूर्णः	धूर्णवान्

574 गुर्वी उद्यमने । गुर्वीँ । गुर्व् । गूर्वति । P । सेट् । अ० । make effort,work hard 7.2.14 8.2.78, 6.4.21, 8.2.61 Vedic usage for निष्ठा shows गूर्तः । पक्षे गूर्णः । गूर्णवान् ।

575 मुर्वी बन्धने । मुर्वीँ । मुर्व् । मूर्वति । P । सेट् । स० । bind, stop 8.2.78

7.2.14 6.4.21 8.2.42	मूर्णः	मूर्णवान्

576 पुर्व (पूरणे) । पूर्व इत्येके । पुर्वँ । पुर्व् । पूर्वति । P । सेट् । स० । complete, fill 8.2.78 पूर्वितः । पूर्वितवान् ।

वृत् । (8.2.78 उपधायां च) गतः ।

577 पर्व (पूरणे) । पर्वँ । पर्व् । पर्वति । P । सेट् । अ० । fill पर्वितः । पर्वितवान् ।

578 मर्व पूरणे । मर्वँ । मर्व् । मर्वति । P । सेट् । स० । go, move, fill मर्वितः । मर्वितवान् ।

579 चर्व अदने । चर्वँ । चर्व् । चर्वति । P । सेट् । स० । eat, chew, bite, relish चर्वितः । चर्वितवान् ।

580 भर्व हिंसायाम् । भर्वँ । भर्व् । भर्वति । P । सेट् । स० । be violent भर्वितः । भर्वितवान् ।

581 कर्व (दर्पे) । कर्वँ । कर्व् । कर्वति । P । सेट् । अ० । be proud, boast कर्वितः । कर्वितवान् ।

582 खर्व (दर्पे) । खर्वँ । खर्व् । खर्वति । P । सेट् । अ० । be proud, be obstinate खर्वितः । खर्वितवान् ।

583 गर्व दर्पे । गर्वँ । गर्व् । गर्वति । P । सेट् । अ० । be proud, be haughty गर्वितः । गर्वितवान् ।

584 अर्व (हिंसायाम्) । अर्वँ । अर्व् । अर्वति । P । सेट् । स० । cause hurt अर्वितः । अर्वितवान् ।

585 शर्व (हिंसायाम्) । शर्वँ । शर्व् । शर्वति । P । सेट् । स० । injure, kill शर्वितः । शर्वितवान् ।

586 षर्व हिंसायाम् । षर्वँ । सर्व् । सर्वति । P । सेट् । स० । go, hurt, oppress सर्वितः । सर्वितवान् ।

587 इवि व्याप्तौ । इविँ । इन्व् । इन्वति । P । सेट् । स० । pervade इन्वितः । इन्वितवान् ।

588 पिवि (सेचने) । पिविँ । पिन्व् । पिन्वति । P । सेट् । स० । serve, sprinkle holy water, wet पिन्वितः । पिन्वितवान् ।

589 मिवि (सेचने) । मिविँ । मिन्व् । मिन्वति । P । सेट् । स० । sprinkle, moisten, honour मिन्वितः । मिन्वितवान् ।

590 णिवि सेचने । षिवि इत्येके । सेवने इत्यन्ये । णिविँ । निन्व् । निन्वति । P । सेट् । स० । wet, attend निन्वितः । निन्वितवान् ।

591 हिवि (प्रीणने) । हिविँ । हिन्व् । हिन्वति । P । सेट् । स० । satisfy, be calm हिन्वितः । हिन्वितवान् ।

592 दिवि (प्रीणने) । दिविँ । दिन्व् । दिन्वति । P । सेट् । स० । be happy, be glad, make happy दिन्वितः । दिन्वितवान् ।

593 धिवि (प्रीणने) । धिविँ । धिन्व् । धिनोति । P । सेट् । स० । satisfy, nourish, delight 3.1.80 धिन्विकृण्व्योर च । अकारः अन्तादेशः तथा उ विकरणः शपि परतः । 6.4.48 अतो लोपः । स्थानिवद्भावेन लघूपधागुणः निषेधः । धिन्वितः । धिन्वितवान् ।

594 जिवि प्रीणनार्थाः । जिविँ । जिन्व् । जिन्वति । P । सेट् । स० । satisfy, please, release, set free जिन्वितः । जिन्वितवान् ।

595 रिवि (गत्यर्थाः) । रिविँ । रिन्व् । रिण्वति । P । सेट् । स० । go 8.4.1 रषाभ्यां नो णः समानपदे । रिण्वितः । रिण्वितवान् ।

596 रवि (गत्यर्थाः) । रविँ । रन्व् । रण्वति । P । सेट् । स० । move 8.4.1 रण्वितः । रण्वितवान् ।

597 धवि गत्यर्थाः । धविँ । धन्व् । धन्वति । P । सेट् । स० । move, replace धन्वितः । धन्वितवान् ।

598 कृवि हिंसाकरणयोश्च । कृविँ । कृन्व् । कृणोति । P । सेट् । स० । hurt, cut to pieces, be sorry 3.1.80 धिन्विकृण्व्योर च । अकारः अन्तादेशः तथा उ विकरणः शपि परतः । 6.4.48 अतो लोपः । स्थानिवद्भावेन लघूपधागुणः निषेधः । 8.4.1 कृण्वितः । कृण्वितवान् ।

599 मव बन्धने । मवँ । मव् । मवति । P । सेट् । स० । bind, check

अस्य धातोः सेट्त्वात् मवितम् इति रूपम् । मवितः । मवितवान् । काशिकायां तु 6.4.20 ज्वरत्वरस्त्रिव्यविमवामुपधायाश्च । इति उपधा-तथा-वकारस्य ऊठ् आदेशः । मूतः । मूतवान् ।

600 अव रक्षणगतिकान्तिप्रीतितृप्त्यवगमप्रवेशश्रवण-
स्वाम्यर्थयाचनक्रियेच्छादीप्त्यवाप्त्यालिङ्गनहिंसादानभागवृद्धिषु ।
अवँ । अव् । अवति । P । सेट् । स० । protect, evolve, love, please, satisfy, like
अवितः । अवितवान् । 6.4.20 ऊतः । ऊतवान् ।

मव्यादयः उदात्ताः उदात्तेतः परस्मैभाषाः । जिः तु अनुदात्तः ।

601 धावु गतिशुद्ध्योः । उदात्तः स्वरितेत् उभयतोभाषः। धावुँ । धाव् । धावति/ते । U । सेट् । स० । run 7.2.56 उदितो वा । 7.2.15 यस्य विभाषा । इति इण्णिषेधः । किन्तु तत् अनित्यत्वपक्षे धावितम् । 6.4.19 च्छ्वोः शूडनुनासिके च । इति वकारस्य ऊठ् आदेशः । 6.1.89 एत्येधत्यूठ्सु । ध् आ ऊ –> वृद्धि आदेशः –> धौ । धौतः । धौतवान् ।
पक्षे धावितः । धावितवान् ।

अथ उष्मान्ताः आत्मनेपदिनः द्विपञ्चाशत् ।

602 धुक्ष (सन्दीपनक्लेशनजीवनेषु)। धुक्षँ । धुक्ष् । धुक्षते । A । सेट् । स० । kindle, live, be harassed, tire धुक्षितः । धुक्षितवान् ।

603 धिक्ष सन्दीपनक्लेशनजीवनेषु । धिक्षँ । धिक्ष् । धिक्षते । A । सेट् । स० । kindle, live, be harassed, tire धिक्षितः । धिक्षितवान् ।

604 वृक्ष वरणे । वृक्षँ । वृक्ष् । वृक्षते । A । सेट् । स० । accept, select, cover
वृक्षितः । वृक्षितवान् ।

605 शिक्ष विद्योपादाने । शिक्षँ । शिक्ष् । शिक्षते । A । सेट् । स० । learn, practise, teach शिक्षितः । शिक्षितवान् ।

606 भिक्ष भिक्षायाम् अलाभे लाभे च । भिक्षँ । भिक्ष् । भिक्षते । A । सेट् । स० । beg, obtain भिक्षितः । भिक्षितवान् ।

607 क्लेश अव्यक्तायां वाचि । बाधने इति दुर्गः । क्लेशँ । क्लेश् । क्लेशते । A । सेट् । स० । speak inarticulately, torture, be rude क्लेशितः । क्लेशितवान् ।

608 दक्ष वृद्धौ शीघ्रार्थे च । दक्षँ । दक्ष् । दक्षते । A । सेट् । अ० । be rich, work quickly, be able दक्षितः । दक्षितवान् ।

609 दीक्ष मौण्ड्येज्योपनयननियमव्रतादेशेषु । दीक्षँ । दीक्ष् । दीक्षते । A । सेट् । अ० । give diksha दीक्षितः । दीक्षितवान् ।

610 ईक्ष दर्शने । ईक्षँ । ईक्ष् । ईक्षते । A । सेट् । स० । see, perceive ईक्षितः । ईक्षितवान् ।

611 ईष गतिहिंसादर्शनेषु । ईषँ । ईष् । ईषते । A । सेट् । स० । go, kill, see, fly away, give ईषितः । ईषितवान् ।

612 भाष व्यक्तायां वाचि । भाषँ । भाष् । भाषते । A । सेट् । स० । speak भाषितः । भाषितवान् ।

613 वर्ष स्नेहने । वृषु सेचन इत्यग्रे परस्मैपदी । वर्षँ । वर्ष् । वर्षते । A । सेट् । अ० । be wet, be drenched वर्षितः । वर्षितवान् ।

614 गेषृ अन्विच्छायाम् । ग्लेषृ इत्येके । गेषृँ । गेष् । गेषते । A । सेट् । स० । seek, investigate, search गेषितः । गेषितवान् ।

615 पेषृ प्रयत्ने । एषृ इत्येके । येषृ इत्यप्यन्ये । पेषृँ । पेष् । पेषते । A । सेट् । स० । make one stay, strive diligently पेषितः । पेषितवान् ।

616 जेषृ (गतौ) । जेषृँ । जेष् । जेषते । A । सेट् । स० । go जेषितः । जेषितवान् ।

617 णेषृ (गतौ) । णेषृँ । नेष् । नेषते । A । सेट् । स० । go, reach नेषितः । नेषितवान् ।

618 एषृ (गतौ) । एषृँ । एष् । एषते । A । सेट् । स० । try, go एषितः । एषितवान् ।

619 प्रेषृ गतौ । प्रेषृँ । प्रेष् । प्रेषते । A । सेट् । स० । go, move, cast, throw
प्रेषितः । प्रेषितवान् ।

620 रेषृ (अव्यक्ते शब्दे) । रेषृँ । रेष् । रेषते । A । सेट् । अ० । utter indistinctly, snarl, neigh, howl, roar रेषितः । रेषितवान् ।

621 हेषृ (अव्यक्ते शब्दे) । हेषृँ । हेष् । हेषते । A । सेट् । अ० । neigh, sound like horse हेषितः । हेषितवान् ।

622 ह्रेषृ अव्यक्ते शब्दे । ह्रेषृँ । ह्रेष् । ह्रेषते । A । सेट् । अ० । neigh, sound like horse
ह्रेषितः । ह्रेषितवान् ।

623 कासृ शब्दकुत्सायाम् । कासृँ । कास् । कासते । A । सेट् । अ० । cough
कासितः । कासितवान् ।

624 भासृ दीप्तौ । भासृँ । भास् । भासते । A । सेट् । अ० । shine, be bright
भासितः । भासितवान् ।

625 णासृ (शब्दे) । णासृँ । नास् । नासते । A । सेट् । अ० । sound नासितः । नासितवान् ।

626 रासृ शब्दे । रासृँ । रास् । रासते । A । सेट् । अ० । cry, scream, make sounds
रासितः । रासितवान् ।

627 णस कौटिल्ये । णसँ । नस् । नसते । A । सेट् । अ० । be fraudulent
नसितः । नसितवान् ।

628 भ्यस भये । भ्यसँ । भ्यस् । भ्यसते । A । सेट् । अ० । be afraid
भ्यसितः । भ्यसितवान् ।

629 आङः शसि इच्छायाम् । आङः शसिँ । आशंस् । आशंसते । A । सेट् । स० ।
desire आ–शंसितः । आ–शंसितवान् ।

630 ग्रसु (अदने) । ग्रसुँ । ग्रस् । ग्रसते । A । सेट् । स० । swallow, eat, devour, consume 7.2.34 ग्रसितस्कभितस्तभितोत्तभितचत्तविकस्ता० । इति वेद-विषये ग्रसित निपातनम् । ग्रसितः । ग्रसितवान् । पक्षे 7.2.15 ग्रस्तः । ग्रस्तवान् ।
7.2.34 lists new सौत्र Roots स्कम्भुँ , स्तम्भुँ । वेदे वि–ष्कभितः । लोके वि–ष्कब्धः । वि–ष्कब्धवान् । Similarly वेदे स्तभितम् । उत्–तभिता । लोके स्तब्धः । स्तब्धवान् । उत्–तब्धा ।

631 ग्लसु अदने । ग्लसुँ । ग्लस् । ग्लसते । A । सेट् । स० । eat, digest, devour 7.2.56 ग्लस्तः । ग्लस्तवान् ।

632 ईह चेष्टायाम् । ईहँ । ईह् । ईहते । A । सेट् । अ० । desire, aim, endeavour ईहितः । ईहितवान् ।

633 बहि (वृद्धौ) । बहिँ । बंह् । बंहते । A । सेट् । अ० । grow, prosper बंहितः । बंहितवान् ।

634 महि वृद्धौ । वहि इत्येके । महिँ । मंह् । मंहते । A । सेट् । अ० । grow मंहितः । मंहितवान् ।

635 अहि गतौ । अहिँ । अंह् । अंहते । A । सेट् । स० । go अंहितः । अंहितवान् ।

636 गर्ह (कुत्सायाम्) । गर्हँ । गर्ह् । गर्हते । A । सेट् । स० । blame, criticize, accuse, reproach गर्हितः । गर्हितवान् ।

637 गल्ह कुत्सायाम् । गल्हँ । गल्ह् । गल्हते । A । सेट् । स० । blame, accuse गल्हितः । गल्हितवान् ।

638 बर्ह (प्राधान्ये) । बर्हँ । बर्ह् । बर्हते । A । सेट् । स० । be the best, shine बर्हितः । बर्हितवान् ।

639 बल्ह प्राधान्ये । बल्हँ । बल्ह् । बल्हते । A । सेट् । स० । be the best, shine बल्हितः । बल्हितवान् ।

640 वर्ह (परिभाषणहिंसाच्छादनेषु) । वर्हँ । वर्ह् । वर्हते । A । सेट् । स० । tell, say, injure, cover **वर्हितः । वर्हितवान् ।**

641 वल्ह परिभाषणहिंसाच्छादनेषु । वल्हँ । वल्ह् । वल्हते । A । सेट् । स० । speak, hurt, cover **वल्हितः । वल्हितवान् ।**

642 प्लिह गतौ । प्लिहँ । प्लिह् । प्लेहते । A । सेट् । स० । go, move
प्लिहितः । प्लिहितवान् ।

643 वेहृ (प्रयत्ने) ।बेहृ केचित् । वेहृँ । वेह् । वेहते । A । सेट् । अ० । try, make commitment, make one stay **वेहितः । वेहितवान् ।**

644 जेहृ (प्रयत्ने) । गतौ च । जेहृँ । जेह् । जेहते । A । सेट् । अ० । attempt with curiosity, go **जेहितः । जेहितवान् ।**

645 वाहृ प्रयत्ने । बाहृ केचित् । जेहृ गतावपि । वाहृँ । वाह् । वाहते । A । सेट् । अ० । make effort, stay. *Famous word बाढम् WOW Great !* 7.2.18 **इति बाढ निपात्यते ।**
बाढः । बाढवान् । पक्षे वाहितः । वाहितवान् ।

646 द्राहृ निद्राक्षये । निक्षेप इत्येके । द्राहृँ । द्राह् । द्राहते । A । सेट् । अ० । awaken, mortgage **द्राहितः । द्राहितवान् ।**

647 काशृ दीप्तौ । **काशृँ** । काश् । काशते । A । सेट् । अ० । shine, be brilliant
काशितः । काशितवान् ।

648 ऊह वितर्के । ऊहँ । ऊह् । ऊहते । A । सेट् । स० । conjecture, reason
ऊहितः । ऊहितवान् ।

649 गाहू विलोडने । **गाहूँ** । गाह् । गाहते । A । वेट् । स० । dive, stir, penetrate, plunge, disclose. 8.2.31, 8.2.40, 8.4.41, 7.2.44 7.2.15 **गाढः । गाढवान् ।**

650 गृहू ग्रहणे । **गृहूँ** । गृह् । गर्हते । A । वेट् । स० । seize, take 7.2.44, 7.2.15, 8.2.31,

8.2.40, 8.4.41, 8.3.13 गृढः । गृढवान् ।

651 ग्लह च । ग्लहू इति क्षीरस्वामी । ग्लहँ । ग्लह् । ग्लहते । A । सेट् । स० । take, receive, gamble, win in gambling गल्हितः । गल्हितवान् ।

652 घुषि कान्तिकरणे । घष इति केचित् । घुषिँ । घुंष् । घुंषते । A । सेट् । स० । clean, sweep, brighten घुंषितः । घुंषितवान् ।

घुक्षादयः उदात्ताः अनुदात्तेतः आत्मनेभाषाः । गृहिः तु वेट् ।
अथ अर्हत्यन्ताः परस्मैपदिनः एकनवतिः ।

653 घुषिर् अविशब्दने । शब्दः इति अन्ये पेठुः । घुषिँर् । घुष् । घोषति । P । सेट् । स० । proclaim, act secretly 7.2.23 घुषिरविशब्दने । विशब्दने अनिट् पक्षे सेट् । 8.4.41 ष्टुना ष्टुः । 7.2.28 रुष्यमत्वरसंघुषस्वनाम् । इति निष्ठायाः इट् विकल्पः न ।
7.2.23 अवघुषितः अवघुषिता अवघुषितम् । अवघुषितवान् । पक्षे घुष्टः । घुष्टवान् ।
7.2.28 संघुषितः । संघुषितवान् । पक्षे संघुष्टः । संघुष्टवान् । Also सङ्घुषितः । सङ्घुष्टः ।

654 अक्षू व्याप्तौ । अक्षूँ । अक्ष् । अक्षति, अक्ष्णोति । P । वेट् । स० । reach, accumulate, pervade. 3.1.75 अक्षोऽन्यतरस्याम् इति वा श्नु । 7.2.44 8.2.29 स्कोः संयोगाद्योरन्ते च । इति ककारस्य लोपः । 8.4.41 अष्टः । अष्टवान् ।

655 तक्षू (तनूकरणे) । तक्षँ । तक्ष् । तक्षति, तक्ष्णोति । P । वेट् । स० । chop, slice, split 3.1.76 तनूकरणे तक्षः इति वा श्नु । 7.2.44 8.2.29 8.4.41 तष्टः । तष्टवान् ।

656 त्वक्षू तनूकरणे । त्वक्षूँ । त्वक्ष् । त्वक्षति । P । वेट् । स० । trim, pare, peel 7.2.44 इति निष्ठायाः इण्णिषेधः । 8.2.29 8.4.41 त्वष्टः । त्वष्टवान् ।

657 उक्ष सेचने । उक्षँ । उक्ष् । उक्षति । P । सेट् । स० । sprinkle, make wet, consecrate उक्षितः । उक्षितवान् ।

658 रक्ष पालने । रक्षँ । रक्ष् । रक्षति । P । सेट् । स० । protect, guide, follow the law रक्षितः । रक्षितवान् ।

659 णिक्ष चुम्बने । णिक्षँ । निक्ष् । निक्षति । P। सेट् । स०। kiss निक्षितः । निक्षितवान्।

660 त्रक्ष (गतौ) । त्रक्षँ । त्रक्ष् । त्रक्षति । P । सेट् । स०।move त्रक्षितः । त्रक्षितवान् ।

661 ष्ट्रक्ष (गतौ) । तृक्ष ष्टृक्ष । ष्ट्रक्षँ । स्त्रक्ष् । स्त्रक्षति । P । सेट् । स०।go स्त्रक्षितः । स्त्रक्षितवान् ।

662 णक्ष गतौ । णक्षँ । नक्ष् । नक्षति । P । सेट् । स० ।come near, approach नक्षितह । नक्षितवान् ।

663 वक्ष रोषे । सङ्घाते इत्येके । वक्षँ । वक्ष् । वक्षति । P । सेट् । अ० ।be angry, collect, accumulate वक्षितः । वक्षितवान् ।

664 मृक्ष सङ्घाते । म्रक्ष इत्येके । मृक्षँ । मृक्ष् । मृक्षति । P । सेट् । अ० । gather, accumulate मृक्षितः । मृक्षितवान् ।

665 तक्ष त्वचने । पक्ष परिग्रहे इत्येके । तक्षँ । तक्ष् । तक्षति । P । सेट् । स० ।cover तक्षितः । तक्षितवान् ।

666 सूर्क्ष आदरे । षूर्क्ष इति केचित् । सूर्क्षँ । सूर्क्ष् । सूर्क्षति । P । सेट् । स० ।respect, disrespect सूर्क्षितः । सूर्क्षितवान् ।

667 काक्षि (काङ्क्षायाम्) । काक्षिँ । काङ्क्ष् । काङ्क्षति । P । सेट् । स० ।desire, wish काङ्क्षितः । काङ्क्षितवान् ।

668 वाक्षि (काङ्क्षायाम्) । वाक्षिँ । वाङ्क्ष् । वाङ्क्षति । P । सेट् । स० ।wish, desire वाङ्क्षितः । वाङ्क्षितवान् ।

669 माक्षि काङ्क्षायाम् । माक्षिँ । माङ्क्ष् । माङ्क्षति । P । सेट् । स० ।desire माङ्क्षितः । माङ्क्षितवान् ।

670 द्राक्षि (घोरवासिते च) । द्राक्षिँ । द्राङ्क्ष् । द्राङ्क्षति । P । सेट् । अ० ।croak, caw, desire द्राङ्क्षितः । द्राङ्क्षितवान् ।

671 ध्राक्षि (घोरवासिते च) । ध्राक्षिँ । ध्राङ्क्ष् । ध्राङ्क्षति । P । सेट् । अ० । croak, caw, desire ध्राङ्क्षितः । ध्राङ्क्षितवान् ।

672 ध्वाक्षि घोरवासिते च । काङ्क्षायाम् च । ध्वाक्षिँ । ध्वाङ्क्ष् । ध्वाङ्क्षति । P । सेट् । अ० । croak, caw, desire ध्वाङ्क्षितः । ध्वाङ्क्षितवान् ।

673 चूष पाने । चूषँ । चूष् । चूषति । P । सेट् । स० । drink, suck in, suck out चूषितः । चूषितवान् ।

674 तूष तुष्टौ । तूषँ । तूष् । तूषति । P । सेट् । अ० । satisfy, be satisfied तूषितः । तूषितवान् ।

675 पूष वृद्धौ । पूषँ । पूष् । पूषति । P । सेट् । अ० । grow, nourish, upbring पूषितः । पूषितवान् ।

676 मूष स्तेये । मूषँ । मूष् । मूषति । P । सेट् । स० । steal, rob मूषितः । मूषितवान् ।

677 लूष (भूषायाम्) । लूषँ । लूष् । लूषति । P । सेट् । स० । decorate, makeup, ornate लूषितः । लूषितवान् ।

678 रूष भूषायाम् । रूषँ । रूष् । रूषति । P । सेट् । स० । adorn, smear, anoint, overdo makeup रूषितः । रूषितवान् ।

679 शूष प्रसवे । प्रसवोऽभ्यनुज्ञानम् । शूषँ । शूष् । शूषति । P । सेट् । स० । permit, give birth, bring forth शूषितः । शूषितवान् ।

680 यूष हिंसायाम् । यूषँ । यूष् । यूषति । P । सेट् । स० । hurt, injure यूषितः । यूषितवान् ।

681 जूष च । हिंसायाम् च। जूषँ । जूष् । जूषति । P । सेट् । स० । hurt, injure जूषितः । जूषितवान् ।

682 भूष अलङ्कारे । भूषँ । भूष् । भूषति । P । सेट् । स० । adorn, decorate
भूषितः । भूषितवान् ।

683 ऊष रुजायाम् । ऊषँ । ऊष् । ऊषति । P । सेट् । स० । be diseased, disordered
ऊषितः । ऊषितवान् ।

684 ईष उञ्छे । ईषँ । ईष् । ईषति । P । सेट् । स० । glean ईषितः । ईषितवान् ।

685 कष (हिंसायाम्) । कषँ । कष् । कषति । P । सेट् । स० । kill, cause pain, check gold's authenticity by rubbing 8.4.41 8.4.2 कषितः । कषितवान् ।
पक्षे 7.2.22 कृच्छ्रगहनयोः कषः । कष्टः । कष्टवान् ।

686 खष (हिंसायाम्) । खषँ । खष् । खषति । P । सेट् । स० । kill, torture
खषितः । खषितवान् ।

687 शिष (हिंसायाम्) । शि̱षँ । शिष् । शेषति । P । अनिट् । स० । hurt, injure
शिष्टः । शिष्टवान् ।

688 जष (हिंसायाम्) । जषँ । जष् । जषति । P । सेट् । स० । injure, hurt
जषितः । जषितवान् ।

689 झष (हिंसायाम्) । झषँ । झष् । झषति । P । सेट् । स० । injure, wound
झषितः । झषितवान् ।

690 शष (हिंसायाम्) । शषँ । शष् । शषति । P । सेट् । स० । hurt, injure
शषितः । शषितवान् ।

691 वष (हिंसायाम्) । वषँ । वष् । वषति । P । सेट् । स० । hurt, harm, injure
वषितः । वषितवान् ।

692 मष (हिंसायाम्) । मषँ । मष् । मषति । P । सेट् । स० । hurt, injure, destroy
मषितः । मषितवान् ।

693 रुष (हिंसायाम्) । रुषँ । रुष् । रोषति । P । सेट् । स० । injure
7.2.48 तीषसहलुभरुषरिषः । इति इट् विकल्पः । 7.2.15 यस्य विभाषा । इति निष्ठायाः इण्णिषेधः ।
7.2.28 रुष्यमत्वरसंघुषास्वनाम् । This overrides 7.2.48 + 7.2.15 combination to
state that इट् विकल्पः न । As a result, we get both forms of निष्ठा । 8.4.41
रुषितः । रुषितवान् । पक्षे 7.2.28 रुष्टः । रुष्टवान् ।

694 रिष हिंसार्थाः । रिषँ । रिष् । रेषति । P । सेट् । स० । injure, harm, hurt 7.2.48,
7.2.15, 8.4.41 रिष्टः । रिष्टवान् ।

695 भष भर्त्सने । भषँ । भष् । भषति । P । सेट् । अ० । bark भषितः । भषितवान् ।

696 उष दाहे । उषँ । उष् । ओषति । P । सेट् । स० । burn, punish 1.2.21 इति निष्ठा
वा अकित् । उषितः / ओषितः । उषितवान् / ओषितवान् ।

697 जिषु (सेचने) । जिषुँ । जिष् । जेषति । P । सेट् । स० । serve, irrigate, water
7.2.56, 7.2.15, 8.4.41 जिष्टः । जिष्टवान् ।

698 विषु (सेचने) । विषुँ । विष् । वेषति । P । सेट् । स० । sprinkle, pour 7.2.56,
7.2.15, 8.4.41 विष्टः । विष्टवान् ।

699 मिषु सेचने । मिषुँ । मिष् । मेषति । P । सेट् । स० । wet, sprinkle 7.2.56,
7.2.15, 8.4.41 मिष्टः । मिष्टवान् ।

700 पुष पुष्टौ । पुषँ । पुष् । पोषति । P । सेट् । स० । nourish, foster
पुषितः । पुषितवान् । 3.3.114 3.4.71 1.2.21 उदुपधात्भावादिकर्मणोरन्यतरस्याम् । इति
निष्ठायाः गुणः रूपः । पोषितः । पोषितवान् ।

701 श्रिषु (दाहे) । श्रिषुँ । श्रिष् । श्रेषति । P । सेट् । स० । burn 7.2.56, 7.2.15,
8.4.41 श्रिष्टवान् श्रिष्टवती श्रिष्टवत् । श्रिष्टः श्रिष्टा श्रिष्टम् ।

702 श्लिषु (दाहे) । 702 श्लिषुँ । श्लिष् । श्लेषति । P । सेट् । स० । burn 7.2.56,
7.2.15, 8.4.41 श्लिष्टवान् श्लिष्टवती श्लिष्टवत् । श्लिष्टः श्लिष्टा श्लिष्टम् ।

703 प्रुषु (दाहे) । प्रुषुँ । प्रुष् । प्रोषति । P । सेट् । स० । burn, consume
7.2.56, 7.2.15, 8.4.41 प्रुष्टः । प्रुष्टवान् ।

704 प्लुषु दाहे । प्लुषुँ । प्लुष् । प्लोषति । P । सेट् । स० । burn, scorch
7.2.56, 7.2.15, 8.4.41 प्लुष्टः । प्लुष्टवान् ।

705 पृषु (सेचने) । पृषुँ । पृष् । पर्षति । P । सेट् । स० । trouble, sprinkle, bear hurt
7.2.56,7.2.15, 8.4.41 पृष्टः । पृष्टवान् ।

706 वृषु (सेचने) । वृषुँ । वृष् । वर्षति । P । सेट् । स० । shower, rain, pour
7.2.56, 7.2.15, 8.4.41 वृष्टः । वृष्टवान् ।

707 मृषु सेचने । मृषु सहने च । इतरौ हिंसासंक्लेशनयोश्च । मृषुँ । मृष् । मर्षति । P । सेट् । स० । sprinkle holy water, moisten 7.2.56, 7.2.15, 8.4.41 मृष्टः । मृष्टवान् ।

708 घृषु सङ्घर्षे । घृषुँ । घृष् । घर्षति । P । सेट् । स० । grind, pound, rub
7.2.56, 7.2.15, 8.4.41 घृष्टः । घृष्टवान् ।

709 हृषु अलीके । हृषुँ । हृष् । हर्षति । P । सेट् । अ० । lie, speak untruth
7.2.56 7.2.15 इति निष्ठायाः इण्णिषेधः । 8.4.41 हृष्टः । हृष्टवान् । पक्षे 7.2.29 हृषेर्लोमसु । वा० विस्मितप्रतिघातयोश्च । हृषितः । हृषितवान् ।

710 तुस (शब्दे) । तुसँ । तुस् । तोसति । P । सेट् । अ० । sound. 1.2.21 तोसितः । तोसितवान् । पक्षे तुसितः । तुसितवान् ।

711 ह्रस (शब्दे) । ह्रसँ । ह्रस् । ह्रसति । P । सेट् । अ० । sound, hail, be short
ह्रसितः । ह्रसितवान् ।

712 ह्लस (शब्दे) । ह्लसँ । ह्लस् । ह्लसति । P । सेट् । अ० । sound, be noisy
ह्लसितः । ह्लसितवान् ।

713 रस शब्दे । रसँ । रस् । रसति । P । सेट् । अ० । cry, shout, wail, praise

रसितः । रसितवान् ।

714 लस श्लेषणक्रीडनयोः । लसँ । लस् । लसति । P । सेट् । अ० । cling, romance, copulate, shine, glitter लसितः । लसितवान् ।

715 घसॢ अदने । घसॣँ । घस् । घसति । P । अनिट् । स० । eat,devour अयं न सार्वत्रिकः । Not a Root that takes all Affixes, since it is a replacement for 1011 अद भक्षणे By 2.4.37 लुङ्सनोर्घसॢ । 2.4.40 लिट्यन्यतरस्याम् । आशीर्लिङि प्रयोगे नास्ति । This Root is not used in Blessing Mood. घस्तः । घस्तवान् ।

716 जर्ज । जर्जँ । जर्ज् । जर्जति । P । सेट् । स० । say,backbite,accuse, reprimand जर्जितः । जर्जितवान् ।

717 चर्च । चर्चँ । चर्च् । चर्चति । P । सेट् । स० । speak, discuss, consider, threaten, censure चर्चितः । चर्चितवान् ।

718 झर्झ परिभाषणहिंसातर्जनेषु । झर्झँ । झर्झ् । झर्झति । P । सेट् । स० । utter, say, blame, badmouth, injure झर्झितः । झर्झितवान् ।

719 पिसृ (गतौ) । पिसृँ । पिस् । पेसति । P । सेट् । स० । go, move पिसितः । पिसितवान् ।

720 पेसृ गतौ । पेसृँ । पेस् । पेसति । P । सेट् । स० । go पेसितः । पेसितवान् ।

721 हसे हसने । हसेँ । हस् । हसति । P । सेट् । अ० । laugh, smile हसितः । हसितवान् ।

722 णिश समाधौ । समाधिः चित्तवृत्तिनिरोधः । णिशँ । निश् । नेशति । P । सेट् । अ० । think over, meditate upon निशितः । निशितवान् ।

723 मिश (शब्दे रोषकृते च) । मिशँ । मिश् । मेशति । P । सेट् । अ० । make a sound, be furious मिशितः । मिशितवान् ।

724 मश शब्दे रोषकृते च । मशँ । मश् । मशति । P । सेट् । अ० । sound, hum, buzz, be angry **मशितः । मशितवान् ।**

725 शव गतौ । शवँ । शव् । शवति । P । सेट् । स० । come near, roam, alter **शवितः । शवितवान् ।**

726 शश प्लुतगतौ । शशँ । शश् । शशति । P । सेट् । अ० । leap, hop, skip **शशितः । शशितवान् ।**

727 शसु हिंसायाम् । शसुँ । शस् । शसति । P । सेट् । स० । cut down, mow down, slay 7.2.56, 7.2.15 7.2.19 **धृषिशसि वैयात्ये। विशस्तः। विशस्तवान् । इति इण्णिषेधः इति नियमात् शस्तो वृषलः , इति अविनीतार्थे एव इण्णिषेधः । विशसितः । विशसितवान् ।**

728 शंसु स्तुतौ । अयं दुर्गताविति दुर्गः । शंसुँ । शंस् । शंसति । P । सेट् । स० । praise, comment. 6.4.24 **अनिदितां हल उपधायाः क्ङिति** । 7.2.56, 7.2.15 **यस्य विभाषा । इति इण्णिषेधः । शस्तः । शस्तवान् ।**

729 चह परिकल्कने । चहँ । चह् । चहति । P । सेट् । अ० । deceive, be wicked, be proud **चहितः । चहितवान्**

730 मह पूजायाम् । महँ । मह् । महति । P । सेट् । स० । honour, respect **महितः । महितवान् ।**

731 रह त्यागे । रहँ । रह् । रहति । P । सेट् । स० । give up, split, leave, delegate, refuse **रहितः । रहितवान् ।**

732 रहि गतौ । रहिँ । रंह् । रंहति । P । सेट् । स० । run, move speedily **रंहितः । रंहितवान् ।**

733 दृह (वृद्धौ) । दृहँ । दृह् । दर्हति । P । सेट् । अ० । grow, prosper, be firm, be fixed 7.2.20 **दृढः स्थूलबलयोः । इति "दृढ" निपातनम् । एतत् च दृहिः प्रकृत्यन्तरम् अस्ति इति महाभाष्यः । वार्तिककारमते तु दृहि इति इदित् धातोः एव एतत् निपातनं, न तु अस्य।**

दृढः । दृढवान् । पक्षे दृहितः । दृहितवान् ।

734 दृहि (वृद्धौ) । दृहिँ । दृंह् । दृंहति । P । सेट् । अ० । grow, prosper, be firm, be fixed 7.2.20 **दृढः । दृढवान् । पक्षे दृंहितः । दृंहितवान् ।**

735 बृह (वृद्धौ) । वृह केचित् । बृहँ । बृह् । बर्हति । P । सेट् । अ० । grow, increase, expand 7.2.21 प्रभौ परिवृढः । इति परिवृढ निपातनम् । **परिबृढः । परिबृढवान् । पक्षे बृहितः । बृहितवान् ।**

736 बृहि वृद्धौ । बृहि शब्दे च । बृहिर् चेत्येके । वृहि केचित् । बृहिँ । बृंह् । बृंहति । P । सेट् । अ० । grow, prosper, sound like elephant **बृंहितः । बृंहितवान् । पक्षे** 7.2.21 **परिबृढः । परिबृढवान् ।**

737 तुहिर् (अर्दने) । तुहिँर् । तुह् । तोहति । P । सेट् । स० । hurt, cause pain 1.2.21उदुपधा० । **तोहितः । तोहितवान् । पक्षे तुहितः । तुहितवान् ।**

738 दुहिर् (अर्दने) । दुहिँर् । दुह् । दोहति । P । सेट् । स० । hurt, cause pain 1.2.21 **दोहितः । दोहितवान् । पक्षे दुहितः । दुहितवान् ।** Q. Does 8.2.32 apply?

739 उहिर् अर्दने । उहिँर् । उह् । ओहति । P । सेट् । स० । hurt, kill 1.2.21 **ओहितः । ओहितवान् । पक्षे उहितः । उहितवान् ।**

740 अर्ह पूजायाम् । अर्हँ । अर्ह् । अर्हति । P । सेट् । स० । deserve, be fit for worship, worship **अर्हितवान् अर्हितवती अर्हितवत् । अर्हितः अर्हिता अर्हितम् ।**

घुषिरादयः उदात्ताः उदात्तेतः परस्मैभाषाः । घसिः तु अनुदात्तः ।
अथ कृपूपर्यन्ताः आत्मनेपदिनः षड्विंशतिः ।

741 द्युतादि अन्तर्गणः ।

741 द्युत दीप्तौ । द्युतँ । द्युत् । द्योतते । A । सेट् । अ० । shine
क्त 1.2.21 **द्योतितः । द्योतितवान् । पक्षे द्युतितः द्युतिता द्युतितम् । द्युतितवान् द्युतितवती द्युतितवत् ।**

742 श्विता वर्णे । श्विताँ । श्वित् । श्वेतते । A । सेट् । अ० । whitewash, whiten
7.2.16 आदितश्च । श्वित्तः श्वित्ता श्वित्तम् । श्वित्तवान् श्वित्तवती श्वित्तवत् ।
3.4.71 7.2.17 श्वितितः । श्वितितवान् ।

743 ञिमिदा स्नेहने । ञिमिदाँ । मिद् । मेदते । A । सेट् । अ० । melt, love, be affectionate, apply oil 7.2.16 8.2.42 मिन्नः मिन्ना मिन्नम् । मिन्नवान् मिन्नवती मिन्नवत् ।
3.4.71 7.2.17 मेदितः । मेदितवान् । पक्षे 1.2.19 मेदितः मेदितवान् ।

744 ञिष्विदा स्नेहनमोचनयोः । मोहनयोरित्येके । ञिक्ष्विदा चेत्येके । ञिष्विदाँ । स्विद् । स्वेदते । A । सेट् । अ० । sweat, give up 7.2.16 8.2.42 स्विन्नः स्विन्ना स्विन्नम् । स्विन्नवान् स्विन्नवती स्विन्नवत् । पक्षे 3.4.71 7.2.17 1.2.19 स्वेदितः । स्वेदितवान् ।

745 रुच दीप्तावभिप्रीतौ च । रुचँ । रुच् । रोचते । A । सेट् । अ० । be pleased, be fond of, be beautiful, shine 1.2.21 रोचितः । रोचितवान् । पक्षे
रुचितः रुचिता रुचितम् । रुचितवान् रुचितवती रुचितवत् ।

746 घुट परिवर्तने । घुटँ । घुट् । घोटते । A । सेट् । स० । come back, return back, barter, exchange. 1.2.21 घोटितः । घोटितवान् ।
पक्षे घुटितवान् घुटितवती घुटितवत् । घुटितः घुटिता घुटितम् ।

747 रुट (प्रतीघाते) । रुटँ । रुट् । रोटते । A । सेट् । स० । fall down, fall flat.
1.2.21 रोटितः । रोटितवान् । पक्षे रुटितः रुटिता रुटितम् । रुटितवान् रुटितवती रुटितवत् ।

748 लुट (प्रतीघाते) । लुटँ । लुट् । लोटते । A । सेट् । स० । resist, repel, oppose, push 1.2.21 लोटितः । लोटितवान् ।
पक्षे लुटितः लुटिता लुटितम् । लुटितवान् लुटितवती लुटितवत् ।

749 लुठ प्रतीघाते । लुठँ । लुठ् । लोठते । A । सेट् । स० । resist, repel, oppose, push 1.2.21 लोठितः । लोठितवान् ।
पक्षे लुठितः लुठिता लुठितम् । लुठितवान् लुठितवती लुठितवत् ।

750 शुभ दीप्तौ । शुभँ । शुभ् । शोभते । A । सेट् । अ० । shine, be bright, be splendid 1.2.21 शोभितः । शोभितवान् ।

पक्षे शुभितः शुभिता शुभितम् । शुभितवान् शुभितवती शुभितवत् ।

751 क्षुभ सञ्चलने । क्षुभँ । क्षुभ् । क्षोभते । A । सेट् । अ० । tremble, be agitated
1.2.21 क्षोभितः । क्षोभितवान् । पक्षे क्षुभितः क्षुभिता क्षुभितम् । क्षुभितवान् क्षुभितवती क्षुभितवत् ।
7.2.18 क्षुब्धः क्षुब्धा क्षुब्धम् ।

752 णभ हिंसायाम् । णभँ । नभ् । नभते । A । सेट् । स० । hurt, destroy
नभितः नभिता नभितम् । नभितवान् नभितवती नभितवत् ।

753 तुभ हिंसायाम् । आद्योऽभावेऽपि । तुभँ । तुभ् । तोभते । A । सेट् । स० । hurt, cause pain. 1.2.21 तोभितः । तोभितवान् ।
पक्षे तुभितः तुभिता तुभितम् । तुभितवान् तुभितवती तुभितवत् ।

754 स्रंसु अवस्रंसने । स्रंसुँ । स्रंस् । स्रंसते । A । सेट् । अ० । fall, drop, slip
6.4.24 अनिदितां हल उपधायाः क्ङिति । 7.2.56, 7.2.15 यस्य विभाषा । इति इण्णिषेधः ।
स्रस्तः स्रस्ता स्रस्तम् । स्रस्तवान् स्रस्तवती स्रस्तवत् ।

755 ध्वंसु अवस्रंसने । गतौ च । ध्वंसुँ । ध्वंस् । ध्वंसते । A । सेट् । अ० । be destroyed 6.4.24 7.2.56 ध्वस्तः ध्वस्ता ध्वस्तम् । ध्वस्तवान् ध्वस्तवती ध्वस्तवत् ।

756 भ्रंसु अवस्रंसने । ध्वंसु गतौ च । भ्रंशु इत्यपि केचित् । तृतीय एव तालव्यान्त इत्यन्ये । भ्रंसुँ । भ्रंस् । भ्रंसते । A । सेट् । अ० । fall, drop. 7.2.56 6.4.24
भ्रस्तः भ्रस्ता भ्रस्तम् । भ्रस्तवान् भ्रस्तवती भ्रस्तवत् ।

757 स्रम्भु विश्वासे । स्रन्हु इत्येके। स्रम्भुँ । स्रम्भ् । स्रम्भते । A । सेट् । अ० । trust, bank upon, confide, be secure. 7.2.56, 8.2.40, 8.4.53, 6.4.24
स्रब्धः स्रब्धा स्रब्धम् । स्रब्धवान् स्रब्धवती स्रब्धवत् ।

758 वृतादि अन्तर्गणः आरम्भः ।

1.3.92 वृद्भ्यः स्यसनोः । परस्मैपदं वा ।

758 वृतु वर्तने । वृतुँ । वृत् । वर्तते । A । सेट् । अ० । be, exist, abide, be solitary

1.3.92, 7.2.59, 7.2.56, 7.2.15 वृत्तः वृत्ता वृत्तम् । वृत्तवान् वृत्तवती वृत्तवत् ।

759 वृधु वृद्धौ । वृधुँ । वृध् । वर्धते । A । सेट् । अ० । increase, thrive, prosper 1.3.92, 7.2.59, 8.4.55, 7.2.56, 7.2.15, 8.2.40, 8.4.53
वृद्धः वृद्धा वृद्धम् । वृद्धवान् वृद्धवती वृद्धवत् ।

760 शृधु शब्दकुत्सायाम् । शृधुँ । शृध् । शर्धते । A । सेट् । अ० । belch, burp, pass wind   1.3.92, 7.2.59, 8.4.55, 7.2.56, 7.2.15, 8.2.40, 8.4.53
शृद्धः शृद्धा शृद्धम् । शृद्धवान् शृद्धवती शृद्धवत् ।

761 स्यन्दू प्रस्रवणे । स्यन्दूँ । स्यन्द् । स्यन्दते । A । वेट् । अ० । ooze, trickle, wet
7.2.44 7.2.15 1.3.92 7.2.59 6.4.24 8.2.42 8.4.55
स्यन्नः स्यन्ना स्यन्नम् । स्यन्नवान् स्यन्नवती स्यन्नवत् ।

762 कृपू सामर्थ्ये । कृपूँ । कृप् । कल्पते । A । वेट् । अ० । be able, be fit for, accomplish   *Famous words* कल्पना, सङ्कल्पः, विकल्पः । 8.2.18 1.3.92 1.3.93 7.2.60 7.2.44 7.2.15   क्लृप्तः क्लृप्ता क्लृप्तम् । क्लृप्तवान् क्लृप्तवती क्लृप्तवत् ।

द्युतादयः उदात्ताः अनुदात्तेतः आत्मनेभाषाः । वृत् । वृतादयः गताः । द्युतादयः गताः ।

763 घटादि अन्तर्गणः आरम्भः ।

घटादयः मितः । 6.4.92 मितां ह्रस्वः । घटादयः षितः । 3.3.104 षिद्भिदादिभ्योऽङ् । इति स्त्रियाम् । अथ त्वरत्यन्ताः त्रयोदश आत्मनेपदिनः षितः च ।

These मित् Roots are actually present in Dhatupatha elsewhere, and are given in this घटादिः section again in a particular meaning when their णिच् forms will be as per 6.4.92 मितां ह्रस्वः । Also note that their लट् लृट् लोट् लङ् विधिलिङ् forms are unaffected.

763 घट चेष्टायाम् । घटँ । घट् । घटते, घटयति । A । सेट् । अ० । endeavour, strive for, happen, be possible. घटादयः फणान्ताः मितः । This ganasutra reflects what happens when स्वार्थे or प्रेरणार्थक णिच् affix is added. As in the 10c gana or in the सनादि affixes that make secondary Dhatus.

Hence घटयति is for घट् + णिच् + लट् , not for घट् + लट् ।
घट् + णिच् -> 7.2.116 अत उपधायाः -> घाट् + इ -> घाटि -> 6.4.92 मितां ह्रस्वः -> घटि ।
Now this घटि is a new secondary Root and will follow the regular procedure of adding affixes in लट् , लोट् etc. घटि + तिप् —> शप् , guna, ayava —> घटयति ।
Notice that for णिच् the default Parasmayepada affix has been used by 1.3.78 शेषात् कर्तरि परस्मैपदम् , in the absence of any sutra to state otherwise.
7.2.116 अत उपधायाः । उपधायाम् अतः वृद्धिः , ञित् णित् च प्रत्यये परे ।
6.4.92 मितां ह्रस्वः । मित् धातूनाम् उपधायाः स्वरः ह्रस्वः भवति, णिच् प्रत्यये परे । मित् कश्चन अन्तर्गणः । भ्वादिगणे घटादयः उपगणे मित् अन्तर्गणः सन्ति, अपि च चुरादिगणे ज्ञपादयः षट् धातवः मित् अन्तर्गणः सन्ति ।
घटितः घटिता घटितम् । घटितवान् घटितवती घटितवत् ।
6.1.101 घटीतः घटीता घटीतम् । घटीतवान् घटीतवती घटीतवत् ।

764 व्यथ भयसञ्चलनयोः । व्यथँ । व्यथ् । व्यथते, व्यथयति । A । सेट् । अ० । be sorrowful, be sad व्यथितः व्यथिता व्यथितम् । व्यथितवान् व्यथितवती व्यथितवत् ।

765 प्रथ प्रख्याने । प्रथँ । प्रथ् । प्रथते, प्रथयति । A । सेट् । अ० । be famous, extend, spread. Famous words पृथिवी , प्रथा , पृथुः । प्रथितः प्रथिता प्रथितम् । प्रथितवान् प्रथितवती प्रथितवत् ।

766 प्रस विस्तारे । प्रसँ । प्रस् । प्रसते, प्रसयति । A । सेट् । अ० । extend, spread प्रसितः प्रसिता प्रसितम् । प्रसितवान् प्रसितवती प्रसितवत् ।

767 म्रद मर्दने । म्रदँ । म्रद् । म्रदते, म्रदयति । A । सेट् । स० । pound, smoothen म्रदितः म्रदिता म्रदितम् । म्रदितवान् म्रदितवती म्रदितवत् ।

768 स्खद स्खदने । स्खदँ । स्खद् । स्खदते, स्खदयति । A । सेट् । स० । win, conquer, defeat स्खदितः स्खदिता स्खदितम् । स्खदितवान् स्खदितवती स्खदितवत् ।

769 क्षजि गतिदानयोः । क्षजिँ । क्षञ्ज् । क्षञ्जते, क्षञ्जयति । A । सेट् । स० । move, give, slip, donate 7.1.58 इदितो नुम् धातोः । गणसूत्र० घटादयः मितः । 6.4.92 मितां ह्रस्वः । मित्-धातूनाम् उपधायाः स्वरः ह्रस्वः भवति, णिच्-प्रत्यये परे । Even though the penultimate letter is नकारः still since it is under मित् अन्तर्गणः we find चिण् forms like अक्षञ्जि

, अक्षाञ्जि in literature. क्षञ्जितवान् क्षञ्जितवती क्षञ्जितवत् । क्षञ्जितः क्षञ्जिता क्षञ्जितम् ।

770 दक्ष गतिहिंसनयोः । गतिशासनयोः । दक्षँ । दक्ष् । दक्षते,दक्षयति । A । सेट् । स० । go, kill दक्षितः दक्षिता दक्षितम् । दक्षितवान् दक्षितवती दक्षितवत् ।

771 क्रप कृपायां गतौ च । क्रपँ । क्रप् । क्रपते,क्रपयति । A । सेट् । स० । pity, go कृपा , क्रपितः क्रपिता क्रपितम् । क्रपितवान् क्रपितवती क्रपितवत् ।

772 कदि वैक्लब्ये । वैकलये इत्येके । कदिँ । कन्द् । कन्दते, कन्दयति । A । सेट् । अ० । grieve, be scared । 7.1.58 कन्दितः कन्दिता कन्दितम् । कन्दितवान् कन्दितवती कन्दितवत् ।

773 क्रदि वैक्लब्ये । क्रदिँ । क्रन्द् । क्रन्दते, क्रन्दयति । A । सेट् । अ० । grieve,call, shriek 7.1.58 क्रन्दितः क्रन्दिता क्रन्दितम् । क्रन्दितवान् क्रन्दितवती क्रन्दितवत् ।

774 क्लदि वैक्लब्ये । वैकल्ये इत्येके । क्लदिँ । क्लन्द् । क्लन्दते, क्लन्दयति । A । सेट् । अ० । be sad, perturbed, confused त्रयोऽप्यनिदित कद , क्रद , क्लद इति नन्दि । इदित इति स्वामी । कदि क्रदि इदितौ, क्रद क्लद इति च अनिदितौ इति मैत्रेयः । 7.1.58 क्लन्दितः क्लन्दिता क्लन्दितम् । क्लन्दितवान् क्लन्दितवती क्लन्दितवत् ।

775 ञित्वरा सम्भ्रमे । ञित्वराँ । त्वर् । त्वरते,त्वरयति । A । सेट् । अ० । hasten 3.2.187 7.2.16 6.4.20 8.2.42 तूर्णः तूर्णा तूर्णम् । तूर्णवान् तूर्णवती तूर्णवत् ।
पक्षे 7.2.28 त्वरितः त्वरिता त्वरितम् । त्वरितवान् त्वरितवती त्वरितवत् ।
8.2.61 6.4.20 8.2.77 प्रतूर्त्तम् ।

वृत् । घटादयः षितः गताः । उदात्ताः अनुदात्तेतः आत्मनेभाषाः । अथ फणान्ताः परस्मैपदिनः ।

776 ज्वर रोगे । ज्वरँ । ज्वर् । ज्वरति, ज्वरयति । P । सेट् । अ० । be feverish, fall ill, be diseased. Note that sutras 6.4.20 8.2.42 could not apply due to the सेट् इकारः in निष्ठा । ज्वरितः ज्वरिता ज्वरितम् । ज्वरितवान् ज्वरितवती ज्वरितवत् ।

777 गड सेचने । गडँ । गड् । गडति,गडयति । P । सेट् । स० । distill, draw out a liquid गडितः गडिता गडितम् । गडितवान् गडितवती गडितवत् ।

778 हेड वेष्टने । हेडँ । हेड् । हेडति, हिडयति । P । सेट् । स० । surround, enclose
Notice that ह्रस्व for एकारः in this case is इकरः by 1.1.48 एच इग्घ्रस्वादेशे ।
For Root 284 हेडृ अनादरे that is not घटादि , the णिच् form will be हेडयति ।
हेडितवान् हेडितवती हेडितवत् । हेडितः हेडिता हेडितम् ।

779 वट परिभाषणे । वटँ । वट् । वटति,वटयति । P । सेट् । स० । utter filthy, speak nonsense वटितः वटिता वटितम् । वटितवान् वटितवती वटितवत् ।

780 भट परिभाषणे । भटँ । भट् । भटति,भटयति । P । सेट् । स० । speak, argue, debate भटितः भटिता भटितम् । भटितवान् भटितवती भटितवत् ।

781 णट नृत्तौ । नतावित्येके । णटँ । नट् । नटति,नटयति । P । सेट् । अ० । गतावित्यन्ये । dance. Famous word नाटकः । 6.1.65 । नटितः नटिता नटितम् । नटितवान् नटितवती नटितवत् ।

782 ष्टक प्रतिघाते । ष्टकँ । स्तक् । स्तकति, स्तकयति । P । सेट् । स० । resist, defend, strike घटादयः मितः । 6.4.92 6.1.64 "निमित्तापाये नैमित्तिकस्याप्यपायः" इति न्यायेन टकारस्य तकारः । स्तकितः स्तकिता स्तकितम् । स्तकितवान् स्तकितवती स्तकितवत् ।

783 चक तृप्तौ । चकँ । चक् । चकति, चकयति । P । सेट् । अ० । be satisfied, be satiated, resist चकितः चकिता चकितम् । चकितवान् चकितवती चकितवत् ।

784 कखे हसने । कखेँ । कख् । कखति, कखयति । P । सेट् । अ० । laugh । अयम् एदित् धातुः । 7.2.5 कखितः कखिता कखितम् । कखितवान् कखितवती कखितवत् ।

785 रगे शङ्कायाम् । रगेँ । रग् । रगति, रगयति । P । सेट् । स० । suspect अयम् एदित् धातुः । 7.2.18 क्षुब्ध० इति इति निष्ठानत्वं निपात्यते । रग्नः रग्ना रग्नम् । रग्नवान् रग्नवती रग्नवत् । पक्षे रगितः रगिता रगितम् । रगितवान् रगितवती रगितवत् ।

786 लगे सङ्गे । लगेँ । लग् । लगति, लगयति । P । सेट् । अ० । unite, meet, touch, contact Famous word लग्नः Marriage अयम् एदित् धातुः । 7.2.18 क्षुब्ध० इति निष्ठानत्वं निपात्यते । लग्नः लग्ना लग्नम् । लग्नवान् लग्नवती लग्नवत् ।
पक्षे लगितः लगिता लगितम् । लगितवान् लगितवती लगितवत् ।

787 ह्गे संवरणे । ह्गेँ । ह्ग् । ह्गति, ह्गयति । P । सेट् । स० । cover, wrap **अयम् एदित् धातुः । ह्गितवान् ह्गितवती ह्गितवत् । ह्गितः ह्गिता ह्गितम् ।**

788 ह्लगे संवरणे । ह्लगेँ । ह्लग् । ह्लगति, ह्लगयति । P । सेट् । स० । cover, wrap, put lid **अयम् एदित् धातुः । ह्लगितवान् ह्लगितवती ह्लगितवत् । ह्लगितः ह्लगिता ह्लगितम् ।**

789 षगे संवरणे । षगेँ । सग् । सगति, सगयति । P । सेट् । स० । ष्ठगे केचित् । cover, hide **अयम् एदित् धातुः । सगितवान् सगितवती सगितवत् । सगितः सगिता सगितम् ।**

790 ष्टगे संवरणे । ष्ठगे स्थगे केचित् । ष्टगेँ । स्तग् । स्तगति, स्तगयति । P । सेट् । स० । cover, hide **अयम् एदित् धातुः ।**
निष्ठा क्तवत् स्तगितवान् स्तगितवती स्तगितवत् निष्ठा क्त स्तगितः स्तगिता स्तगितम्

791 कगे नोच्यते । अस्यायम् अर्थ इति नोच्यते इत्यर्थः । कगेँ । कग् । कगति, कगयति । P । सेट् । स० । no special meaning, not spoken **अयम् एदित् धातुः । कगितवान् कगितवती कगितवत् । कगितः कगिता कगितम् ।**

792 अक कुटिलायां गतौ । अकँ । अक् । अकति, अकयति । P । सेट् । स० । go like a snake **अकितः अकिता अकितम् । अकितवान् अकितवती अकितवत् ।**

793 अग कुटिलायां गतौ । अगँ । अग् । अगति, अगयति । P । सेट् । स० । move distractedly **अगितः अगिता अगितम् । अगितवान् अगितवती अगितवत् ।**

794 कण गतौ । कणँ । कण् । कणति, कणयति । P । सेट् । स० । go, be small
कणितः कणिता कणितम् । कणितवान् कणितवती कणितवत् ।

795 रण गतौ । रणँ । रण् । रणति, रणयति । P । सेट् । स० । sound, go
रणितः रणिता रणितम् । रणितवान् रणितवती रणितवत् ।

796 चण दाने च । गतौ । चणँ । चण् । चणति, चणयति । P । सेट् । स० । donate, give, sound like infected gram । **चणितः चणिता चणितम् ।**
चणितवान् चणितवती चणितवत् ।

797 शण दाने च । शण गतौ इत्यन्ये । शणँ । शण् । शणति, शणयति । P । सेट् । स०

। give, go **शणितः शणिता शणितम् । शणितवान् शणितवती शणितवत् ।**

798 श्रण दाने च । गतौ । श्रणँ । श्रण् । श्रणति, श्रणयति । P । सेट् । स० । go, give **श्रणितः श्रणिता श्रणितम् । श्रणितवान् श्रणितवती श्रणितवत् ।**

799 श्रथ हिंसायाम् । श्नथ श्लथ इत्येके। श्रथँ । श्रथ् । श्रथति, श्रथयति । P । सेट् । स० । hurt, injure **श्रथितः श्रथिता श्रथितम् । श्रथितवान् श्रथितवती श्रथितवत् ।**

800 क्नथ हिंसायाम् । क्नथँ । क्नथ् । क्नथति,क्नथयति । P । सेट् । स० । hurt, wound क्नथितः क्नथिता क्नथितम् । क्नथितवान् क्नथितवती क्नथितवत् ।

801 क्रथ हिंसायाम् । क्रथँ । क्रथ् । क्रथति, क्राथयति । P । सेट् । स० । cause hurt **क्रथितः क्रथिता क्रथितम् । क्रथितवान् क्रथितवती क्रथितवत् ।**

केचन धातवः अर्थविशेषे मित्-धातवः भवन्ति । यथा स्मृ दृ नृ श्रा ज्ञा ग्ला स्ना

802 क्लथ हिंसार्थाः । क्लथँ । क्लथ् । क्लथति, क्लथयति । P । सेट् । स० । hurt, kill, wander **क्लथितः क्लथिता क्लथितम् । क्लथितवान् क्लथितवती क्लथितवत् ।**

803 वन च । चन । वनु च नोच्यते । न केवलं कगे यावद् वनु च नोच्यते इति क्षीरस्वामी । वनँ । वन् । वनति,वनयति । P । सेट् । स० । hurt ।
वनितः वनिता वनितम् । वनितवान् वनितवती वनितवत् ।
वनु च । 7.2.15, 7.2.56 **वान्तः वान्ता वान्तम् । वान्तवान् वान्तवती वान्तवत् ।**

गणसूत्र० = ज्वलह्वलह्मलनमामनुपसर्गाद्वा ।
804 ज्वल दीप्तौ । ज्वलँ । ज्वल् । ज्वलति, ज्वलयति / ज्वालयति । P । सेट् । अ० । burn brightly, blaze, glow (Same as 831 ज्वल दीप्तौ ।) *Famous word प्रज्वलयन् ।*
ज्वलितः ज्वलिता ज्वलितम् । ज्वलितवान् ज्वलितवती ज्वलितवत् ।

805 ह्वल चलने । ह्वलँ । ह्वल् । ह्वलति, ह्वलयति / ह्वालयति । P । सेट् । अ० । go, tremble **ह्वलितः ह्वलिता ह्वलितम् । ह्वलितवान् ह्वलितवती ह्वलितवत् ।**

806 ह्मल चलने । ह्मलँ । ह्मल् । ह्मलति, ह्मलयति / ह्मालयति । P । सेट् । अ० ।

tremble ह्मलितः ह्मलिता ह्मलितम् । ह्मलितवान् ह्मलितवती ह्मलितवत् ।

807 स्मृ आध्याने । स्मृ । स्मृ । स्मरति, स्मरयति / स्मारयति । P । अनिट् । स० । remember, recall स्मृतः स्मृता स्मृतम् । स्मृतवान् स्मृतवती स्मृतवत् ।

808 दॄ भये । मित्तवार्थ पाठः । दॄ । दॄ । दरति , दरयति / दारयति । P । सेट् । अ० । break asunder. See 1493. दॄ विदारणे । अयं क्र्यादिगणः 9c । 7.1.100, 1.1.51, 8.2.77, 8.2.42 दीर्णः दीर्णा दीर्णम् । दीर्णवान् दीर्णवती दीर्णवत् ।

809 नॄ नये ।। मित्तवार्थ पाठः । नॄ । नॄ । नरति, नरयति / नारयति । P । सेट् । स० । take away, carry । See 1495. नॄ नये । अयं क्र्यादिगणः 9c । 7.1.100 1.1.51 8.2.77 8.2.42 नीर्णः नीर्णा नीर्णम् । नीर्णवान् नीर्णवती नीर्णवत् ।

810 श्रा पाके । श्रा । श्रा । श्राति, श्रपयति / श्रापयति । P । अनिट् । स० । cook, boil, perspire. See 1053. श्रा पाके । पाकार्थे अपि भवति, स्वेदनार्थे अपि भवति ।
6.1.27 शृतं पाके । श्रा पाके धातोः ण्यन्तस्य अण्यन्तस्य च पाके अभिधेये क्त प्रत्यये परतः शृ भावः निपात्यते विभाषा। 8.2.43 संयोगादेरातो धातोर्यण्वतः । संयोगादिः यः धातुः आकारान्तः यण्वान् , तस्मादुत्तरस्य निष्ठा तकारस्य नकारदेशः ।

6.1.27	शृतः शृता शृतम्	हवि / क्षीर भिन्नः पाकः	श्रातः श्राता श्रातम्
पक्षे 8.2.43	श्राणः श्राणा श्राणम्	निष्ठा क्तवत्	श्राणवान् श्राणवती श्राणवत्

गणसूत्र० = मारणतोषणनिशामनेषु ज्ञा। इति मित्त्व पाठः ।

811 ज्ञा मारणतोषणनिशामनेषु । निशानेष्विति पाठान्तरम् । ज्ञा । ज्ञा । ज्ञाति, ज्ञपयति / ज्ञापयति । P । अनिट् । स० । hit, please, sharpen । (see 1507. ज्ञा अवबोधने)
ज्ञातः ज्ञाता ज्ञातम् । ज्ञातवान् ज्ञातवती ज्ञातवत् ।

गणसूत्र० = कम्पने चलिः । इति मित्त्व पाठः ।

812 चलिः कम्पने । मितां ह्रस्वः । चलँ । चल् । चलति, चलयति / चालयति । P । सेट् । अ० । shake, tremble, move । चलिः इति इक् निर्देशः । see 832. चल कम्पने । चलितः चलिता चलितम् । चलितवान् चलितवती चलितवत् ।

गणसूत्र० = छदिर् ऊर्जने । इति मित्त्व पाठः ।

813 छदिर् ऊर्जने । छदिँर् । छद् । छदति , छदयति / छादयति । P । सेट् । अ० । be strong, make strong अयम् इर् इत् । छदितः छदिता छदितम् । छदितवान् छदितवती छदितवत् ।

गणसूत्र० = जिह्वोन्मथने लडिः । इति मित्त्व पाठः ।

814 लडिः जिह्वोन्मथने । लडिँ । लड् । लडति, लडयति / लाडयति । P । सेट् । अ० । loll the tongue । लडिः इति इक् निर्देशः । (see 359. लड विलासे) लडितः लडिता लडितम् । लडितवान् लडितवती लडितवत् ।

गणसूत्र० = मदी हर्षग्लेपनयोः । इति मित्त्व पाठः ।

815 मदी हर्षग्लेपनयोः । मदीँ । मद् । मदति, मदयति / मादयति । P । सेट् । अ० । rejoice, be tired. See 1208 मदी हर्षे। 7.2.14, 8.2.42, 8.2.57, 8.4.55
मत्तः मत्ता मत्तम् । मत्तवान् मत्तवती मत्तवत् ।

गणसूत्र० = दलि-वलि-स्खलि-रणि-ध्वनि-त्रपि-क्षपयः च इति भोजः। इति मित्त्व पाठः ।

816 ध्वन शब्दे । ध्वनँ । ध्वन् । ध्वनति, ध्वनयति / ध्वानयति । P । सेट् । अ० । sound । (Same as root 828. ध्वन शब्दे) । 7.2.18 । क्षुब्ध स्वान्त ध्वान्त लगन् म्लिष्ट विरिब्ध फाण्ट बाढ इत्येते निपात्यन्ते यथासङ्ख्यं मन्थ मनः तमः सक्त अविस्पष्ट स्वरः अनायास भृश इत्येतेष्वर्थेषु । इति तमस् अर्थे ध्वान्त , निष्ठा अनिट् । ध्वान्तः ध्वान्ता ध्वान्तम् । ध्वान्तवान् ध्वान्तवती ध्वान्तवत् । पक्षे ध्वनितः ध्वनिता ध्वनितम् । ध्वनितवान् ध्वनितवती ध्वनितवत् ।

गणसूत्र० = स्वन अवतंसने । इति मित्त्व पाठः ।

817 स्वन अवतंसने । स्वनँ । स्वन् । स्वनति, स्वनयति / स्वानयति । P । सेट् । अ० । adorn, decorate । Same as root 827 स्वन शब्दे । स्वनितः स्वनिता स्वनितम् । स्वनितवान् स्वनितवती स्वनितवत् । पक्षे 7.2.28 आस्वान्तः / आस्वान्तवान् । आस्वनितः / आस्वनितवान् । 7.2.18 स्वान्तः स्वान्ता स्वान्तम् । स्वान्तवान् स्वान्तवती स्वान्तवत् ।

घटादयो मितः । गणसूत्र 187 ।
जनी-जृष्-क्नसु-रञ्जोऽमन्ताश्च । गणसूत्र 188 । मितः इति अनुवर्तते ।
ज्वल-ह्वल-ह्मल-नमाम् अनुपसर्गात् वा । गणसूत्र 189 । एषां मित्त्वं वा ।
ग्ला-स्ना-वनु-वमां च। गणसूत्र 190 । अनुपसर्गादेषां मित्त्वं वा स्यात् ।
न कमि-अमि-चमाम्। गणसूत्र 191 । अमन्तत्वात् प्राप्तं मित्त्वमेषां न स्यात्। Exception to 188.
शमो दर्शने। गणसूत्र 192 । "न" अनुवृत्तिः, इति दर्शनार्थे मित् न । Qualified Exception to 188.

Note – The ganasutra numbering is simply from the Siddhanta Kaumudi, to highlight sutras in the Dhatupatha that
a) do not explicitly give a Root,
b) that give a Root with some additional information,
c) point external reference to the Ashtadhyayi or the Ganapatha etc.

818 शमो दर्शने। शमँ । शम् । शमति, शमयति / निशामयति । P । सेट् । स० । be calm, complete, observe minutely । See roots 1201. शमु उपशमे , 1695. शम आलोचने । गणसूत्र० शमो दर्शने । अदर्शनार्थे शमयति । भिन्नार्थे शामयति । णिचि प्रायेण नि उपसर्गः । The ganasutra is actually शमो दर्शने, however it has anuvritti न from previous ganasutra, hence शमः अदर्शने इति मित् ।
6.4.92 मितां ह्रस्वः । इत्यनेन ये धातवः मितः, तेषाम् उपधायां स्वरः ह्रस्वः भवति णिचि प्रत्यये परे । The णिच् secondary forms are given.
शम् + णिच् –> वृद्धिः –> शाम् + णिच् –> मित्तवम् –> शम् + इ –> शमि । णिजन्तधातुः ।
शमि + लट् –> शमि + तिप् –> शमि + शप् + तिप् –> गुणः –> शमे + अ + तिप् –> अयाव सन्धिः –> शमय + तिप् –> शमयति ।
7.4.25 अकृत्सार्वधातुकयोर्दीर्घः । अकृति असार्वधातुके च क्ङिति परतः अजन्तस्य अङ्गस्य दीर्घः ।
निष्ठा णिजन्तः शमीतः शमीता शमीतम् । शमीतवान् शमीतवती शमीतवत् ।

यमोऽपरिवेषणे। गणसूत्र० 193 । "न" अनुवृत्तिः, इति अपरिवेषणार्थे मित् न ।

819 यमो ऽपरिवेषणे। यमँ । यम् । यमयति, आयामयति । P । सेट् । स० । serve food, lay the table । Same as roots 984. यम उपरमे , 1625. यम परिवेषणे । णिचि प्रायेण आङ् उपसर्गः । The णिच् forms only given. यमि । णिजन्तधातुः । अपरिवेषणार्थे यामयति । भिन्नार्थे यमयति । 7.4.25 6.1.101 निष्ठा णिजन्तः यमीतः यमीता यमीतम् । यमीतवान् यमीतवती यमीतवत् ।

स्खदिरवपरिभ्यां च । गणसूत्र० 194 । "न" अनुवृत्तिः, इति अव परि च उपसर्गयोः मित् न ।

820 स्खदिर् अवपरिभ्यां च । स्खदिँर् । स्खद् । स्खदयति, अवस्खादयति । P । सेट् । स० । serve food, lay the table । स्खदिः इति इक् निर्देशः । See 768. स्खद स्खदने । अव परि च उपसर्गयोः मित् न । इति अवस्खादयति परिस्खादयति । अन्यत्र स्खदयति । The णिच् forms only given. स्खदि । णिजन्तधातुः । 6.4.92 मितां ह्रस्वः । 7.4.25
6.1.101 निष्ठा णिजन्तः स्खदीतः स्खदीता स्खदीतम् । स्खदीतवान् स्खदीतवती स्खदीतवत् ।

फण गतौ । गणसूत्र० 195 । इति मित् (गतौ अर्थे) ।

821 फणादि अन्तर्गणः ।

6.4.125 फणां च सप्तानाम् । Applicable to लिट् ।

821 फण गतौ । फणँ । फण् । फणति , फणयति । P । सेट् । स० । move, move about, reduce heat by water । 7.2.18 । क्षुब्ध स्वान्त ध्वान्त लगन् म्लिष्ट विरिब्ध फाण्ट बाढ इत्येते निपात्यन्ते यथासङ्ख्यं मन्थ मनः तमः सक्त अविस्पष्ट स्वरः अनायास भृश इत्येतेष्वर्थेषु । इति अनायास अर्थे फाण्ट , निष्ठा अनिट् । 6.4.15 । फाण्टः फाण्टा फाण्टम् । फाण्टवान् फाण्टवती फाण्टवत् । पक्षे फणितः फणिता फणितम् । फणितवान् फणितवती फणितवत् ।

घटादयः फणान्ता मितः । ज्वरादयः उदात्ताः उदात्तेतः परस्मैभाषाः ।
वृत् । घटादिः गतः । घटादिः मितः गतः ।

822 राजृ दीप्तौ । उदात्तः स्वरितेत् उभयतोभाषः । राजृँ । राज् । राजति/ते । U । सेट् । अ० । sparkle, shine, govern । राजितः राजिता राजितम् । राजितवान् राजितवती राजितवत् ।

823 टुभ्राजृ दीप्तौ । टुभ्राजृँ । भ्राज् । भ्राजते । A । सेट् । अ० । shine. अयं ट्वित् ऋदित् । 3.3.89 ट्वितोऽथुच् । टु इत् यस्य, तस्मात् ट्वितो धातोः अथुच् प्रत्ययः । भ्राजितः भ्राजिता भ्राजितम् । भ्राजितवान् भ्राजितवती भ्राजितवत् ।

824 टुभ्राशृ दीप्तौ । टुभ्राशृँ । भ्राश् । भ्राशते/भ्राश्यते । A । सेट् । अ० । shine
3.1.70 वा भ्राश० । भ्राशितः भ्राशिता भ्राशितम् । भ्राशितवान् भ्राशितवती भ्राशितवत् ।

825 टुभ्लाशृ दीप्तौ । टुभ्लाशृँ । भ्लाश् । भ्लाशते / भ्लाश्यते । A । सेट् । अ० । shine
3.1.70 वा भ्राश० । भ्लाशितः भ्लाशिता भ्लाशितम् । भ्लाशितवान् भ्लाशितवती भ्लाशितवत् ।

टुभ्राज्रादयः उदात्ताः अनुदात्तेतः आत्मनेभाषाः । अथ क्षरत्यन्ताः परस्मैपदिनः ।

826 स्यमु शब्दे । स्यमुँ । स्यम् । स्यमति । P । सेट् । अ० । sound, roar, yell.
7.2.56, 7.2.15, 6.4.15, 8.3.24, 8.4.58
स्यान्तः स्यान्ता स्यान्तम् । स्यान्तवान् स्यान्तवती स्यान्तवत् ।

827 स्वन शब्दे । स्वनँ । स्वन् । स्वनति । P । सेट् । अ० । sound, be noisy
7.2.18 क्षुब्ध स्वान्त ध्वान्त लगन् म्लिष्ट विरिब्ध फाण्ट बाढ इत्येते निपात्यन्ते यथासङ्ख्यं मन्थ मनः तमः सक्त अविस्पष्ट स्वरः अनायास भृश इत्येतेष्वर्थेषु । इति मनस् अर्थे स्वान्त , निष्ठा अनिट् । स्वान्तः स्वान्ता स्वान्तम् । स्वान्तवान् स्वान्तवती स्वान्तवत् ।
पक्षे स्वनितः स्वनिता स्वनितम् । स्वनितवान् स्वनितवती स्वनितवत् ।
पक्षे 7.2.28 आस्वान्तः / आस्वान्तवान् । आस्वनितः / आस्वनितवान् ।

वृत् । फणादयो गताः । फणादि 7 Roots till here

828 ध्वन शब्दे । ध्वनँ । ध्वन् । ध्वनति । P । सेट् । अ० । sound
ध्वन्यन्ताः ष्टम्यन्ता घटादय इति मतः द्वयम् । 7.2.18 । क्षुब्ध स्वान्त ध्वान्त लगन् म्लिष्ट विरिब्ध फाण्ट बाढ इत्येते निपात्यन्ते यथासङ्ख्यं मन्थ मनः तमः सक्त अविस्पष्ट स्वरः अनायास भृश इत्येतेष्वर्थेषु । इति तमस् अर्थे ध्वान्त , निष्ठा अनिट् । ध्वान्तः ध्वान्ता ध्वान्तम् । ध्वान्तवान् ध्वान्तवती ध्वान्तवत् ।
पक्षे ध्वनितः ध्वनिता ध्वनितम् । ध्वनितवान् ध्वनितवती ध्वनितवत् ।

829 षम अवैकल्ये । षमँ । सम् । समति । P । सेट् । अ० । be patient, console
6.1.64 धात्वादेः षः सः । समितः समिता समितम् । समितवान् समितवती समितवत् ।

830 ष्टम अवैकल्ये । वैक्लव्ये इत्येके । ष्टमँ । स्तम् । स्तमति । P । सेट् । अ० । be confused, be agitated, not to be disturbed । ध्वन्यन्ताः ष्टम्यन्ता घटादय इति मतः द्वयम् ।
6.1.64 धात्वादेः षः सः । "निमित्ताऽपाये नैमित्तिकस्याप्यपायः" इति न्यायेन टकारस्य तकारः ।
स्तमितः स्तमिता स्तमितम् । स्तमितवान् स्तमितवती स्तमितवत् ।

(वृत् । ध्वन्यन्ताः ष्टम्यन्ता घटादय इति मतः द्वयम् ।)

831 ज्वलादिः अन्तर्गणः ।

3.1.140 ज्वलितिकसन्तेभ्यो णः । ज्वल दीप्तौ इत्येवम् आदिभ्यो धातुभ्यः कस गतौ इत्येवम् अन्तेभ्यः विभाषा णः प्रत्ययः भवति । पक्षे अच् ।

831 ज्वल दीप्तौ । ज्वलँ । ज्वल् । ज्वलति । P । सेट् । अ० । glow, light up.
Famous words प्रज्वलयन्, प्रज्वलन्ती ।
ज्वलितः ज्वलिता ज्वलितम् । ज्वलितवान् ज्वलितवती ज्वलितवत् ।

832 चल कम्पने । चलँ । चल् । चलति । P । सेट् । अ० । move, palpitate, throb, shake, stir चलितः चलिता चलितम् । चलितवान् चलितवती चलितवत् ।

833 जल घातने । जलँ । जल् । जलति । P । सेट् । स० । be sharp, make sharp, be wealthy जलितः जलिता जलितम् । जलितवान् जलितवती जलितवत् ।

834 टल वैक्लव्ये । टलँ । टल् । टलति । P । सेट् । अ० । be perturbed, be aggrieved, have heart pain । टलितः टलिता टलितम् । टलितवान् टलितवती टलितवत् ।

835 ट्वल वैक्लव्ये । ट्वलँ । ट्वल् । ट्वलति । P । सेट् । अ० । be perturbed, be aggrieved ट्वलितः ट्वलिता ट्वलितम् । ट्वलितवान् ट्वलितवती ट्वलितवत् ।

836 ष्ठल स्थाने । ष्ठलँ । स्थल् । स्थलति । P । सेट् । अ० । stand firm, be firm 6.1.64 । "निमित्ताऽपाये नैमित्तिकस्याप्यपायः" इति न्यायेन ठ् थ् । स्थलितः स्थलिता स्थलितम् । स्थलितवान् स्थलितवती स्थलितवत् ।

837 हल विलेखने । आकर्षणे । हलँ । हल् । हलति । P । सेट् । स० । plough, do farming हलितः हलिता हलितम् । हलितवान् हलितवती हलितवत् ।

838 णल गन्धे । बन्धने इत्येके । णलँ । नल् । नलति । P । सेट् । स० । smell, sense odour, bind. 6.1.65 णो नः । नलितः नलिता नलितम् । नलितवान् नलितवती नलितवत् ।

839 पल गतौ । पलँ । पल् । पलति । P । सेट् । स० । go away

पलितः पलिता पलितम् । पलितवान् पलितवती पलितवत् ।

840 बल प्राणने धान्यावरोधने च । बलँ । बल् । बलति । P । सेट् । अ० * । breathe, live, hoard grain । बलितः बलिता बलितम् । बलितवान् बलितवती बलितवत् ।

841 पुल महत्त्वे । पुलँ । पुल् । पोलति । P । सेट् । अ० । be great, be large, be high 1.2.21 उदुपधाद्भावादिकर्मणोरन्यतरस्याम् । उत् उपधा धातोः परः भावे आदिकर्मणि च वर्तमानः निष्ठा प्रत्ययः सेट् अन्यतरस्यां न कित् भवति। इति गुणः , पक्षे गुणः निषेधः । 3.3.114 3.4.71 पोलितः । पोलितवान् । पक्षे पुलितः पुलिता पुलितम् । पुलितवान् पुलितवती पुलितवत् ।

842 कुल संस्त्याने बन्धुषु च । कुलँ । कुल् । कोलति । P । सेट् । अ० । accumulate, be related, count । 1.2.21 3.3.114 3.4.71 कोलितः । कोलितवान् ।
पक्षे कुलितः कुलिता कुलितम् । कुलितवान् कुलितवती कुलितवत् ।

843 शल गतौ । शलँ । शल् । शलति । P । सेट् । स० । move, run, go fast
शलितः शलिता शलितम् । शलितवान् शलितवती शलितवत् ।

844 हुल गतौ । हुलँ । हुल् । होलति । P । सेट् । स० । go, cover, hide 1.2.21
होलितः । होलितवान् । पक्षे हुलितः हुलिता हुलितम् । हुलितवान् हुलितवती हुलितवत् ।

845 पत्लृ गतौ । हुल हिंसासायां संवरणे च । पत्लृँ । पत् । पतति । P । सेट् । अ० । fall, climb, do superlative effort. *Famous words पतितः , पतन् ।*
2.1.24 द्वितीया श्रितातीतपतितगतात्यस्तप्राप्तापन्नैः । इत्यत्र पतितः इति निपातनात् इड् भवतीति सिद्धान्तः । पतितः पतिता पतितम् । पतितवान् पतितवती पतितवत् ।
पक्षे 7.2.49 वा० । पत्तः पत्ता पत्तम् । पत्तवान् पत्तवती पत्तवत् ।

846 क्वथे निष्पाके । क्वथेँ । क्वथ् । क्वथति । P । सेट् । अ० * । boil, digest, cook, decoct medicinally । क्वथितः क्वथिता क्वथितम् । क्वथितवान् क्वथितवती क्वथितवत् ।

847 पथे गतौ । पथेँ । पथ् । पथति । P । सेट् । स० । go, throw, leave
पथितः पथिता पथितम् पथितवान् पथितवती पथितवत्

848 मथे विलोडने । मथँ । मथ् । मथति । P । सेट् । स० । stir, churn, discuss
मथितः मथिता मथितम् । मथितवान् मथितवती मथितवत्

गणसूत्र = जनी-जृष्-क्नसु-रञ्जोऽमन्ताश्च । अम् अन्ता मितः इति अनुवर्तते ।

849 टुवम उद्गिरणे । टुवमु केचित् । टुवमँ । वम् । वमति । P । सेट् । स० । vomit
Famous word वमन् । कश्चन आचार्याः मतं उद्गिरणे अपाणिनीय , उद्गरण इति शुद्धः ।
वमितः वमिता वमितम् । वमितवान् वमितवती वमितवत् ।
शब्दकल्पद्रुमः = वमित्वा वान्त्वा । प्रक्रियाकौमुदी = वमितः वान्तः । कश्चित् उदित् पक्षे ।
6.4.15, 8.3.24, 8.4.58 । **वान्तः वान्ता वान्तम् । वान्तवान् वान्तवती वान्तवत् ।**

850 भ्रमु चलने । मित्त्वात् ह्रस्वः । भ्रमुँ । भ्रम् । भ्रमति / भ्रम्यति । P । सेट् । अ० ।
roam 3.1.70 **वाभ्राश० इति वा श्यनि। पक्षे शप् ।** *Famous word भ्रमन् ।* 7.2.15, 7.2.56,
6.4.15, 8.3.24, 8.4.58 **भ्रान्तः भ्रान्ता भ्रान्तम् । भ्रान्तवान् भ्रान्तवती भ्रान्तवत् ।**

851 क्षर सञ्चलने । क्षरँ । क्षर् । क्षरति । P । सेट् । अ० । flow, distill, blame, backbite,
trickle, perish **क्षरितः क्षरिता क्षरितम् । क्षरितवान् क्षरितवती क्षरितवत् ।**

स्यामादयः उदात्ताः उदात्तेतः परस्मैभाषाः ।

852 षह मर्षणे । उदात्तोऽनुदात्तेदात्मनेभाषः । षहँ । सह् । सहते । A । सेट् । स० ।
tolerate, conquer. 7.2.48, 7.2.15, 8.2.40, 8.4.41, 8.3.13, 6.3.112 ।
सोढः सोढा सोढम् । सोढवान् सोढवती सोढवत् ।

853 रमु क्रीडायाम् । रम इति माधवः । अनुदात्तोऽनुदात्तेदात्मनेभाषः। रमुँ । रम् । रमते
। A । अनिट् । अ० । sport, delight, be playful *Famous words Lord Ram, Rama रामः, रमा* 6.4.37 7.2.56 रतः रता रतम् । रतवान् रतवती रतवत् ।

अथ कसन्ताः परस्मैपदिनः ।

854 षद्लृ विशरणगत्यवसादनेषु । 7.3.78 सीद । षद्लृँ । सद् । सीदति । P । अनिट् । स०
। sit, sink, be weary, dry up, wither, plunge **सन्नवान् सन्नवती सन्नवत् । सन्नः सन्ना सन्नम् ।**

8.2.42 नि+सद् +निष्ठा = निषण्णः । निषण्णवान् ।
वेदे 8.2.61 नञ् + सद् = नसत्तः । निर् + सद् = निषत्त ।

855 शद्लृ शातने । 7.3.78 पाघ्रा० । 1.3.60 शदेः शितः इति आत्मनेपदी only for Regular Conjugations । शद्लृँ । शद् । शीयते , (शत्स्यति) । P* । अनिट् । अ० । decay, fall, wither शन्नः शन्ना शन्नम् । शन्नवान् शन्नवती शन्नवत् ।

856 क्रुश आह्वाने रोदने च । क्रुशँ । क्रुश् । क्रोशति । P । अनिट् । स० । wail, shout, call क्रुष्टः क्रुष्टा क्रुष्टम् । क्रुष्टवान् क्रुष्टवती क्रुष्टवत् ।

षदादयः त्रयः अनुदात्ताः उदात्तेतः परस्मैभाषाः ।

857 कुच सम्पर्चनकौटिल्यप्रतिष्टम्भविलेखनेषु । कुचँ । कुच् । कोचति । P । सेट् । स० । come in contact, crooked, oppose, impede 1.2.21 कोचितः । कोचितवान् । पक्षे कुचितः कुचिता कुचितम् । कुचितवान् कुचितवती कुचितवत् ।

858 बुध अवगमने । बुधँ । बुध् । बोधति । P । सेट् । स० । know, wake up 1.2.21 बोधितः । बोधितवान् । पक्षे बुधितः बुधिता बुधितम् । बुधितवान् बुधितवती बुधितवत् ।

859 रुह बीजजन्मनि प्रादुर्भावे च । रुहँ । रुह् । रोहति । P । अनिट् । अ० । grow, spring, germinate. 8.2.31, 8.2.40, 8.4.41, 8.3.13, 6.3.111
रूढः रूढा रूढम् । रूढवान् रूढवती रूढवत् ।

860 कस गतौ । वृत् । कसँ । कस् । कसति । P । सेट् । स० । go, approach
7.2.34 ग्रसितस्कभितस्तभितोत्तभितचत्तविकस्ता० । इति वेद-विषये विकस्ता निपातनम् ।
विकस्तवान् विकस्तवती विकस्तवत् । विकस्तः विकस्ता विकस्तम् ।
पक्षे कसितवान् कसितवती कसितवत् । कसितः कसिता कसितम् ।

कुचादयः उदात्ताः उदात्तेतः परस्मैभाषाः । रुहिः तु अनुदात्तः ।
वृत् । ज्वलादिः गतः । अथ गूहत्यन्ताः स्वरितेतः ।

861 हिक्क अव्यक्ते शब्दे । हिक्कँ । हिक्क् । हिक्कति / ते । U । सेट् । अ० । hiccup

हिक्कितः हिक्किता हिक्कितम् । हिक्कितवान् हिक्कितवती हिक्कितवत् ।

862 अञ्चु गतौ याचने च ।अचु इत्येके ।अचि इत्यपरे ।अञ्चुँ । अञ्च् । अञ्चति/ते । U । सेट् । स० ।move, unfold See 188 अञ्चु गतिपूजनयोः । 6.4.24 7.2.56 8.2.30 अक्तः । अक्तवान् । 8.2.48 अक्नः । अक्नवान् ।

863 टुयाचृ याच्ञायाम् । टुयाचृँ । याच् । याचति/ते । U । सेट् । द्वि० ।beg, ask याचितः याचिता याचितम् । याचितवान् याचितवती याचितवत् ।

864 रेटृ परिभाषणे । रेटृँ । रेट् । रेटति/ते । U । सेट् । स० ।speak, talk, beg, ask रेटितः रेटिता रेटितम् । रेटितवान् रेटितवती रेटितवत् ।

865 चते (याचने) । चतेँ । चत् । चतति/ते । U । सेट् । स० ।ask, beg, go चतितः चतिता चतितम् । चतितवान् चतितवती चतितवत् । 7.2.34 चत्ता ।

866 चदे याचने । चदेँ । चद् । चदति/ते । U । सेट् । स० ।ask, beg चदितः चदिता चदितम् । चदितवान् चदितवती चदितवत् ।

867 प्रोथृ पर्याप्तौ ।पर्याप्तिगतौ । प्रोथृँ । प्रोथ् । प्रोथति/ते । U । सेट् । अ० ।be strong, fill प्रोथितः प्रोथिता प्रोथितम् । प्रोथितवान् प्रोथितवती प्रोथितवत् ।

868 मिदृ (मेधाहिंसनयोः) । मिदृँ । मिद् । मेदति/ते । U ।सेट्।स० ।understand, gather, oppress मिदितः मिदिता मिदितम् । मिदितवान् मिदितवती मिदितवत् ।

869 मेदृ मेधाहिंसनयोः ।थान्ताविमाविति स्वामी।धान्ताविति न्यासः। मेदृँ । मेद् । मेदति/ते । U । सेट् । स० ।understand, hurt
मेदितः मेदिता मेदितम् । मेदितवान् मेदितवती मेदितवत् ।

870 मेधृ सङ्गमे च । मेधृँ । मेध् । मेधति/ते । U । सेट् । स० ।understand, hurt, meet मेधितः मेधिता मेधितम् । मेधितवान् मेधितवती मेधितवत् ।

871 णिदृ (कुत्सासन्निकर्षयोः) । णिदृँ । निद् । नेदति/ते । U । सेट् । स० ।blame,

approach निदितः निदिता निदितम् । निदितवान् निदितवती निदितवत् ।

872 णेदृ कुत्सासन्निकर्षयोः । णेदृँ । नेद् । नेदति/ते । U । सेट् । स० । blame, reach, come close नेदितः नेदिता नेदितम् । नेदितवान् नेदितवती नेदितवत् ।

873 शृधु (उन्दने) । शृधुँ । शृध् । शर्धति/ते । U । सेट् । अ० । moisten, wet 7.2.56, 7.2.15 8.2.40, 8.4.53 शृद्धः शृद्धा शृद्धम् । शृद्धवान् शृद्धवती शृद्धवत् ।

874 मृधु उन्दने । मृधुँ । मृध् । मर्धति/ते । U । सेट् । अ० । hurt, moisten, be wet 7.2.56, 8.2.40, 8.4.53 मृद्धः मृद्धा मृद्धम् । मृद्धवान् मृद्धवती मृद्धवत् ।

875 बुधिर् बोधने । बुधिँर् । बुध् । बोधति/ते । U । सेट् । स० । know, wake up 1.2.21 बोधितः । बोधितवान् । पक्षे बुधितः बुधिता बुधितम् । बुधितवान् बुधितवती बुधितवत् ।

876 उबुन्दिर् निशामने । उँबुन्दिँर् । बुन्द् । बुन्दति/ते । U । सेट् । स० । know, perceive, learn 6.4.24, 7.2.56, 8.2.42 बुन्नः बुन्ना बुन्नम् । बुन्नवान् बुन्नवती बुन्नवत् ।

877 वेणृ गतिज्ञानचिन्तानिशामनवादित्रग्रहणेषु । नान्तोऽप्ययम् । वेणृँ । वेण् । वेणति/ते । U । सेट् । स० । go, know, recognize, see, consider, play music वेणितः वेणिता वेणितम् । वेणितवान् वेणितवती वेणितवत् ।

878 खनु अवदारणे । खनुँ । खन् । खनति/ते । U । सेट् । स० । dig, excavate, trouble 7.2.56 6.4.42 खातः खाता खातम् । खातवान् खातवती खातवत् ।

879 चीवृ आदानसंवरणयोः । चीवृँ । चीव् । चीवति/ते । U । सेट् । स० । take, accept, wear, cover, seize चीवितः चीविता चीवितम् । चीवितवान् चीवितवती चीवितवत् ।

880 चायृ पूजानिशामनयोः । चायृँ । चाय् । चायति/ते । U । सेट् । स० । observe,discern, worship चायितः चायिता चायितम् । चायितवान् चायितवती चायितवत् । 7.2.30 अपचितः । अपचितवान् । पक्षे अपचायितः । अपचायितवान् ।

881 व्यय गतौ । व्ययँ । व्यय् । व्ययति/ते । U । सेट् । स० । go, move

व्ययितः व्ययिता व्ययितम् । व्ययितवान् व्ययितवती व्ययितवत् ।

882 दाशृ दाने । दाशृँ । दाश् । दाशति/ते । U । सेट् । स० । give, offer oblations
दाशितः दाशिता दाशितम् । दाशितवान् दाशितवती दाशितवत् ।

883 भेषृ भये । गतावित्येके । भेषृँ । भेष् । भेषति/ते । U । सेट् । अ० । fear, move
भेषितः भेषिता भेषितम् । भेषितवान् भेषितवती भेषितवत् ।

884 भ्रेषृ (गतौ) । भ्रेषृँ । भ्रेष् । भ्रेषति/ते । U । सेट् । स० । go, fear
भ्रेषितः भ्रेषिता भ्रेषितम् । भ्रेषितवान् भ्रेषितवती भ्रेषितवत् ।

885 भ्लेषृ गतौ । भ्लेषृँ । भ्लेष् । भ्लेषति/ते । U । सेट् । अ० । go, fear
भ्लेषितः भ्लेषिता भ्लेषितम् । भ्लेषितवान् भ्लेषितवती भ्लेषितवत् ।

886 अस गतिदीप्त्यादानेषु । अष इत्येके । असँ । अस् । असति/ते । U । सेट् । स० । move, shine, receive असितः असिता असितम् । असितवान् असितवती असितवत् ।

887 स्पश बाधनस्पर्शनयोः । स्पशँ । स्पश् । स्पशति/ते । U । सेट् । स० । obstruct, undertake, touch स्पशितः स्पशिता स्पशितम् । स्पशितवान् स्पशितवती स्पशितवत् ।

888 लष कान्तौ । लषँ । लष् । लषति/ते । U । सेट् । स० । wish, long for, desire eagerly लषितः लषिता लषितम् । लषितवान् लषितवती लषितवत् ।

889 चष भक्षणे । चषँ । चष् । चषति/ते । U । सेट् । स० । eat, savour, kill, injure चषितः चषिता चषितम् । चषितवान् चषितवती चषितवत् ।

890 छष हिंसायाम् । छषँ । छष् । छषति/ते । U । सेट् । स० । strike, kill
छषितः छषिता छषितम् । छषितवान् छषितवती छषितवत् ।

891 झष आदानसंवरणयोः । झषँ । झष् । झषति/ते । U । सेट् । स० । take, accept, wear clothes झषितः झषिता झषितम् । झषितवान् झषितवती झषितवत् ।

892 भ्रक्ष (अदने) । भ्रक्षँ । भ्रक्ष् । भ्रक्षति/ते । U । सेट् । स० । eat
भ्रक्षितः भ्रक्षिता भ्रक्षितम् । भ्रक्षितवान् भ्रक्षितवती भ्रक्षितवत् ।

893 भ्लक्ष अदने । भक्ष इति मैत्रेयः । भ्लक्षँ । भ्लक्ष् । भ्लक्षति/ते । U । सेट् । स० । eat
भ्लक्षितः भ्लक्षिता भ्लक्षितम् । भ्लक्षितवान् भ्लक्षितवती भ्लक्षितवत् ।

894 दासृ दाने । दासृँ । दास् । दासति/ते । U । सेट् । स० । give, submit
दासितः दासिता दासितम् । दासितवान् दासितवती दासितवत् ।

895 माहृ माने । माहृँ । माह् । माहति/ते । U । सेट् । स० । measure, count, weigh
माहितः माहिता माहितम् । माहितवान् माहितवती माहितवत् ।

896 गुहू संवरणे । गुहूँ । गुह् । गूहति/ते । U । वेट् । स० । hide, cover with cloth
6.4.89 ऊदुपधाया गोहः । 8.2.31 हो ढः । 8.2.37 एकाचो बशो० । 8.2.41 षढोः कः सि ।
7.2.44, 7.2.15 8.2.40 झषस्तथोर्धोऽधः । 8.4.41 ष्टुना ष्टुः । 8.3.13 ढो ढे लोपः । 6.3.111
ढ्रलोपे पूर्वस्य दीर्घोऽणः । गूढः गूढा गूढम् । गूढवान् गूढवती गूढवत् ।

हिक्कादयः उदात्ताः स्वरितेतः उभयतोभाषाः । अथ अजन्ताः उभयपदिनः ।

897 श्रिञ् सेवायाम् । उदात्तः उभयतोभाषः । श्रिञ् । श्रि । श्रयति/ते । U । सेट् । स० । reach, get support, rest upon, resort to 7.4.25 अकृत्० । 7.2.11, 7.2.49

क्तवत् श्रितवान् श्रितवती श्रितवत् क्त श्रितः श्रिता श्रितम्

898 भृञ् भरणे । भृञ् । भृ । भरति/ते । U । अनिट् । स० । fill 7.2.11, 7.2.49

क्तवत् भृतवान् भृतवती भृतवत् क्त भृतः भृता भृतम्

899 हृञ् हरणे । हृञ् । हृ । हरति/ते । U । अनिट् । द्वि० । take away, attract, steal

क्तवत् हृतवान् हृतवती हृतवत् हृतः हृता हृतम्

900 धृञ् धारणे । धृञ् । धृ । धरति/ते । U । अनिट् । स० । put on, preserve

क्तवत् धृतवान् धृतवती धृतवत् क्त धृतः धृता धृतम्

901 णीञ् प्रापणे । णीञ् । नी । नयति/ते । U । अनिट् । द्वि० । lead, carry
क्तवत् नीतवान् नीतवती नीतवत् क्त नीतः नीता नीतम्

भृञादयः चत्वारः अनुदात्ताः उभयतोभाषाः ।अथ अजन्ताः परस्मैपदिनः ।

902 धेट् पाने । धेट् । धे । धयति । P । अनिट् । स० । suck, suckle, drink
6.4.66 धीतवान् धीतवती धीतवत् । धीतः धीता धीतम्

903 ग्लै (हर्षक्षये) । ग्लै । ग्लै । ग्लायति । P । अनिट् । अ० । fade, droop, feel aversion, be dirty, tired. Ayava Sandhi 6.1.78 एचोऽयवायावः । ग्लै+शप् + ति –> ग्लै + अ + ति –> 6.1.78 –> ग्ल् आय् अ ति ।
6.1.45 आदेच उपदेशेऽशिति । इति 1.1.52 अलोऽन्त्यस्य आकारादेशः अशिति परे ।
8.2.43 संयोगादेरातो धातोर्यण्वतः । इति संयोगादेः एवं यण्वान् धातोः निष्ठा तकारस्य नकारः आदेशः । Roots beginning with a Conjunct And containing a यण् letter य् व् र् ल् ।
6.1.45 8.2.43 ग्लानः ग्लाना ग्लानम् । ग्लानवान् ग्लानवती ग्लानवत् ।

904 म्लै हर्षक्षये । म्लै । म्लै । म्लायति । P । अनिट् । अ० । fade, droop, become dirty 6.1.45 8.2.43 म्लानः म्लाना म्लानम् । म्लानवान् म्लानवती म्लानवत् ।

905 द्यै न्यक्करणे । द्यै । द्यै । द्यायति । P । अनिट् । स० । insult, treat contemptuously 8.2.43 द्यानवान् द्यानवती द्यानवत् । द्यानः द्याना द्यानम् ।

906 द्रै स्वप्ने । द्रै । द्रै । द्रायति । P । अनिट् । अ० । sleep
8.4.2 6.1.45 8.2.43 द्राणः द्राणा द्राणम् । द्राणवान् द्राणवती द्राणवत् ।

907 ध्रै तृप्तौ । ध्रै । ध्रै । ध्रायति । P । अनिट् । स० । be satisfied 8.4.2 8.2.43 ध्रानवान् ध्रानवती ध्रानवत् । ध्राणः ध्राणा ध्राणम् ।

908 ध्यै चिन्तायाम् । ध्यै । ध्यै । ध्यायति । P । अनिट् । स० । meditate ध्यानम् ।
8.2.57 blocks 8.2.43 ध्यातवान् ध्यातवती ध्यातवत् । ध्यातः ध्याता ध्यातम् ।

909 रै शब्दे । रै । रै । रायति । P । अनिट् । अ० । sound 6.1.78 एचोऽयवायावः ।

रातः राता रातम् । रातवान् रातवती रातवत् ।

910 स्त्यै (शब्दसङ्घातयोः) । स्त्यै । स्त्यै । स्त्यायति । P । अनिट् । अ० । be crowded, crowd, speak in unison 6.1.78 एचोऽयवायावः । 8.2.43 स्त्यानः स्त्याना स्त्यानम् । स्त्यानवान् स्त्यानवती स्त्यानवत् । 8.2.54 प्रस्तीमः । प्रस्तीमवान् । पक्षे प्रस्तीतः । प्रस्तीतवान् ।

911 ष्ट्यै शब्दसङ्घातयोः । षोपदेशः अयं धातुः । ष्ट्यै । स्त्यै । स्त्यायति । P । अनिट् । अ० । sound, be crowded 6.1.78 6.1.23 स्त्यः प्रपूर्वस्य । 6.4.2 6.1.45 8.2.43 स्त्यानः स्त्याना स्त्यानम् । स्त्यानवान् स्त्यानवती स्त्यानवत् । पक्षे 8.2.54 प्रस्त्योऽन्यतरस्याम् । प्रस्तीमः प्रस्तीमा प्रस्तीमम् । प्रस्तीमवान् प्रस्तीमवती प्रस्तीमवत् ।
पक्षे प्रस्तीतः प्रस्तीता प्रस्तीतम् । प्रस्तीतवान् प्रस्तीतवती प्रस्तीतवत् ।

912 ख्रै ख्रदने । ख्रदनं स्थैर्यं हिंसा च । ख्रै । ख्रै । ख्रायति । P । अनिट् । स० । strike, be stable, trouble, be aggrieved, dig 6.1.78 6.1.45
खातवान् खातवती खातवत् । खातः खाता खातम् ।

913 क्षै (क्षये) । क्षै । क्षै । क्षायति । P । अनिट् । अ० । waste, wane, decay, be emacipated 6.1.78 एचोऽयवायावः । 8.2.53 क्षायो मः । इति निष्ठा तकारस्य मकारः । 6.1.45 8.2.53 क्षामः क्षामा क्षामम् । क्षामवान् क्षामवती क्षामवत् ।

914 जै (क्षये) । जै । जै । जायति । P । अनिट् । अ० । reduce, lessen 6.1.78 एचोऽयवायावः । 6.1.45 जातः जाता जातम् । जातवान् जातवती जातवत् ।

915 षै क्षये । षै । सै । सायति । P । अनिट् । अ० । decline, reduce 6.1.78 एचोऽयवायावः । 6.1.45 सातः साता सातम् । सातवान् सातवती सातवत् ।

916 कै (शब्दे) । कै । कै । कायति । P । अनिट् । अ० । sound, utter 6.1.78 एचोऽयवायावः । 6.1.45 कातः काता कातम् । कातवान् कातवती कातवत् ।

917 गै शब्दे । गै । गै । गायति । P । अनिट् । अ० । sing, praise 6.1.78 एचोऽयवायावः । 6.4.66 गीतः गीता गीतम् । गीतवान् गीतवती गीतवत् ।

918 शै (पाके) । शै । शै । शायति । P । अनिट् । स० । cook, be cooked 6.1.78

एचोऽयवायावः । 6.1.45 शातवान् शातवती शातवत् । शातः शाता शातम् ।

919 श्रै पाके । स्रै इति केषुचित्पाठः । श्रै । श्रै । श्रायति । P । अनिट् । स० । cook, boil, liquefy 8.2.43 श्राणवान् श्राणवती श्राणवत् । श्राणः श्राणा श्राणम् । 6.1.27 शृतं पाके । शृतम् ।

920 पै (शोषणे) । पै । पै । पायति । P । अनिट् । अ० । dry, wither 6.4.66 पीतः पीता पीतम् । पीतवान् पीतवती पीतवत् ।

921 ओवै शोषणे । ओँवै । वै । वायति । P । अनिट् । अ० । dry, be dried, be weary 8.2.45 ओदितश्च । वानः वाना वानम् । वानवान् वानवती वानवत् ।

922 ष्टै वेष्टने । ष्टै । स्तै । स्तायति । P । अनिट् । स० । put on, adorn 6.1.45 स्तातवान् स्तातवती स्तातवत् । स्तातः स्ताता स्तातम् ।

923 ष्णै वेष्टने । शौभायां चेत्येके । ष्णै । स्नै । स्नायति । P । अनिट् । स० । wrap, adorn 6.1.45 स्नातवान् स्नातवती स्नातवत् । स्नातः स्नाता स्नातम् ।

924 दैप् शोधने । दैप् । दै । दायति । P । अनिट् । स० । purify, cleanse, protect 6.1.45 दातवान् दातवती दातवत्   दातः दाता दातम्

925 पा पाने । पा । पा । पिबति । P । अनिट् । स० । drink, suck 7.3.78 पाघ्राध्मा० । इति पिब । 6.4.66 पीतवान् पीतवती पीतवत् । पीतः पीता पीतम् ।

926 घ्रा गन्धोपादाने । घ्रा । घ्रा । जिघ्रति । P । अनिट् । स० । smell, kiss 7.3.78 पाघ्रा० । इति जिघ्र । 8.2.43 घ्राणवान् घ्राणवती घ्राणवत् । घ्राणः घ्राणा घ्राणम् । 8.2.56 घ्राणः / घ्रातः ।

927 ध्मा शब्दाग्निसंयोगयोः । ध्मा । ध्मा । धमति । P । अनिट् । स० । blow, sound a conch, blow a fire 7.3.78 पाघ्रा० , इति धम शिति परतः । ध्मातवान् ध्मातवती ध्मातवत् । ध्मातः ध्माता ध्मातम् ।

928 ष्ठा गतिनिवृत्तौ । ष्ठा । स्था । तिष्ठति । P । अनिट् । अ० । stand, stop, stay

7.3.78 इति तिष्ठ । 7.4.40 स्थितः स्थिता स्थितम् । स्थितवान् स्थितवती स्थितवत् ।

929 म्ना अभ्यासे । म्ना । म्ना । मनति । P । अनिट् । स० । repeat, think, imagine 7.3.78 पाघ्रा० , इति मन शिति परतः । म्नातवान् म्नातवती म्नातवत् । म्नातः म्नाता म्नातम् ।

930 दाण् दाने । दाण् । दा । यच्छति । P । अनिट् । स० । give 7.3.78 पाघ्रा० । इति यच्छ शिति परतः । 7.4.46 दत्तवान् दत्तवती दत्तवत् । दत्तः दत्ता दत्तम् ।

931 ह्वृ कौटिल्ये । ह्वृ । ह्वृ । ह्वरति । P । अनिट् । अ० । be crooked, move falsely 7.2.31 हु ह्वरेश्छन्दसि । 7.2.32 अपरिह्वृताश्च । 7.2.33 सोमे ह्वरितः । Vedic usages Shukla Yajur Veda 1.9 अहुतमसि हविर्द्धानम्० । Without crookedness may you…
7.2.31 हुतवान् । हुतः । 7.2. 32 अपरिह्वृताः plural । 7.2.33 ह्वरितः ।
लोके ह्वृतवान् ह्वृतवती ह्वृतवत् । ह्वृतः ह्वृता ह्वृतम् ।

932 स्वृ शब्दोपतापयोः । स्वृ । स्वृ । स्वरति । P । वेट् । अ० । sound, be sick, trouble. 7.2.15 7.2.44 स्वरतिसूतिसूयतिधूञूदितो वा । इति वेट् । 7.2.11 श्र्युकः किति । इति इण्णिषेधः । स्वृतवान् स्वृतवती स्वृतवत् । स्वृतः स्वृता स्वृतम् ।

933 स्मृ चिन्तायाम् । स्मृ । स्मृ । स्मरति । P । अनिट् । स० । reflect, contemplate, think स्मृतवान् स्मृतवती स्मृतवत् । स्मृतः स्मृता स्मृतम् ।

934 ह्वृ संवरणे । क्वचित् तु वृ इति पाठः । ह्वृ । ह्वृ । ह्वरति । P । अनिट् । स० । cover, wrap, put lid. Note-T he sutras 7.2.31, 7.2.32, 7.2.33 apply for Root 931 ह्वृ कौटिलये, Not in this meaning. ह्वृतवान् ह्वृतवती ह्वृतवत् । ह्वृतः ह्वृता ह्वृतम् ।

935 सृ गतौ । सृ । सृ । सरति, धावति । P । अनिट् । स० । go, move, slither, flow, run away सृतवान् सृतवती सृतवत् । सृतः सृता सृतम् । 8.4.46 अच् र् त् = अच् र् त् त् । वेद् विषये 1099 सृ गतौ । 8.2.61 8.2.77 सूर्त्ता । सूर्त्तम् ।

936 ऋ गतिप्रापणयोः । ऋ । ऋ । ऋच्छति । P । अनिट् । स० । go, get 7.3.78 पाघ्रा० , इति ऋच्छ शिति परतः । ऋतवान् ऋतवती ऋतवत् । ऋतः ऋता ऋतम् । 8.2.60 ऋणः ।

937 गृ सेचने । गृ । गृ । गरति । P । अनिट् । स० । sprinkle, moisten, make wet
क्तवत् गृतवान् गृतवती गृतवत् क्त गृतः गृता गृतम्
938 घृ सेचने । घृ । घृ । घरति । P । अनिट् । स० । sprinkle, irrigate, make wet
क्तवत् घृतवान् घृतवती घृतवत् क्त घृतः घृता घृतम्

939 ध्वृ हूर्च्छने । ध्वृ । ध्वृ । ध्वरति । P । अनिट् । अ० । bend, hurt, describe
ध्वृतः ध्वृता ध्वृतम् । ध्वृतवान् ध्वृतवती ध्वृतवत् ।

940 स्रु गतौ । स्रु । स्रु । स्रवति । P । अनिट् । स० । flow, trickle, move
क्तवत् स्रुतवान् स्रुतवती स्रुतवत् क्त स्रुतः स्रुता स्रुतम्

941 षु प्रसवैश्वर्ययोः । षु । सु । सवति । P । अनिट् । स० । produce, conceive
क्तवत् सुतवान् सुतवती सुतवत् क्त सुतः सुता सुतम्

942 श्रु श्रवणे । श्रु । श्रु । शृणोति । P । अनिट् । स० । listen, hear, be attentive 3.1.74 श्रुवः शृ च । इति शप् परतः । 3.1.73 स्वादिभ्यः श्नुः , इति श्नु विकरणः । (Conjugates as a 5c Root) श्रुतवान् श्रुतवती श्रुतवत् । श्रुतः श्रुता श्रुतम् ।

943 ध्रु स्थैर्ये । ध्रु । ध्रु । ध्रवति । P । अनिट् । अ० । be firm
ध्रुतः ध्रुता ध्रुतम् । ध्रुतवान् ध्रुतवती ध्रुतवत् ।

944 दु (गतौ) । दु । दु । दवति । P । अनिट् । स० । go 8.2.44 ल्वादिभ्यः । वा० दुग्वोः दीर्घः च इति वक्तव्यम् । दूनवान् दूनवती दूनवत् । दूनः दूना दूनम् ।

945 द्रु गतौ । द्रु । द्रु । द्रवति । P । अनिट् । स० । run, melt, go
निष्ठा क्तवत् द्रुतवान् द्रुतवती द्रुतवत् निष्ठा क्त द्रुतः द्रुता द्रुतम्

946 जि (अभिभवे) । जि । जि । जयति । P । अनिट् । द्वि० । conquer, defeat, subjugate जितवान् जितवती जितवत् । जितः जिता जितम् ।

947 ज्रि अभिभवे । ज्रि । ज्रि । ज्रयति । P । अनिट् । स०* । win, attain victory, be short of ज्रितवान् ज्रितवती ज्रितवत् । ज्रितः ज्रिता ज्रितम् ।

धयत्यादयः अनुदात्ताः परस्मैभाषाः । अथ डीङन्ता ङितः ।

948 ष्मिङ् ईषद्धसने । ष्मिङ् । स्मि । स्मयते । A । अनिट् ।अ० । smile, blossom, redden, blush स्मितः स्मिता स्मितम् । स्मितवान् स्मितवती स्मितवत् ।

949 गुङ् अव्यक्ते शब्दे । गुङ् । गु । गवते । A । अनिट् । अ० । sound indistinctly गुतः गुता गुतम् । गुतवान् गुतवती गुतवत् ।

950 गाङ् गतौ । गाङ् । गा । गाते । A । अनिट् । स० । go, move अयं तु अदादिगणः 2c धातुः । 7.2.81 आतो ङितः । 7.1.5 आत्मनेपदेष्वनतः । इति शपि परतः । 6.4.66 गीतवान् गीतवती गीतवत् । गीतः गीता गीतम् ।

951 कुङ् (शब्दे) । कुङ् । कु । कवते । A । अनिट् । अ० । sound, buzz, speak indistinctly कुतः कुता कुतम् । कुतवान् कुतवती कुतवत्।

952 घुङ् (शब्दे) । घुङ् । घु । घवते । A । अनिट् । अ० । make noise, be indistinct घुतः घुता घुतम् । घुतवान् घुतवती घुतवत् ।

953 उङ् (शब्दे)। उङ् । उ । अवते । A । अनिट् । अ० । sound, make noise उतः उता उतम् । उतवान् उतवती उतवत् ।

954 ङुङ् शब्दे । उङ् कुङ् खुङ् गुङ् घुङ् ङुङ् इत्यन्ये । ङुङ् । ङु । ङवते ।A। अनिट्। स०। make a sound ङुतवान् ङुतवती ङुतवत् । ङुतः ङुता ङुतम् ।

955 च्युङ् (गतौ) । च्युङ् । च्यु । च्यवते ।A ।अनिट् ।स० । fall down, slip, sink, deviate, swerve च्युतवान् च्युतवती च्युतवत् । च्युतः च्युता च्युतम् ।

956 ज्युङ् (गतौ) । ज्युङ् । ज्यु । ज्यवते । A । अनिट् । स० । come close, be in touch ज्युतवान् ज्युतवती ज्युतवत् । ज्युतः ज्युता ज्युतम् ।

957 प्रुङ् (गतौ) । प्रुङ् । प्रु । प्रवते । A । अनिट् । स० । go, spring forth
क्तवत् प्रुतवान् प्रुतवती प्रुतवत् क्त प्रुतः प्रुता प्रुतम्

958 प्लुङ् गतौ । क्लुङ् इत्येके । प्लुङ् । प्लु । प्लवते । A । अनिट् । स० । float, bathe, swim, jump प्लुतवान् प्लुतवती प्लुतवत् । प्लुतः प्लुता प्लुतम् ।

959 रुङ् गतिरेषणयोः । रुङ् । रु । रवते । A । अनिट् । स० । go, speak, hurt, be angry रुतवान् रुतवती रुतवत् । रुतः रुता रुतम् ।

960 धृङ् अवध्वंसने । धृङ् । धृ । धरते । A । अनिट् । अ० । fall, decay
धृतः धृता धृतम् । धृतवान् धृतवती धृतवत् ।

961 मेङ् प्रणिदाने । मेङ् । मे । मयते । A । अनिट् । स० । exchange, replace
6.1.45 , 7.4.40 मितवान् मितवती मितवत् मितः मिता मितम्

962 देङ् रक्षणे । देङ् । दे । दयते । A । अनिट् । स० । protect, cherish
निष्ठा 6.1.45 , 7.4.40 , 7.4.46 , 8.4.55 दत्तवान् दत्तवती दत्तवत् दत्तः दत्ता दत्तम्

963 श्यैङ् गतौ । श्यैङ् । श्यै । श्यायते । A । अनिट् । स० । go, coagulate, thicken, be dried. Interesting Note – The Active Voice कर्त्तरि and Passive Voice कर्मणि forms are identical.

निष्ठा 6.1.24 , 6.1.45 , 8.2.47	शीनवान् शीनवती शीनवत्	शीनः शीना शीनम्
निष्ठा 6.1.25 , 6.1.45 , 8.2.47	प्रतिशीनवान्	प्रतिशीनः
निष्ठा 6.1.24 , 6.1.45	शीतवान् शीतवती शीतवत्	शीतः शीता शीतम्
निष्ठा पक्षे	श्यानवान् श्यानवती श्यानवत्	श्यानः श्याना श्यानम्

964 प्यैङ् वृद्धौ । प्यैङ् । प्यै । प्यायते । A । अनिट् । अ० । be exuberant, swell
निष्ठा 6.1.45, 8.2.43 संयोगादेः० । प्यानवान् प्यानवती प्यानवत् । प्यानः प्याना प्यानम् ।

965 त्रैङ् पालने । त्रैङ् । त्रै । त्रायते । A । अनिट् । स० । defend from, rescue
8.2.56 त्राणवान् त्राणवती त्राणवत् । त्राणः त्राणा त्राणम् ।
पक्षे त्रातवान् त्रातवती त्रातवत् । त्रातः त्राता त्रातम् ।

ष्मिङादयः अनुदात्ताः आत्मनेभाषाः ।

966 पूङ् पवने । पूङ् । पू । पवते । A । सेट् । स० । purify, clean, understand
7.2.51 पूङश्च , इति विकल्पेन इट् । पूतवान् पूतवती पूतवत् । पूतः पूता पूतम् ।
पक्षे 1.2.22 पूङः क्त्वा च । पवितवान् पवितवती पवितवत् । पवितः पविता पवितम् ।

967 मूङ् बन्धने । मूङ् । मू । मवते । A । सेट् । स० । bind, tie, fasten
क्तवत् मूतवान् मूतवती मूतवत् क्त मूतः मूता मूतम्

968 डीङ् विहायसा गतौ । डीङ् । डी । डयते । A । सेट् । अ० । fly
1.2.19 निष्ठा शीङ्स्विदिमिदिक्ष्विदिधृषः , इति अकित् । डयितः डयितवान् इति रूपं पारायणिका साधयन्ति । 6.4.77 अचि श्नुधातुभ्रुवां य्वोरियङुवङौ , इति इयाङादेशे डियितः डियितवान् इति रूपं केचित् साधयन्ति । डयितः डयिता डयितम् । डयितवान् डयितवती डयितवत् ।

पूङादयः त्रयः उदात्ताः आत्मनेभाषाः ।

969 तॄ प्लवनतरणयोः ।उदात्तः परस्मैभाषः। तॄ । तॄ । तरति ।P। सेट् । स० । swim, float, cross over 7.1.100 ॠत इद्धातोः , इति इकारः आदेशः । वा० इत्त्वोत्त्वाभ्यां गुणवृद्धी विप्रतिषेधेन । 1.1.51 उरण् रपरः । 8.2.77 हलि च । 8.2.42 रदाभ्यां निष्ठातो नः पूर्वस्य च दः , इति नकारः आदेशः । तीर्णवान् तीर्णवती तीर्णवत् । तीर्णः तीर्णा तीर्णम् ।

अथ अष्टावात्मनेपदिनः ।

970 गुप गोपने । गुपँ । गुप् । जुगुप्सते, गोपयति । A । सेट् । स० । desire to – despise, hide, guard, protect, blame । 3.1.5 गुप्तिज्किद्भ्यः सन् । वा० निन्दाक्षमाव्याधिप्रतीकारेषु सन्निष्यतेऽन्यत्र यथाप्राप्तं प्रत्ययाः भवन्ति । Maha Bhashya नैतेभ्यः प्राक् सन आत्मनेपदम् नापि परस्मैपदं पश्यामः । Here the affix सन् will not take Guna as it has not been mentioned as Ardhadhatuka. Secondly, in the sense other than निन्दा, the Root गुप् will belong to the 10c group as 1771 गुप भाषायाम् and hence take णिच् + शप् । Thus गोपयति । 6.1.9 सन्यङोः , इति द्वित्वम् । 7.4.62 कुहोश्चुः । 6.1.97 अतो गुणे ।

जुगुप्सितवान् जुगुप्सितवती जुगुप्सितवत् जुगुप्सितः जुगुप्सिता जुगुप्सितम्

3.1.5 Vartika – When not used in specified meaning, default affixes for 10c applied 6.4.52 गोपितवान् गोपितवती गोपितवत् । गोपितः गोपिता गोपितम् ।

971 तिज निशाने । तिजँ । तिज् । तितिक्षते, तेजयति । A । सेट् । स० । desire to – stir up, sharpen, excite, agitate 3.1.5 गुप्तिज्किद्भ्यः सन् । इति क्षमायां नित्यं सन् । णिचि तु । 6.1.9 सन्यङोः , इति द्वित्वम् । Here the affix सन् will not take Guna. Secondly, in the sense other than क्षमा, the Root तिज् will belong to the 10c group as 1652 तिज निशाने and hence take णिच् + शप् । Thus तेजयति ।

निष्ठा	तितिक्षितवान् तितिक्षितवती तितिक्षितवत्	तितिक्षितः तितिक्षिता तितिक्षितम्

3.1.5 Vartika – When not used in specified meaning, default affixes for 10c applied 6.4.52 तेजितवान् तेजितवती तेजितवत् । तेजितः तेजिता तेजितम् ।

972 मान पूजायाम् । नित्यं सन् । मानँ । मान् । मीमांसते, मानयति । A । सेट् । स० । desire to know । 3.1.6 मान्बधदान्शान्भ्यो दीर्घश्चाभ्यासस्य । इति जिज्ञासायां नित्यं सन् , अभ्यासेकारस्य दीर्घः च । मीमांसितवान् मीमांसितवती मीमांसितवत् । मीमांसितः मीमांसिता मीमांसितम् 3.1.5 Vartika, 6.4.52 मानितवान् मानितवती मानितवत्।मानितः मानिता मानितम् ।

973 बध बन्धने । बधँ । बध् । बीभत्सते, बाधयति । A । सेट् । स० । desire to – bind, injure । 3.1.6 मान्बधदान्शान्भ्यो दीर्घश्चाभ्यासस्य । वा० अत्रापि सन्नर्थे विशेष इष्यते । बधेश्चित्तविकारे , नित्यं सन् , अभ्यासेकारस्य इकारः दीर्घः च । See the 10c Root 1547 बध संयमने । बीभत्सितवान् बीभत्सितवती बीभत्सितवत् । बीभत्सितः बीभत्सिता बीभत्सितम् ।
3.1.6 Vartika, 6.4.52 बाधितवान् बाधितवती बाधितवत् । बाधितः बाधिता बाधितम् ।

गुपादयः चत्वारः उदात्ताः अनुदात्तेतः आत्मनेभाषाः ।

974 रभ राभस्ये । आङ् पूर्वकः । रभँ । रभ् । आरभते । A । अनिट् । स० । begin, be happy, be glad 8.2.40 झषस्तथोर्धोऽधः । 8.4.53 झलां जश् झशि ।
रब्धवान् रब्धवती रब्धवत् । रब्धः रब्धा रब्धम् ।

975 डुलभष् प्राप्तौ । डुलभँष् । लभ् । लभते । A । अनिट् । स० । get, receive
8.2.40 8.4.53 लब्धवान् लब्धवती लब्धवत् । लब्धः लब्धा लब्धम् ।

976 ष्वञ्ज परिष्वङ्गे । ष्वञ्जँ । स्वञ्ज् । स्वजते । A । अनिट् । स० । hug
6.4.25 दंशसञ्जस्वञ्जां शपि , इति नलोपः । 8.3.24 नश्चापदान्तस्य झलि । 8.4.58 अनुस्वारस्य ययि परसवर्णः । 6.4.24 अनिदितां हल उपधायाः क्ङिति , इति नलोपः । 8.2.30 चोः कुः , कुत्व।

8.4.55 खरि च , चर्त्व। स्वक्तवान् स्वक्तवती स्वक्तवत् । स्वक्तः स्वक्ता स्वक्तम् ।
977 हद पुरीषोत्सर्गे । हदँ । हद् । हदते । A । अनिट् । अ० । empty bowels
8.2.42 हन्नवान् हन्नवती हन्नवत् । हन्नः हन्ना हन्नम् ।

रभादयः चत्वारः अनुदात्ताः अनुदात्तेतः आत्मनेभाषाः ।

978 ञिष्विदा अव्यक्ते शब्दे । ञिक्ष्विदा केचित् । उदात्तः उदात्तेत् परस्मैभाषः । ञिष्विदाँ । स्विद् । स्वेदति । P । सेट् । अ० । hum, make inarticulate sound 7.2.16 8.2.42
स्विन्नः स्विन्ना स्विन्नम् । स्विन्नवान् स्विन्नवती स्विन्नवत् ।
3.4.71 7.2.17 1.2.19 स्वेदितः स्वेदिता स्वेदितम् । स्वेदितवान् ।

979 स्कन्दिर् गतिशोषणयोः । स्कुन्दिँर् । स्कन्द् । स्कन्दति । P । अनिट् । स० । go, dry up 8.3.73 अ–निष्ठायाम् षत्वं वा स्यात् ।
6.4.24 8.2.42 स्कन्नवान् स्कन्नवती स्कन्नवत् । स्कन्नः स्कन्ना स्कन्नम् ।

980 यभ मैथुने । युभँ । यभ् । यभति । P । अनिट् । अ० । have intercourse, make love 8.2.40 झषस्त०, 8.4.53 झलां० । यब्धः यब्धा यब्धम् । यब्धवान् यब्धवती यब्धवत् ।

981 णम प्रह्वत्वे शब्दे च । णुमँ । नम् । नमति । P । अनिट् । स० । salute, bow
नमस्ते / 6.4.37 इति मकारः लोपः । नतवान् नतवती नतवत् । नतः नता नतम् ।

982 गम्ऌ (गतौ) । गुम्ऌँ । गम् । गच्छति । P । अनिट् । स० । go, move
7.3.77 इषुगमियमां छः । इति छकारः अन्तादेशः , शिति परतः । 6.1.73 छे च , इति तुक् आगमः । 8.2.39 8.4.40 8.4.55 8.2.65 म्वोश्च ।
6.4.37 अनुदात्तोपदेशवनतितनोत्यादीनामनुनासिक लोपो झलि क्ङिति , इति मकारः लोपः ।

क्तवत्	गतवान् गतवती गतवत्	क्त	गतः गता गतम्

983 सृप्ऌ गतौ । सृुप्ऌँ । सृप् । सर्पति । P । अनिट् । स० । move, slither, creep, climb

क्तवत्	सृप्तवान् सृप्तवती सृप्तवत्	क्त	सृप्तः सृप्ता सृप्तम्

984 यम उपरमे । युमँ । यम् । यच्छति । P । अनिट् । अ० । restrain, check, control, stop 7.3.77 इषुगमियमां छः । इति छकार अन्तादेशः , शिति परतः । 6.1.73 छे च ।

8.2.39 8.4.40 8.4.55 6.4.37 यतः यता यतम् । यतवान् यतवती यतवत् ।

985 तप सन्तापे । तपँ । तप् । तपति । P । अनिट् । स० । make hot, heat

क्तवत्	तप्तवान् तप्तवती तप्तवत्	क्त	तप्तः तप्ता तप्तम्

986 त्यज हानौ । त्यजँ । त्यज् । त्यजति । P । अनिट् । स० । abandon 8.2.30 , 8.4.55 त्यक्तवान् त्यक्तवती त्यक्तवत् । त्यक्तः त्यक्ता त्यक्तम् ।

987 षञ्ज सङ्गे । षञ्जँ । सञ्ज् । सजति । P । अनिट् । स० । embrace, cling, stick 6.4.25 दंशसञ्जस्वञ्जां शपि । इति शपि नलोपः । 6.4.24 अनिदितां हल उपधायाः क्ङिति , इति नलोपः । 8.3.24 8.4.58 8.2.30 8.4.55 सक्तवान् सक्तवती सक्तवत् । सक्तः सक्ता सक्तम् ।

988 दृशिर् प्रेक्षणे । दृशिँर् । दृश् । पश्यति । P । अनिट् । स० । see 7.3.78 पाघ्रा० , इति पश्य शप् परतः । 8.2.36 8.4.41 दृष्टवान् दृष्टवती दृष्टवत् । दृष्टः दृष्टा दृष्टम् ।

989 दंश दशने । दंशँ । दंश् । दशति । P । अनिट् । स० । bite
6.4.25 दंशसञ्जस्वञ्जां शपि। इति शपि नलोपः। 8.2.36 , इति शस्य षत्वम् । 8.2.41 षढोः कः सि । 6.4.24 , 8.2.36 8.4.41 दष्टवान् दष्टवती दष्टवत् । दष्टः दष्टा दष्टम् ।

990 कृष विलेखने । आकर्षणे । कृष्णः । कृषँ । कृष् । कर्षति । P । अनिट् । द्वि० । pull, till, make furrows, attract । *Krishna कृष्णः ।* 8.4.41 8.2.41

क्तवत्	कृष्टवान् कृष्टवती कृष्टवत्	क्त	कृष्टः कृष्टा कृष्टम्

991 दह भस्मीकरणे । दहँ । दह् । दहति । P । अनिट् । स० । burn
8.2.32 दादेर्धातोर्घः । 8.2.37 एकाचो बशो भष् झषन्तस्य स्ध्वोः । 8.4.55 खरि च । 8.3.59 8.2.40 8.4.53 दग्धवान् दग्धवती दग्धवत् । दग्धः दग्धा दग्धम् ।

992 मिह सेचने । मिहँ । मिह् । मेहति । P । अनिट् । स० । wet, pass urine, have nightfall 8.2.31 हो ढः, 8.2.41 षढोः कः सि , 8.3.59 आदेशप्रत्यययोः ।
निष्ठा 8.2.31 , 8.2.40 झषस्तथोर्धोऽधः, 8.4.41 ष्टुना ष्टुः, 8.3.13 ढो ढे लोपः, 6.3.111 ढ्रलोपे पूर्वस्य दीर्घोऽणः । मीढवान् मीढवती मीढवत् । मीढः मीढा मीढम् ।

स्कन्दादयोऽनुदात्ता उदात्तेतः परस्मैभाषाः ।

993 कित निवासे रोगापनयने च । उदात्तेत् परस्मैभाषः । णिचि तु । कितँ । कित् । चिकित्सति, केतयति । P । सेट् । स० । desire to dwell, desire to cure. *Famous word चिकित्सा ।* 3.1.5 गुप्तिज्किद्भ्यः सन् । वा० निन्दाक्षमाव्याधिप्रतीकारेषु सन्निष्यतेऽन्यत्र यथाप्राप्तं प्रत्ययाः भवन्ति । Maha Bhashya नैतेभ्यः प्राक् सन आत्मनेपदम् नापि परस्मैपदं पश्यामः । Here the affix सन् will not take Guna as it has not been mentioned as Ardhadhatuka. Secondly, in the sense other than व्याधिप्रतीकारः, the Root कित् will belong to 10c group and take णिच् + शप् । Thus केतयति ।

8.3.59 आदेशप्रत्यययोः । इण् अथवा कवर्गः परस्य अपदान्तस्य आदेशरूपस्य प्रत्ययावयवरूपस्य स् ष् । चिकित्सितः चिकित्सिता चिकित्सितम् । चिकित्सितवान् चिकित्सितवती चिकित्सितवत् ।

3.1.5 Vartika – When not used in specified meaning, default affixes for 10c applied 6.4.52 केतितवान् केतितवती केतितवत् । केतितः केतिता केतितम् ।

अथ वहत्यन्ताः स्वरितेतः ।

994 दान खण्डने । दानँ । दान् । दीदांसति/ते, दानयति । U । सेट् । स० । desire to – cut, divide 3.1.6 मान्बधदान्शान्भ्यो दीर्घश्चाभ्यासस्य । वा० अत्रापि सन्नर्थं विशेष इष्यते । वा सन्नन्तः । दीदांसितः दीदांसिता दीदांसितम् । दीदांसितवान् दीदांसितवती दीदांसितवत् ।

3.1.6 Vartika, 6.4.52 दानितवान् दानितवती दानितवत् । दानितः दानिता दानितम् ।

995 शान तेजने । शानँ । शान् । शीशांसति/ते, शानयति । U । सेट् । स० । sharpen, whet 3.1.6 मान्बधदान्शान्भ्यो दीर्घश्चाभ्यासस्य । वा० अत्रापि सन्नर्थं विशेष इष्यते । वा सन्नन्तः । शीशांसितः शीशांसिता शीशांसितम् । शीशांसितवान् शीशांसितवती शीशांसितवत् ।

3.1.6 Vartika, 6.4.52 शानितवान् शानितवती शानितवत् । शानितः शानिता शानितम् ।

उदात्तौ स्वरितेतावुभयतोभाषौ ।

996 डुपचष् पाके । डुपचँष् । पच् । पचति/ते । U । अनिट् । द्वि० । cook

8.2.52 पचो वः , इति त् व् । 8.2.30 पक्ववान् पक्ववती पक्ववत् । पक्वः पक्वा पक्वम् ।

997 षच समवाये । षचँ । सच् । सचति/ते । U । सेट् । स० । be familiar with, be associated, know well सचितवान् सचितवती सचितवत् । सचितः सचिता सचितम् ।

998 भज सेवायाम् । भजँ । भज् । भजति/ते । U । अनिट् । स० । serve, divide,

share, enjoy 8.2.30 चोः कुः , इति कुत्वम् । भक्तवान् भक्तवती भक्तवत् । भक्तः भक्ता भक्तम् ।

999 रञ्ज रागे । र॒ञ्जँ । रञ्ज् । रजति/ते । U । अनिट् । अ० । dye, be attracted, be coloured 6.4.26 रञ्जेश्च , इति शपि नलोपः । 6.4.24 अनिदितां हल उपधायाः क्ङिति , इति नलोपः । 8.3.24 नश्चापदान्तस्य झलि । 8.4.58 अनुस्वार० । 8.2.30 चोः कुः । 8.4.55 खरि च । रक्तवान् रक्तवती रक्तवत् । रक्तः रक्ता रक्तम् ।

1000 शप आक्रोशे । श॒पँ । शप् । शपति/ते । U । अनिट् । स० । curse, swear, use foul language शप्तवान् शप्तवती शप्तवत् । शप्तः शप्ता शप्तम् ।

1001 त्विष दीप्तौ । त्वि॒षँ । त्विष् । त्वेषति/ते । U । अनिट् । अ० । shine, sparkle, blaze 8.4.41 ष्टुना ष्टुः , इति त् ट् । त्विष्टः त्विष्टा त्विष्टम् । त्विष्टवान् त्विष्टवती त्विष्टवत् ।

1002 यजादि अन्तर्गणः ।

6.1.15 वचिस्वपियजादीनां किति । सम्प्रसारणम् ।

1002 यज देवपूजासङ्गतिकरणदानेषु । य॒जँ । यज् । यजति/ते । U । अनिट् । स० । sacrifice, honour, purify, donate, worship 6.1.15 8.2.36 8.4.41

क्तवत्	इष्टवान् इष्टवती इष्टवत्	क्त	इष्टः इष्टा इष्टम्

1003 डुवप बीजसन्ताने । छेदनेऽपि । डु॒व॒पँ । वप् । वपति/ते । U । अनिट् । स० । sow. Many Dhatupathas list it as डुवप् with halanta. However since Svarita accent is explicitly mentioned पँ we have listed it as डुवप । Further, पकारः is not a Tag here. 6.1.15 इति सम्प्रसारणम् । उप्तवान् उप्तवती उप्तवत् । उप्तः उप्ता उप्तम् ।

1004 वह प्रापणे । व॒हँ । वह् । वहति/ते । U । अनिट् । द्वि० । flow, carry, lead 6.1.15, 8.2.31, 8.2.40 8.4.41 8.3.13 6.3.111 ऊढवान् ऊढवती ऊढवत्। ऊढः ऊढा ऊढम् ।

पचाद्योऽनुदात्ताः स्वरितेत उभयतोभाषाः । षचिस्तूदात्तः ।

1005 वस निवासे । अनुदात्त उदात्तेत् परस्मैभाषः । व॒सँ । वस् । वसति । P । अनिट् । अ० । dwell, inhabit, live, stay, abide, reside 7.2.52 वसतिक्षुधोः इट् । 6.1.15 8.3.60

उषितवान् उषितवती उषितवत् । उषितः उषिता उषितम् ।

1006 वेञ् तन्तुसन्ताने । वेञ् । वे । वयति/ते । U । अनिट् । स० । knit, weave, sew 6.1.45 7.4.25 6.1.15 6.1.108 उतवान् उतवती उतवत् । उतः उता उतम् ।

1007 व्येञ् संवरणे । व्येञ् । व्ये । व्ययति/ते । U । अनिट् । स० । cover, hide, sew 6.1.45 7.4.25 6.1.15 6.1.108 8.2.77 6.1.37
वीतवान् वीतवती वीतवत् । वीतः वीता वीतम् ।

1008 ह्वेञ् स्पर्धायां शब्दे च । ह्वेञ् । ह्वे । आह्वयति/ते । U । अनिट् । स० । call, take name, hail, challenge for a fight । 6.1.45 7.4.25 6.1.15 6.1.108 6.4.2
हूतवान् हूतवती हूतवत् । हूतः हूता हूतम् ।

वेञादयस्त्रयोऽनुदात्ता उभयतोभाषाः । अथ परस्मैपदिनौ ।

1009 वद व्यक्तायां वाचि । वदँ । वद् । वदति । P । सेट् । स० । speak, say 6.1.15 6.1.108 उदितवान् उदितवती उदितवत् । उदितः उदिता उदितम् ।

1010 टुओश्वि गतिवृद्ध्योः । अयं वदति च उदात्तौ परस्मैभाषौ । टुओँश्वि । श्वि । श्वयति । P । सेट् । अ० । balloon, grow 8.3.59 आदेशप्रत्यययोः । 7.4.25 अकृत्सार्वधातुकयोः दीर्घः । 6.1.15 वचिस्वपियजादीनां किति , इति सम्प्रसारणम् । 6.1.108 सम्प्रसारणाच्च । 6.4.2 हलः , इति सम्प्रसारणस्य अङ्गस्य दीर्घः । 8.2.45 ओदितश्च । शूनवान् शूनवती शूनवत् । शूनः शूना शूनम् ।

वृत् । यजादिः समाप्तः । चुलुम्पत्यादिश्च भ्वादौ द्रष्टव्याः । तस्य आकृतिगणत्वात् ।
The 1c group is आकृतिगणः i.e. includes unclassified Roots as well, so Roots चुलुम्प etc. may be read here to make Verbs चुलुम्पति etc.

ऋतिः सौत्रः च सजुगुप्साकृपयोः । 3.1.29 ऋतेरीयङ् । This Ashtadhyayi Sutra indicates that ऋत् is a Root. Since this is not listed in the Dhatupatha, we call it a सौत्रः धातुः , i.e. from Sutra.
॥ इति शब्विकरणा भ्वादयः ॥

2c – adādi – 1011 to 1082 = 72 Roots

1011 अद भक्षणे । 2c 1 ।अ॒दँ । अद् । अत्ति । P । अनिट् । स० ।eat, destroy 8.4.55 2.4.36 जग्धवान् जग्धवती जग्धवत् । जग्धः जग्धा जग्धम् । पक्षे 3.2.68 4.4.85 अन्नवान् अन्नवती अन्नवत् ।अन्नः अन्ना अन्नम् ।

1012 हन हिंसागत्योः ।2c 2 ।ह॒नँ । हन् । हन्ति । P । अनिट्* । स० । kill, slay । 6.4.98 (7.2.68) 7.3.54 6.4.37 हतवान् हतवती हतवत् । हतः हता हतम् ।

अनुदात्तावुदात्तेतौ परस्मैपदिनौ ।अथ चत्वारः स्वरितेतः ।

1013 द्विष अप्रीतौ । 2c 3 द्वि॒षँ । द्विष् । द्वेष्टि / द्विष्टे । U । अनिट् । स० । hate, dislike 8.4.41 8.2.39 8.4.56 8.4.62 3.4.118
द्विष्टवान् द्विष्टवती द्विष्टवत् । द्विष्टः द्विष्टा द्विष्टम् ।

1014 दुह प्रपूरणे । 2c 4 दु॒हँ । दुह् । दोग्धि / दुग्धे । U । अनिट् । द्वि० ।milk, empty, extract, squeeze, take advantage 8.2.32 8.2.40 8.4.53
दुग्धवान् दुग्धवती दुग्धवत् । दुग्धः दुग्धा दुग्धम् ।

1015 दिह उपचये । 2c 5 दि॒हँ । दिह् । देग्धि / दिग्धे । U । अनिट् । अ० ।set curd, anoint, plaster 8.2.32, 8.2.40, 8.4.53 दिग्धः दिग्धा दिग्धम्। दिग्धवान् दिग्धवती दिग्धवत् ।

1016 लिह आस्वादने ।2c 6 लि॒हँ । लिह् । लेढि / लीढे । U । अनिट् । स० ।lick, taste 8.2.31 8.2.40 8.4.41 8.3.13 6.3.111 लीढवान् लीढवती लीढवत् । लीढः लीढा लीढम् ।

द्विषादयोऽनुदात्ताः स्वरितेत उभयतोभाषाः ।

1017 चक्षिङ् व्यक्तायां वाचि ।2c 7 च॒क्षिँङ् । चक्ष् ।चष्टे ।A।अनिट् ।स० ।speak clearly,tell,see ।अयं दर्शनेऽपि ।अनुदात्तोऽनुदात्तेत् आत्मनेपदी ।Also see 1060 ख्या प्रकथने । 2.4.54 8.2.29 8.4.41 8.2.57
ख्यातवान् ख्यातवती ख्यातवत् । ख्यातः ख्याता ख्यातम् ।

अथ पृच्यन्ताः अनुदात्तेतो दश ।

1018 ईर गतौ कम्पने च । 2c 8 ईरँ । ईर् । ईर्ते । A । सेट् । स० । go, shake, rise, spring from ईरितवान् ईरितवती ईरितवत् । ईरितः ईरिता ईरितम् ।

1019 ईड स्तुतौ । अग्निमीळे पुरोहितम् । 2c 9 ईडँ । ईड् । ईट्टे । A । सेट् । स० । praise, commend ईडितवान् ईडितवती ईडितवत् । ईडितः ईडिता ईडितम् ।

1020 ईश ऐश्वर्ये । ऐश्वर्यम् सम्पत्तिः । 2c 10 ईशँ । ईश् । ईष्टे । A । सेट् । अ० । rule, command, own ईशितः ईशिता ईशितम् । ईशितवान् ईशितवती ईशितवत् ।

1021 आस उपवेशने । विद्यमानतायां च । 2c 11 आसँ । आस् । आस्ते । A । सेट् । अ० । sit, be, exist आसितः आसिता आसितम् । आसितवान् आसितवती आसितवत् ।

1022 आङः शासु इच्छायाम् । 2c 12 आङः शासुँ । आशास् । आशास्ते । A । सेट् । स० । bless, hope 7.2.56 आशास्तवान् आशास्तवती आशास्तवत् । आशास्तः आशास्ता आशास्तम् । Note 6.4.34 applies to 1075 शासु अनुशिष्टौ । and not here.

1023 वस आच्छादने । 2c 13 वसँ । वस् । वस्ते । A । सेट् । स० । dress up, drape, cover with shawl वसितवान् वसितवती वसितवत् । वसितः वसिता वसितम् ।

1024 कसि गतिशासनयोः । अयमनिदिति केचित् । कस इत्येके । कश इत्यपि । 2c 14 कसिँ । कंस् । कंस्ते । A । सेट् । स० । go, punish, rule । 7.1.58 8.2.25 कंसितवान् कंसितकंती कंसितकंत् । कंसितः कंसिता कंसितम् ।

1025 णिसि चुम्बने । 2c 15 णिसिँ । निंस् । निंस्ते । A । सेट् । स० । kiss 6.1.65 7.1.58 8.2.25 निंसितवान् निंसितवती निंसितवत् । निंसितः निंसिता निंसितम् ।

1026 णिजि शुद्धौ । 2c 16 णिजिँ । निञ्ज् । निङ्क्ते । A । सेट् । स० । purify, wash, soften 6.1.65 7.1.58 निञ्जितवान् निञ्जितवती निञ्जितवत् । निञ्जितः निञ्जिता निञ्जितम् ।

1027 शिजि अव्यक्ते शब्दे । 2c 17 शिजिँ । शिञ्ज् । शिङ्क्ते ।A।सेट्।अ० । speak indistinctly, hum 7.1.58 शिञ्जितः शिञ्जिता शिञ्जितम् । शिञ्जितवान् शिञ्जितवती शिञ्जितवत् ।

1028 पिजि वर्णे । सम्पर्चन इत्येके । उभयत्रेत्यन्ये । अवयव इत्येके । अव्यक्ते शब्दे इतीतरे । पृजि इत्येके । 2c 18 पिजिँ । पिञ्ज् । पिङ्क्ते । A । सेट् । स० । paint, make glittery, sound of anklets । 7.1.58 पिञ्जितवान् पिञ्जितवती पिञ्जितवत् । पिञ्जितः पिञ्जिता पिञ्जितम् ।

1029 वृजी वर्जने । वृजि इति अन्ये । 2c 19 वृजीँ । वृज् । वृक्ते । A । सेट् । स० । sacrifice, avoid,drop 7.2.14 वृक्तवान् वृक्तवती वृक्तवत् । वृक्तः वृक्ता वृक्तम् ।

1030 पृची सम्पर्चने । 2c 20 पृचीँ । पृच् । पृक्ते । A । सेट् । स० । touch, unite, embrace 7.2.14 पृक्तवान् पृक्तवती पृक्तवत् । पृक्तः पृक्ता पृक्तम् ।

ईरादय उदात्ता अनुदात्तेत आत्मनेभाषाः ।

1031 षूङ् प्राणिगर्भविमोचने । 2c 21 षूङ् । सू । सूते । A । सेट् । स० । be pregnant, produce, give birth । 6.4.77 7.2.44
सूतवान् सूतवती सूतवत् । सूतः सूता सूतम् ।

1032 शीङ् स्वपने । 2c 22 शीङ् । शी । शेते । A । सेट् । अ० । lie down, sleep 6.4.77 7.1.6 1.2.19 शयितः शयिता शयितम् । शयितवान् शयितवती शयितवत् ।

उदात्तावात्मनेभाषौ । अथ स्तौत्यन्ताः परस्मैपदिनो दश ।

1033 यु मिश्रणेऽमिश्रणे च । 2c 23 यु । यु । यौति । P । सेट् । स० । combine, mix, separate 6.4.77 7.2.11 7.2.49 7.3.89 युतवान् युतवती युतवत् । युतः युता युतम् ।

1034 रु शब्दे । 7.3.95 तुरुस्तुशम्यमः सार्वधातुके । तु इति सौत्रो धातुः गतिवृद्धिहिंसासु । 2c 24 रु । रु । रौति, रवीति । P । सेट् । अ० । make sound, cry, hum । 6.4.77 7.4.25 7.3.89 रुतः रुता रुतम् । रुतवान् रुतवती रुतवत् ।

1035 णु स्तुतौ । 2c 25 णु । नु । नौति । P । सेट् । स० । praise, worship 6.1.65 7.3.89 6.4.77 नुतवान् नुतवती नुतवत् । नुतः नुता नुतम् ।

1036 टुक्षु शब्दे । 2c 26 टुक्षु । क्षु । क्षौति । P । सेट् । अ० । sneeze, cough, expectorate 7.3.89 6.4.77 क्षुतः क्षुता क्षुतम् । क्षुतवान् क्षुतवती क्षुतवत् ।

1037 क्ष्णु तेजने । 2c 27 क्ष्णु । क्ष्णु । क्ष्णौति । P । सेट् । स० । sharpen, whet 7.3.89 6.4.77 क्ष्णुतवान् क्ष्णुतवती क्ष्णुतवत् । क्ष्णुतः क्ष्णुता क्ष्णुतम् ।

1038 ष्णु प्रस्रवणे । 2c 28 ष्णु । स्नु । स्नौति । P । सेट् । अ० । yield, drip milk । 6.1.64 7.4.25 7.3.89 6.4.77 1.1.57 स्नुतः स्नुता स्नुतम् । स्नुतवान् स्नुतवती स्नुतवत् । पक्षे 7.2.36 प्रस्नविता ।

युप्रभृतय उदात्ता उदात्तेतः परस्मैभाषाः ।

1039 ऊर्णुञ् आच्छादने । उदात्त उभयतोभाषः । 2c 29 ऊर्णुञ् । ऊर्णु । ऊर्णौति / ऊर्णुते, ऊर्णोति । U । सेट् । स० । cover, surround, hide 7.2.49 7.3.90 7.3.91 6.4.77 1.2.3 ऊर्णुतवान् ऊर्णुतवती ऊर्णुतवत् । ऊर्णुतः ऊर्णुता ऊर्णुतम् ।

1040 द्यु अभिगमने । 2c 30 द्यु । द्यु । द्यौति । P । अनिट् । स० । attack, march 7.3.89 6.4.77 द्युतवान् द्युतवती द्युतवत् । द्युतः द्युता द्युतम् ।

1041 षु प्रसवैश्वर्ययोः । 2c 31 षु । सु । सौति । P । अनिट् । स० । produce, conceive 6.1.64 7.3.89 6.4.77 सुतवान् सुतवती सुतवत् । सुतः सुता सुतम् ।

1042 कु शब्दे । 2c 32 कु । कु । कौति । P । अनिट् । अ० । sound, hum, coo 7.3.89 6.4.77 कुतः कुता कुतम् । कुतवान् कुतवती कुतवत् ।

1043 ष्टुञ् स्तुतौ । 6.1.64 7.4.25 7.3.89 6.4.77 7.3.95 1.1.57 2c 33 ष्टुञ् । स्तु । स्तौति / स्तुते, स्तवीति । U । अनिट् । स० । praise, worship, pray
स्तुतवान् स्तुतवती स्तुतवत् । स्तुतः स्तुता स्तुतम् ।

द्युप्रभृतयोऽनुदात्ताः परस्मैभाषाः । स्तौतिस्तूभयतोभाषः ।

1044 ब्रूञ् व्यक्तायां वाचि । अनुदात्त उभयतोभाषः । 2c 34 ब्रूञ् । ब्रू । ब्रवीति / ब्रूते । U । अनिट् । द्वि० । speak, relate, say 6.4.77 3.4.84 8.2.35 7.3.93 2.4.53 6.1.15 Samprasaranam. उक्तवान् उक्तवती उक्तवत् । उक्तः उक्ता उक्तम् ।

अथ शास्यन्ताः परस्मैपदिनः ।

1045 इण् गतौ । 2c 35 इण् । इ । एति , उद्+इ+ल्यप् = उदयति । P । अनिट् । स० । go 6.4.81 इतवान् इतवती इतवत् । इतः इता इतम् ।

1046 इङ् अध्ययने । नित्यम् अधिपूर्वः । 2c 36 इङ् । इ । अधि + इ = अधीते । A । अनिट् । स० । study, learn, read । 6.4.77 अधीतवान् अधीतवती अधीतवत् । अधीतः अधीता अधीतम् ।

1047 इक् स्मरणे । अयमप्यधिपूर्वकः । 2.3.52 6.4.77 6.4.81 2c 37 इक् । इ । अध्येति । P । अनिट् । स० । remember, remember regretfully, nostalgic अधीतवान् अधीतवती अधीतवत् । अधीतः अधीता अधीतम् ।

1048 वी गतिव्याप्तिप्रजनकान्त्यसनखादनेषु । ई च । 2c 38 वी । वी । वेति । P । अनिट् । स०* । go, surround, attack, be pregnant, desire 6.4.77 अचि श्नुधातुभ्रुवां य्वोरियङुवङौ । इति अजादि प्रत्यय परतः इयङ् ।
Notice the classic rules of Panini Grammar applied here.
Iii/1 तिप् affix shall cause guna. वी –> वे
iii/2 तस् affix. वी remains unaltered.
Iii/3 अन्ति affix. 6.4.77 applies so वी –> व् इय् = विय्
वीतवान् वीतवती वीतवत् । वीतः वीता वीतम् ।

1049 या प्रापणे । 2c 39 या । या । याति । P । अनिट् । स० । go, reach, attain यातवान् यातवती यातवत् । यातः याता यातम् ।

1050 वा गतिगन्धनयोः । 2c 40 वा । वा । वाति । P । अनिट् । अ० । blow air, be windy, flow 1.3.1 भूवादयो धातवः । 3.4.111 6.1.96 वातः वाता वातम् वातवान् वातवती वातवत् । 8.2.50 निस्+वा+क्त = निर्वाणः । Nirvana. Freedom.

1051 भा दीप्तौ । 2c 41 भा । भा । भाति । P । अनिट् । अ० । shine, be brilliant, whistle भातः भाता भातम् । भातवान् भातवती भातवत् ।

1052 ष्णा शौचे । 2c 42 ष्णा । स्ना । स्नाति । P । अनिट् । अ० । bathe, be clean 6.1.64 1.1.57 स्नातः स्नाता स्नातम् । स्नातवान् स्नातवती स्नातवत् ।

1053 श्रा पाके ।   2c 43 श्रा । श्रा । श्राति । P । अनिट् । स० । cook, boil, mature, ripen, perspire 3.4.111 6.1.96 8.4.2 8.2.43 श्राणः श्राणा श्राणम् । श्राणवान् श्राणवती श्राणवत् । 6.1.27 शृतः शृता शृतम् ।

1054 द्रा कुत्सायां गतौ । 2c 44 द्रा । द्रा । द्राति । P । अनिट् । अ० । be ashamed, run away 8.2.43 8.4.2 द्राणः द्राणा द्राणम् । द्राणवान् द्राणवती द्राणवत् ।

1055 प्सा भक्षणे । 2c 45 प्सा । प्सा । प्साति । P । अनिट् । स० । eat, protect । प्सातवान् प्सातवती प्सातवत् । प्सातः प्साता प्सातम् ।

1056 पा रक्षणे । 2c 46 पा । पा । पाति । P । अनिट् । स० । protect, save, nurture, govern पातवान् पातवती पातवत् । पातः पाता पातम् ।

1057 रा दाने । 2c 47 रा । रा । राति । P । अनिट् । स० । give, get, grant रातवान् रातवती रातवत् । रातः राता रातम् ।

1058 ला आदाने । द्वावपि दाने इति चन्द्रः ।   2c 48 ला । ला । लाति । P । अनिट् । स० । take, obtain, give up, donate । 3.4.111 6.1.96 लातः लाता लातम् । लातवान् लातवती लातवत् ।

1059 दाप् लवने । पकार इत् । 2c 49 दाप् । दा । दाति । P । अनिट् । स० । cut, tear 1.1.20   दातवान् दातवती दातवत् । दातः दाता दातम् ।

1060 ख्या प्रकथने । 2c 50 ख्या । ख्या । ख्याति । P । अनिट् ।स० । tell, relate, make popular 2.4.54 चक्षिङः ख्याञ् । वा० सस्थानत्वं नमः ख्यात्रे इति वक्तव्यम् । इति आर्धधातुके लकारस्य प्रयोगः नास्ति । 8.2.57 blocks 8.2.43 ख्यातवान् ख्यातवती ख्यातवत् । ख्यातः ख्याता ख्यातम् ।

1061 प्रा पूरणे । 2c 51 प्रा । प्रा । प्राति । P । अनिट् । स०* । fill 8.2.43 8.4.2 प्राणवान् प्राणवती प्राणवत् । प्राणः प्राणा प्राणम् ।

1062 मा माने । माया । 2c 52 मा । मा । माति । P । अनिट् । अ० । measure, weigh 7.4.40 मितवान् मितवती मितवत् । मितः मिता मितम् ।

1063 वच परिभाषणे । The द्विकर्मकः karika gives 1044 ब्रूञ् as द्विकर्मकः । 2c 53 वचँ । वच् । वक्ति । P ।अनिट्। द्वि० ।speak, describe, talk, declare 2.4.53 8.2.30 6.1.15 Siddhanta Kaumudi अयम् अन्ति परो न प्रयुज्यते । बहुवचनपर इत्यन्ये ।झिपर इत्यपरे । उक्तवान् उक्तवती उक्तवत् । उक्तः उक्ता उक्तम् । Samprasaranam

इण् प्रभृतयोऽनुदात्ताः परस्मैभाषाः । इङ् त्वात्मनेपदी । वचिस्तूदात्तेत् ।

1064 विद ज्ञाने । 2c 54 विदँ । विद् । वेत्ति । P* । सेट् । स० । know, understand, learn. Famous words विद्वान् , विद्या ,वेद । 3.1.41 3.1.79
विदितवान् विदितवती विदितवत् । विदितः विदिता विदितम् ।

1065 अस भुवि ।सत्तायाम् इत्यर्थः । 6.4.111 6.4.119 *Usage in sentence as the Verb "is"* 2c 55 असँ । अस् । अस्ति । P। सेट् ।अ०। be, become, exist 2.4.52 भूतवान् भूतवती भूतवत् । भूतः भूता भूतम् ।

1066 मृजू शुद्धौ ।मृजूष् इति क्षीरतरङ्गिणी । 7.2.44 3.3.104
2c 56 मृजूँ । मृज् । मार्ष्टि । P । वेट् । स० । wash, clean, make proper 7.2.114 मृजेर्वृद्धिः । मृज्-धातोः अङ्गस्य इक्-वर्णस्य वृद्धिः भवति । वा० क्ङित्यजादौ वेष्यते । इति विकल्पेन अन्ति प्रत्ययस्य वृद्धिः । मृष्टवान् मृष्टवती मृष्टवत् । मृष्टः मृष्टा मृष्टम् ।

1067 रुदादि अन्तर्गणः ।

7.2.76 रुदादिभ्यः सार्वधातुके ।

1067 रुदिर् अश्रुविमोचने । वा० इर इत् संज्ञा वाच्या । 2c 57 रुदिँर् । रुद् । रोदिति । P । सेट् । अ० । weep, cry, lament **रुदितः रुदिता रुदितम् । रुदितवान् रुदितवती रुदितवत् ।**

विदादय उदात्ता उदात्तेतः परस्मैभाषाः ।

1068 ञिष्वप शये । ञिष्वप् शये । अनुदात्तः परस्मैभाषः । 2c 58 ञिष्वपँ । स्वप् । स्वपिति । P । अनिट्* । अ० । sleep । 6.1.64 6.1.15 6.1.108
सुप्तः सुप्ता सुप्तम् । सुप्तवान् सुप्तवती सुप्तवत् ।

1069 श्वस प्राणने । Famous word श्वासः using घञ् affix
2c 59 श्वसँ । श्वस् । श्वसिति । P । सेट् । अ० । breathe, live ।
श्वसितः श्वसिता श्वसितम् । श्वसितवान् श्वसितवती श्वसितवत् ।

1070 अन च । प्राणने । Famous word प्राणः using घञ् affix ।
2c 60 अनँ । अन् । अनिति । P । सेट् । अ० । breathe, live ।
अनितः अनिता अनितम् । अनितवान् अनितवती अनितवत् ।

1071 जक्षादि अन्तर्गणः ।

6.1.6 जक्षित्यादयः षट् ।

1071 जक्ष भक्षहसनयोः । 2c 61 जक्षँ । जक्ष् । जक्षिति । P । सेट् । स० । eat, consume, destroy, laugh **जक्षितवान् जक्षितवती जक्षितवत् । जक्षितः जक्षिता जक्षितम् ।**

वृत् । रुदादयः गताः ।

1072 जागृ निद्राक्षये । 2c 62 जागृ । जागृ । जागर्ति । P । सेट् । अ० । be awake,watchful, attentive 7.3.85 7.3.83 7.3.85
जागरितः जागरिता जागरितम् । जागरितवान् जागरितवती जागरितवत् ।

1073 दरिद्रा दुर्गतौ । 2c 63 दरिद्रा । दरिद्रा । दरिद्राति । P । सेट् । अ० । be poor, pained, weak 6.4.64 दरिद्रितः दरिद्रिता दरिद्रितम् । दरिद्रितवान् दरिद्रितवती दरिद्रितवत् ।

1074 चकासृ दीप्तौ । 2c 64 चकासृँ । चकास् । चकास्ति । P । सेट् । अ० । shine, be brilliant 8.2.25 8.2.73 8.2.74 8.4.56
चकासितः चकासिता चकासितम् । चकासितवान् चकासितवती चकासितवत् ।

1075 शासु अनुशिष्टौ । 2c 65 शासुँ । शास् । शास्ति । P । सेट् । द्वि० । control, order, rule 8.4.41 8.2.25 8.4.56 6.4.22 असिद्धवदत्राभात् । अयम् अधिकारसूत्र । Any two sutras of this scope that have the same आश्रय are असिद्ध towards each other, so use accordingly to give correct final word. 7.2.56 6.4.34
शिष्टवान् शिष्टवती शिष्टवत् । शिष्टः शिष्टा शिष्टम् ।

श्वसादय उदात्ता उदात्तेतः परस्मैभाषाः । अथ पञ्च धातवः छान्दसाः । Seen only in Vedas

1076 दीधीङ् दीप्तिदेवनयोः । 2c 66 दीधीङ् । दीधी । दीधीते । A । सेट् । अ० । shine, hurt 1.1.6 दीधीवेवीटाम् । 6.4.82 एरनेकाचोऽसंयोगपूर्वस्य । 7.4.53 यीवर्णयोर्दीधीवेव्योः । Notice that this sutra works in different ways applicable here. An illustration of the foresight and magic of Panini's programming.
  a) लङ् i/1 affix is इ । That causes the ईकार of दीधी to be dropped.
  b) विधिलिङ् All affixes begin with ई । That causes the ईकार of दीधी to be dropped, however it does not reflect in the verbs as सवर्णः दीर्घः सन्धिः would have given the same forms otherwise.
  c) लृट् All affixes get इट् augment and begin with इ, thus ईकार of दीधी gets dropped.
  d) लट् भावे Vikarna यक् is the direct cause of ईकार of दीधी to be dropped.
  e) निष्ठा All affixes get the इट् augment, thus ईकार of दीधी gets dropped.
7.4.53 दीधितः दीधिता दीधितम् । दीधितवान् दीधितवती दीधितवत् ।

1077 वेवीङ् वेतिना तुल्ये । गतिव्याप्तिप्रजनकान्त्यसनस्वादनेषु । छान्दसः । 1.1.6 दीधीवेवीटाम् । 2c 67 वेवीङ् । वेवी । वेवीते । A । सेट् । स०* । go, creep, desire, be expansive, conceive 7.4.53 वेवितः वेविता वेवितम् । वेवितवान् वेवितवती वेवितवत् ।

उदात्तावात्मनेभाषौ । वृत् । जक्षादयः गताः ।

1078 षस स्वप्ने । छान्दसः । 2c 68 षसँ । सस् । सस्ति । P । सेट् । अ० । sleep, dream 6.1.64 8.2.25 8.2.73 8.4.56 8.2.74 8.3.15 ससितः ससिता ससितम् । ससितवान् ससितवती ससितवत् ।

1079 षस्ति स्वप्ने । छान्दसः । 6.1.64 7.1.58 8.2.29 8.4.65 8.4.58 8.2.25 8.2.23 2c 69 षस्तिँ । संस्त् । सन्ति । P । सेट् । अ० । sleep, dream
संस्तितवान् संस्तितवती संस्तितवत् । संस्तितः संस्तिता संस्तितम् ।

1080 वश कान्तौ । छान्दसः । 2c 70 वशँ । वश् । वष्टि । P । सेट् । स० । desire, want 6.1.16 6.1.108 8.2.41 8.2.25 8.4.53 8.2.36 8.4.41
उशितः उशिता उशितम् । उशितवान् उशितवती उशितवत् ।
षसादय उदात्ता उदात्तेतः परस्मैभाषाः ।

1081 चर्करीतं च । गणसूत्रम् । defines यङ्-लुक् । 2c 71 — परस्मैपदम् अदादिवत् च द्रष्टव्यम् । चर्करीतं इति यङ्लुक् पूर्वाचार्यः संज्ञा । A Root ending in यङ्-लुक् is also considered to belong to 2c and takes परस्मैपदम् affixes. Grammarians before Panini had named the यङ्लुगन्त Roots as चर्करीत Roots. So Panini placed this word चर्करीत here to indicate that the Ashtadhyayi Sutra 2.4.72 अदिप्रभृतिभ्यः शपः applies to such यङ्लुगन्त Roots. Even though it is a Ganasutra and not a Dhatusutra, still the Siddhanta Kaumudi has given it a Dhatu Number !

1082 ह्नुङ् अपनयने । अनुदात्त आत्मनेभाषः । । प्रायः नि-पूर्वः अप-पूर्वः च अयं प्रयुज्यते । 7.4.25 6.4.77 2c 72 ह्नुङ् । ह्नु । ह्नुते । A । अनिट् । स० । hide, rob, deprive । ह्नुतवान् ह्नुतवती ह्नुतवत् । ह्नुतः ह्नुता ह्नुतम् ।

॥ इति लुग्विकरणा अदादयः ॥

3c – juhotyādi – 1083 to 1106 = 24 Roots

1083 हु दानादनयोः ।आदाने च इत्येके । प्राणनेऽपीति भाष्यम् । 3c 1 हु । हु । जुहोति । P । अनिट् । स० ।do havan, offer oblation, eat 7.3.83 7.4.25
हुतवान् हुतवती हुतवत् । हुतः हुता हुतम् ।

1084 ञिभी भये । 3c 2 ञिभी । भी । बिभेति । P । अनिट् । अ० ।be afraid, be frightened. 7.4.59 6.4.115 7.3.83 3.2.187 ञीतः क्तः ।
भीतः भीता भीतम् । भीतवान् भीतवती भीतवत् ।

1085 ह्री लज्जायाम् । 7.4.60 7.4.59 7.3.83 6.4.77 8.2.56 3c 3 ह्री । ह्री । जिह्रेति । P । अनिट् ।अ० ।be shy, be ashamed, be modest. 8.2.56 ह्रीणः ह्रीणा ह्रीणम् ।
ह्रीणवान् ह्रीणवती ह्रीणवत् । पक्षे ह्रीतः ह्रीता ह्रीतम् । ह्रीतवान् ह्रीतवती ह्रीतवत् ।

जुहोत्यादयोऽनुदात्ताः परस्मैभाषाः ।

1086 पॄ पालनपूरणयोः ।पृ इत्येके ।उदात्तः परस्मैभाषः । 7.4.66 1.1.51 7.4.60 7.4.77 3c 4 पॄ । पॄ । पिपर्ति । P । सेट् । स० ।nurture, nourish, satisfy 7.1.102 8.2.77 8.2.57 8.4.46 पूर्त्तः पूर्त्ता पूर्त्तम् । पूर्त्तवान् पूर्त्तवती पूर्त्तवत् ।

1087 भृञादि अन्तर्गणः ।

7.4.76 भृञामित् ।

1087 डुभृञ् धारणपोषणयोः ।अनुदात्त उभयतोभाषः । 7.4.66 1.1.51 7.4.60 7.4.76 6.1.4 3.3.88 3c 5 डुभृञ् । भृ । बिभर्ति / बिभृते । U । अनिट् । स० ।bear, support
भृतवान् भृतवती भृतवत् ।भृतः भृता भृतम् ।

1088 माङ् माने शब्दे च । 7.4.76 6.4.112 6.4.113 6.4.66 7.4.40
3c 6 माङ् । मा । मिमीते । A । अनिट् । स० । measure,weigh,sound
मितवान् मितवती मितवत् । मितः मिता मितम् ।

1089 ओहाङ् गतौ । 7.4.76 6.4.112 6.4.113 8.2.45
3c 7 ओँहाङ् । हा । जिहीते । A । अनिट् । स० ।go, walk, droop, reduce

हानवान् हानवती हानवत् । हानः हाना हानम् ।

अनुदात्तावात्मनेपदिनौ । वृत् । भृञादयः गताः ।

1090 ओहाक् त्यागे । अनुदात्तः परस्मैपदी । 6.4.113 6.4.116 6.4.117 6.4.118
6.4.66 8.2.45 3c 8 ओँहाक् । हा । जहाति । P । अनिट् । स० । abandon
हीनः हीना हीनम् । हीनवान् हीनवती हीनवत् ।

1091 डुदाञ् दाने । 1.1.20 6.4.112 6.4.119 6.4.66 7.4.46 8.4.55
3c 9 डुदाञ् । दा । ददाति / दत्ते । U । अनिट् । स० । give, donate, return
दत्तवान् दत्तवती दत्तवत् । दत्तः दत्ता दत्तम् ।
7.4.47 8.4.55 8.4.65 प्र-त्तम् । अव-त्तम् । पक्षे निर्दत्तम् , दुर्दत्तम् ।
6.3.124 नीत्तम् । परीत्तम् ।

1092 डुधाञ् धारणपोषणयोः । दाने इति अपि एके । 3c 10 डुधाञ् । धा । दधाति / धत्ते ।
U । अनिट् । स० । put, drape, protect, support 1.1.20 6.4.112 6.4.119 8.2.38
8.4.55 6.4.66 7.4.42 हितवान् हितवती हितवत् । हितः हिता हितम् ।
पक्षे 7.4.45 सुधितवान् सुधितवती सुधितवत् । सुधितः सुधिता सुधितम् ।

अनुदात्तावुभयतोभाषौ । अथ त्रयः स्वरितेतः ।

1093 णिजादि अन्तर्गणः ।

7.4.75 निजां त्रयाणां गुणः श्लौ ।

1093 णिजिर् शौचपोषणयोः । 7.4.75 7.3.87 8.2.30 8.4.55 3c 11 णिजिँर् । निज् ।
नेनेक्ति / नेनिक्ते । U । अनिट् । स० । clean, purify, nurture
निक्तवान् निक्तवती निक्तवत् । निक्तः निक्ता निक्तम् ।

1094 विजिर् पृथग्भावे । निजादि अन्तर्गण । 7.4.75 7.3.87 8.2.30 8.4.55 3c 12
विजिँर् । विज् । वेवेक्ति / वेविक्ते । U । अनिट् । अ० । separate, discriminate
विक्तवान् विक्तवती विक्तवत् । विक्तः विक्ता विक्तम् ।

1095 विषॢ व्याप्तौ । निजादि अन्तर्गण । *Famous word Vishnu विष्णुः ।* 7.4.75 7.3.87 8.4.41 3c 13 विषॢँ । विष् । वेवेष्टि / वेविष्टे । U । अनिट् । स० । expand, spread, surround, pervade. विष्टवान् विष्टवती विष्टवत् । विष्टः विष्टा विष्टम् ।

णिजिरादयोऽनुदात्ताः स्वरितेत उभयतोभाषाः । वृत् । निजादिः गतः । अथ आगणान्ताः एकादश परस्मैपदिनः छान्दसाः च । Remaining Roots are only seen in Vedas.

1096 घृ क्षरणदीप्त्योः । छान्दसः । बाहुलकात् इ । 7.4.66 1.1.51 7.4.60 7.4.78 7.4.28 3c 14 घृ । घृ । जघर्ति, जिघर्ति । P । अनिट् । स० । trickle, drip, shine, be bright घृतवान् घृतवती घृतवत् । घृतः घृता घृतम् ।

1097 हृ प्रसह्यकरणे । छान्दसः । बाहुलकात् इ । 7.4.66 7.4.60 1.1.51 7.4.78 7.4.28 3c 15 हृ । हृ । जहर्ति, जिहर्ति । P । अनिट् । स० । use force, apply strength, rape । हृतवान् हृतवती हृतवत् । हृतः हृता हृतम् ।

1098 ऋ गतौ । अर्यः स्वामिवैश्ययोः । आर्यः ब्राह्मणः । अयं छान्दसः लौकिका च । 3c 16 ऋ । ऋ । इयर्ति । P । अनिट् । स० । go, shake, expand. *Famous word ऋतम् = सत्यम् ।* 7.4.66 1.1.51 7.4.60 7.4.77 6.4.78 7.4.29
आधमर्ण्ये अर्थे 8.2.60 ऋणवान् ऋणवती ऋणवत् । ऋणः ऋणा ऋणम् ।
पक्षे ऋतवान् ऋतवती ऋतवत् । ऋतः ऋता ऋतम् ।

1099 सृ गतौ । छान्दसः । 7.4.66 1.1.51 7.4.60 7.4.28 3c 17 सृ । सृ । ससर्ति । P । अनिट् । स० । go, creep, slither वेद विषये 8.2.61 8.4.77 8.4.46 सूर्त्ता । सूर्त्तम् । पक्षे लोके 935 सृ गतौ । सृतवान् सृतवती सृतवत् । सृतः सृता सृतम् ।

घृप्रभृतयोऽनुदात्ताः परस्मैभाषाः ।

1100 भस भर्त्सनदीप्त्योः । उदात्त उदात्तेत् परस्मैपदी । छान्दसः । Bhastrika Pranayama. 3c 18 भसँ । भस् । बभस्ति । P । सेट् । अ०* । make bright, blame. *Famous words भस्मः , भस्त्रिका प्राणायामः ।* 6.4.100 8.2.26 8.2.40 8.4.53 8.4.55 भसितः भसिता भसितम् । भसितवान् भसितवती भसितवत् ।

1101 कि ज्ञाने । अनुदात्तः परस्मैपदी । छान्दसः । 6.4.82 , 7.3.83 7.4.25
3c 19 कि । कि । चिकेति । P । अनिट् । स० । perceive, go ।
कितवान् कितवती कितवत् । कितः किता कितम् ।

1102 तुर त्वरणे । छान्दसः । 3c 20 तुँर । तुर् । तुतोर्ति । P । सेट् । अ० । hurry, rush
7.3.87 8.2.77 सेट् इ+क्त । तुरितः तुरिता तुरितम् । तुरितवान् तुरितवती तुरितवत् ।

1103 धिष शब्दे । छान्दसः । 3c 21 धिषँ । धिष् । दिधेष्टि । P । सेट् । अ० । sound ।
8.2.41 8.4.41 धिष्टः धिष्टा धिष्टम् । धिष्टवान् धिष्टवती धिष्टवत् ।

1104 धन धान्ये । छान्दसः । 3c 22 धनँ । धन् । दधन्ति । P । सेट् । अ० । grow, germinate, be produced । *Famous words धनः, धनवान् , धनम् , धानः ।* 7.3.83 7.4.60 धनितः धनिता धनितम् । धनितवान् धनितवती धनितवत् ।

1105 जन जनने । छान्दसः । 3c 23 जनँ । जन् । जजन्ति । P । सेट् । अ० । be born, take birth, be produced । *Famous words जनः, जनकः, जन्म, जातः ।* 6.4.42 6.4.43 6.4.98 8.4.40 जातवान् जातवती जातवत् । जातः जाता जातम् ।

तुरादय उदात्ता उदात्तेतः परस्मैभाषाः ।

1106 गा स्तुतौ । अनुदात्तः परस्मैभाषः । छान्दसः । 3c 24 गा । गा । जिगाति । P । अनिट् । स० । praise, appreciate. *Famous words गीतः, गीता ।* 6.4.112 6.4.113 7.4.78 6.4.66 गीतवान् गीतवती गीतवत् । गीतः गीता गीतम् ।

घृप्रभृतय एकादशच्छन्दसि गताः। इयर्ति भाषायामपि ।
॥ इति श्लु विकरणा जुहोत्यादयः ॥

4c – divādi – 1107 to 1246 = 140 Roots

1107 दिवु क्रीडाविजिगीषाव्यवहारद्युतिस्तुतिमोदमदस्वप्नकान्तिगतिषु ।
4c 1 दिवुँ । दिव् । दीव्यति । P । सेट् । स० । play, gamble, take, do business, cherish *Famous words देवः, देवता ।*
7.2.49 , 7.2.15 द्यूनवान् द्यूनवती द्यूनवत् । द्यूनः द्यूना द्यूनम् ।
8.2.49 आद्यूनवान् आद्यूनवती आद्यूनवत् । आद्यूनः आद्यूना आद्यूनम् । परिद्यूनः ।
पक्षे 6.4.19 द्यूतवान् द्यूतवती द्यूतवत् । द्यूतः द्यूता द्यूतम् ।

1108 षिवु तन्तुसन्ताने । sew, stitch, sow, plant . 4c 2 षिवुँ । सिव् । सीव्यति । P । सेट् । स० । 6.1.64 6.4.19 7.2.49 स्यूतवान् स्यूतवती स्यूतवत् । स्यूतः स्यूता स्यूतम् ।

1109 स्रिवु गतिशोषणयोः । be dried, go, creep 4c 3 स्रिवुँ । स्रिव् । स्रीव्यति । P । सेट् । स० । 6.4.20 7.2.49 7.2.15 स्रूतवान् स्रूतवती स्रूतवत् । स्रूतः स्रूता स्रूतम् ।

1110 ष्ठिवु निरसने । केचिदिहेमं न पठन्ति । spit, eject saliva, spatter 4c 4 ष्ठिवुँ । ष्ठिव् । ष्ठीव्यति । P । सेट् । अ० । । 6.4.19 7.2.49 7.2.15 6.1.64 वा० सुब्धातुष्ठिवुष्वष्कतीनां सत्वप्रतिषेधो वक्तव्यम् । इति सत्वम् न ।
ष्ठ्यूतवान् ष्ठ्यूतवती ष्ठ्यूतवत् । ष्ठ्यूतः ष्ठ्यूता ष्ठ्यूतम् ।

वृत् । वकारान्ताः गताः ।

1111 ष्णुसु अदने । आदने इत्येके । अदर्शने इत्यपरे । 4c 5 ष्णुसुँ । स्नुस् । स्नुस्यति । P । सेट् । स० । eat, swallow, disappear, spit, take, accept 6.1.64 7.2.56 7.2.15 स्नुस्तवान् स्नुस्तवती स्नुस्तवत् । स्नुस्तः स्नुस्ता स्नुस्तम् ।

1112 ष्णसु निरसने । 4c 6 ष्णसुँ । स्नस् । स्नस्यति । P । सेट् । स० । spit, spatter 6.1.64 7.2.56 7.2.15 स्नस्तवान् स्नस्तवती स्नस्तवत् । स्नस्तः स्नस्ता स्नस्तम् ।

1113 क्नसु ह्वरणदीप्त्योः । be crooked in mind or body, shine, cheat
4c 7 क्नसुँ । क्नस् । क्नस्यति । P । सेट् । अ० । 7.2.56 7.2.15
क्नस्तवान् क्नस्तवती क्नस्तवत् । क्नस्तः क्नस्ता क्नस्तम् ।

1114 व्युष दाहे । ब्युष । burn, be burnt, roast, separate, divide 4c 8 व्युषँ । व्युष् । व्युष्यति । P । सेट् । स० । व्युषितवान् व्युषितवती व्युषितवत् । व्युषितः व्युषिता व्युषितम् ।

1115 प्लुष च । दाहे । burn, scorch 4c 9 प्लुषँ । प्लुष् । प्लुष्यति । P । सेट् । स० । प्लुषितवान् प्लुषितवती प्लुषितवत् । प्लुषितः प्लुषिता प्लुषितम् ।

1116 नृती गात्रविक्षेपे । dance, move about. *Famous word नृत्य* / 4c 10 नृतीँ । नृत् । नृत्यति । P । सेट् । अ० । 7.2.57, 7.2.14 नृत्तवान् नृत्तवती नृत्तवत् । नृत्तः नृत्ता नृत्तम् ।

1117 त्रसी उद्वेगे । shake, tremble, be afraid, runaway 4c 11 त्रसीँ । त्रस् । त्रस्यति,त्रसति । P । सेट् । अ० । 7.2.14 त्रस्तवान् त्रस्तवती त्रस्तवत् । त्रस्तः त्रस्ता त्रस्तम्।

1118 कुथ पूतीभावे । putrefy, smell rotten, stink 4c 12 कुथँ । कुथ् । कुथ्यति । P । सेट् । अ० । कुथितवान् कुथितवती कुथितवत् । कुथितः कुथिता कुथितम् ।

1119 पुथ हिंसायाम् । cause pain, trouble 4c 13 पुथँ । पुथ् । पुथ्यति । P । सेट् । स० । क्तवत् पुथितवान् पुथितवती पुथितवत् । पुथितः पुथिता पुथितम् ।

1120 गुध परिवेष्टने । cover, wrap, clothe, put in envelope 4c 14 गुधँ । गुध् । गुध्यति । P । सेट् । स० । गुधितवान् गुधितवती गुधितवत् । गुधितः गुधिता गुधितम् ।

1121 क्षिप प्रेरणे । throw, cast 4c 15 क्षिपँ । क्षिप् । क्षिप्यति । P । अनिट् । स० । क्षिप्तवान् क्षिप्तवती क्षिप्तवत् । क्षिप्तः क्षिप्ता क्षिप्तम् ।

1122 पुष्प विकसने । blossom, bloom, expand 4c 16 पुष्पँ । पुष्प् । पुष्प्यति । P । सेट् । अ० । पुष्पितवान् पुष्पितवती पुष्पितवत् । पुष्पितः पुष्पिता पुष्पितम् ।

1123 तिम आर्द्रीभावे । become wet, hide 4c 17 तिमँ । तिम् । तिम्यति । P । सेट् । अ० । तिमितवान् तिमितवती तिमितवत् । तिमितः तिमिता तिमितम् ।

1124 ष्टिम आर्द्रीभावे । be wet, be moist, be fixed, be immovable 4c 18 ष्टिमँ । स्तिम् । स्तिम्यति । P । सेट् । अ० । 6.1.64 स्तिमितः स्तिमिता स्तिमितम् ।

स्तिमितवान् स्तिमितवती स्तिमितवत् ।

1125 ष्टीम आर्द्रीभावे । be wet, be moist, be fixed, be immovable 4c 19 ष्टीमँ । स्तीम् । स्तीम्यति । P । सेट् । अ० । 6.1.64 स्तीमितः स्तीमिता स्तीमितम् । स्तीमितवान् स्तीमितवती स्तीमितवत् ।

1126 व्रीड चोदने लज्जायां च । send forth, prompt, be ashamed 4c 20 व्रीडँ । व्रीड् । व्रीड्यति । P । सेट् । स०* । व्रीडितवान् व्रीडितवती व्रीडितवत् । व्रीडितः व्रीडिता व्रीडितम्

1127 इष गतौ । go, spread, move, cast 4c 21 इषँ । इष् । इष्यति । P । सेट् । स० । 7.2.48 तीषसहलुभरुषरिषः । यस्तु इष गतौ इति दैवादिकः तस्य प्रेषिता प्रेषितुम् प्रेषितव्यम् इति नित्यं भवति । वा० इषेस्तकारे श्यन्प्रत्ययात् प्रतिषेधो वक्तव्यः । इषितवान् इषितवती इषितवत् । इषितः इषिता इषितम् ।

1128 षह चक्यर्थे । be pleased, be satisfied 4c 22 षहँ । सह् । सह्यति । P । सेट् । अ० । 8.2.31 8.2.40 8.4.41 8.3.13 6.3.112 6.1.64 7.2.48 7.2.15
सोढः सोढा सोढम् । सोढवान् सोढवती सोढवत् ।

1129 षुह चक्यर्थे । be happy, be valiant, be capable
4c 23 षुहँ । सुह् । सुह्यति । P । सेट् । अ० । 6.1.64
Q. Why 8.2.31 हो ढः doesn't apply here as in 1128 षह चक्यर्थे ?
A. In the case of 1128 षह चक्यर्थे, by 7.2.15 यस्य विभाषा there is इट् निषेधः so we have a झल् affix facing the Dhatu for निष्ठा । In the present case, we have सेट् निष्ठा so the affix is no longer झल् , being preceded with इकारः ।
सुहितवान् सुहितवती सुहितवत् । सुहितः सुहिता सुहितम् ।

1130 जॄष् वयोहानौ । grow old, decay, wear out 4c 24 जॄष् । जॄ । जीर्यति । P । सेट् । अ० । अयं षित् । 3.3.104 7.1.100 1.1.51 8.2.77 8.2.42
जीर्णः जीर्णा जीर्णम् । जीर्णवान् जीर्णवती जीर्णवत् ।

1131 झॄष् वयोहानौ । grow old, decay, get destroyed, fall off 4c 25 झॄष् । झॄ । झीर्यति । P । सेट् । अ० । अयं षित् । 3.3.104 7.1.100 1.1.51 8.2.77 8.2.42

झीर्णवान् झीर्णवती झीर्णवत् । झीर्णः झीर्णा झीर्णम् ।

दिवादय उदात्ता उदात्तेतः परस्मैभाषाः । पुष्यिस्त्वनुदात्तः ।

1132 स्वादयः अन्तर्गणः ।

Dhatus that behave as being ओदित् । 8.2.45 ओदितश्च ।
स्वादय ओदितः । धातुपाठे गणसूत्रम् ।

1132 षूङ् प्राणिप्रसवे । bring forth, bear, beget 4c 26 षूङ् । सू । सूयते । A । वेट् । स० । 6.1.64 7.2.44 7.2.15 8.2.45 सूनः सूना सूनम् । सूनवान् सूनवती सूनवत् ।

1133 दूङ् परितापे । cause pain, be afflicted 4c 27 दूङ् । दू । दूयते । A । सेट् । अ० । 8.2.45 दूनः दूना दूनम् । दूनवान् दूनवती दूनवत् ।
उदात्तावात्मनेभाषौ ।

1134 दीङ् क्षये । die, perish. *Famous word दीनः ।* 4c 28 <u>दी</u>ङ् । दी । दीयते । A । अनिट् । अ० । 8.2.45 दीनः दीना दीनम् । दीनवान् दीनवती दीनवत् ।

1135 डीङ् विहायसा गतौ । fly, go in air 4c 29 डीङ् । डी । डीयते । A । सेट् । अ० । 8.2.45 डीनः डीना डीनम् । डीनवान् डीनवती डीनवत् ।

1136 धीङ् आधारे । be brave, preserve 4c 30 <u>धी</u>ङ् । धी । धीयते । A । अनिट् । स० । 8.2.45 धीनः धीना धीनम् । धीनवान् धीनवती धीनवत् ।

1137 मीङ् हिंसायाम् । प्राणवियोगे इति । die, perish, diminish, be destroyed 4c 31 <u>मी</u>ङ् । मी । मीयते । A । अनिट् । अ० । 8.2.45
मीनः मीना मीनम् । मीनवान् मीनवती मीनवत् ।

1138 रीङ् श्रवणे । स्रवणे इत्यन्ये । trickle, drip, flow 4c 32 <u>री</u>ङ् । री । रीयते । A । अनिट् । अ० । 8.2.45 रीणः रीणा रीणम् । रीणवान् रीणवती रीणवत् ।

1139 लीङ् श्लेषणे । adhere to, be immersed. *Famous word* लीनः / 4c 33 लीङ् । ली । लीयते । A । अनिट् । अ० । 8.2.45 **लीनः लीना लीनम् । लीनवान् लीनवती लीनवत् ।**

1140 व्रीङ् वृणोत्यर्थे । ब्रीङ् । choose, select, trace, cover 4c 34 व्रीङ् । व्री । व्रीयते । A । अनिट् । स० । 8.2.45 व्रीणः व्रीणा व्रीणम् । व्रीणवान् व्रीणवती व्रीणवत् ।

वृत् । स्वादय ओदितः गताः ।

1141 पीङ् पाने । drink. *Famous words पयः, पयस् , पायसम् /* 4c 35 पीङ् । पी । पीयते । A । अनिट् । स० । पीतवान् पीतवती पीतवत् । पीतः पीता पीतम् ।

1142 माङ् माने । measure, weigh 4c 36 माङ् । मा । मायते । A । अनिट् । स० । 7.4.40 मितवान् मितवती मितवत् । मितः मिता मितम् ।

1143 ईङ् गतौ । go 4c 37 ईङ् । ई । ईयते । A । अनिट् । स० । ईतः ईता ईतम् । ईतवान् ईतवती ईतवत् ।

1144 प्रीङ् प्रीतौ । be pleased, please, soothe. *Famous words प्रीये प्रीयताम् प्रीतः प्रीतम् प्रिया /* 4c 38 प्रीङ् । प्री । प्रीयते । A । अनिट् । स० । प्रीतः प्रीता प्रीतम् । प्रीतवान् प्रीतवती प्रीतवत् ।

दीङादय आत्मनेपदिनोऽनुदात्ताः । डीङ् तु उदात्तः ।
अथ चत्वारः परस्मैपदिनः । 7.3.71 ओतः श्यनि । इति ओकारस्य लोपः ।

1145 श्यत्यादि अन्तर्गणः ।

1145 शो तनूकरणे । sharpen, make fine 4c 39 शो । शो । श्यति । P । अनिट् । स० । 7.3.71 6.1.45 शातवान् शातवती शातवत् । शातः शाता शातम् ।
पक्षे 6.1.45,7.4.41 शितवान् शितवती शितवत् । शितः शिता शितम् ।

1146 छो छेदने । tear, separate 4c 40 छो । छो । छ्यति । P । अनिट् । स० । 7.3.71 6.1.73 8.4.40 6.1.45 छातवान् छातवती छातवत् । छातः छाता छातम् ।
पक्षे 6.1.45,7.4.41 छितवान् छितवती छितवत् । छितः छिता छितम् ।

1147 षो अन्तकर्मणि । be destroyed, be completed
4c 41 षो । सो । स्यति । P । अनिट् । स० । 6.1.64 7.3.71 6.1.45 7.4.40
सितः सिता सितम् । सितवान् सितवती सितवत् ।

1148 दो अवखण्डने । tear, classify, cut, divide 4c 42 दो । दो । द्यति । P । अनिट् । स० । 1.1.20 7.3.71 6.1.45 7.4.40 दितः दिता दितम् । दितवान् दितवती दितवत् ।

श्यतिप्रभृतयोऽनुदात्ताः परस्मैभाषाः । वृत् । अथ आत्मनेपदिनः पञ्चादश ।

1149 जनी प्रादुर्भावे । 7.3.79 ज्ञाजनोर्जा इति जा । be born, take birth, be produced
4c 43 जनीँ । जन् । जायते , जनयति । A । सेट् । अ० । *Famous words जनः, जननी, जनकः, जातिः, जन्मः, जाया* । गणसूत्र० जनीजृष्क्नसुरञ्जोऽमन्ताश्च । मितः इति अनुवर्तते । इति णिच् परे जनयति । 6.4.42 6.4.43 8.3.59 7.2.14
जातः जाता जातम् । जातवान् जातवती जातवत् ।

1150 दीपी दीप्तौ । shine. *Famous word दीपः* । 4c 44 दीपीँ । दीप् । दीप्यते । A । सेट् । अ० । 7.2.14 दीप्तः दीप्ता दीप्तम् । दीप्तवान् दीप्तवती दीप्तवत् ।

1151 पूरी आप्यायने । satisfy, fulfill, be fulfilled. *Famous word* पूर्णः ।
4c 45 पूरीँ । पूर् । पूर्यते । A । सेट् । स० । 7.2.14 8.2.42
पूर्णवान् पूर्णवती पूर्णवत् । पूर्णः पूर्णा पूर्णम् । For णिच् ending 7.2.27 see 10c Root.

1152 तूरी गतित्वरणहिंसनयोः । go quickly, make haste, hurt 4c 46 तूरीँ । तूर् । तूर्यते । A । सेट् । स० । 7.2.14 8.2.42 तूर्णवान् तूर्णवती तूर्णवत् । तूर्णः तूर्णा तूर्णम् ।

1153 धूरी (हिंसागत्योः) । hurt, come close 4c 47 धूरीँ । धूर् । धूर्यते । A । सेट् । स० । 7.2.14 8.2.42 धूर्णवान् धूर्णवती धूर्णवत् । धूर्णः धूर्णा धूर्णम् ।

1154 गूरी हिंसागत्योः । cause hurt, go, be worn out, be old 4c 48 गूरीँ । गूर् । गूर्यते । A । सेट् । स० । 7.2.14 8.2.42 गूर्णवान् गूर्णवती गूर्णवत् । गूर्णः गूर्णा गूर्णम् । पक्षे वेदे 8.2.61 गूर्तवान् गूर्तवती गूर्तवत् । गूर्तः गूर्ता गूर्तम् ।

1155 घूरी हिंसावयोहान्योः । torture, be old, be elderly 4c 49 घूरीँ । घूर् । घूर्यते । A । सेट् । स०* । 7.2.14 8.2.42 घूर्णवान् घूर्णवती घूर्णवत् । घूर्णः घूर्णा घूर्णम् ।

1156 जूरी हिंसावयोहान्योः । decay, be angry, kill, cause pain, hurt 4c 50 जूरीँ । जूर् । जूर्यते । A । सेट् । स०* । 7.2.14 8.2.42 जूर्णः जूर्णा जूर्णम् । जूर्णवान् जूर्णवती जूर्णवत् ।

1157 शूरी हिंसास्तम्भनयोः । trouble, cause pain, be stupid, be mad, hurt 4c 51 शूरीँ । शूर् । शूर्यते । A । सेट् । स० । 7.2.14 8.2.42 शूर्णः शूर्णा शूर्णम् । शूर्णवान् शूर्णवती शूर्णवत् ।

1158 चूरी दाहे । burn 4c 52 चूरीँ । चूर् । चूर्यते । A । सेट् । स० । 7.2.14 8.2.42 चूर्णवान् चूर्णवती चूर्णवत् । चूर्णः चूर्णा चूर्णम् ।

1159 तप ऐश्वर्ये वा । पत इति पाठान्तरम् । be prosperous, affluent, burn mentally, burn अयं धातुरैश्वर्ये वा तङ्श्यनौ लभते । अन्यदा तु शब्विकरणः परस्मैपदी च । *Famous words* तपस्, तापः । 4c 53 तपँ । तप् । तप्यते, तपति । A* । अनिट् । अ० । तप्तः तप्ता तप्तम् । तप्तवान् तप्तवती तप्तवत् ।

1160 वृतु वरणे । वावृतु इति केचित् । choose, like, appoint, serve 4c 54 वृतुँ । वृत् । वृत्यते । A । सेट् । स० । 7.2.56 7.2.15 वृत्तः वृत्ता वृत्तम् । वृत्तवान् वृत्तवती वृत्तवत् ।

1161 क्लिश उपतापे । suffer, be afflicted 4c 55 क्लिशँ । क्लिश् । क्लिश्यते । A । सेट् । अ० । 7.2.50, 8.4.41 क्लिशितवान् क्लिशितवती क्लिशितवत् । क्लिशितः क्लिशिता क्लिशितम् । पक्षे 8.2.36 क्लिष्टवान् क्लिष्टवती क्लिष्टवत् । क्लिष्टः क्लिष्टा क्लिष्टम् ।

1162 काशृ दीप्तौ । shine, cough. *Famous words* काशिका वृत्तिः, प्रकाशः, प्रकाशितः । 4c 56 काशृँ । काश् । काश्यते । A । सेट् । अ० । काशितः काशिता काशितम् । काशितवान् काशितवती काशितवत् ।

1163 वाशृ शब्दे । roar, scream, shriek, howl, growl, honk 4c 57 वाशृँ । वाश् । वाश्यते । A । सेट् । अ० । वाशितः वाशिता वाशितम् । वाशितवान् वाशितवती वाशितवत् ।

जन्यादय उदात्ता अनुदात्तेत आत्मनेभाषाः । तपिस्त्वनुदात्तः । वृत् । अथ पञ्च स्वरितेतः ।

1164 मृष तितिक्षायाम् । endure, suffer, neglect 4c 58 मृषँ । मृष् । मृष्यति / ते । U । सेट् । स० । 1.2.20 मर्षितवान् मर्षितवती मर्षितवत् । मर्षितः मर्षिता मर्षितम् ।

1165 ईशुचिर् पूतीभावे । शुचिर् क्लेदे । bathe, be wet, perform ablutions, burn 4c 59 ईँशुचिँर् । शुच् । शुच्यति / ते । U । सेट् । अ० । *Famous word शुक्रः venus.* 3.1.57 7.2.14 8.2.30 शुक्तः शुक्ता शुक्तम् । शुक्तवान् शुक्तवती शुक्तवत् ।

उदात्तौ स्वरितेतावुभयतोभाषौ ।

1166 णह बन्धने । bind, entangle legs to copulate 4c 60 णहँ । नह् । नह्यति/ ते । U । अनिट् । स० । 6.1.65 8.2.34 8.2.40 8.4.53
नद्धः नद्धा नद्धम् । नद्धवान् नद्धवती नद्धवत् ।

1167 रञ्ज रागे । be pleased, dye, worship 4c 61 रञ्जँ । रञ्ज् । रज्यति / ते । U । अनिट् । अ० । 6.4.24, 8.2.30, 8.4.55 रक्तः रक्ता रक्तम् । रक्तवान् रक्तवती रक्तवत् ।

1168 शप आक्रोशे । curse, swear, use bad language. *Famous word शापः /*
4c 62 शपँ । शप् । शप्यति / ते । U । अनिट् । स० ।
शप्तः शप्ता शप्तम् । शप्तवान् शप्तवती शप्तवत् ।

णहादयस्त्रयोऽनुदात्ताः स्वरितेत उभयतोभाषाः । अथ एकादश आत्मनेपदिनः ।

1169 पद गतौ । go, move. *Famous words पादः, पादुका /* 4c 63 पदँ । पद् । पद्यते । A । अनिट् । स० । 8.2.42 पन्नवान् पन्नवती पन्नवत् । पन्नः पन्ना पन्नम् ।

1170 खिद दैन्ये । be depressed, suffer pain. *Famous word खेदः /* 4c 64 खिदँ । खिद् । खिद्यते । A । अनिट् । अ० । 8.2.42
खिन्नः खिन्ना खिन्नम् । खिन्नवान् खिन्नवती खिन्नवत् ।

1171 विद सत्तायाम् । be, exist 4c 65 विदँ । विद् । विद्यते । A । अनिट् । अ० । 8.2.42 विन्नः विन्ना विन्नम् । विन्नवान् विन्नवती विन्नवत् ।

1172 बुध अवगमने । know, awaken. *Famous words* बुद्धः, बोधः, बुद्धिः, बुद्धिमान् । 4c 66 बुधँ । बुध् । बुध्यते । A । अनिट् । स० । 8.2.40 8.4.53
बुद्धः बुद्धा बुद्धम् । बुद्धवान् बुद्धवती बुद्धवत् ।

1173 युध सम्प्रहारे । fight, oppose । युध्यति ।*Such usage is also noticed in literature.* 4c 67 युधँ । युध् । युध्यते । A । अनिट् । अ० । 8.2.40 8.4.53 8.2.40 8.4.53 युद्धवान् युद्धवती युद्धवत् । युद्धः युद्धा युद्धम् ।

1174 अनो रुध कामे । अनु पूर्वो रुधिः । be kind, endorse 4c 68 अनो रुधँ । रुध् । अनुरुध्यते । A । अनिट् । स० । 8.2.40, 8.4.53
अनुरुद्धवान् अनुरुद्धवती अनुरुद्धवत् । अनुरुद्धः अनुरुद्धा अनुरुद्धम् ।

1175 अण प्राणने । अन इत्येके । breathe, live 4c 69 अणँ । अण् । अण्यते । A । सेट् । अ० । 8.2.40 8.4.53 अणितवान् अणितवती अणितवत् । अणितः अणिता अणितम् ।

1176 मन ज्ञाने । think, agree, believe. *Famous words* मनुष्यः, मानवः, मुनिः, मतः, मतम् । 4c 70 मनँ । मन् । मन्यते । A । अनिट् । स० । 6.4.37
मतवान् मतवती मतवत् । मतः मता मतम् ।

1177 युज समाधौ । चित्तवृत्तिनिरोधे । meditate, do upasana, concentrate 4c 71 युजँ । युज् । युज्यते । A । अनिट् । अ० । *Famous words* योगः, योगी, युक्तः । 8.4.55 युक्तवान् युक्तवती युक्तवत् । युक्तः युक्ता युक्तम् ।

1178 सृज विसर्गे । set free, release, produce, give birth 4c 72 सृजँ । सृज् । सृज्यते । A । अनिट् । अ० । 6.1.58 8.2.36 8.2.41 8.4.41
सृष्टवान् सृष्टवती सृष्टवत् । सृष्टः सृष्टा सृष्टम् ।

1179 लिश अल्पीभावे । become small, decrease 4c 73 लिशँ । लिश् । लिश्यते । A । अनिट् । अ० । 8.2.36 8.2.41 8.4.41 लिष्टवान् लिष्टवती लिष्टवत् । लिष्टः लिष्टा लिष्टम् ।

पदादयोऽनुदात्ता अनुदात्तेत आत्मनेभाषाः । अण् तु उदात्तः । अथ आगणान्ताः परस्मैपदिनः अष्टषष्टिः । Till end of 4c

1180 राध अकर्मकाद् वृद्धौ एव । be favourable, succeed 4c 74 राधँ । राध् । राध्यति । P । अनिट् । अ० । 8.4.55 8.2.40 8.4.53 राधोऽकर्मकाद् वृद्धावेव । राधः अकर्मकात् एव श्यन् । वृद्धिः । Only in the sense of अकर्मकः to mean वृद्धिः the श्यन् affix is added. In other meanings this Root belongs to other conjugations.
राद्धवान् राद्धवती राद्धवत् । राद्धः राद्धा राद्धम् ।

1181 व्यध ताडने । pierce, stab, strike 4c 75 व्यधँ । व्यध् । विध्यति । P । अनिट् । स० । 8.4.55 8.2.40 8.4.53 6.1.16 6.1.108 सम्प्रसारणाच्च । इति पूर्वरूप–सन्धिः । इति इ अ => इ । 6.1.37 **विद्धवान् विद्धवती विद्धवत् । विद्धः विद्धा विद्धम् ।**

1182 पुषादि अन्तर्गणः ।

3.1.55 पुषादिद्युताद्यॢदितः परस्मैपदेषु । लुङ् लकारे विषये Aorist Past Tense ।

1182 पुष पुष्टौ । nourish, foster. *Famous words शान्तिरस्तु तुष्टिरस्तु पुष्टिरस्तु /* 4c 76 पुषँ । पुष् । पुष्यति । P । अनिट् । स० । *Wish you peace, joy & prosperity.* 8.2.41 8.4.41 पुष्टवान् पुष्टवती पुष्टवत् । पुष्टः पुष्टा पुष्टम् ।

1183 शुष शोषणे । be dry, dry, injure, switch off, put off flame
4c 77 शुषँ । शुष् । शुष्यति । P । अनिट् । अ० । 8.2.41 8.2.51
शुष्कवान् शुष्कवती शुष्कवत् । शुष्कः शुष्का शुष्कम् ।

1184 तुष प्रीतौ । be pleased, be contented, be calm, be happy 8.2.41 8.4.41
4c 78 तुषँ । तुष् । तुष्यति । P । अनिट् । अ० । *Famous words शान्तिरस्तु तुष्टिरस्तु पुष्टिरस्तु /* तुष्टवान् तुष्टवती तुष्टवत् । तुष्टः तुष्टा तुष्टम् ।

1185 दुष वैकृत्ये । be corrupt, commit a mistake, suffer. *Famous words दुष्टः, दोषः /* 4c 79 दुषँ । दुष् । दुष्यति । P । अनिट् । अ०* । 8.2.41 8.4.41
दुष्टवान् दुष्टवती दुष्टवत् । दुष्टः दुष्टा दुष्टम् ।

1186 श्लिष आलिङ्गने । decorate, embrace, hug 4c 80 श्लिषँ । श्लिष् । श्लिष्यति । P । अनिट् । स० । 8.2.41 8.4.41 **श्लिष्टवान् श्लिष्टवती श्लिष्टवत् । श्लिष्टः श्लिष्टा श्लिष्टम् ।**

1187 शक विभाषितो मर्षणे । उभयपदी । endure, tolerate, be able 4c 81 शकँ । शक् । शक्यति / ते । U । अनिट्* । स० । विभाषितः इति उभयपदी इत्यर्थः । 3.4.71 **शक्तवान् शक्तवती शक्तवत् । शक्तः शक्ता शक्तम् । पक्षे** 7.2.17 **काशिका० सौनागाः कर्मणि निष्ठायां शकेरिटमिच्छन्ति विकल्पेन । शकितः शकिता शकितम् ।**

1188 ष्विदा गात्रप्रक्षरणे । **ञिष्विदा** इत्येके । sweat, melt
4c 82 ष्विदाँ । स्विद् । स्विद्यति । P । अनिट् । अ०
ञिष्विदाँ । स्विद् । स्विद्यति । P । अनिट् । अ०
3.2.187 ञीतः क्तः । ञीत् (ञि इत्) धातोः वर्तमाने अर्थे क्त प्रत्ययः । 1.3.72 स्वरित–ञितः कर्त्रभिप्राये क्रियाफले । Note ञि इत् is different from ञ् इत् = ञित् used to specify an Ubhayepadi Dhatu. 6.1.64 8.4.55 8.2.42 1.2.19 निष्ठा शीङ्स्विदिमिदिक्ष्विदिधृषः । शीङ् स्विदि मिदि क्ष्विदि धृषित्येतेभ्यः प्र उपसर्गः निष्ठाप्रत्ययः सेट् अकित् । इति गुणः । 7.2.16 7.2.17 विभाषा भावादिकर्मणोः । Optionally आदित् Roots do not take निष्ठा इट् आगमः । By extrapolation of 7.2.17 we have a निष्ठा इट् Form as well for क्त by 3.4.71 अदिकर्मणि क्तः कर्तरि च । 8.2.42 **स्विन्नवान् स्विन्नवती स्विन्नवत् । स्विन्नः स्विन्ना स्विन्नम् । पक्षे** 1.2.19 **प्रस्वेदितः । प्रस्वेदितवान् ।**

1189 क्रुध क्रोधे । be angry 4c 83 क्रुधँ । क्रुध् । क्रुध्यति । P । अनिट् । अ० । 8.4.55 8.2.40 8.4.53 क्रुद्धवान् क्रुद्धवती क्रुद्धवत् । क्रुद्धः क्रुद्धा क्रुद्धम् ।

1190 क्षुध बुभुक्षायाम् । be hungry 4c 84 क्षुधँ । क्षुध् । क्षुध्यति । P । अनिट् । अ० । 7.2.52 क्षुधितवान् क्षुधितवती क्षुधितवत् । क्षुधितः क्षुधिता क्षुधितम् ।

1191 शुध शौचे । be clean, become pure. *Famous words शुद्धः, शुद्धम् , शोधः।*
4c 85 शुधँ । शुध् । शुध्यति । P । अनिट् । अ० । 8.2.40 8.4.53
शुद्धवान् शुद्धवती शुद्धवत् । शुद्धः शुद्धा शुद्धम् ।

1192 षिधु संराद्धौ । accomplish, prove, be fulfilled, reach. *Famous words सिद्धः, सिद्धम्, साधकः।* 4c 86 षिधुँ । सिध् । सिध्यति । P । अनिट् । अ० । 6.1.64

7.2.56 8.2.40 8.4.53 सिद्धवान् सिद्धवती सिद्धवत् । सिद्धः सिद्धा सिद्धम् ।

राधादयोऽनुदात्ता उदात्तेतः परस्मैभाषाः ।

1193 रधादि अन्तर्गणः ।

7.2.45 रधादिभ्यश्च । इति वेट् ।

1193 रध हिंसासंराद्ध्योः । hurt, torment, complete
4c 87 रधँ । रध् । रध्यति । P । वेट् । स० * । 8.4.55 8.2.40 8.4.53 7.1.61 7.2.45
रद्धवान् रद्धवती रद्धवत् । रद्धः रद्धा रद्धम् ।

1194 णश अदर्शने । perish, disappear. *Famous words नष्टः, प्रणश्यति ।*
4c 88 णशँ । नश् । नश्यति । P । वेट् । अ० । 6.1.65 णो नः । 7.2.45 8.2.36 8.2.41
षढोः कः सि । 8.4.41 नष्टवान् नष्टवती नष्टवत् । नष्टः नष्टा नष्टम् ।

1195 तृप प्रीणने । प्रीणनं तृप्तिस्तर्पणं च । be satisfied, satisfy. *Famous words तृप्तः, तृप्ता ।* 4c 89 तृपँ । तृप् । तृप्यति । P । वेट् । स० * । 7.2.45
तृप्तवान् तृप्तवती तृप्तवत् । तृप्तः तृप्ता तृप्तम् ।

1196 दृप हर्षमोहनयोः । be proud, be arrogant, be happy 4c 90 दृपँ । दृप् । दृप्यति । P । वेट् । अ० । 7.2.45 दृप्तवान् दृप्तवती दृप्तवत् । दृप्तः दृप्ता दृप्तम् ।

1197 द्रुह जिघांसायाम् । 8.2.33 वा द्रुह० । be inimical, bear malice, hurt
4c 91 द्रुहँ । द्रुह् । द्रुह्यति । P । वेट् । स० ।
7.2.45 रधादिभ्यश्च । इति वेट् । 8.2.31 हो ढः । हकारस्य पदान्ते अथवा झलि परे ढकारादेशः । इति द्रुह् द्रुढ् । 8.2.37 एकाचो बशो भष् झषन्तस्य स्ध्वोः । For बश् letters in the beginning of an एकाचः धातुः that ends in a झष् letter, भष् आदेशः in presence of a सकार or ध्व, or at end of पदम् । इति द्रुढ् ध्रुढ् । 8.2.41 इति ध्रुढ् ध्रुक् । 8.2.33 वा द्रुहमुहष्णुहष्णिहाम् । द्रुह मुह ष्णुह तथा ष्णिह , एतेषां धातूनां हकारस्य पदान्ते अथवा झलि परे विकल्पेन घकारादेशः , घकारादेशः अभावे (हो ढः) औत्सर्गिकः ढकारादेशः । इति निष्ठायां द्रुह् => द्रुघ् / द्रुढ् । 8.2.40 इति निष्ठायाः त् ध् । 8.4.53 झलां जश् झशि । झल्-वर्णस्य झश्-वर्णे परे जश्-वर्णादेशः । इति धातोः ध् ग् । 8.4.41 इति

निष्ठायाः ध्‌ ढ्‌ । 8.3.13 ढो ढे लोपः । यदि ढकारात् परः ढकारः आगच्छति, तर्हि प्रथमढकारस्य लोपः । इति द्रु । 6.3.111 ढ्रलोपे पूर्वस्य दीर्घोऽणः । इति द्रू । 8.2.31, 8.2.33, 8.2.40, 8.4.53 द्रुग्धवान् द्रुग्धवती द्रुग्धवत् । द्रुग्धः द्रुग्धा द्रुग्धम् । पक्षे 8.2.31, 8.2.33, 8.4.41, 8.3.13, 6.3.111 द्रूढवान् द्रूढवती द्रूढवत् । द्रूढः द्रूढा द्रूढम् ।

1198 मुह वैचित्ये । 8.2.33 वा द्रुह० । faint, swoon, be confused. *Famous words* मोहः, मूढः / 4c 92 मुहँ । मुह् । मुह्यति । P । वेट् । अ० । 7.2.45 8.2.40 8.4.53 8.4.41 8.2.31 हो ढः । हकारस्य पदान्ते अथवा झलि परे ढकारादेशः । इति मुह् मुढ् । 8.2.41 8.2.33 8.3.13 6.3.111 मुग्धवान् मुग्धवती मुग्धवत् । मुग्धः मुग्धा मुग्धम् । पक्षे 8.2.31, 8.2.33, 8.4.41, 8.3.13, 6.3.111 मूढवान् मूढवती मूढवत् । मूढः मूढा मूढम् ।

1199 ष्णुह उद्गिरणे । vomit, cancel 4c 93 ष्णुहँ । स्नुह् । स्नुह्यति । P । वेट् । स० । 6.1.64 धात्वादेः षः सः । निमित्तापाये नैमित्तिकस्याप्यपायः । इति ष् स्‌ , ण् न् । 8.2.31 हो ढः । हकारस्य पदान्ते अथवा झलि परे ढकारादेशः । इति स्नुह् स्नुढ् । 8.2.41 षढोः कः सि । षकारस्य ढकारस्य च सकारे परे ककारः आदेशः । इति स्नुढ् स्नुक् । 8.2.33 वा द्रुहमुहष्णुहष्णिहाम् । द्रुह मुह ष्णुह तथा ष्णिह , एतेषां धातूनां हकारस्य पदान्ते अथवा झलि परे विकल्पेन घकारादेशः , घकारादेशः अभावे (हो ढः) औत्सर्गिकः ढकारादेशः । इति निष्ठायां स्नुह् => स्नुघ् / स्नुढ् । 8.2.40 झषस्तथोर्धोऽधः । धा-धातुं विहाय अन्येषां धातूनां विषये झष्-वर्णात् परस्य तकारस्य थकारस्य च धकारः । इति निष्ठायाः त् ध् । 8.4.53 झलां जश् झशि । झल्-वर्णस्य झश्-वर्णे परे जश्-वर्णादेशः । इति धातोः ध् ग् । 8.4.41 ष्टुना ष्टुः । इति निष्ठायाः ध्‌ ढ्‌ । 8.3.13 6.3.111 8.2.31, 8.2.33, 8.2.40, 8.4.53 स्नुग्धवान् स्नुग्धवती स्नुग्धवत् । स्नुग्धः स्नुग्धा स्नुग्धम् । पक्षे 7.2.45 8.2.31, 8.2.33, 8.4.41, 8.3.13, 6.3.111 स्नूढवान् स्नूढवती स्नूढवत् । स्नूढः स्नूढा स्नूढम् ।

1200 ष्णिह प्रीतौ । love, be affectionate, be friendly, be fond of. *Famous word* स्नेहः / 4c 94 ष्णिहँ । स्निह् । स्निह्यति । P । वेट् । अ० । कारकः Governs the 7th case locative. 6.1.64 8.2.41 8.2.31, 8.2.33, 8.2.40, 8.4.53 स्निग्धवान् स्निग्धवती स्निग्धवत् । स्निग्धः स्निग्धा स्निग्धम् । पक्षे 7.2.45 8.4.41, 8.3.13, 6.3.111 स्नीढवान् स्नीढवती स्नीढवत् । स्नीढः स्नीढा स्नीढम् ।

रधादयो वेटः उदात्तेतः परस्मैभाषाः । वृत् । रधादयः गताः ।

1201 शमादि अन्तर्गणः ।

7.3.74 शमाम् अष्टानां दीर्घः श्यनि ।

1201 शमु उपशमे । शान्तिः । be quiet, be calm, stop, cease, tranquil 7.3.74
4c 95 शमुँ । शम् । शाम्यति । P । सेट् । अ० । *Famous words शान्तः /*
ॐ शान्तिः शान्तिः शान्तिः। शमादि षट् सम्पत्तिः । शम दम तितिक्षा उपरत्ति श्रद्धा और समाधान ।
8.3.24 8.4.58 7.2.27 णिच् ending शमितवान् / शान्तवान् । शमितः / शान्तः ।
7.2.56 6.4.15 शान्तवान् शान्तवती शान्तवत् । शान्तः शान्ता शान्तम् ।

1202 तमु काङ्क्षायाम् । desire, wish, choke, be exhausted, distressed
4c 96 तमुँ । तम् । ताम्यति । P । सेट् । अ० । *Famous words तमः, तमस्, तामसिकः /* 7.3.74 6.4.15 7.2.56 7.2.15 8.3.24 8.4.58
तान्तवान् तान्तवती तान्तवत् । तान्तः तान्ता तान्तम् ।

1203 दमु उपशमे । restrain, pacify, cease, tame, conquer
4c 97 दमुँ । दम् । दाम्यति । P । सेट् । स० । *Famous words शमादि षट् सम्पत्तिः / शम दम तितिक्षा उपरत्ति श्रद्धा और समाधान /* 7.3.74
6.4.15, 8.3.24, 8.4.58 दान्तवान् दान्तवती दान्तवत् । दान्तः दान्ता दान्तम् ।
7.2.27 णिच् ending Root forms दमितवान् / दान्तवान् । दमितः / दान्तः ।

1204 श्रमु तपसि खेदे च । take pains, toil, perform austerities. *Famous word श्रमः /*
7.3.74 4c 98 श्रमुँ । श्रम् । श्राम्यति । P । सेट् । अ० । 6.4.15 7.2.56 7.2.15
8.3.24 8.4.58 श्रान्तवान् श्रान्तवती श्रान्तवत् । श्रान्तः श्रान्ता श्रान्तम् ।

1205 भ्रमु अनवस्थाने । roam,be confused,err,move to and fro.
4c 99 भ्रमुँ । भ्रम् । भ्राम्यति, भ्रमति । P । सेट् । अ० । *Famous words भ्रमन्, भ्रमः, भ्रान्तिः /* 3.1.70 वा भ्राशभ्लाशभ्रमुक्रमुक्लमुत्रसित्रुटिलषः। इति वा श्यन् । पक्षे औत्सर्गिकः 3.1.68 कर्त्तरि शप् , इति शप् । 7.3.74 6.4.15 7.2.56 7.2.15 8.3.24
8.4.58 भ्रान्तवान् भ्रान्तवती भ्रान्तवत् । भ्रान्तः भ्रान्ता भ्रान्तम् ।

1206 क्षमू सहने । क्षमु तु वेट् । pardon, forgive, tolerate, endure 7.3.74

4c 100 क्षमूँ । क्षम् । क्षाम्यति । P । वेट् । स० । 6.4.15 7.2.56 7.2.44 7.2.15 8.3.24 8.4.58 Siddhanta Kaumudi अयम् अषित् । भ्वादिस्तु षित् । अषितः क्षाम्यतेः क्षान्तिः , क्षमूषः क्षमते क्षमा । क्षान्तवान् क्षान्तवती क्षान्तवत् । क्षान्तः क्षान्ता क्षान्तम् ।

1207 क्लमु ग्लानौ । wilt, be depressed, be fatigued 4c 101 क्लमुँ । क्लम् । क्लाम्यति , क्लामति । P । सेट् । अ० । 3.1.70 3.1.68 7.3.74 7.3.75 6.4.15 7.2.56 7.2.15 8.3.24 8.4.58 क्लान्तवान् क्लान्तवती क्लान्तवत् । क्लान्तः क्लान्ता क्लान्तम् ।

1208 मदी हर्षे । be glad, be drunk, rejoice. *Famous words मत्तः, मदः ।*
4c 102 मदीँ । मद् । माद्यति । P । सेट् । अ० । 7.3.74 7.2.14 8.2.57 8.4.55 मत्तवान् मत्तवती मत्तवत् । मत्तः मत्ता मत्तम् ।

शमादय उदात्ता उदात्तेतः परस्मैभाषाः । क्षमू तु वेट् । वृत् । शमादयः गताः ।

1209 असु क्षेपणे । throw 4c 103 असुँ । अस् । अस्यति । P । सेट् । स० । 7.2.56 , 7.2.15 3.4.71 अस्तवान् अस्तवती अस्तवत् । अस्तः अस्ता अस्तम् । पक्षे काशिका० 7.2.17 वा० अस्यतेर्भावे असितमनेन । असितः असिता असितम् ।

1210 यसु प्रयत्ने । make effort, exert, strive 4c 104 यसुँ । यस् । यस्यति , यसति । P । सेट् । अ० । 7.2.56 7.2.15 यस्तवान् यस्तवती यस्तवत् । यस्तः यस्ता यस्तम् ।

1211 जसु मोक्षणे । set free, release 4c 105 जसुँ । जस् । जस्यति । P । सेट् । स० । 7.2.56 उदितो वा । 7.2.15 यस्य विभाषा। जस्तवान् जस्तवती जस्तवत् । जस्तः जस्ता जस्तम् ।

1212 तसु उपक्षये । cast upwards, fade, send, dig, wilt 4c 106 तसुँ । तस् । तस्यति । P । सेट् । स० । 7.2.56 , 7.2.15 तस्तवान् तस्तवती तस्तवत् । तस्तः तस्ता तस्तम् ।

1213 दसु च । उपक्षये । destroy, be destroyed 4c 107 दसुँ । दस् । दस्यति । P । सेट् । स० । 7.2.56 7.2.15 दस्तवान् दस्तवती दस्तवत् । दस्तः दस्ता दस्तम् ।
7.2.27 णिच् ending Root forms दासितवान् / दस्तवान् । दासितः / दस्तः ।

1214 वसु स्तम्भे । बसु इति केचित् । be thoughtful, be firm, fix 4c 108 वसुँ । वस् । वस्यति । P । सेट् । अ० । 7.2.56 7.2.15 **वस्तवान् वस्तवती वस्तवत् । वस्तः वस्ता वस्तम् ।**

1215 व्युष विभागे । व्युस इत्यन्ये । बुस इत्यपरे । separate, discriminate
4c 109 व्युषँ । व्युष् । व्युष्यति । P । सेट् । स० ।
व्युषितवान् व्युषितवती व्युषितवतवत् । व्युषितः व्युषिता व्युषितम् ।

1216 प्लुष दाहे । burn, scorch 4c 110 प्लुषँ । प्लुष् । प्लुष्यति । P । सेट् । स० ।
प्लुषितवान् प्लुषितवती प्लुषितवत् । प्लुषितः प्लुषिता प्लुषितम् ।

1217 बिस प्रेरणे । cast, throw, send 4c 111 बिसँ । बिस् । बिस्यति । P । सेट् । स० । 4.1.22 अपरिमाणबिस्ताचितकम्बल्येभ्यो न तद्धितलुकि । It shows usage of बिस्त only. According to Madhviya Dhatuvritti, अत एव बिस्तेति निर्देशाद्वा निष्ठायामनिट्त्वम् । 4.1.22 बिस्तवान् बिस्तवती बिस्तवत् । बिस्तः बिस्ता बिस्तम् ।

1218 कुस संश्लेषणे । embrace, surround 4c 112 कुसँ । कुस् । कुस्यति । P । सेट् । स० । कुसितवान् कुसितवती कुसितवत् । कुसितः कुसिता कुसितम् ।

1219 बुस उत्सर्गे । discharge urine, give up 4c 113 बुसँ । बुस् । बुस्यति । P । सेट् । स० । 2.4.31 अर्धर्चाः पुंसि च । Gives list of words from Ganapatha that take masculine and neuter forms. In the Ganapatha we see बुस्त । इति पाठात् निष्ठायाम् अनिट्त्वम् । बुस्तवान् बुस्तवती बुस्तवत् । बुस्तः बुस्ता बुस्तम् ।

1220 मुस खण्डने । cleave, cut in pieces, destroy 4c 114 मुसँ । मुस् । मुस्यति । P । सेट् । स० । मुसितवान् मुसितवती मुसितवत् । मुसितः मुसिता मुसितम् ।

1221 मसी परिणामे । समी इत्येके । weigh, measure, change form 4c 115 मसीँ । मस् । मस्यति । P । सेट् । अ० । 7.2.14 श्वीदितो निष्ठायाम् ।
मस्तवान् मस्तवती मस्तवत् । मस्तः मस्ता मस्तम् ।

1222 लुट विलोडने । लुठ इत्येके । stir, shake, roll 4c 116 लुटँ । लुट् । लुट्यति । P । सेट् । अ० । 7.2.14 लुटितवान् लुटितवती लुटितवत् । लुटितः लुटिता लुटितम् ।

1223 उच समवाये । collect, be fond of, delight in 4c 117 उचँ । उच् । उच्यति । P । सेट् । अ० । 7.2.14 उचितवान् उचितवती उचितवत् । उचितः उचिता उचितम् ।

1224 भृशु अधःपतने । fall down, be disgraced 4c 118 भृशुँ । भृश् । भृश्यति । P । सेट् । अ० । 7.2.56 7.2.15 8.2.36 8.4.41 **भृष्टवान् भृष्टवती भृष्टवत् । भृष्टः भृष्टा भृष्टम् ।**

1225 भ्रंशु अधःपतने । fall down, be disgraced 4c 119 भ्रंशुँ । भ्रंश् । भ्रश्यति । P । सेट् । अ० । Notice that श्यन् behaves as a ङित् affix, hence 6.4.24 इति नकारः लोपः । 7.2.56, 7.2.15, 8.2.36, 8.4.41 **भ्रष्टवान् भ्रष्टवती भ्रष्टवत् । भ्रष्टः भ्रष्टा भ्रष्टम् ।**

1226 वृश वरणे । choose, select, cover, grow 4c 120 वृशँ । वृश् । वृश्यति । P । सेट् । स० । वृशितवान् वृशितवती वृशितवत् । वृशितः वृशिता वृशितम् ।

1227 कृश तनूकरणे । be lean, be feeble 4c 121 कृशँ । कृश् । कृश्यति । P । सेट् । स० । **प्र-कृशितवान्** । **प्र-कृशितः** । 8.2.55 **कृशः** ।

1228 ञितृषा पिपासायाम् । be thirsty, desire, be curious
4c 122 ञितृषाँ । तृष् । तृष्यति । P । सेट्* । अ० । 7.2.16 8.4.41 7.2.17 विभाषा भावादिकर्मणोः । Optionally आदित् Roots do not take निष्ठा इट् आगमः । By extrapolation of 7.2.17 we have a निष्ठा इट् Form as well.
7.2.16 8.4.41 तृष्टवान् तृष्टवती तृष्टवत् । तृष्टः तृष्टा तृष्टम् ।
7.2.17 तृषितवान् तृषितवती तृषितवत् । तृषितः तृषिता तृषितम् ।

1229 हृष तुष्टौ । be glad, be satisfied 4c 123 हृषँ । हृष् । हृष्यति । P । सेट्* । अ० । 7.2.29, 8.4.41 हृष्टवान् हृष्टवती हृष्टवत् । हृष्टः हृष्टा हृष्टम् ।
पक्षे हृषितवान् हृषितवती हृषितवत् । हृषितः हृषिता हृषितम् ।

1230 रुष हिंसायाम् । रोषे इत्यन्ये । be hurt, be injured, be angry, be annoyed
4c 124 रुषँ । रुष् । रुष्यति । P । सेट्* । अ० । By 7.2.28 the इडागमः is stated to be not optional. By 7.2.48 इडागमः is optional and By 7.2.15 Being optional prevents निष्ठा इडागमः । So 7.2.28 enforces to prevent 7.2.15, thus both forms of निष्ठा are seen. 7.2. 28 8.4.41 रुष्टवान् रुष्टवती रुष्टवत् । रुष्टः रुष्टा रुष्टम् ।

पक्षे रुषितवान् रुषितवती रुषितवत् । रुषितः रुषिता रुषितम् ।

1231 रिष हिंसायाम् । injure, harm, hurt 4c 125 रिषँ । रिष् । रिष्यति । P । सेट्* । स० । 8.4.41 7.2.48, 7.2.15 रिष्टवान् रिष्टवती रिष्टवत् । रिष्टः रिष्टा रिष्टम् ।

1232 डिप क्षेपे । send, throw, fly, backbite 4c 126 डिपँ । डिप् । डिप्यति । P । सेट् । स० । डिपितवान् डिपितवती डिपितवत् । डिपितः डिपिता डिपितम् ।

1233 कुप क्रोधे । be angry 4c 127 कुपँ । कुप् । कुप्यति । P । सेट् । अ० । कुपितवान् कुपितवती कुपितवत् । कुपितः कुपिता कुपितम् ।

1234 गुप व्याकुलत्वे । be confused, be disturbed, disturb 4c 128 गुपँ । गुप् । गुप्यति । P । सेट् । अ० । **गुपितवान् गुपितवती गुपितवत् । गुपितः गुपिता गुपितम् ।**

1235 युप विमोहने । be disturbed, be confused, trouble 4c 129 युपँ । युप् । युप्यति । P । सेट् । स० । युपितवान् युपितवती युपितवत् । युपितः युपिता युपितम् ।

1236 रुप विमोहने । go, move, cry, be disturbed, violate 4c 130 रुपँ । रुप् । रुप्यति । P । सेट् । स० । रुपितवान् रुपितवती रुपितवत् । रुपितः रुपिता रुपितम् ।

1237 लुप विमोहने । be perplexed, be confused, confuse 4c 131 लुपँ । लुप् । लुप्यति । P । सेट् । स० । **अनिट् कारिकासु लिपिसाहचर्यात् तौदादिकस्यैव ग्रहणात्** । Anit Karika lists 1431 लुपॢ of 6c. **लुपितवान् लुपितवती लुपितवत् । लुपितः लुपिता लुपितम् ।**

1238 लुभ गार्ध्ये । गार्ध्न्ये । be greedy, long for, covet, be eager. *Famous words लोभः, लोभी* । 4c 132 लुभँ । लुभ् । लुभ्यति । P । सेट्* । स० । 7.2.48 7.2.15 8.2.40 8.4.53 लुब्धवान् लुब्धवती लुब्धवत् । लुब्धः लुब्धा लुब्धम् ।

1239 क्षुभ सञ्चलने । tremble, be agitated 4c 133 क्षुभँ । क्षुभ् । क्षुभ्यति । P । सेट् । अ० । पक्षे 8.2.40, 8.4.53 क्षुब्धवान् क्षुब्धवती क्षुब्धवत् । 7.2.18 क्षुब्धः क्षुब्धा क्षुब्धम् । पक्षे क्षुभितवान् क्षुभितवती क्षुभितवत् । क्षुभितः क्षुभिता क्षुभितम् ।

1240 णभ हिंसायाम् । hurt, destroy 4c 134 णभँ । नभ् । नभ्यति । P । सेट् । स० । 6.1.65 णो नः । नभितवान् नभितवती नभितवत् । नभितः नभिता नभितम् ।

1241 तुभ हिंसायाम् । क्षुभिनभितुभयो द्युतादौ क्र्यादौ च पठ्यन्ते । kill, hurt 4c 135 तुभँ । तुभ् । तुभ्यति । P । सेट् । स० । तुभितवान् तुभितवती तुभितवत् । तुभितः तुभिता तुभितम् ।

1242 क्लिदू आर्द्रीभावे । become wet, be moist 4c 136 क्लिदूँ । क्लिद् । क्लिद्यति । P । वेट् । अ० । 7.2.44, 7.2.15, 8.2.42 क्लिन्नवान् क्लिन्नवती क्लिन्नवत् । क्लिन्नः क्लिन्ना क्लिन्नम् ।

1243 ञिमिदा स्नेहने । melt, be affectionate, love, apply oil
4c 137 ञिमिदाँ । मिद् । मेद्यति । P । सेट् । अ० । 3.2.187 ञीतः क्तः । ञीत् (ञि इत्) धातोः वर्तमाने अर्थे क्त प्रत्ययः । 1.2.19 निष्ठा शीङ्स्विदिमिदिक्ष्विदिधृषः । शीङ् स्विदि मिदि क्ष्विदि धृषित्येतेभ्यः निष्ठाप्रत्ययः सेट् अकित् । इति गुणः । 7.2.16 7.2.17 Optionally आदित् Roots do not take निष्ठा इट् आगमः । By extrapolation of 7.2.17 we have a निष्ठा इट् Form as well for क्त by 3.4.71 अदिकर्मणि क्तः कर्तरि च । 3.3.114 7.2.16 8.2.42 मिन्नवान् मिन्नवती मिन्नवत् । मिन्नः मिन्ना मिन्नम् । पक्षे 1.2.19, 7.2.17 मेदितः । मेदितवान् ।

1244 ञिक्ष्विदा स्नेहनमोचनयोः । be wet, release urine, apply oil 4c 138 क्ष्विदाँ । क्ष्विद् । क्ष्विद्यति । P । सेट् । अ० । 3.2.187 3.3.114 7.2.16 8.2.42 क्ष्विण्णवान् क्ष्विण्णवती क्ष्विण्णवत् । क्ष्विण्णः क्ष्विण्णा क्ष्विण्णम् । 1.2.19, 7.2.17 क्ष्वेदितः । क्ष्वेदितवान् ।

1245 ऋधु वृद्धौ । prosper, please, complete 4c 139 ऋधुँ । ऋध् । ऋध्यति । P । सेट् । अ० । 7.2.49 8.2.40 8.4.53 ऋद्धवान् ऋद्धवती ऋद्धवत् । ऋद्धः ऋद्धा ऋद्धम् ।

1246 गृधु अभिकाङ्क्षायाम् । covet, be greedy 4c 140 गृधुँ । गृध् । गृध्यति । P । सेट् । स० । 8.2.40 8.4.53 गृद्धवान् गृद्धवती गृद्धवत् । गृद्धः गृद्धा गृद्धम् ।

असुप्रभृतय उदाता उदात्तेतः परस्मैभाषाः । वृत् । पुषादयः गताः । दिवादिराकृतिगण इति केचित् । दिवादिः तु भ्वादिवत् आकृतिगणः । Perhaps the 4c group is आकृतिगण just as 1c, i.e. includes unclassified Roots as well. तेन क्षीयते मृग्यति इत्यादि सिद्धिः इत्याहुः । Hence we find Verbs from unclassified Roots क्षी , मृग् it is said. ॥ इति श्यन् विकरणा दिवादयः ॥

5c – svādi – 1247 to 1280 = 34 Roots

1247 षुञ् अभिषवे । squeeze for offering, extract soma juice 5c 1 षुञ् । सु । सुनोति / सुनुते । U । अनिट् । स०* । 6.1.64 धात्वादेः षः सः । सुतः सुता सुतम् । सुतवान् सुतवती सुतवत् ।

1248 षिञ् बन्धने । tie, bind   6.1.64 5c 2 षिञ् । सि । सिनोति / सिनुते । U । अनिट् । स० । 8.2.44 वा० । सिनः सिना सिनम् । सिनवान् सिनवती सिनवत् । पक्षे सितः सिता सितम् । सितवान् सितवती सितवत् ।

1249 शिञ् निशाने । sharpen, make fine   5c 3 शिञ् । शि । शिनोति / शिनुते । U । अनिट् । स० । शितः शिता शितम् । शितवान् शितवती शितवत् ।

1250 डुमिञ् प्रक्षेपणे । throw, extend, stretch   । 5c 4 डुमिञ् । मि । मिनोति / मिनुते । U । अनिट् । स० । मितः मिता मितम् । मितवान् मितवती मितवत् ।

1251 चिञ् चयने । collect, select, gather, pile up 5c 5 चिञ् । चि । चिनोति / चिनुते । U । अनिट् । द्वि० । चितः चिता चितम् । चितवान् चितवती चितवत् ।

1252 स्तृञ् आच्छादने । cover, envelope   5c 6 स्तृञ् । स्तृ । स्तृणोति / स्तृणुते । U । अनिट् । स० । स्तृतः स्तृता स्तृतम् । स्तृतवान् स्तृतवती स्तृतवत् ।

1253 कृञ् हिंसायाम् । hurt, kill   5c 7 कृञ् । कृ । कृणोति / कृणुते । U । अनिट् । स० । कृतः कृता कृतम् ।   कृतवान् कृतवती कृतवत् ।

1254 वृञ् वरणे । choose, select, regularize, cover 5c 8 वृञ् । वृ । वृणोति / वृणुते । U । सेट् । स० । वृतः वृता वृतम् ।   वृतवान् वृतवती वृतवत् ।

1255 धुञ् कम्पने । **धूञ्** इत्येके । shake, be shaken, tremble 5c 9 धुञ् । धु । धुनोति / धुनुते । U । अनिट् । स० । धुतः धुता धुतम् । धुतवान् धुतवती धुतवत् ।

5c 9 धूञ् । धू । धूनोति / धूनुते । U । वेट् । स० । 7.2.44

धूतः धूता धूतम् । धूतवान् धूतवती धूतवत् ।

स्वादयोऽनुदात्ता उभयतोभाषाः । वृञ् उदात्तः । अथ परस्मैपदिनः अष्टौ ।

1256 टुदु उपतापे । be hurt, cause hurt, burn 5c 10 टुदु । दु । दुनोति । P । अनिट् । स० । दुतः दुता दुतम् । दुतवान् दुतवती दुतवत् ।

1257 हि गतौ वृद्धौ च । go, inspire, set in motion 5c 11 हि । हि । हिनोति । P । अनिट् । स०* । हितः हिता हितम् । हितवान् हितवती हितवत् ।

1258 पृ प्रीतौ । छान्दसः । satisfy, fulfill 5c 12 पृ । पृ । पृणोति । P । अनिट् । स० । पृतः पृता पृतम् । पृतवान् पृतवती पृतवत् ।

1259 स्पृ प्रीतिपालनयोः । प्रीतिचलनयोः इत्यन्ये । चलनं जीवनम् इति स्वामी । स्मृ इत्येके । छान्दसः । attract, please, nurture । 8.4.1 रषाभ्यां नो णः समानपदे । वा० ऋवर्णाः च इति वक्तव्यम् ।
5c 13 स्पृ । स्पृ । स्पृणोति । P । अनिट् । स० । स्पृतः स्पृता स्पृतम् । स्पृतवान् स्पृतवती स्पृतवत् ।
स्मृ । स्मृ । स्मृणोति । P । अनिट् । स० । स्मृतः स्मृता स्मृतम् । स्मृतवान् स्मृतवती स्मृतवत् ।

पृणोत्यादयः त्रयोऽपि छान्दसा इत्याहुः । Seen in Vedic usage only

1260 आप्ऌ व्याप्तौ । pervade, cover 5c 14 आप्ऌँ । आप् । आप्नोति । P । अनिट् । स० । आप्तः आप्ता आप्तम् । आप्तवान् आप्तवती आप्तवत् ।

1261 शक्ऌ शक्तौ । be able, be powerful 5c 15 शक्ऌँ । शक् । शक्नोति । P । अनिट् । अ० । शक्तः शक्ता शक्तम् । शक्तवान् शक्तवती शक्तवत् । पक्षे 7.2.17 काशिका० सौनागाः कर्मणि निष्ठायां शकेरिटमिच्छन्ति विकल्पेन । शकितः शकिता शकितम् ।

1262 राध (संसिद्धौ) । be complete, be perfect. *Famous word अपराधः ।*
5c 16 राधँ । राध् । राध्नोति । P । अनिट् । अ० । 8.2.40 8.4.53
राद्धः राद्धा राद्धम् । राद्धवान् राद्धवती राद्धवत् ।

1263 साध संसिद्धौ । complete, perfect. *Famous words साधना, साधुः, साधकः ।*
5c 17 साधँ । साध् । साध्नोति । P । अनिट् । स० । 8.2.40 8.4.53
साद्धः साद्धा साद्धम् । साद्धवान् साद्धवती साद्धवत् ।

दुनोतिप्रभृतयोऽनुदात्ताः परस्मैभाषाः । अथ द्वौ आत्मनेपदिनौ ।

1264 अशू व्याप्तौ सङ्घाते च । pervade, obtain, accumulate 5c 18 अशूँ । अश् ।
अश्नुते । A । वेट् । स०* । 7.2.44 8.2.36 8.2.41 8.4.41 8.2.36
अष्टः अष्टा अष्टम् । अष्टवान् अष्टवती अष्टवत् ।

1265 ष्टिघ आस्कन्दने । surround, assail
5c 19 ष्टिघँ । स्तिघ् । स्तिघ्नुते । A । सेट् । स० । 6.1.64
स्तिघितः स्तिघिता स्तिघितम् । स्तिघितवान् स्तिघितवती स्तिघितवत् ।

अशिस्तिघी उदात्तावनुदातेत्तावात्मनेभाषौ । अथ आगणान्ताः परस्मैपदिनः षोडश ।

1266 तिक गतौ च । चकारात् आस्कन्दने । attack, go
5c 20 तिकँ । तिक् । तिक्नोति । P । सेट् । स० ।
तिकितः तिकिता तिकितम् । तिकितवान् तिकितवती तिकितवत् ।

1267 तिग गतौ च । चकारात् आस्कन्दने । attack, go 5c 21 तिगँ । तिग् । तिग्नोति । P । सेट् । स० । तिगितः तिगिता तिगितम् । तिगितवान् तिगितवती तिगितवत् ।

1268 षघ हिंसायाम् । hit, cause pain 5c 22 षघँ । सघ् । सघ्नोति । P । सेट् । स० । 6.1.64 सघितः सघिता सघितम् । सघितवान् सघितवती सघितवत् ।

1269 ञिधृषा प्रागल्भ्ये । be bold, be courageous, be confident 5c 23 ञिधृषाँ । धृष् । धृष्णोति । P । सेट् । अ० । 7.2.16 7.2.19 8.4.41 धृष्टः धृष्टा धृष्टम् । धृष्टवान् धृष्टवती धृष्टवत् । पक्षे 1.2.19 धर्षितः धर्षिता धर्षितम् । धर्षितवान् धर्षितवती धर्षितवत् ।

1270 दम्भु दम्भने । be hypocrite, cheat, masquerade 5c 24 दम्भुँ । दम्भ् । दभ्नोति । P । सेट् । स० । 7.2.49 7.2.15 8.2.40 8.4.53 6.4.24 अनिदितां हल उपधायाः

क्ङिति । Note that this sutra did not apply to लट् लोट् लङ् विधिलिङ् of 1c Roots, since the gana vikarana शप् is a पित् affix. However here for 5c Root, the gana vikarana श्नु is अपित् and thus ङित् । इति नकारस्य लोपः । दभ्नोति ।
दब्धः दब्धा दब्धम् । दब्धवान् दब्धवती दब्धवत् ।

1271 ऋधु वृद्धौ । तृप प्रीणने इत्येके । prosper, increase, thrive, propitiate
5c 25 ऋधुँ । ऋध् । ऋध्नोति । P । सेट् । अ० । 7.2.56 7.2.49 8.2.40 8.4.53
ऋद्धः ऋद्धा ऋद्धम् । ऋद्धवान् ऋद्धवती ऋद्धवत् ।

छन्दसि । गणसूत्र । अथ आगणान्ताश्छान्दसाः ।
Remaining Dhatus of 5c are seen in Vedas only

1272 अह व्याप्तौ । छान्दसः । pervade 5c 26 अहँ । अह् । अह्नोति । P । सेट् । स० ।
अहितः अहिता अहितम् । अहितवान् अहितवती अहितवत् ।

1273 दघ घातने पालने च । छान्दसः । strike, bring up 5c 27 दघँ । दघ् । दघ्नोति ।
P । सेट् । स० । दघितः दघिता दघितम् । दघितवान् दघितवती दघितवत् ।

1274 चमु भक्षणे । छान्दसः । drink, sip, take holy water 5c 28 चमुँ । चम् ।
चम्नोति । P । सेट् । स० । 6.4.15, 8.3.24, 8.4.58
चान्तः चान्ता चान्तम् । चान्तवान् चान्तवती चान्तवत् ।

1275 रि हिंसायाम् । छान्दसः । give pain, traumatize 5c 29 रि । रि । रिणोति । P ।
अनिट् । स० । Some grammarians say that रि , क्षि are not two but a single Root.
रि+क्षि -> रिक्षिणोति वा ऋक्षिणोति । Also Some say that it has initial vowel. रितः
रिता रितम् । रितवान् रितवती रितवत् ।

1276 क्षि हिंसायाम् । छान्दसः । भाषायाम् अपि । destroy, wound, cut to pieces, torture 5c 30 क्षि । क्षि । क्षिणोति । P । अनिट् । स० । Some grammarians say that it is a single Root रि+क्षि -> रिक्षिणोति वा ऋक्षिणोति । Also Some say that it has initial vowel. 6.4.60 क्षितः क्षिता क्षितम् । क्षितवान् क्षितवती क्षितवत् ।
पक्षे 8.2.46 क्षीणः क्षीणा क्षीणम् । क्षीणवान् क्षीणवती क्षीणवत् ।

1277 चिरि हिंसायाम् । छान्दसः । cause hurt, torture 5c 31 चिरि । चिरि । चिरिणोति । P । सेट् । स० । 6.1.101 चिरीतः चिरीता चिरीतम् । चिरीतवान् चिरीतवती चिरीतवत् ।

1278 जिरि हिंसायाम् । छान्दसः । cause hurt, torture 5c 32 जिरि । जिरि । जिरिणोति । P । सेट् । स० । 6.1.101
जिरीतः जिरीता जिरीतम् । जिरीतवान् जिरीतवती जिरीतवत् ।

1279 दाश हिंसायाम् । छान्दसः । kill 5c 33 दाशँ । दाश् । दाश्नोति । P । सेट् । स० । दाशितः दाशिता दाशितम् ।   दाशितवान् दाशितवती दाशितवत् ।

1280 दृ हिंसायाम् । छान्दसः । give pain, traumatize 5c 34 दृ । दृ । दृणोति । P । अनिट् । स० । दृतः दृता दृतम् ।   दृतवान् दृतवती दृतवत् ।

क्षिर् भाषायाम् इत्येके । ऋक्षीत्येक एवाजादिरित्येके । रेफवानित्यन्ये ।

तिकादय उदात्ता उदात्तेतः परस्मैभाषाः । वृत् ।

॥ इति श्नु विकरणाः स्वादयः ॥

6c – tudādi – 1281 to 1437 = 157 Roots

अथ षड् उभयपदिनः ।

1281 तुद व्यथने । strike, give pain 6c 1 तुदँ । तुद् । तुदति/ते । U । अनिट् । स० ।
8.2.42 तुन्नः तुन्ना तुन्नम् । तुन्नवान् तुन्नवती तुन्नवत् ।

1282 णुद प्रेरणे । send, go 6c 2 णुदँ । नुद् । नुदति/ते । U । अनिट् । स० ।
8.2.42 नुन्नः नुन्ना नुन्नम् । नुन्नवान् नुन्नवती नुन्नवत् ।
8.2.56 नुत्तः नुत्ता नुत्तम् । नुत्तवान् नुत्तवती नुत्तवत् ।

1283 दिश अतिसर्जने । show, grant 6c 3 दिशँ । दिश् । दिशति/ते । U । अनिट् । स० । 8.2.36, 8.4.41 दिष्टः दिष्टा दिष्टम् । दिष्टवान् दिष्टवती दिष्टवत् ।

1284 भ्रस्ज पाके । fry, roast 6c 4 भ्रस्जँ । भ्रस्ज् । भृज्जति/ते । U । अनिट् । स० ।
8.4.53, 6.4.47, 8.2.36, 8.2.41, 8.4.41, 6.1.16, 6.1.108, 8.4.40, 7.2.10, 7.2.49
भृष्टः भृष्टा भृष्टम् । भृष्टवान् भृष्टवती भृष्टवत् ।

1285 क्षिप प्रेरणे । throw, dispatch, blame 6c 5 क्षिपँ । क्षिप् । क्षिपति/ते । U । अनिट् । स० । क्षिप्तः क्षिप्ता क्षिप्तम् । क्षिप्तवान् क्षिप्तवती क्षिप्तवत् ।

1286 कृष विलेखने । plough 6c 6 कृषँ । कृष् । कृषति/ते । U । अनिट् । स० ।
8.4.41 कृष्टः कृष्टा कृष्टम् । कृष्टवान् कृष्टवती कृष्टवत् ।

तुदादयोऽनुदात्ताः स्वरितेत उभयतोभाषाः ।

1287 ऋषी गतौ । उदात्त उदात्तेत् परस्मैपदी । approach, glide 6c 7 ऋषीँ । ऋष् । ऋषति । P । सेट् । स० । 8.4.41, 7.2.14 ऋष्टः ऋष्टा ऋष्टम् । ऋष्टवान् ऋष्टवती ऋष्टवत् ।

अथ चत्वार आत्मनेपदिनः ।

1288 जुषी प्रीतिसेवनयोः । please, serve 6c 8 जुषीँ । जुष् । जुषते । A । सेट् । स० ।
7.2.14 श्वीदितो निष्ठायाम् । 8.4.41 जुष्टः जुष्टा जुष्टम् । जुष्टवान् जुष्टवती जुष्टवत् ।

1289 ओविजी भयचलनयोः । fear, shake
6c 9 ओँ विजीँ । विज् । उद्विजते । A । सेट् । अ० । 1.2.2 7.2.14 8.2.30 8.2.45
विग्नः । विग्नवान् । प्रायेण अयम् उत् पूर्वः । उद्विग्नः । उद्विग्नवान् ।

1290 ओलजी व्रीडायाम् । be ashamed 6c 10 ओँलजीँ । लज् । लजते । A । सेट् । अ० । 7.2.14 8.2.30, 8.2.45 लग्नः लग्ना लग्नम् । लग्नवान् लग्नवती लग्नवत् ।

1291 ओलस्जी व्रीडायाम् । be ashamed, be scared 6c 11 ओँलस्जीँ । लस्ज् । लज्जते । A । सेट् । अ० । 8.2.29 इति सकारस्य लोपः । 8.4.40, 8.4.53, 7.2.14, 8.2.30 ,8.2.45 लग्नः लग्ना लग्नम् । लग्नवान् लग्नवती लग्नवत् ।

जुषादय उदात्ता अनुदात्तेत आत्मनेभाषाः । अथ परस्मैपदिनः ।

1292 ओव्रश्चू छेदने । उपदेशे अयं सकारोपधः । cut, tear, lacerate 6c 12 ओँव्रश्चूँ । व्रश्च् । वृश्चति । P । वेट् । स० । 6.1.16 6.1.108 6.1.37 8.4.40 7.2.44 8.2.41 7.2.15 8.2.30 8.2.45 वृक्णः वृक्णा वृक्णम् । वृक्णवान् वृक्णवती वृक्णवत् ।

1293 व्यच व्याजीकरणे । deceive, cheat 6c 13 व्यचँ । व्यच् । विचति । P । सेट् । स० । 6.1.16 6.1.108 6.1.37 विचितः विचिता विचितम् । विचितवान् विचितवती विचितवत् ।

1294 उछि उञ्छे । glean 6c 14 उछिँ । उञ्छ् । उञ्छति । P । सेट् । स० । 7.1.58 8.3.24 8.4.58 उञ्छितः उञ्छिता उञ्छितम् । उञ्छितवान् उञ्छितवती उञ्छितवत् ।

1295 उछी विवासे । finish, leave 6c 15 उछीँ । उच्छ् । उच्छति । P । सेट् । स० । 6.1.73 8.4.40, 7.2.14, 8.2.36, 8.4.41 उष्टः उष्टा उष्टम् । उष्टवान् उष्टवती उष्टवत् ।

1296 ऋच्छ गतीन्द्रियप्रलयमूर्तिभावेषु । ऋछ । go, fail in faculties, become hard 6c 16 ऋच्छँ । ऋच्छ् । ऋच्छति । P । सेट् । अ० ।
8.2.36 व्रश्चभ्रस्जसृजमृजयजराजभ्राजच्छशां षः । could not apply in निष्ठा due to इकारः by सेट् । ऋच्छितः ऋच्छिता ऋच्छितम् । ऋच्छितवान् ऋच्छितवती ऋच्छितवत् ।

1297 मिच्छ उत्क्लेशे । मिछ । hurt, oppress, restrict 6c 17 मिच्छँ । मिच्छ् । मिच्छति । P । सेट् ।स० । मिच्छितः मिच्छिता मिच्छितम् । मिच्छितवान् मिच्छितवती मिच्छितवत् ।

1298 जर्ज परिभाषणभर्त्सनयोः । speak, blame 6c 18 जर्जँ । जर्ज् । जर्जति । P । सेट् । स० । जर्जितः जर्जिता जर्जितम् । जर्जितवान् जर्जितवती जर्जितवत् ।

1299 चर्च परिभाषणभर्त्सनयोः । discuss, converse, condemn. *Famous word चर्चा*
6c 19 चर्चँ ।चर्च् ।चर्चति ।P ।सेट् ।स० ।
चर्चितः चर्चिता चर्चितम् ।चर्चितवान् चर्चितवती चर्चितवत् ।

1300 झर्झ परिभाषणभर्त्सनयोः । utter, blame, injure 6c 20 झर्झँ । झर्झ् । झर्झति । P । सेट् । स० । झर्झितः झर्झिता झर्झितम् । झर्झितवान् झर्झितवती झर्झितवत् ।

1301 त्वच संवरणे । cover, envelope 6c 21 त्वचँ । त्वच् । त्वचति । P । सेट् ।स० । त्वचितः त्वचिता त्वचितम् । त्वचितवान् त्वचितवती त्वचितवत् ।

1302 ऋच स्तुतौ । shine, praise 6c 22 ऋचँ । ऋच् । ऋचति । P । सेट् । स० । ऋचितः ऋचिता ऋचितम् । ऋचितवान् ऋचितवती ऋचितवत् ।

1303 उब्ज आर्जवे । make straight, behave rightly, be subdued
6c 23 उब्जँ । उब्ज् । उब्जति । P । सेट् । अ० । 7.3.61 भुजन्युब्जौ पाण्युपतापयोः । Even though this Dhatu was originally उद्ज in Dhatupatha by this sutra its usage has become उब्ज । उब्जितः उब्जिता उब्जितम् । उब्जितवान् उब्जितवती उब्जितवत् ।

1304 उज्झ उत्सर्गे । abandon 6c 24 उज्झँ । उज्झ् । उज्झति । P । सेट् । स० । उज्झितः उज्झिता उज्झितम् । उज्झितवान् उज्झितवती उज्झितवत् ।

1305 लुभ विमोहने। be confused, have amnesia 6c 25 लुभँ । लुभ् । लुभति । P ।सेट्। स० । 7.2.54 लुभो विमोहने । लुभितः लुभिता लुभितम् । लुभितवान् लुभितवती लुभितवत् । पक्षे 8.2.40 8.4.53 लुब्धः ।

1306 रिफ कत्थनयुद्धनिन्दाहिंसादानेषु । रिह इत्येके। speak roughly, fight, blame

6c 26 रिफँ । रिफ् । रिफति । P । सेट् । स० ।
रिफितः रिफिता रिफितम् । रिफितवान् रिफितवती रिफितवत् ।

1307 तृप तृप्तौ । satisfy, be satisfied 6c 27 तृपँ । तृप् । तृपति । P । सेट् । स० । तृपितः तृपिता तृपितम् । तृपितवान् तृपितवती तृपितवत् ।

1308 तृम्फादि अन्तर्गणः ।

6.4.24 अनिदितां हल उपधायाः क्ङिति । वा० शे तृम्फादीनां नुम् वाच्यः ।
1308 तृम्फ तृप्तौ । satisfy, be satisfied 6c 28 तृम्फँ । तृम्फ् । तृम्फति । P । सेट् । अ० । 6.4.24 तृफितः तृफिता तृफितम् । तृफितवान् तृफितवती तृफितवत् ।

द्वावपि फान्तावित्येके । Some grammarians consider both roots as फकारः ending.

1309 तुप हिंसायाम् । hurt, cause pain 6c 29 तुपँ । तुप् । तुपति । P । सेट् । स० । तुपितः तुपिता तुपितम् । तुपितवान् तुपितवती तुपितवत् ।

1310 तुम्प हिंसायाम् । hurt, strike 6c 30 तुम्पँ । तुम्प् । तुम्पति । P । सेट् । स० । 6.4.24 तुपितः तुपिता तुपितम् । तुपितवान् तुपितवती तुपितवत् ।

1311 तुफ हिंसायाम् । hurt, cause pain 6c 31 तुफँ । तुफ् । तुफति । P । सेट् । स० । तुफितः तुफिता तुफितम् । तुफितवान् तुफितवती तुफितवत् ।

1312 तुम्फ हिंसायाम् । hurt, strike 6c 32 तुम्फँ । तुम्फ् । तुम्फति । P । सेट् । स० । 6.4.24 तुफितः तुफिता तुफितम् । तुफितवान् तुफितवती तुफितवत् ।

1313 दृप उत्क्लेशे । hurt 6c 33 दृपँ । दृप् । दृपति । P । सेट् । अ० । दृपितः दृपिता दृपितम् । दृपितवान् दृपितवती दृपितवत् ।

1314 दृम्फ उत्क्लेशे । प्रथमोऽपि द्वितीयान्त इत्येके । cause pain 6c 34 दृम्फँ । दृम्फ् । दृम्फति । P । सेट् । अ० । 6.4.24 दृफितः दृफिता दृफितम् । दृफितवान् दृफितवती दृफितवत् ।

1315 ऋफ हिंसायाम् । kill, cause pain 6c 35 ऋफँ । ऋफ् । ऋफति । P । सेट् । स० ।

ऋफितः ऋफिता ऋफितम् । ऋफितवान् ऋफितवती ऋफितवत् ।

1316 ऋम्फ हिंसायाम् । kill 6c 36 ऋम्फँ । ऋम्फ् । ऋम्फति । P । सेट् । स० । 6.4.24 ऋफितः ऋफिता ऋफितम् । ऋफितवान् ऋफितवती ऋफितवत् ।

1317 गुफ ग्रन्थे । string together, weave, tie, compose 6c 37 गुफँ । गुफ् । गुफति । P । सेट् । स० । गुफितः गुफिता गुफितम् । गुफितवान् गुफितवती गुफितवत् ।

1318 गुम्फ ग्रन्थे । string together, weave, tie, compose 6c 38 गुम्फँ । गुम्फ् । गुम्फति । P । सेट् । स० । 6.4.24 गुफितः गुफिता गुफितम् । गुफितवान् गुफितवती गुफितवत् ।

1319 उभ पूरणे । fill with, cover over, confine 6c 39 उभँ । उभ् । उभति । P । सेट् । स० । उभितः उभिता उभितम् । उभितवान् उभितवती उभितवत् ।

1320 उम्भ पूरणे । fill with, cover over 6c 40 उम्भँ । उम्भ् । उम्भति । P । सेट् । स० । 6.4.24 उभितः उभिता उभितम् । उभितवान् उभितवती उभितवत् ।

1321 शुभ शोभार्थे । be beautiful, be handsome 6c 41 शुभँ । शुभ् । शुभति । P । सेट् । अ० । शुभितः शुभिता शुभितम् । शुभितवान् शुभितवती शुभितवत् ।

1322 शुम्भ शोभार्थे । be beautiful, be handsome 6c 42 शुम्भँ । शुम्भ् । शुम्भति । P । सेट् । अ० । 6.4.24 शुभितः शुभिता शुभितम् । शुभितवान् शुभितवती शुभितवत् ।

1323 दृभी ग्रन्थे । compose, string 6c 43 दृभीँ । दृभ् । दृभति । P । सेट् । स० । 7.2.14,8.2.40,8.4.53 दृब्धः दृब्धा दृब्धम् । दृब्धवान् दृब्धवती दृब्धवत् ।

1324 चृती हिंसाश्रन्थनयोः । हिंसाग्रन्थनयोः । hurt, bind, connect 6c 44 चृतीँ । चृत् । चृतति । P । सेट् । स० । 7.2.57 7.2.15 7.2.14
चृत्तः चृत्ता चृत्तम् । चृत्तवान् चृत्तवती चृत्तवत् ।

1325 विध विधाने । arrange, sequence, be in order 6c 45 विधँ । विध् । विधति । P । सेट् । स० । विधितः विधिता विधितम् । विधितवान् विधितवती विधितवत् ।

1326 जुड गतौ । जुन इत्येके । go, run, go speedily 6c 46 जुडँ । जुड् । जुडति । P । सेट् । स० । जुडितः जुडिता जुडितम् । जुडितवान् जुडितवती जुडितवत् ।

1327 मृड सुखने । be merry, rejoice 6c 47 मृडँ । मृड् । मृडति । P । सेट् । स०* । मृडितः मृडिता मृडितम् । मृडितवान् मृडितवती मृडितवत् ।

1328 पृड च । सुखने । enjoy, be satisfied 6c 48 पृडँ । पृड् । पृडति । P । सेट् । स०* । पृडितः पृडिता पृडितम् । पृडितवान् पृडितवती पृडितवत् ।

1329 पृण प्रीणने । enjoy, be satisfied 6c 49 पृणँ । पृण् । पृणति । P । सेट् । अ० । पृणितः पृणिता पृणितम् । पृणितवान् पृणितवती पृणितवत् ।

1330 वृण च । प्रीणने । enjoy, feel encouraged 6c 50 वृणँ । वृण् । वृणति । P । सेट् । अ० । वृणितः वृणिता वृणितम् । वृणितवान् वृणितवती वृणितवत् ।

1331 मृण हिंसायाम् । kill, slay 6c 51 मृणँ । मृण् । मृणति । P । सेट् । स० । मृणितः मृणिता मृणितम् । मृणितवान् मृणितवती मृणितवत् ।

1332 तुण कौटिल्ये । be uneven, be indecent, be improper 6c 52 तुणँ । तुण् । तुणति । P । सेट् । अ० । तुणितः तुणिता तुणितम् । तुणितवान् तुणितवती तुणितवत् ।

1333 पुण कर्मणि शुभे । act virtuously 6c 53 पुणँ । पुण् । पुणति । P । सेट् । अ० । पुणितः पुणिता पुणितम् । पुणितवान् पुणितवती पुणितवत् ।

1334 मुण प्रतिज्ञाने । promise, vow, give word 6c 54 मुणँ । मुण् । मुणति । P । सेट् । स० । मुणितः मुणिता मुणितम् । मुणितवान् मुणितवती मुणितवत् ।

1335 कुण शब्दोपकरणयोः । sound, aid 6c 55 कुणँ । कुण् । कुणति । P । सेट् । अ०* । कुणितः कुणिता कुणितम् । कुणितवान् कुणितवती कुणितवत् ।

1336 शुन गतौ । move 6c 56 शुनँ । शुन् । शुनति । P । सेट् । स० । शुनितः शुनिता शुनितम् । शुनितवान् शुनितवती शुनितवत् ।

1337 द्रुण हिंसागतिकौटिल्येषु । cause pain, move closer, be curved 6c 57 द्रुणँ । द्रुण् । द्रुणति । P । सेट् । स०* । द्रुणितः द्रुणिता द्रुणितम् । द्रुणितवान् द्रुणितवती द्रुणितवत् ।

1338 घुण भ्रमणे । roll, wheel, stagger, reel 6c 58 घुणँ । घुण् । घुणति । P । सेट् । अ० । घुणितः घुणिता घुणितम् । घुणितवान् घुणितवती घुणितवत् ।

1339 घूर्ण भ्रमणे । whirl, turn round, revolve 6c 59 घूर्णँ । घूर्ण् । घूर्णति । P । सेट् । अ० । घूर्णितः घूर्णिता घूर्णितम् । घूर्णितवान् घूर्णितवती घूर्णितवत् ।

1340 षुर ऐश्वर्यदीप्त्योः । have incredible valour, shine 6c 60 षुरँ । सुर् । सुरति । P । सेट् । अ० । सुरितः सुरिता सुरितम् । सुरितवान् सुरितवती सुरितवत् । 8.2.77 ।

1341 कुर शब्दे । sound 6c 61 कुरँ । कुर् । कुरति । P । सेट् । अ० । 8.2.77 हलि च । कुरितः कुरिता कुरितम् । कुरितवान् कुरितवती कुरितवत् ।

1342 खुर छेदने । cut, saw, clip, trim, scratch 6c 62 खुरँ । खुर् । खुरति । P । सेट् । स० । खुरितः खुरिता खुरितम् । खुरितवान् खुरितवती खुरितवत् ।

1343 मुर संवेष्टने । encircle, surround 6c 63 मुरँ । मुर् । मुरति । P । सेट् । स० । 8.2.77 हलि च । मुरितः मुरिता मुरितम् । मुरितवान् मुरितवती मुरितवत् ।

1344 क्षुर विलेखने । scratch, draw lines, make furrows 6c 64 क्षुरँ । क्षुर् । क्षुरति । P । सेट् । स० । 8.2.77 हलि च । क्षुरितः क्षुरिता क्षुरितम् । क्षुरितवान् क्षुरितवती क्षुरितवत् ।

1345 घुर भीमार्थशब्दयोः । be fierce, make a noise, snore, grunt 6c 65 घुरँ । घुर् । घुरति । P । सेट् । अ० । 8.2.77 घुरितः घुरिता घुरितम् । घुरितवान् घुरितवती घुरितवत् ।

1346 पुर अग्रगमने । precede, be in front, be at head 6c 66 पुरँ । पुर् । पुरति । P । सेट् । अ० । पुरितः पुरिता पुरितम् । पुरितवान् पुरितवती पुरितवत् ।

1347 वृहू उद्यमने । बृहू इत्यन्ये । endeavour, attempt 6c 67 वृहूँ । वृह् । वृहति । P । वेट् । अ० । 8.4.2 7.2.44 7.2.15 8.2.31 8.2.41 8.2.40 8.4.41 8.3.13

वृढः वृढा वृढम् । वृढवान् वृढवती वृढवत् ।

1348 तृहू हिंसायाम् । crush, torture 6c 68 तृहूँ । तृह् । तृहति । P । वेट् । स० । 8.4.2, 7.2.44,8.2.31, 7.2.15, 8.2.40, 8.4.41, 8.3.13 तृढः तृढा तृढम् । तृढवान् तृढवती तृढवत् ।

1349 स्तृहू हिंसायाम् । स्तृंहू इति क्षीरतरङ्गिणी । hurt, harm, injure 7.2.44, 7.2.15 6c 69 स्तृहूँ । स्तृह् । स्तृहति । P । वेट् । स० । 8.4.2 8.2.31 8.2.41 8.2.40 8.4.41 8.3.13 स्तृढः स्तृढा स्तृढम् । स्तृढवान् स्तृढवती स्तृढवत् ।

1350 तृंहू हिंसार्थः । तृंहु । crush, torture 6.4.24 इति नकारः लोपः । 8.4.2 7.2.44 7.2.15 6c 70 तृंहूँ । तृंह् । तृहति । P । वेट् । स० । 8.2.31 8.2.41 8.2.40 8.4.41 8.3.13 तृढः तृढा तृढम् । तृढवान् तृढवती तृढवत् ।

1351 इष इच्छायाम् । केचित् उदितं पठन्ति (इषु) । wish, want. *Famous words इच्छा, इष्टः* / 6c 71 इषँ । इष् । इच्छति । P । सेट् । स० । 8.3.59 7.3.77 6.1.73 8.4.40 7.2.48 7.2.15 8.4.41 इष्टः इष्टा इष्टम् । इष्टवान् इष्टवती इष्टवत् ।

1352 मिष स्पर्धायाम् । open eyes, make rivalry 6c 72 मिषँ । मिष् । मिषति । P । सेट् । अ० । मिषितः मिषिता मिषितम् । मिषितवान् मिषितवती मिषितवत् ।

1353 किल श्वैत्यक्रीडनयोः । become white, sport 6c 73 किलँ । किल् । किलति । P । सेट् । अ० । किलितः किलिता किलितम् । किलितवान् किलितवती किलितवत् ।

1354 तिल स्नेहने । स्नेहे । anoint, be oily 6c 74 तिलँ । तिल् । तिलति । P । सेट् । अ० । तिलितः तिलिता तिलितम् । तिलितवान् तिलितवती तिलितवत् ।

1355 चिल वसने । put on clothes, dress 6c 75 चिलँ । चिल् । चिलति । P । सेट् । स० । चिलितः चिलिता चिलितम् । चिलितवान् चिलितवती चिलितवत् ।

1356 चल विलसने । play, sport 6c 76 चलँ । चल् । चलति । P । सेट् । अ० । चलितः चलिता चलितम् । चलितवान् चलितवती चलितवत् ।

1357 इल स्वप्नक्षेपणयोः । sleep, throw, go 6c 77 इलँ । इल् । इलति । P । सेट् । स०* । इलितः इलिता इलितम् । इलितवान् इलितवती इलितवत् ।

1358 विल संवरणे । (बिल) । cover, conceal, break, divide 6c 78 विलँ । विल् । विलति । P । सेट् । स० । विलितः विलिता विलितम् । विलितवान् विलितवती विलितवत् ।

1359 बिल भेदने । make hole, pierce, split 6c 79 बिलँ । बिल् । बिलति । P । सेट् । स० । बिलितः बिलिता बिलितम् । बिलितवान् बिलितवती बिलितवत् ।

1360 णिल गहने । misunderstand, be impenetrable 6c 80 णिलँ । निल् । निलति । P । सेट् । स० । 6.1.65 निलितः निलिता निलितम् । निलितवान् निलितवती निलितवत् ।

1361 हिल भावकरणे । sport amorously, romance 6c 81 हिलँ । हिल् । हिलति । P । सेट् । अ० । हिलितः हिलिता हिलितम् । हिलितवान् हिलितवती हिलितवत् ।

1362 शिल उञ्छे । glean 6c 82 शिलँ । शिल् । शिलति । P । सेट् । स० । शिलितः शिलिता शिलितम् । शिलितवान् शिलितवती शिलितवत् ।

1363 षिल उञ्छे । glean, garner 6c 83 षिलँ । सिल् । सिलति । P । सेट् । स० । 6.1.64 धात्वादेः० । सिलितः सिलिता सिलितम् । सिलितवान् सिलितवती सिलितवत् ।

1364 मिल श्लेषणे । meet, unite, join 6c 84 मिलँ । मिल् । मिलति । P । सेट् । स० । मिलितः मिलिता मिलितम् । मिलितवान् मिलितवती मिलितवत् ।

1365 लिख अक्षरविन्यासे । write, pen down 6c 85 लिखँ । लिख् । लिखति । P । सेट् । स० । लिखितः लिखिता लिखितम् । लिखितवान् लिखितवती लिखितवत् ।

1366 कुटादि अन्तर्गणः ।

1.2.1 गाङ्कुटादिभ्यः अञ्णित् ङित् । इति अञित् अणित् प्रत्यये परतः गुणः निषेधः ।

1366 कुट कौटिल्ये । curve, cheat 6c 86 कुटँ । कुट् । कुटति । P । सेट् । अ० । कुटितः कुटिता कुटितम् । कुटितवान् कुटितवती कुटितवत् ।

1367 पुट संश्लेषणे । clasp, embrace, be in touch, bind 6c 87 पुटँ । पुट् । पुटति । P । सेट् । स० । पुटितः पुटिता पुटितम् । पुटितवान् पुटितवती पुटितवत् ।

1368 कुच सङ्कोचने ।प्रायेण सम् पूर्वकः । contract, coo loudly 6c 88 कुचँ । कुच् । सङ्कुचति । P । सेट् । अ० । कुचितः कुचिता कुचितम् । कुचितवान् कुचितवती कुचितवत् ।

1369 गुज शब्दे । hum, buzz 6c 89 गुजँ । गुज् । गुजति । P । सेट् । अ० । गुजितः गुजिता गुजितम् । गुजितवान् गुजितवती गुजितवत् ।

1370 गुड रक्षायाम् । protect, guide, create 6c 90 गुडँ । गुड् । गुडति । P । सेट् । स० । गुडितः गुडिता गुडितम् । गुडितवान् गुडितवती गुडितवत् ।

1371 डिप क्षेपे । send, throw, fly, backbite 6c 91 डिपँ । डिप् । डिपति । P । सेट् । स० । डिपितः डिपिता डिपितम् । डिपितवान् डिपितवती डिपितवत् ।

1372 छुर छेदने । cut, divide, slice 6c 92 छुरँ । छुर् । छुरति । P । सेट् । स० । 6.1.73 8.4.40 8.2.77 8.2.79 छुरितः छुरिता छुरितम् । छुरितवान् छुरितवती छुरितवत् ।

1373 स्फुट विकसने । bloom, explode 6c 93 स्फुटँ । स्फुट् । स्फुटति । P । सेट् । अ० । स्फुटितः स्फुटिता स्फुटितम् । स्फुटितवान् स्फुटितवती स्फुटितवत् ।

1374 मुट आक्षेपमर्दनयोः । rub, blame, abuse 6c 94 मुटँ । मुट् । मुटति । P । सेट् । अ० । मुटितः मुटिता मुटितम् । मुटितवान् मुटितवती मुटितवत् ।

1375 त्रुट छेदने ।3.1.70 इति वा श्यन् । tear, snap, clear doubt 6c 95 त्रुटँ । त्रुट् । त्रुट्यति,त्रुटति । P । सेट्। स० ।3.1.70 त्रुटितः त्रुटिता त्रुटितम् । त्रुटितवान् त्रुटितवती त्रुटितवत् ।

1376 तुट कलहकर्मणि । quarrel, hurt 6c 96 तुटँ । तुट् । तुटति । P । सेट् । स० । तुटितः तुटिता तुटितम् । तुटितवान् तुटितवती तुटितवत् ।

1377 चुट छेदने । cut, strike, be small, be artless, naive 6c 97 चुटँ । चुट् । चुटति

। P । सेट् । स० । चुटितः चुटिता चुटितम् । चुटितवान् चुटितवती चुटितवत् ।

1378 छुट छेदने । cut, pierce, make lesser 6c 98 छुटँ । छुट् । छुटति । P । सेट् । स० । छुटितः छुटिता छुटितम् । छुटितवान् छुटितवती छुटितवत् ।

1379 जुड बन्धने । जुट केचित् । go, bind, make hairdo, make braid 6c 99 जुडँ । जुड् । जुडति । P । सेट् । स० । जुडितः जुडिता जुडितम् । जुडितवान् जुडितवती जुडितवत् ।

1380 कड मदे । be proud 6c 100 कडँ । कड् । कडति । P । सेट् । अ०* । कडितः कडिता कडितम् । कडितवान् कडितवती कडितवत् ।

1381 लुट संश्लेषणे । लुठ इत्येके । लुड इत्यन्ये । join, cling, club, adhere to 6c 101 लुटँ । लुट् । लुटति । P । सेट् । स० । लुटितः लुटिता लुटितम् । लुटितवान् लुटितवती लुटितवत् ।

1382 कृड घनत्वे । solidify, freeze, be firm 6c 102 कृडँ । कृड् । कृडति । P । सेट् । अ० । कृडितः कृडिता कृडितम् । कृडितवान् कृडितवती कृडितवत् ।

1383 कुड बाल्ये । play, act as a child, eat, collect 6c 103 कुडँ । कुड् । कुडति । P । सेट् । अ० । कुडितः कुडिता कुडितम् । कुडितवान् कुडितवती कुडितवत् ।

1384 पुड उत्सर्गे । quit, leave, cover 6c 104 पुडँ । पुड् । पुडति । P । सेट् । स० । पुडितः पुडिता पुडितम् । पुडितवान् पुडितवती पुडितवत् ।

1385 घुट प्रतिघाते । resist, protest, retaliate 6c 105 घुटँ । घुट् । घुटति । P । सेट् । स०* । घुटितः घुटिता घुटितम् । घुटितवान् घुटितवती घुटितवत् ।

1386 तुड तोडने । pluck, split, hurt, cut 6c 106 तुडँ । तुड् । तुडति । P । सेट् । स० । तुडितः तुडिता तुडितम् । तुडितवान् तुडितवती तुडितवत् ।

1387 थुड संवरणे । cover, wrap 6c 107 थुडँ । थुड् । थुडति । P । सेट् । स० । थुडितः थुडिता थुडितम् । थुडितवान् थुडितवती थुडितवत् ।

1388 स्थुड संवरणे । खुड छुड इत्येके । put on dress, cover, drape 6c 108 स्थुडँ । स्थुड्

। स्थुडति । P । सेट् । स० । स्थुडितः स्थुडिता स्थुडितम् । स्थुडितवान् स्थुडितवती स्थुडितवत् ।

1389 स्फुर सञ्चलने । स्फुरण इत्येके । throb 6c 109 स्फुरँ । स्फुर् । स्फुरति । P । सेट् । अ० । 6.1.47 for घञ् affix. स्फुरितः स्फुरिता स्फुरितम् । स्फुरितवान् स्फुरितवती स्फुरितव ।

1390 स्फुल सञ्चलने । स्फुर स्फुरणे । स्फल सञ्चलने इत्येके । स्फर इत्यन्ये । quiver, throb 6c 110 स्फुलँ । स्फुल् । स्फुलति । P । सेट् । अ० । 6.1.47 for घञ् affix
स्फुलितः स्फुलिता स्फुलितम् । स्फुलितवान् स्फुलितवती स्फुलितवत् ।

1391 स्फुड संवरणे । cover, envelope 6c 111 स्फुडँ । स्फुड् । स्फुडति । P । सेट् । स० । स्फुडितः स्फुडिता स्फुडितम् । स्फुडितवान् स्फुडितवती स्फुडितवत् ।

1392 चुड संवरणे । surround, cover, hide 6c 112 चुडँ । चुड् । चुडति । P । सेट् । स० । चुडितः चुडिता चुडितम् । चुडितवान् चुडितवती चुडितवत् ।

1393 व्रुड संवरणे । ब्रुड इत्येक । drown, make a heap, cover 6c 113 व्रुडँ । व्रुड् । व्रुडति । P । सेट् । स० । व्रुडितः व्रुडिता व्रुडितम् । व्रुडितवान् व्रुडितवती व्रुडितवत् ।

1394 क्रुड निमज्जने । sink, eat, be firm, attempt like a child 6c 114 क्रुडँ । क्रुड् । क्रुडति । P । सेट् । अ० । क्रुडितः क्रुडिता क्रुडितम् । क्रुडितवान् क्रुडितवती क्रुडितवत् ।

1395 भृड निमज्जन इत्येके । sink, plunge, think deeply 6c 115 भृडँ । भृड् । भृडति । P । सेट् । अ० । भृडितः भृडिता भृडितम् । भृडितवान् भृडितवती भृडितवत् ।

व्रश्चादय उदात्ता उदात्तेतः परस्मैभाषाः ।

1396 गुरी उद्यमने । उदात्तोऽनुदात्तेदात्मनेपदी । make effort, exert, be industrious 6c 116 गुरीँ । गुर् । गुरते । A । सेट् । अ० । 8.2.61 नसत्तनिषत्तानुत्तप्रतूर्तसूर्तगूर्तानि छन्दसि । Vedic usage is गूर्ता as it is निपातित unconventional.
7.2.14, 8.2.42, 8.2.77 गूर्णः गूर्णा गूर्णम् । गूर्णवान् गूर्णवती गूर्णवत् ।
8.2.61, 8.2.77 8.4.46 गूर्त्ता , गूर्त्तम् ।

अथ चत्वारः परस्मैपदिनः ।

1397 णू स्तवने । praise 6c 117 णू । नू । नुवति । P । सेट् । स० । 6.1.65 णो नः । 6.4.77 अचि श्नुधातु-भ्रुवां य्वोरियङुवङौ । अजादिप्रत्यये परे श्नु-प्रत्ययान्त–अङ्गस्य, "भ्रू" इत्यस्य, तथा इवर्णान्त उवर्णान्त धातोः , इयङ् उवङ् आदेशौ । Since 6c gana vikarna is अ, it applies to all पुरुषः वचनः च । 1.2.1 महाभाष्ये नूत्वा धूत्वा । इति निष्ठा इट् निषेधः । नूतः नूता नूतम् । नूतवान् नूतवती नूतवत् ।

1398 धू विधूनने । scratch, be scratched 6c 118 धू । धू । धुवति । P । सेट् । स० । 1.2.1 महाभाष्ये नूत्वा धूत्वा । इति निष्ठा इट् निषेधः । धूतः धूता धूतम् । धूतवान् धूतवती धूतवत् ।

उदात्तौ परस्मैभाषाः ।

1399 गु पुरिषोत्सर्गे । 6.4.77 अचि श्नु० । empty by stool, excrete 6c 119 गु । गु । गुवति । P । अनिट् । अ० । 8.2.44 ल्वादिभ्यः । वा० दुग्वोर्दीर्घश्च इति वक्तव्यम् । इति निष्ठानत्वं दीर्घः च । गूनः गूना गूनम् । गूनवान् गूनवती गूनवत् ।

1400 ध्रु गतिस्थैर्ययोः । ध्रुव इति पाठान्तरम् । go, be firm *Famous Root for the Pole Star in the North – Dhruv.* 6c 120 ध्रु । ध्रु । ध्रुवति । P । अनिट् । अ०* । 6.4.77 7.4.25 ध्रुतः ध्रुता ध्रुतम् । ध्रुतवान् ध्रुतवती ध्रुतवत् ।

1401 कुङ् शब्दे । उदात्त आत्मनेपदी । कूङ् । दीर्घान्त इति कैयटादयः । ह्रस्वान्त इति न्यासः । cry out, moan, groan । 6c 121 कुङ् । कु । कुवते । A । अनिट् । अ० । कुतः कुता कुतम् । कुतवान् कुतवती कुतवत् ।

वृत् । कुटादयः गताः ।

1402 पृङ् व्यायामे । प्रायेण व्याङ् – वि+आङ् पूर्वः । be busy, be active 6c 122 पृङ् । पृ । व्याप्रियते । A । अनिट् । अ० । व्या–पृतः व्या–पृता व्या–पृतम् । व्या–पृतवान् व्या–पृतवती व्या–पृतवत् ।

1403 मृङ् प्राणत्यागे । die, be deceased 6c 123 मृङ् । मृ । म्रियते । A । अनिट् । अ० । 1.3.61 मृतः मृता मृतम् । मृतवान् मृतवती मृतवत् ।

अनुदात्तावात्मनेभाषौ । अथ परस्मैपदिनः सप्त ।

1404 रि गतौ । go, move 6c 124 रि । रि । रियति । P । अनिट् । स० । रितः रिता रितम् । रितवान् रितवती रितवत् ।

1405 पि गतौ । 6.4.77 अचि श्नु० । go, move 6c 125 पि । पि । पियति । P । अनिट् । स० । पितः पिता पितम् । पितवान् पितवती पितवत् ।

1406 धि धारणे । possess, hold 6c 126 धि । धि । धियति । P निट् । स० । धितः धिता धितम् । धितवान् धितवती धितवत् ।

1407 क्षि निवासगत्योः । dwell, move, live 6c 127 क्षि । क्षि । क्षियति । P । अनिट् । स० । 6.4.60 क्षितः क्षिता क्षितम् । क्षितवान् क्षितवती क्षितवत् । पक्षे 6.4.60, 8.2.46 क्षीणः क्षीणा क्षीणम् । क्षीणवान् क्षीणवती क्षीणवत् ।

रियत्यादयोऽनुदात्ताः परस्मैभाषाः ।

1408 षू प्रेरणे । excite, invoke, urge. *Famous word सविता, सूर्यः ।* 6c 128 षू । सू । सुवति । P । सेट् । स० । 6.1.78 6.1.64 सूतः सूता सूतम् । सूतवान् सूतवती सूतवत् ।

1409 किरादि अन्तर्गणः ।

7.2.75 किरश्च पञ्चभ्यः । इति इट् सनि ।

1409 कॄ विक्षेपे । scatter,pour,throw 6c 129 कॄ । कॄ । किरति । P । सेट् । स० । 7.1.100 ॠत इद्धातोः । ॠदन्तस्य धातोः अङ्गस्य ह्रस्व-इकारादेशः भवति किति ङिति प्रत्यये परे । इति कॄ कि (ॄ) । 1.1.51 उरण् रपरः । इति किर् । 8.2.77, 8.2.42 कीर्णः कीर्णा कीर्णम् । कीर्णवान् कीर्णवती कीर्णवत् ।

1410 गॄ निगरणे । swallow,emit, eject, pour out 6c 130 गॄ । गॄ । गिरति,गिलति ।

P । सेट् । स० । 7.1.100 1.1.51 8.2.21 8.2.77 8.2.42 गीर्णः गीर्णा गीर्णम् । गीर्णवान् गीर्णवती गीर्णवत् ।

षू—आदयः उदात्ताः परस्मैभाषाः ।

1411 दृङ् आदरे । प्रायेण आङ् पूर्वकः । respect,honour 6c 131 दृङ् । दृ । आद्रियते । A । अनिट् । स० । 7.4.28 आदृतः आदृता आदृतम् । आदृतवान् आदृतवती आदृतवत् ।

1412 धृङ् अवस्थाने । live, exist, remain, survive 6c 132 धृङ् । धृ । ध्रियते । A । अनिट् । अ० । 7.4.28 धृतः धृता धृतम् । धृतवान् धृतवती धृतवत् ।

अनुदात्तावात्मनेभाषौ । अथ षोडश परस्मैपदिनः ।

1413 प्रच्छ ज्ञीप्सायाम् । ask,enquire. 6c 133 प्रच्छँ । प्रच्छ् । पृच्छति । P । अनिट् । द्वि० । The original Root is प्रछ ज्ञीप्सायाम् । 6.1.16, 6.1.73 6.1.108, 8.2.36, 8.2.41, 8.4.41 पृष्टः पृष्टा पृष्टम् । पृष्टवान् पृष्टवती पृष्टवत् ।

वृत् । किरादयः गताः ।

1414 सृज विसर्गे । create, set free. *Famous words सृजन्, सृष्टिः ।* 6c 134 सृजँ । सृज् । सृजति । P । अनिट् । स० । 6.1.58 6.1.77 8.2.36 8.2.41 8.4.41 सृष्टः सृष्टा सृष्टम् । सृष्टवान् सृष्टवती सृष्टवत् ।

1415 टुमस्जो शुद्धौ । bathe, drown, purify, sink, immerse
6c 135 टुमस्जोँ । मस्ज् । मज्जति । P । अनिट् । अ० । 8.2.29, 8.2.30, 8.2.45, 7.1.60 , 7.1.60 वा० । म् स् न् ज् । मग्नः मग्ना मग्नम् । मग्नवान् मग्नवती मग्नवत् ।

1416 रुजो भङ्गे । be hurt, be ill, break into pieces 6c 136 रुजोँ । रुज् । रुजति । P । अनिट् । स० । 8.2.30, 8.4.55, 8.2.45 रुग्णः रुग्णा रुग्णम् । रुग्णवान् रुग्णवती रुग्णवत् ।

1417 भुजो कौटिल्ये । curve, bend 6c 137 भुजोँ । भुज् । भुजति । P । अनिट् । अ० । 8.2.30, 8.2.45 भुग्नः भुग्ना भुग्नम् । भुग्नवान् भुग्नवती भुग्नवत् ।

1418 छुप स्पर्शे । touch 6c 138 छुपँ । छुप् । छुपति । P । अनिट् । स० ।
छुप्तः छुप्ता छुप्तम् । छुप्तवान् छुप्तवती छुप्तवत् ।

1419 रुश हिंसायाम् । injure, harm, hurt 6c 139 रुशँ । रुश् । रुशति । P । अनिट् । स० । 8.2.36, 8.4.41 रुष्टः रुष्टा रुष्टम् । रुष्टवान् रुष्टवती रुष्टवत् ।

1420 रिश हिंसायाम् । injure, harm, hurt 6c 140 रिशँ । रिश् । रिशति । P । अनिट् । स० । 8.2.36, 8.4.41 रिष्टः रिष्टा रिष्टम् । रिष्टवान् रिष्टवती रिष्टवत् ।

1421 लिश गतौ । go, move 6c 141 लिशँ । लिश् । लिशति । P । अनिट् । स० । 8.2.36, 8.4.41 लिष्टः लिष्टा लिष्टम् । लिष्टवान् लिष्टवती लिष्टवत् ।

1422 स्पृश संस्पर्शने । touch, contact with hand 6c 142 स्पृशँ । स्पृश् । स्पृशति । P । अनिट् । स० । 8.2.36, 8.4.41 स्पृष्टः स्पृष्टा स्पृष्टम् । स्पृष्टवान् स्पृष्टवती स्पृष्टवत् ।

1423 विच्छ गतौ । विछ । go, move 6c 143 विच्छँ । विच्छ् । विच्छायति । P । सेट् । स० । 6.1.73, 3.1.28, 3.1.31 विच्छितः विच्छिता विच्छितम् । विच्छितवान् विच्छितवती विच्छितवत् ।
विच्छायितः विच्छायिता विच्छायितम् । विच्छायितवान् विच्छायितवती विच्छायितवत् ।

1424 विश प्रवेशने । enter, enter into a hole 6c 144 विशँ । विश् । विशति । P । अनिट् । स० । 8.2.36, 8.4.41 विष्टः विष्टा विष्टम् । विष्टवान् विष्टवती विष्टवत् ।

1425 मृश आमर्शने । स्पर्शने । rub, stroke, touch, handle 6c 145 मृशँ । मृश् । मृशति । P । अनिट् । स० । 8.2.36, 8.2.41, 8.4.41, 6.1.59
मृष्टः मृष्टा मृष्टम् । मृष्टवान् मृष्टवती मृष्टवत् ।

1426 णुद प्रेरणे । impel, push, incite 6c 146 णुदँ । नुद् । नुदति । P । अनिट् । स० । See 1282 णुद प्रेरणे । 8.4.55, 8.2.42 नुन्नः नुन्ना नुन्नम् । नुन्नवान् नुन्नवती नुन्नवत् ।
पक्षे 8.2.56 नुत्तः नुत्ता नुत्तम् । नुत्तवान् नुत्तवती नुत्तवत् ।

1427 षद्लृ विशरणगत्यवसादनेषु । sit, sink, be weary, dry up, wither, plunge. 6c

147 षद्लृ । सद् । सीदति , उप+नि+सद । P । अनिट् । स० । See 854 षद्लृ विशरणगत्यवसादनेषु । 7.3.78 8.4.55 8.2.61 नसत्तनिषत्तानुत्तप्रतूर्तसूर्तगूर्तानि छन्दसि । नसत्त निषत्त अनुत्त प्रतूर्त सूर्त गूर्त इत्येतानि छन्दसि विषये निपात्यन्ते। इति नञ् + (षद्) सद् + क्त –> नसत्तः । 8.2.42 सन्नः सन्ना सन्नम् । सन्नवान् सन्नवती सन्नवत् ।
8.2.61 नञ् + सद् = नसत्तः , निर् + सद् = निषत्त ।

1428 शद ॢशातने । शिति आत्मनेपदी । decay, fall, wither 6c 148 श॒द्लृ । शद् । शीयते । P* । अनिट् । अ० । See 855 शद ॢशातने । 1.3.60 7.3.78 8.2.42 8.4.55 शन्नः शन्ना शन्नम् । शन्नवान् शन्नवती शन्नवत् ।

पृच्छत्यादयोऽनुदात्ता उदात्तेतः परस्मैभाषाः । विच्छस्तूदात्तः । अथ षट् स्वरितेतः ।

1429 मिल सङ्गमे । उदात्तः स्वरितेदुभयतोभाषः । meet, unite, join 6c 149 मिलँ । मिल् । मिलति / ते । U । सेट् । अ०* । मिलितः मिलिता मिलितम् । मिलितवान् मिलितवती मिलितवत्

1430 मुचादि अन्तर्गणः ।

7.1.59 शे मुचादीनाम् । इति शिति परे नुँम् आगमः ।

1430 मुच्लृ मोक्षणे । release, free, loosen 6c 150 मुच्लृँ । मुच् । मुञ्चति / ते । U । अनिट् । स० । 7.1.59, 8.3.24, 8.4.58, 8.2.30 मुक्तः मुक्ता मुक्तम् । मुक्तवान् मुक्तवती मुक्तवत् ।

1431 लुप्लृ छेदने । grate, violate, destroy, cut, break 6c 151 लुप्लृँ । लुप् । लुम्पति / ते । U । अनिट् । स० । 7.1.59 8.3.24 8.4.58 लुप्तः लुप्ता लुप्तम् । लुप्तवान् लुप्तवती लुप्तवत् ।

1432 विद्लृ लाभे । find, acquire, get 6c 152 विद्लृँ । विद् । विन्दति / ते । U । अनिट्* । स० । व्याघ्रभूत्यादि मते सेट्कोऽयम् । भाष्यादिमते अनिट्कः) Note – Its accent is mentioned as उदात्तः , yet it is considered अनिट् by Patanjali's MahaBhashyam. 7.1.59 7.2.68 8.3.24 8.4.55 8.2.42 विन्नः विन्ना विन्नम् । विन्नवान् विन्नवती विन्नवत् । पक्षे 8.2.56 वित्तः वित्ता वित्तम् । वित्तवान् वित्तवती वित्तवत् । 8.2.58 वित्तम् ।

1433 लिप उपदेहे । anoint, smear 6c 153 लिपँ । लिप् । लिम्पति / ते । U । अनिट् । स० । 7.1.59 8.3.24 8.4.58 लिप्तः लिप्ता लिप्तम् । लिप्तवान् लिप्तवती लिप्तवत् ।

1434 षिच क्षरणे । sprinkle, water 6c 154 षिँचँ । सिच् । सिञ्चति / ते । U । अनिट् । स० । 7.1.59 8.3.24 8.4.58 8.2.30 सिक्तः सिक्ता सिक्तम् । सिक्तवान् सिक्तवती सिक्तवत् ।

मुचादयोऽनुदात्ताः स्वरितेत उभयतोभाषाः । विन्दतिस्तूदात्तः । Yet it is अनिट् ।

1435 कृती छेदने । उदात्त उदात्तेत् परस्मैपदी । cut, divide 6c 155 कृतीँ । कृत् । कृन्तति । P । सेट् । स० । 7.1.59 8.3.24 8.4.58 7.2.57, 7.2.14
कृत्तः कृत्ता कृत्तम् । कृत्तवान् कृत्तवती कृत्तवत् ।

1436 खिद परिघाते । अनुदात्त उदात्तेत् परस्मैपदी । strike, afflict 7.1.59 8.3.24 8.4.58 8.4.55 8.2.42 6c 156 खिदँ । खिद् । खिन्दति । P । अनिट् । स० ।
खिन्नः खिन्ना खिन्नम् । खिन्नवान् खिन्नवती खिन्नवत् ।

1437 पिश अवयवे । अयं दीपनायामपि । उदात्त उदात्तेत् परस्मैपदी । pound, pulverize 7.1.59 8.3.24 6c 157 पिशँ । पिश् । पिंशति । P । सेट् । अ० ।
पिशितः पिशिता पिशितम् । पिशितवान् पिशितवती पिशितवत् ।

वृत् । मुचादयः गताः । ॥ इति श विकरणास्तुदादयः ॥ Visarga Sandhi विकरणाः तुदादयः, Visarga replaced by सकारः ।

7c – rudhādi – 1438 to 1462 = 25 Roots

1438 रुधिर् आवरणे । obstruct, stop, surround वा० इर इत् संज्ञा वाच्या ।
7c 1 रुधिँर् । रुध् । रुणद्धि / रुन्धे । U । अनिट् । द्वि० । रुद्धः रुद्धा रुद्धम् । रुद्धवान् रुद्धवती रुद्धवत् ।

1439 भिदिर् विदारणे । cleave, split, tear 7c 2 भिदिँर् । भिद् । भिनत्ति / भिन्ते । U । अनिट् । स० । 1.1.47 6.4.111 8.2.59 भित्तम् seen in literature.
8.2.42 भिन्नः भिन्ना भिन्नम् । भिन्नवान् भिन्नवती भिन्नवत् ।

1440 छिदिर् द्वैधीकरणे । cut, lop off, tear, pierce
7c 3 छिदिँर् । छिद् । छिनत्ति / छिन्ते । U । अनिट् । स० । 1.1.47 6.4.111 8.2.42
छिन्नः छिन्ना छिन्नम् । छिन्नवान् छिन्नवती छिन्नवत् ।

1441 रिचिर् विरेचने । empty, evacuate bowels. *Famous word रिक्तः* । 7c 4 रिचिँर् । रिच् । रिणक्ति / रिङ्क्ते । U । अनिट् । स० । 8.2.30
रिक्तः रिक्ता रिक्तम् । रिक्तवान् रिक्तवी रिक्तवत् ।

1442 विचिर् पृथग्भावे । sift, separate, let go. *Famous words विवेकः, विवेकी* । वा० इर इत् संज्ञा वाच्या । 7c 5 विचिँर् । विच् । विनक्ति / विङ्क्ते । U । अनिट् । स० । 8.2.30 विक्तः विक्ता विक्तम् । विक्तवान् विक्तवी विक्तवत् ।

1443 क्षुदिर् सम्पेषणे । सम्प्रेषणे । strike, crush, 7c 6 क्षुदिँर् । क्षुद् । क्षुणत्ति / क्षुन्ते ।U। अनिट्। स०। वा० इर इत् संज्ञा । 8.2.42 क्षुण्णः क्षुण्णा क्षुण्णम् । क्षुण्णवान् क्षुण्णवती क्षुण्णवत् ।

1444 युजिर् योगे । योगः । join, unite, become one, be ready. *Famous words योगः* / वा० इर इत् संज्ञा वाच्या । 7c 7 युजिँर् । युज् । युनक्ति / युङ्क्ते । U । अनिट् । स० । युक्तः युक्ता युक्तम् । युक्तवान् युक्तवी युक्तवत् ।

रुधादयोऽनुदात्ताः स्वरितेत उभयतोभाषाः ।

1445 उछृदिर् दीप्तिदेवनयोः । kindle, shine, play 1.1.47 6.4.111 7.2.56, 7.2.57 8.2.42 वा० इर इत् संज्ञा वाच्या । 7c 8 उँछृदिँर् । छृद् । छृणत्ति / छृन्ते । U । सेट् । स० । छृण्णः छृण्णा छृण्णम् । छृण्णवान् छृण्णवती छृण्णवत् ।

1446 उतृदिर् हिंसाऽनादरयोः । kill, disrespect, give pain 1.1.47 7.2.56, 7.2.57 8.2.42 वा० इर इत् संज्ञा वाच्या । 7c 9 उँतृदिँर् । तृद् । तृणत्ति / तृन्ते । U । सेट् । स० । तृण्णः तृण्णा तृण्णम् । तृण्णवान् तृण्णवती तृण्णवत् ।
उदात्तौ स्वरितेतावुभयतोभाषौ ।

1447 कृती वेष्टने । उदात्त उदात्तेत् परस्मैपदी । surround 7c 10 कृतीँ । कृत् । कृणत्ति । P । सेट् । स० । 1.1.47 मिदचोऽन्यात् परः । 6.4.111 7.2.57 7.2.14
कृत्तः कृत्ता कृत्तम् । कृत्तवान् कृत्तवती कृत्तवत् ।

1448 ञिइन्धी दीप्तौ । उदात्तोऽनुदात्तेदात्मनेपदी । अयम् इजादि गुरुमान् । shine, kindle, set afire 7c 11 ञिइन्धीँ । इन्ध् । इन्धे । A । सेट् । अ० । 1.1.47 6.4.23 6.4.24, 7.2.14 इद्धः इद्धा इद्धम् । इद्धवान् इद्धवती इद्धवत् ।

1449 खिद दैन्ये । be depressed, suffer pain 1.1.47 6.4.111, 1.1.58 8.2.42
7c 12 खिदँ । खिद् । खिन्ते । A । अनिट् । अ० ।
खिन्नः खिन्ना खिन्नम् । खिन्नवान् खिन्नवती खिन्नवत् ।

1450 विद विचारणे । think, reflect, meditate 7c 13 विदँ । विद् । विन्ते । A । अनिट् । स० । 8.2.42 विन्नः विन्ना विन्नम् । विन्नवान् विन्नवती विन्नवत् ।
पक्षे 8.2.56 वित्तः वित्ता वित्तम् । वित्तवान् वित्तवती वित्तवत् ।

अनुदात्तावनुदात्तेतावात्मनेपदिनौ । अथ परस्मैपदिनः ।

1451 शिषॢ विशेषणे । separate, classify 7c 14 शिषॢँ । शिष् । शिनष्टि । P । अनिट् । स० । 8.4.55 8.2.39 8.4.56 8.4.41 शिष्टः शिष्टा शिष्टम् । शिष्टवान् शिष्टवती शिष्टवत् ।

1452 पिषॢ सञ्चूर्णने । grind, make powder 7c 15 पिषॢँ । पिष् । पिनष्टि । P । अनिट् । स० । 8.4.55 8.2.39 8.4.56, 8.4.41 पिष्टः पिष्टा पिष्टम् । पिष्टवान् पिष्टवती पिष्टवत् ।

1453 भञ्जो आमर्दने । break, destroy 7c 16 भ॒ञ्जोँ । भञ्ज् । भनक्ति । P । अनिट् । स० । 6.4.111 6.4.23 6.4.24, 8.2.30, 8.2.45
भग्नः भग्ना भग्नम् । भग्नवान् भग्नवती भग्नवत् ।

1454 भुज पालनाभ्यवहारयोः । अयम् अशने तु आत्मनेपदी । protect, eat, enjoy 1.3.66 1.1.47, 6.4.111 7c 17 भु॒जँ । भुज् । भुनक्ति / भुङ्क्ते । P* । अनिट् । स० । भुनज् । भुञ्ज् । 8.2.30 भुक्तः भुक्ता भुक्तम् । भुक्तवान् भुक्तवती भुक्तवत् ।

शिषादयोऽनुदात्ता उदात्तेतः परस्मैभाषाः ।

1455 तृह हिंसायाम् । kill 7c 18 तृहँ । तृह् । तृणेढि । P । सेट् । स० ।
तृहितः तृहिता तृहितम् । तृहितवान् तृहितवती तृहितवत् ।

1456 हिसि हिंसायाम् । strike, give pain 7c 19 हिसिँ । हिंस् । हिनस्ति । P । सेट् । स० । हिंसितः हिंसिता हिंसितम् । हिंसितवान् हिंसितवती हिंसितवत् ।

1457 उन्दी क्लेदने । अयम् इजादि गुरुमान् । wet, moisten, bathe 8.4.65 8.4.55 8.2.39 8.4.56 8.2.75 7c 20 उन्दीँ । उन्द् । उनत्ति । P । सेट् । स० । 6.4.24, 7.2.14, 8.2.42 उन्नः उन्ना उन्नम् । उन्नवान् उन्नवती उन्नवत् ।
8.2.56 उत्तः उत्ता उत्तम् । उत्तवान् उत्तवती उत्तवत् । समुन्नः / समुत्तः ।
8.2.61 अनुत्तम् , अनुत्तमा ।

1458 अञ्जू व्यक्तिम्रक्षणकान्तिगतिषु । म्रक्षणं=मर्षणं=स्निगधता । make clear, clean, anoint, decorate, go 7c 21 अञ्जूँ । अञ्ज् । अनक्ति । P । वेट् । स० । 6.4.24, 7.2.44, 7.2.15 अक्तः । अक्तवान् । प्रायेण वि+आङ् उपसर्गः । व्यक्तिः । वि (अज् त) = 8.2.30 = अग् त = 8.4.55 = अक् त = अक्त । वि अक्त = 6.1.77 = व्यक्त stem.
व्यक्तः व्यक्ता व्यक्तम् । व्यक्तवान् व्यक्तवती व्यक्तवत् ।

1459 तञ्चू सङ्कोचने । तञ्चु तञ्जू इति क्षीरतरङ्गिणी । contract, doubt, hesitate 7c 22 तञ्चूँ । तञ्च् । तनक्ति । P । वेट् । स० । 6.4.111 6.4.23, 8.2.30 8.2.39 8.4.56 8.4.53 8.4.53 8.3.24 8.4.58 6.4.24, 7.2.44 7.2.15

तक्तः तक्ता तक्तम् । तक्तवान् तक्तवती तक्तवत् ।

1460 ओविजी भयचलनयोः । shake with fear, be in trouble 7c 23 ओँ विजीँ । विज् । विनक्ति । P । सेट् । अ० । विनज् । विञ्ज् । 6.4.111, 8.4.55 8.2.39, 8.4.56, 8.3.24 8.4.58, 8.2.30, 7.2.14, 8.2.45 **विग्नः विग्ना विग्नम् । विग्नवान् विग्नवती विग्नवत् ।**

1461 वृजी वर्जने । let go, avoid, prevent 7c 24 वृजीँ । वृज् । वृणक्ति । P । सेट् । स० । वृणज् । वृञ्ज् । 6.4.111 8.4.55 8.2.39 8.4.56, 8.3.24, 8.4.58, 8.2.30, 7.2.14 वृक्तः वृक्ता वृक्तम् । वृक्तवान् वृक्तवती वृक्तवत् ।

1462 पृची सम्पर्के । touch, unite 7c 25 पृचीँ । पृच् । पृणक्ति । P । सेट् । स० । पृणच् । पृञ्च् । 6.4.111 8.2.39 8.4.56 8.4.53 8.3.24 8.4.58, 8.2.30, 7.2.14 पृक्तः पृक्ता पृक्तम् । पृक्तवान् पृक्तवती पृक्तवत् ।

तृहादय उदात्ता उदात्तेतः परस्मैपदिनः । वृत् । ॥ इति श्नम् विकरणा रुधादयः ॥

8c – tanādi – 1463 to 1472 = 10 Roots

आद्याः सप्त स्वरितेतः ।

1463 तनोत्यादि अन्तर्गणः

6.4.37 अनुदात्तोपदेशवनतितनोत्यादीनामनुनासिक लोपो झलि क्ङिति ।

1463 तनु विस्तारे । spread, make expansive
8c 1 तनुँ । तन् । तनोति / तनुते । U । सेट् । स० । तनो । तनु ।
7.2.56, 7.2.15, 6.4.37 ततः तता ततम् । ततवान् ततवती ततवत् ।
पक्षे 7.2.49 वा० । तनितः तनिता तनितम् । तनितवान् तनितवती तनितवत् ।

1464 षणु दाने । give, donate 7.2.56 7.2.49 6.4.42 6.4.43 6.1.64
8c 2 षणुँ । सन् । सनोति / सनुते । U । सेट् । स० । सनो । सनु ।
सातः साता सातम् । सातवान् सातवती सातवत् ।

1465 क्षणु हिंसायाम् । hit, trouble, tear.
8c 3 क्षणुँ । क्षण् । क्षणोति / क्षणुते । U । सेट् । स० । क्षणो । क्षणु । 7.2.56, 7.2.15, 6.4.37 क्षतः क्षता क्षतम् । क्षतवान् क्षतवती क्षतवत् ।

उ-प्रत्ययनिमित्तो लघूपधगुणः । परिभाषेन्दुशेखर Sutra 93 संज्ञापूर्वको विधिरनित्यः । इति न भवति इति आत्रेयादयः । भवति इति अन्ये । These Roots will have both guna and non-guna forms as per various grammarians for Sarvadhatuka Affixes.

1466 उ-प्रत्ययनिमित्तो लघूपधगुण अन्तर्गणः

1466 क्षिणु च । हिंसायाम् । cause hurt.
8c 4 क्षिणुँ । क्षिण् । क्षेणोति / क्षेणुते , क्षिणोति / क्षिणुते । U । सेट् । स० ।
7.2.56,7.2.15,6.4.37 क्षितः क्षिता क्षितम् । क्षितवान् क्षितवती क्षितवत् ।

1467 ऋणु गतौ । wander . 8c 5 ऋणुँ । ऋण् । अर्णोति / अर्णुते , ऋणोति / ऋणुते । U । सेट् । स० । अर्णो । अर्णु । 7.2.56,7.2.15,6.4.37
ऋतः ऋता ऋतम् । ऋतवान् ऋतवती ऋतवत् ।

1468 तृणु अदने । eat grass, graze.

8c 6 तृणुँ । तृण् । तर्णोति / तर्णुते , तृणोति / तृणुते । U । सेट् । स० । तर्णो । तर्णु । 7.2.56 7.2.15 6.4.37 तृतः तृता तृतम् । तृतवान् तृतवती तृतवत् ।

1469 घृणु दीप्तौ । shine, burn.

8c 7 घृणुँ । घृण् । घर्णोति / घर्णुते , घृणोति / घृणुते । U । सेट् । अ० । घर्णो । घर्णु । 7.2.56,7.2.15,6.4.37 घृतः घृता घृतम् । घृतवान् घृतवती घृतवत् ।

तनादय उदात्ताः स्वरितेत उभयतोभाषाः । वृत् । उ-प्रत्ययनिमित्तो लघूपधगुणः गताः ।

1470 वनु याचने । अयं चन्द्रमते परस्मैपदी । beg, ask

8c 8 वनुँ । वन् । वनुते / (वनोति) । A* । सेट् । स० । 7.2.56,7.2.15,6.4.37 वतः वता वतम् । वतवान् वतवती वतवत् ।

1471 मनु अवबोधने । उदात्तावनुदात्तेतावात्मनेभाषौ । know, understand

8c 9 मनुँ । मन् । मनुते । A । सेट् । स० । 7.2.56 । 7.2.15 । तस्य अनित्यत्वे च, धातुः 1635 कृती छेदने इति ईदित् करणं लिङ्गम् । तथा हि — बुद्धं बुधितं मनितम् — इति अमरः Amarakosha. 7.2.56,7.2.15,6.4.37 मतः मता मतम् । मतवान् मतवती मतवत् । पक्षे अमरकोषः । मनितः मनिता मनितम् । मनितवान् मनितवती मनितवत् ।

1472 डुकृञ् करणे । अनुदात्त उभयतोभाषः । do, make, perform.

8c 10 डुकृञ् । कृ । करोति, कुरुते । U । अनिट् । स० । words कुरु, कार्यम्, संस्कृतम् । 7.2.56 7.2.15, 7.4.28 रिङ् शयग्लिङ्क्षु । कृतः कृता कृतम् । कृतवान् कृतवती कृतवत् ।

वृत् ॥ इति उ विकरणास्तनादयः ॥

9c – kryādi – 1473 to 1533 = 61 Roots

1473 डुक्रीञ् द्रव्यविनिमये । buy, sell, barter 9c 1 डुक्रीञ् । क्री । क्रीणाति / क्रीणीते । U । अनिट् । स० । क्रीतः क्रीता क्रीतम् । क्रीतवान् क्रीतवती क्रीतवत् ।

1474 प्रीञ् तर्पणे कान्तौ च । love, satisfy 9c 2 प्रीञ् । प्री । प्रीणाति / प्रीणीते । U । अनिट् । स० । प्रीतः प्रीता प्रीतम् । प्रीतवान् प्रीतवती प्रीतवत् ।

1475 श्रीञ् पाके । cook, apply spices 9c 3 श्रीञ् । श्री । श्रीणाति / श्रीणीते । U । अनिट् । स० । श्रीतः श्रीता श्रीतम् । श्रीतवान् श्रीतवती श्रीतवत् ।

1476 मीञ् हिंसायाम् । injure, catch in net 9c 4 मीञ् । मी । मीनाति / मीनीते । U । अनिट् । स० । मीतः मीता मीतम् । मीतवान् मीतवती मीतवत् ।

1477 षिञ् बन्धने । tie, bind, catch in net 9c 5 षिञ् । सि । सिनाति / सिनीते । U । अनिट् । स० । 6.1.64, 7.4.25 सितः सिता सितम् । सितवान् सितवती सितवत् ।

1478 स्कुञ् आप्रवणे । hop, leap, pick 9c 6 स्कुञ् । स्कु । स्कुनाति / स्कुनीते , स्कुनोति / स्कुनुते । U । अनिट् । स० । 7.4.25 स्कुतः स्कुता स्कुतम् । स्कुतवान् स्कुतवती स्कुतवत् ।

1479 युञ् बन्धने । bind, tie, fasten 9c 7 युञ् । यु । युनाति / युनीते । U । अनिट् । स० । 7.4.25 युतः युता युतम् । युतवान् युतवती युतवत् ।

क्र्यादयोऽनुदात्ता उभयतोभाषाः ।

1480 क्नूञ् शब्दे । sound, utter 9c 8 क्नूञ् । क्नू । क्नूनाति / क्नूनीते । U । सेट् । अ० । 7.4.25 7.2.11 क्नूतः क्नूता क्नूतम् । क्नूतवान् क्नूतवती क्नूतवत् ।

1481 द्रूञ् हिंसायाम् । create violence 9c 9 द्रूञ् । द्रू । द्रूणाति / द्रूणीते । U । सेट् । स० । 8.4.2 , 7.2.11 द्रूतः द्रूता द्रूतम् । द्रूतवान् द्रूतवती द्रूतवत् ।

1482 प्वादि अन्तर्गणः ।

7.3.80 प्वादीनां ह्रस्वः ।

1482 पूञ् पवने । begin, purify 9c 10 पूञ् । पू । पुनाति / पुनीते । U । सेट् । स० । 8.2.44 ल्वादिभ्यः । वा० पूञो विनाश इति वक्तव्यम् । 7.2.11 पूतः पूता पूतम् । पूतवान् पूतवती पूतवत् । पक्षे 8.2.44 वा०, पूनः पूना पूनम् । पूनवान् पूनवती पूनवत् ।

1483 ल्वादि अन्तर्गणः ।

8.2.44 ल्वादिभ्यः । इति निष्ठा तकारस्य नकारः ।

1483 लूञ् छेदने । cut, reap, begin 9c 11 लूञ् । लू । लुनाति / लुनीते । U । सेट् । स० । 7.2.11 , 7.3.80 , 8.2.44 लूनः लूना लूनम् । लूनवान् लूनवती लूनवत् ।

1484 स्तृञ् आच्छादने । cover with shawl, wrap a cloth 9c 12 स्तृञ् । स्तृ । स्तृणाति / स्तृणीते । U । सेट् । स० । 8.4.1 , 7.3.80 , 7.2.11, 7.2.15, 7.1.100 , 1.1.51 , 8.2.77 , 8.2.44

Q) Why 8.2.42 when 8.2.44 is a sub-group for निष्ठा तकारस्य नकारः ?
A) Both Sutra 8.2.42 and 8.2.44 change निष्ठा तकारः to नकारः । Since 8.2.44 is specifically for internal group ल्वादिभ्यः , we can say that here 8.2.44 overrides 8.2.42 (though both will have same effect).
स्तीर्णः स्तीर्णा स्तीर्णम् । स्तीर्णवान् स्तीर्णवती स्तीर्णवत् ।

1485 कृञ् हिंसायाम् । injure, kill 9c 13 कृञ् । कृ । कृणाति / कृणीते । U । सेट् । स० । 8.4.1 7.3.80 8.2.44 7.2.11, 7.1.100 1.1.51 8.2.77
कीर्णः कीर्णा कीर्णम् । कीर्णवान् कीर्णवती कीर्णवत् ।

1486 वृञ् वरणे । like, choose, give shelter 9c 14 वृञ् । वृ । वृणाति / वृणीते । U । सेट् । स० । 7.3.80, 8.2.44, 7.2.11, 7.1.102, 1.1.51, 8.2.77
वूर्णः वूर्णा वूर्णम् । वूर्णवान् वूर्णवती वूर्णवत् ।

1487 धूञ् कम्पने । tremble, be shaken 9c 15 धूञ् । धू । धुनाति / धुनीते । U । वेट् । स० । 7.2.11 7.3.80 8.2.44 7.2.44 धूनः धूना धूनम् । धूनवान् धूनवती धूनवत् ।

क्नूप्रभृतय उदात्ता उभयतोभाषाः । अथ बध्नात्यन्ताः परस्मैपदिनः ।

1488 शॄ हिंसायाम् । tear, hurt 9c 16 शॄ । शॄ । शृणाति । P । सेट् । स० । 7.2.11,7.3.80 7.1.100,1.1.51,8.2.77,8.2.44 **शीर्णः शीर्णा शीर्णम् । शीर्णवान् शीर्णवती शीर्णवत् ।**

1489 पॄ पालनपूरणयोः । nurture, fill 9c 17 पॄ । पॄ । पृणाति । P । सेट् । स० ।
7.3.80 7.2.11 8.2.57 7.1.102 1.1.51 8.2.77 8.2.44 8.4.46
पूर्त्तः पूर्त्ता पूर्त्तम् । पूर्त्तवान् पूर्त्तवती पूर्त्तवत् ।

1490 वॄ वरणे । भरण इत्येके । distribute, grant 9c 18 वॄ । वॄ । वृणाति । P । सेट् । स० । See 1486 वॄञ् वरणे । 7.2.11 7.3.80 7.1.102 1.1.51 8.2.77 8.2.44
वूर्णः वूर्णा वूर्णम् । वूर्णवान् वूर्णवती वूर्णवत् ।

1491 भॄ भर्त्सने । भरणेऽप्येके । blame, 9c 19 भॄ । भॄ । भृणाति । P । सेट् । स । 7.2.11, 7.3.80,7.1.102,1.1.51,8.2.77, 8.2.44 **भूर्णः भूर्णा भूर्णम् । भूर्णवान् भूर्णवती भूर्णवत् ।**

1492 मॄ हिंसायाम् । kill, give pain 9c 20 मॄ । मॄ । मृणाति । P । सेट् । स० । 7.2.11, 7.3.80,7.1.102,1.1.51,8.2.77,8.2.44 **मूर्णः मूर्णा मूर्णम् । मूर्णवान् मूर्णवती मूर्णवत् ।**

1493 दॄ विदारणे । break into pieces, tear apart 9c 21 दॄ । दॄ । दृणाति । P । सेट् । स० 7.2.11, 7.1.100, 8.2.77, 8.2.44 दीर्णः दीर्णा दीर्णम् । दीर्णवान् दीर्णवती दीर्णवत् ।

1494 जॄ वयोहानौ । झॄ इत्येके । धॄ इत्यन्ये । grow old, wear out
9c 22 जॄ । जॄ । जृणाति । P । सेट् । अ० । 7.2.11, 7.1.100, 8.2.77, 8.2.44
जीर्णः जीर्णा जीर्णम् । जीर्णवान् जीर्णवती जीर्णवत् ।

1495 नॄ नये । take away, carry 9c 23 नॄ । नॄ । नृणाति । P । सेट् । स० ।
7.2.11, 7.1.100, 8.2.77, 8.2.44 नीर्णः नीर्णा नीर्णम् । नीर्णवान् नीर्णवती नीर्णवत् ।

1496 कॄ हिंसायाम् । injure, kill 9c 24 कॄ । कॄ । कृणाति । P । सेट् । स० । See 1485 कॄञ् हिंसायाम् । 7.2.11, 7.1.100, 8.2.77, 8.2.44
कीर्णः कीर्णा कीर्णम् । कीर्णवान् कीर्णवती कीर्णवत् ।

1497 ॠ गतौ । go, move 9c 25 ॠ । ॠ । ऋणाति । P । सेट् । स० । अयम् इजादि गुरुमान् । 7.2.11, 7.1.100, 8.2.77, 8.2.44 ईर्णः ईर्णा ईर्णम् । ईर्णवान् ईर्णवती ईर्णवत् ।

1498 गॄ शब्दे । call out, praise, invoke 9c 26 गॄ । गॄ । गृणाति । P । सेट् । अ० । 7.2.11, 7.1.100, 8.2.77, 8.2.44 गीर्णः गीर्णा गीर्णम् । गीर्णवान् गीर्णवती गीर्णवत् ।

शॄणातिप्रभृतय उदात्ता उदात्तेतः परस्मैपदिनः ।

1499 ज्या वयोहानौ । become old, decay 9c 27 ज्या । ज्या । जिनाति । P । अनिट् । अ० । 6.1.16 ग्रहि० इति सम्प्रसारणम् । 7.3.80 प्वादीनां ह्रस्वः । Notes – 6.1.16 and 6.4.2 apply to all ङित् (शित्) and कित् affixes to make the Anga as जी । However 7.3.80 further applies to शित् affixes to make the Anga जि ।
6.4.2 हलः । 8.2.44 ल्वादिभ्यः । जीनः जीना जीनम् । जीनवान् जीनवती जीनवत् ।

1500 री गतिरेषणयोः । go, cry like a wolf 9c 28 री । री । रिणाति । P । अनिट् । स०* । 7.2.11,7.3.80,8.2.44 रीणः रीणा रीणम् । रीणवान् रीणवती रीणवत् ।

1501 ली श्लेषणे । obtain, be joined, be apt 9c 29 ली । ली । लिनाति । P । अनिट् । अ० । 7.3.80 8.2.44 6.1.51 लीनः लीना लीनम् । लीनवान् लीनवती लीनवत् ।

1502 व्ली वरणे । find out, choose, go, slip 9c 30 व्ली । व्ली । व्लिनाति । P । अनिट् । स० । 7.3.80 8.2.44 व्लीनः व्लीना व्लीनम् । व्लीनवान् व्लीनवती व्लीनवत् ।

1503 प्ली गतौ । go, move 9c 31 प्ली । प्ली । प्लिनाति । P । अनिट् । स० । 7.3.80 8.2.44 प्लीनः प्लीना प्लीनम् । प्लीनवान् प्लीनवती प्लीनवत् ।

वृत् । ल्वादयो गताः । प्वादयः अपि इत्येके ।

1504 व्री वरणे । choose, make hole 9c 32 व्री । व्री । व्रीणाति / (व्रिणाति) । P । अनिट् । स० । व्रीतः व्रीता व्रीतम् । व्रीतवान् व्रीतवती व्रीतवत् । According to Siddhanta Kaumudi this Root is under प्वादिगणः । 7.3.80

1505 भ्री भये । भरणे इत्येके । be afraid 9c 33 भ्री । भ्री । भ्रीणाति / (भ्रिणाति) । P । अनिट् । अ० * । भ्रीतः भ्रीता भ्रीतम् । भ्रीतवान् भ्रीतवती भ्रीतवत् । According to Siddhanta Kaumudi this Root is under प्वादिगणः । 7.3.80

1506 क्षीष् हिंसायाम् । kill, trouble 9c 34 क्षीष् । क्षी । क्षीणाति / (क्षिणाति) । P । अनिट् । स० । अयं षित् । क्षीतः क्षीता क्षीतम् । क्षीतवान् क्षीतवती क्षीतवत् । According to Siddhanta Kaumudi this Root is under प्वादिगणः । 7.3.80

1507 ज्ञा अवबोधने । understand, be acquainted, deny 9c 35 ज्ञा । ज्ञा । जानाति / (जानीते) । P* । अनिट् । स० । 7.3.79 ज्ञाजनोर्जा । इति शिति परतः जा आदेशः । 1.3.44 अपह्नवे ज्ञः । ज्ञातः ज्ञाता ज्ञातम् । ज्ञातवान् ज्ञातवती ज्ञातवत् ।

1508 बन्ध बन्धने । bind, tie, fasten 9c 36 बन्धँ । बन्ध् । बध्नाति । P । अनिट् । स० । 6.4.24,8.2.37,8.4.55,8.2.40, 8.4.53 बद्धः बद्धा बद्धम् । बद्धवान् बद्धवती बद्धवत् ।

ज्यादयोऽनुदात्ता उदात्तेतः परस्मैभाषाः ।

1509 वृङ् सम्भक्तौ । उदात्त आत्मनेपदी । serve, nurse 9c 37 वृङ् । वृ । वृणीते । A । सेट् । स० । 7.2.15 7.4.28 वृतः वृता वृतम् । वृतवान् वृतवती वृतवत् । (7.2.38 cannot apply due to 7.2.15)

1510 श्रन्थ विमोचनप्रतिहर्षयोः । release new product, delight 9c 38 श्रन्थँ । श्रन्थ् । श्रथ्नाति । P। सेट् । स० ।6.4.24 श्रथितः श्रथिता श्रथितम् । श्रथितवान् श्रथितवती श्रथितवत् ।

1511 मन्थ विलोडने । stir, churn, hurt 9c 39 मन्थँ । मन्थ् । मथ्नाति । P । सेट् । द्वि० । 6.4.24 मथितः मथिता मथितम् । मथितवान् मथितवती मथितवत् ।

1512 श्रन्थ सन्दर्भे । compose, set in order 9c 40 श्रन्थँ । श्रन्थ् । श्रथ्नाति । P । सेट् । स० See 1510 श्रन्थ विमोचनप्रतिहर्षयोः। 6.4.24
श्रथितः श्रथिता श्रथितम्। श्रथितवान् श्रथितवती श्रथितवत् ।

1513 ग्रन्थ सन्दर्भे । put together, compose 9c 41 ग्रन्थँ । ग्रन्थ् । ग्रथ्नाति । P । सेट् । स०। 6.4.24 ग्रथितः ग्रथिता ग्रथितम् । ग्रथितवान् ग्रथितवती ग्रथितवत् ।

1514 कुन्थ संश्लेषणे । संक्लेशे इत्येके । कुथ इति दुर्गः । embrace, stick together, 9c 42 कुन्थँ । कुन्थ् । कुथ्नाति । P । सेट् । स० । 6.4.24 कुथितः कुथिता कुथितम् । कुथितवान् कुथितवती कुथितवत् ।

1515 मृद क्षोदे । grind, pulverise, pound, squeeze 9c 43 मृदँ । मृद् । मृद्नाति । P । सेट् । स० । मृदितः मृदिता मृदितम् । मृदितवान् मृदितवती मृदितवत् ।

1516 मृड च । क्षोदे । अयं सुखे अपि । grind, pound, gladden 9c 44 मृडँ । मृड् । मृड्णाति । P । सेट् । स० । मृडितः मृडिता मृडितम् । मृडितवान् मृडितवती मृडितवत् ।

1517 गुध रोषे । be angry 9c 45 गुधँ । गुध् । गुध्नाति । P । सेट् । अ० । गुधितः गुधिता गुधितम् । गुधितवान् गुधितवती गुधितवत् ।

1518 कुष निष्कर्षे । extract, treat, examine, make shiny
9c 46 कुषँ । कुष् । कुष्णाति । P । सेट् । स० । कुषितः कुषिता कुषितम् । कुषितवान् कुषितवती कुषितवत् । 7.2.46,7.2.47 निष्कुषितः निष्कुषिता निष्कुषितम् । निष्कुषितवान् निष्कुषितवती निष्कुषितवत् ।

1519 क्षुभ सञ्चलने । tremble, be agitated 9c 47 क्षुभँ । क्षुभ् । क्षुभ्नाति । P । सेट् । अ० । 8.4.39 क्षुभितः क्षुभिता क्षुभितम् । क्षुभितवान् क्षुभितवती क्षुभितवत् । 7.2.18, 8.2.40, 8.4.53 क्षुब्धः क्षुब्धा क्षुब्धम् । क्षुब्धवान् क्षुब्धवती क्षुब्धवत् ।

1520 णभ हिंसायाम् । destroy, give pain 9c 48 णभँ । नभ् । नभ्नाति । P । सेट् । स० । नभितः नभिता नभितम् । नभितवान् नभितवती नभितवत् ।

1521 तुभ हिंसायाम् । kill, give pain 9c 49 तुभँ । तुभ् । तुभ्नाति । P । सेट् । स० । 1.2.26 7.2.15 8.2.40 8.4.53 तुब्धः तुब्धा तुब्धम् । तुब्धवान् तुब्धवती तुब्धवत् ।

1522 क्लिशू विबाधने । torment, molest 9c 50 क्लिशूँ । क्लिश् । क्लिश्नाति । P । वेट् । स०* । 8.4.44 शात् । इति 8.4.40 स्तोः श्चुना श्चुः, श्चुत्वम् न । 7.2.50 क्लिशितः क्लिशिता क्लिशितम् । क्लिशितवान् क्लिशितवती क्लिशितवत् । पक्षे 7.2.44 8.2.36 8.2.41 8.4.41 क्लिष्टः क्लिष्टा क्लिष्टम् । क्लिष्टवान् क्लिष्टवती क्लिष्टवत् ।

1523 अश भोजने । eat, enjoy 9c 51 अशँ । अश् । अश्नाति । P । सेट् । स० । 8.2.36 8.2.41 8.4.41 8.4.44 शात् । इति 8.4.40 स्तोः श्चुना श्चुः, श्चुत्वम् न । अशितः अशिता अशितम् । अशितवान् अशितवती अशितवत् ।

1524 उध्रस उञ्छे । क्षीरस्वामी उकारः धातु-अवयव इत्येके । न इति अन्ये । glean, separate one by one 9c 52 उँध्रसँ । ध्रस् । ध्रस्नाति, उध्रस्नाति । P । सेट् । स० । **अयम् इजादि गुरुमान् । 7.2.56 7.2.15 ध्रस्तः ध्रस्ता ध्रस्तम् । ध्रस्तवान् ध्रस्तवती ध्रस्तवत् । क्षीरस्वामी उकारः धातु-अवयव इत्येके । इति उध्रस्नाति । उध्रसितः उध्रसिता उध्रसितम् । उध्रसितवान् उध्रसितवती उध्रसितवत् ।**

1525 इष आभीक्ष्ण्ये । repeat 9c 53 इषँ । इष् । इष्णाति । P । सेट् । स० । 7.2.48 7.2.15 8.4.41 इष्टः इष्टा इष्टम् । इष्टवान् इष्टवती इष्टवत् ।

1526 विष विप्रयोगे । separate, take out 9c 54 विषँ । विष् । विष्णाति । P । अनिट् । अ० । 8.2.41 8.4.41 विष्टः विष्टा विष्टम् । विष्टवान् विष्टवती विष्टवत् ।

1527 प्रुष स्नेहनसेवनपूरणेषु । प्रूष इति बालमनोरमा । be dignified, be gentle, love, fulfill 9c 55 प्रुषँ । प्रुष् । प्रुष्णाति । P । सेट् । स०* ।
प्रुषितः प्रुषिता प्रुषितम् । प्रुषितवान् प्रुषितवती प्रुषितवत् ।

1528 प्लुष स्नेहनसेवनपूरणेषु । be calm, dignified, gentle, love, fulfill
9c 56 प्लुषँ । प्लुष् । प्लुष्णाति । P । सेट् । स०* ।
प्लुषितः प्लुषिता प्लुषितम् । प्लुषितवान् प्लुषितवती प्लुषितवत् ।

1529 पुष पुष्टौ । nurture, upbring, support 9c 57 पुषँ । पुष् । पुष्णाति । P । सेट् । स० । पुषितः पुषिता पुषितम् । पुषितवान् पुषितवती पुषितवत् ।

1530 मुष स्तेये । steal, strangle 9c 58 मुषँ । मुष् । मुष्णाति । P । सेट् । द्वि० । मुषितः मुषिता मुषितम् । मुषितवान् मुषितवती मुषितवत् ।

1531 खच भूतप्रादुर्भावे । वान्तोऽयमित्येके खव । be born again, delayed pregnancy, appearance of what is past, occurrence after the appointed hour.
9c 59 खचँ । खच् । खच्ञाति, खौनाति । P । सेट् । अ० । 8.4.40 ।
खचितः खचिता खचितम् । खचितवान् खचितवती खचितवत् ।
9c 59 **खवँ । खव् । वान्तोऽयमित्येके । क्षिरस्वामी अपि खञ्ञाति इत्युक्त्वा खौनातिः इति सभ्याः ।**
6.4.19 6.1.89 खवितः खविता खवितम् । खवितवान् खवितवती खवितवत् ।

1532 हेठ च । भूतप्रादुर्भावे । हिठ इत्येके । take rebirth, clasp tightly 9c 60 हेठँ । हेठ् ।
हेठ्णाति । P । सेट् । अ० । 8.4.41 **हेठितः हेठिता हेठितम् । हेठितवान् हेठितवती हेठितवत् ।**
9c 60 हिठ इत्येके । हिठँ । हिठ् । हिठ्णाति । P । सेट् । अ० ।
हिठितः हिठिता हिठितम् । हिठितवान् हिठितवती हिठितवत् ।

श्रन्थादय उदात्ता उदात्तेतः परस्मैभाषाः । क्लिशिस्तु वेट् । विषस्तु अनुदात्तः ।

1533 ग्रह उपादाने । उदात्तः स्वरितेदुभयतोभाषः । take, catch, accept
9c 61 ग्रहँ । ग्रह् । गृह्णाति / गृह्णीते । U । सेट् । स० । 8.4.2, 6.1.16, 7.2.37
गृहीतः गृहीता गृहीतम् । गृहीतवान् गृहीतवती गृहीतवत् ।

॥ इति श्ना विकरणाः क्र्यादयः ॥

10c – curādi – 1534 to 1943 = 410 Roots

1534 चुर स्तेये । steal. *Famous word चोरः ।*
10c 1 चुरँ । चुर् । चोरयति/ते । U । सेट् । स० । New Root चोरि । 6.4.52
चोरितः चोरिता चोरितम् । चोरितवान् चोरितवती चोरितवत् ।

1535 चिति स्मृत्याम् । इदित् वैकल्पिकः णिच् । think, consider, *Famous word चिन्ता ।*
10c 2 चितिँ । चिन्त् । चिन्तयति/ते, चिन्तति । U । सेट् । स० । चिन्ति । 6.4.52
चिन्तितः चिन्तिता चिन्तितम् । चिन्तितवान् चिन्तितवती चिन्तितवत् ।

1536 यत्रि सङ्कोचने । सङ्कोचे । अयं नित्यं णिच् । restrain, bind
10c 3 यत्रिँ । यन्त्र् । यन्त्रयति/ते । U । सेट् । स० । यन्त्रि ।
7.1.58 इदितो नुम् धातोः । इदित्करणं णिचः पाक्षिकत्वे लिङ्गम् । However in this Dhatu there is a Conjunct त्र , so वैकल्पिकत्वम् does not apply. 6.4.52 निष्ठायां सेटि ।
यन्त्रितः यन्त्रिता यन्त्रितम् । यन्त्रितवान् यन्त्रितवती यन्त्रितवत् ।

1537 स्फुडि परिहासे । स्फुटि इत्यपि । इदित् वैकल्पिकः णिच् । jest, joke, sneer
10c 4 स्फुडिँ । स्फुण्ड् । स्फुण्डयति/ते, स्फुण्डति । U । सेट् । स० । स्फुण्डि ।
6.4.52 स्फुण्डितः स्फुण्डिता स्फुण्डितम् । स्फुण्डितवान् स्फुण्डितवती स्फुण्डितवत्

1538 लक्ष दर्शनाङ्कनयोः । notice, observe, perceive, find. *Famous words लक्ष्मीः , लक्षणम् ।* 10c 5 लक्षँ । लक्ष् । लक्षयति/ते । U । सेट् । स० । लक्षि । 6.4.52
लक्षितः लक्षिता लक्षितम् । लक्षितवान् लक्षितवती लक्षितवत् ।

1539 कुद्रि अनृतभाषणे । कुदृ इत्येके । कुडि इत्यपरे । अयं नित्यं णिच् । tell a lie
10c 6 कुद्रिँ । कुन्द्र् । कुन्द्रयति/ते । U । सेट् । स० । कुन्द्रि । 7.1.58 However in this Dhatu there is a Conjunct द्र , so वैकल्पिकत्वम् does not apply. 6.4.52
कुन्द्रितः कुन्द्रिता कुन्द्रितम् । कुन्द्रितवान् कुन्द्रितवती कुन्द्रितवत् ।

1540 लड उपसेवायाम् । fondle, caress, desire. *Famous word लाडः ।* 10c 7 लडँ ।
लड् । लाडयति/ते । U । सेट् । स० । लाडि । 7.2.116 6.4.52
लाडितः लाडिता लाडितम् । लाडितवान् लाडितवती लाडितवत् ।

1541 मिदि स्नेहने ।इदित् वैकल्पिकः णिच् । मिद् इति क्षीरस्वामिकौशिकौ । melt, love, be affectionate, apply oil 10c 8 मिदिँ । मिन्द् । मिन्दयति / ते, मिन्दति । U ।सेट्।स० । मिन्दि । 6.4.52 मिन्दितः मिन्दिता मिन्दितम् । मिन्दितवान् मिन्दितवती मिन्दितवत् ।

1542 ओलडि उत्क्षेपणे । इदित् वैकल्पिकः णिच् । ओकारः धातु अवयव इत्येके । न इति अपरे । उलडि इत्यन्ये । throw up, be happy, count, play 10c 9 ओलडिँ । ओलण्ड् । ओलण्डयति/ते, ओलण्डति, (लण्डयति/ते, लण्डति) । U । सेट् ।स० । 6.4.52 ओलण्डितः ओलण्डिता ओलण्डितम् । ओलण्डितवान् ओलण्डितवती ओलण्डितवत् ।

1543 जल अपवारणे ।लज इत्येके । cover, stop, put a net. *Famous word जालः ।* 10c 10 जलँ । जल् । जालयति / ते । U । सेट् । स० ।जालि । 7.2.116 6.4.52 जालितः जालिता जालितम् । जालितवान् जालितवती जालितवत् ।

1544 पीड अवगाहने । oppress, harm, afflict. *Famous words पीडितः , पीडा ।* 10c 11 पीडँ । पीड् । पीडयति / ते । U । सेट् । स० ।पीडि । 6.4.52 पीडितः पीडिता पीडितम् निष्ठा क्तवत् पीडितवान् पीडितवती पीडितवत् ।

1545 नट अवस्यन्दने ।अवस्कन्दने । अवस्पन्दने । अवस्पन्दनं नाट्यम् । dance, act, fall, tremble, slide 10c 12 नटँ । नट् । नाटयति / ते । U । सेट् । स० ।नाटि । *Famous word नाटकः ।* अयं णोपदेशः न । सिद्धान्तकौमुदी 2286 णो नः 6.1.65 – णोपदेशाः तु अ–नर्द–नाटि–नाथ्–नाध्–नन्द्–नक्क–नृ–नृतः । 7.2.116 6.4.52 नाटितः नाटिता नाटितम् । नाटितवान् नाटितवती नाटितवत् ।

1546 श्रथ प्रयत्ने ।प्रस्थाने इत्येके । strive, be occupied, be busy, be infirm, glad 10c 13 श्रथँ । श्रथ् । श्राथयति / ते । U । सेट् । अ० ।श्राथि । 7.2.116 6.4.52 श्राथितः श्राथिता श्राथितम् । श्राथितवान् श्राथितवती श्राथितवत् ।

1547 बध संयमने ।बन्ध इति चान्द्राः । discipline, restrain, bind 10c 14 बधँ । बध् । बाधयति / ते । U । सेट् । स० ।बाधि । 7.2.116 6.4.52 बाधितः बाधिता बाधितम् । बाधितवान् बाधितवती बाधितवत् ।

1548 पॄ पूरणे । दीर्घोच्चारणं णिचः पाक्षिकत्वे लिङ्गम् , इति सिद्धान्तकौमुदी । fill

10c 15 पॄ । पॄ । पारयति/ते, परति । U । सेट् । स० । पारि । 7.2.115 6.4.52
पारितः पारिता पारितम् । पारितवान् पारितवती पारितवत् ।

1549 ऊर्ज बलप्राणनयोः । strengthen, live, be powerful
10c 16 ऊर्जँ । ऊर्ज् । ऊर्जयति/ते । U । सेट् । अ० । ऊर्जि । 6.4.52
ऊर्जितः ऊर्जिता ऊर्जितम् । ऊर्जितवान् ऊर्जितवती ऊर्जितवत् ।

1550 पक्ष परिग्रहे । take, seize, accept, side with 10c 17 पक्षँ । पक्ष् । पक्षयति/ते । U । सेट् । स० । पक्षि । 6.4.52 **पक्षितः पक्षिता पक्षितम् । पक्षितवान् पक्षितवती पक्षितवत् ।**

1551 वर्ण प्रेरणे । order, prompt, send 10c 18 वर्णँ । वर्ण् । वर्णयति / ते । U । सेट् । स० । वर्णि । 6.4.52 **वर्णितः वर्णिता वर्णितम् । वर्णितवान् वर्णितवती वर्णितवत् ।**

1552 चूर्ण प्रेरणे । वर्ण वर्णने इत्येके । order, prompt, send
10c 19 चूर्णँ । चूर्ण् । चूर्णयति/ते । U । सेट् । स० । चूर्णि । 6.4.52
चूर्णितः चूर्णिता चूर्णितम् । चूर्णितवान् चूर्णितवती चूर्णितवत् ।

1553 प्रथ प्रख्याने । be famous, extend, spread 10c 20 प्रथँ । प्रथ् । प्राथयति/ते । U । सेट् । स० । प्राथि । 6.4.52 **प्राथितः प्राथिता प्राथितम् । प्राथितवान् प्राथितवती प्राथितवत् ।**

1554 पृथ प्रक्षेपे । पथ इत्येके । extend, throw, send, cast 10c 21 पृथँ । पृथ् । पर्थयति /ते । U । सेट् । स० । पर्थि । 6.4.52 **पर्थितः पर्थिता पर्थितम् । पर्थितवान् पर्थितवती पर्थितवत् ।**

1555 षम्ब सम्बन्धने । collect, meet, unite
10c 22 षम्बँ । सम्ब् । सम्बयति/ते । U । सेट् । स० । सम्बि । 6.4.52 6.1.64
सम्बितः सम्बिता सम्बितम् । सम्बितवान् सम्बितवती सम्बितवत् ।

1556 शम्ब च । सम्बन्धने । साम्ब इत्येके । collect, gather
10c 23 शम्बँ । शम्ब् । शम्बयति/ते । U । सेट् । स० । शम्बि । 6.4.52
शम्बितः शम्बिता शम्बितम् । शम्बितवान् शम्बितवती शम्बितवत् ।

1557 भक्ष अदने । eat, partake of, consume 10c 24 भक्षँ । भक्ष् । भक्षयति/ते । U ।

सेट् । स० ।भक्षि । 6.4.52 भक्षितः भक्षिता भक्षितम् । भक्षितवान् भक्षितवती भक्षितवत् ।

1558 कुट्ट छेदनभर्त्सनयोः ।पूरण इत्येके । crush, abuse, divide, censure, multiply
10c 25 कुट्टँ । कुट्ट् । कुट्टयति / ते । U । सेट् । स० ।कुट्टि । कुट्टितः कुट्टिता कुट्टितम् ।
कुट्टितवान् कुट्टितवती कुट्टितवत् ।

1560 चुट्ट अल्पीभावे । be less, become less in number
10c 27 चुट्टँ । चुट्ट् । चुट्टयति / ते । U । सेट् । अ० ।चुट्टि । 6.4.52
चुट्टितः चुट्टिता चुट्टितम् । चुट्टितवान् चुट्टितवती चुट्टितवत् ।

1561 अट्ट अनादरे । despise, insult, condemn 10c 28 अट्टँ । अट्ट् । अट्टयति / ते । U
। सेट् । स० ।अट्टि ।Siddhanta Kaumudi says it is originally अड्ड् । By ष्टुत्व द् ड्
and चर्त्व ड् ट् । 6.4.52 अट्टितः अट्टिता अट्टितम् । अट्टितवान् अट्टितवती अट्टितवत् ।

1562 षुट्ट अनादरे । disregard, neglect 10c 29 षुट्टँ । सुट्ट् । सुट्टयति / ते । U। सेट्। स०।
सुट्टि । 6.1.64, 6.4.52 सुट्टितः सुट्टिता सुट्टितम् । सुट्टितवान् सुट्टितवती सुट्टितवत् ।

1563 लुण्ठ स्तेये । लुण्ट इति केचित् ।rob, plunder
10c 30 लुण्ठँ । लुण्ठ् । लुण्ठयति / ते । U । सेट् । स० ।लुण्ठि । 6.4.52
लुण्ठितः लुण्ठिता लुण्ठितम् । लुण्ठितवान् लुण्ठितवती लुण्ठितवत् ।

1564 शठ असंस्कारगत्योः । leave incomplete, be crude, go, move
10c 31 शठँ । शठ् । शाठयति / ते । U । सेट् । स० ।शाठि । 7.2.116 6.4.52
शाठितः शाठिता शाठितम् । शाठितवान् शाठितवती शाठितवत् ।

1565 श्वठ असंस्कारगत्योः ।श्वठि इत्येके । be incomplete, be incorrect, go , move
10c 32 श्वठँ । श्वठ् । श्वाठयति / ते । U । सेट् । स० ।श्वाठि ।7.2.116, 6.4.52
श्वाठितः श्वाठिता श्वाठितम् । श्वाठितवान् श्वाठितवती श्वाठितवत् ।

1566 तुजि ।हिंसाबलादाननिकेतनेषु । 7.1.58 इदित् वैकल्पिकः णिच् । reside, be strong,
take, shine, hurt 10c 33 तुजिँ । तुञ्ज् । तुञ्जयति / ते, तुञ्जति । U । सेट् । स०* । तुञ्जि
। 6.4.52 तुञ्जितः तुञ्जिता तुञ्जितम् । तुञ्जितवान् तुञ्जितवती तुञ्जितवत् ।

1567 पिजि हिंसाबलादाननिकेतनेषु । तुज पिज इति केचित् । लजि लुजि इत्येके । इदित् वैकल्पिकः णिच् । kill, be strong, give, take, shine 10c 34 पिजिँ । पिञ्ज् । पिञ्जयति/ते, पिञ्जति । U । सेट् । स० * । पिञ्जि । 7.1.58, 6.4.52
पिञ्जितः पिञ्जिता पिञ्जितम् । पिञ्जितवान् पिञ्जितवती पिञ्जितवत् ।

1568 पिस गतौ । go, move 10c 35 पिसँ । पिस् । पेसयति/ते । U । सेट् । स० । पेसि । 6.4.52 । पेसितः पेसिता पेसितम् । पेसितवान् पेसितवती पेसितवत् ।

1569 षान्त्व सामप्रयोगे । console
10c 36 षान्त्वँ । सान्त्व् । सान्त्वयति/ते । U । सेट् । स० । सान्त्वि । 6.1.64, 6.4.52
सान्त्वितः सान्त्विता सान्त्वितम् । सान्त्वितवान् सान्त्वितवती सान्त्वितवत् ।

1570 श्वल्क परिभाषणे । lecture, express, speak 10c 37 श्वल्कँ । श्वल्क् । श्वल्कयति/ते । U । सेट् । स० । श्वल्कि । 6.4.52
श्वल्कितः श्वल्किता श्वल्कितम् । श्वल्कितवान् श्वल्कितवती श्वल्कितवत् ।

1571 वल्क परिभाषणे । utter, speak 10c 38 वल्कँ । वल्क् । वल्कयति/ते । U । सेट् । स० । वल्कि । 6.4.52 । वल्कितः वल्किता वल्कितम् । वल्कितवान् वल्कितवती वल्कितवत् ।

1572 ष्णिह स्नेहने । स्फिट इत्येके । make oily, anoint, be loving 10c 39 ष्णिहँ । स्निह् । स्नेहयति/ते । U । सेट् । अ० । स्नेहि । 6.1.64, 6.4.52
स्नेहितः स्नेहिता स्नेहितम् । स्नेहितवान् स्नेहितवती स्नेहितवत् ।

1573 स्मिट अनादरे । ष्मिङ् इत्येके । scorn, despise, go
10c 40 स्मिटँ । स्मिट् । स्मेटयति/ते । U । सेट् । स० । स्मेटि । 6.4.52
स्मेटितः स्मेटिता स्मेटितम् । स्मेटितवान् स्मेटितवती स्मेटितवत् ।

1574 श्लिष श्लेषणे । decorate, embrace, hug 10c 41 श्लिषँ । श्लिष् । श्लेषयति/ते । U । सेट् । स० । श्लेषि । श्लेषितः श्लेषिता श्लेषितम् । श्लेषितवान् श्लेषितवती श्लेषितवत् ।

1575 पथि गतौ । इदित् वैकल्पिकः णिच् । go, move

10c 42 पथिँ । पन्थ् । पन्थयति/ते, पन्थति । U । सेट् । स० । पन्थि । 7.1.58, 6.4.52
पन्थितः पन्थिता पन्थितम् । पन्थितवान् पन्थितवती पन्थितवत् ।

1576 पिच्छ कुट्टने । पिछ् । पिच्च इति क्षीरतरङ्गिणी । press flat, divide, hurt, flatten
10c 43 पिच्छँ । पिच्छ् । पिच्छयति/ते । U । सेट् । स० । पिच्छि । 6.4.52 **पिच्छितः पिच्छिता पिच्छितम् । पिच्छितवान् पिच्छितवती पिच्छितवत् ।**

1577 छदि संवरणे । **इदित् वैकल्पिकः णिच्** । cover, veil
10c 44 छदिँ । छन्द् । छन्दयति/ते, छन्दति । U । सेट् । स० । छन्दि । 7.1.58, 6.4.52
छन्दितः छन्दिता छन्दितम् । छन्दितवान् छन्दितवती छन्दितवत् ।

1578 श्रण दाने । give 10c 45 श्रणँ । श्रण् । श्राणयति/ते । U । सेट् । स० । श्राणि । 7.2.116, 6.4.52 **श्राणितः श्राणिता श्राणितम् । श्राणितवान् श्राणितवती श्राणितवत् ।**

1579 तड आघाते । strike, beat 10c 46 तडँ । तड् । ताडयति / ते । U । सेट् । स० । ताडि । 7.2.116, 6.4.52 **ताडितः ताडिता ताडितम् । ताडितवान् ताडितवती ताडितवत् ।**

1580 खड भेदने । break, disturb, cut into pieces. *Famous word खड्गः ।*
10c 47 खडँ । खड् । खाडयति/ते । U । सेट् । स० । खाडि । 7.2.116, 6.4.52
खाडितः खाडिता खाडितम् । खाडितवान् खाडितवती खाडितवत् ।

1581 खडि भेदने । **इदित् वैकल्पिकः णिच्** । break, disturb, cut into pieces. *Famous word खण्डितः ।* 10c 48 खडिँ । खण्ड् । खण्डयति/ते, खण्डति । U । सेट् । स० । खण्डि । 7.1.58, 6.4.52 **खण्डितः खण्डिता खण्डितम् । खण्डितवान् खण्डितवती खण्डितवत्**

1582 कडि भेदने । **इदित् वैकल्पिकः णिच्** । separate the chaff, defend
10c 49 कडिँ । कण्ड् । कण्डयति/ते, कण्डति । U । सेट् । स० । कण्डि । 7.1.58, 6.4.52 **कण्डितः कण्डिता कण्डितम् । कण्डितवान् कण्डितवती कण्डितवत् ।**

1583 कुडि रक्षणे । **इदित् वैकल्पिकः णिच्** । protect, take care
10c 50 कुडिँ । कुण्ड् । कुण्डयति/ते , कुण्डति । U । सेट् । स० । कुण्डि । 7.1.58, 6.4.52 **कुण्डितः कुण्डिता कुण्डितम् । कुण्डितवान् कुण्डितवती कुण्डितवत् ।**

1584 गुडि वेष्टने । रक्षणे इत्येके। कुठि इत्यन्ये। गुठि इत्यपरे। इदित् वैकल्पिकः णिच्. cover, grind, safeguard 10c 51 गुडिँ । गुण्ड् । गुण्डयति/ते, गुण्डति । U । सेट् । स० । गुण्डि । 7.1.58, 6.4.52 गुण्डितः गुण्डिता गुण्डितम् । गुण्डितवान् गुण्डितवती गुण्डितवत् ।

1585 खुडि खण्डने । इदित् वैकल्पिकः णिच् । break into pieces, saw 10c 52 खुडिँ । खुण्ड् । खुण्डयति/ते, खुण्डति । U । सेट् । स० । खुण्डि । 7.1.58, 6.4.52 खुण्डितः खुण्डिता खुण्डितम् । खुण्डितवान् खुण्डितवती खुण्डितवत् ।

1586 वटि विभाजने । पडि इति केचित् । चडि कपि चण्डे । वडि इति क्षीरतरङ्गिणी । इदित् वैकल्पिकः णिच् । separate, share, partition 10c 53 वटिँ । वण्ट् । वण्टयति/ते, वण्टति । U । सेट् । स० । वण्टि । 7.1.58, 6.4.52
वण्टितः वण्टिता वण्टितम् । वण्टितवान् वण्टितवती वण्टितवत् ।

1587 मडि भूषायां हर्षे च । इदित् वैकल्पिकः णिच् । adorn, rejoice 10c 54 मडिँ । मण्ड् । मण्डयति/ते, मण्डति । U । सेट् । स०* । मण्डि । 7.1.58, 6.4.52 मण्डितः मण्डिता मण्डितम् । मण्डितवान् मण्डितवती मण्डितवत् ।

1588 भडि कल्याणे । इदित् वैकल्पिकः णिच् । do auspicious act 10c 55 भडिँ । भण्ड् । भण्डयति/ते, भण्डति । U । सेट् । स० । भण्डि । भण्डय । 7.1.58, 6.4.52 भण्डितः भण्डिता भण्डितम् । भण्डितवान् भण्डितवती भण्डितवत् ।

1589 छर्द वमने । vomit 10c 56 छर्दँ । छर्द् । छर्दयति/ते । U । सेट् । अ० । छर्दि । छर्दय । 6.4.52 छर्दितः छर्दिता छर्दितम् । छर्दितवान् छर्दितवती छर्दितवत् ।

1590 पुस्त आदरानादरयोः । respect, disrespect, bind, paste 10c 57 पुस्तँ । पुस्त् । पुस्तयति/ते । U । सेट् । स० । पुस्ति । 6.4.52 पुस्तितः पुस्तिता पुस्तितम् । पुस्तितवान् पुस्तितवती पुस्तितवत् ।

1591 बुस्त आदरानादरयोः । respect, disrespect 10c 58 बुस्तँ । बुस्त् । बुस्तयति/ते । U । सेट् । स० । बुस्ति । 6.4.52 बुस्तितः बुस्तिता बुस्तितम् । बुस्तितवान् बुस्तितवती बुस्तितवत् ।

1592 चुद सञ्चोदने । push on, encourage, ask, pray
10c 59 चुदँ । चुद् । चोदयति/ते । U । सेट् । स० । चोदि । 6.4.52
चोदितः चोदिता चोदितम् । चोदितवान् चोदितवती चोदितवत् ।

1593 नक्क नाशने । destroy 10c 60 नक्कँ । नक्क् । नक्कयति/ते । U । सेट् । स० । नक्कि । नक्कय ।अयं णोपदेशः न । सिद्धान्तकौमुदी 2286 **णो नः** 6.1.65 – **णोपदेशाः तु अ–नर्द–नाटि–नाथ्–नाध्–नन्द्–नक्क–नॄ–नृतः** । 6.4.52
नक्कितः नक्किता नक्कितम् । नक्कितवान् नक्कितवती नक्कितवत् ।

1594 धक्क नाशने । destroy, shun, push 10c 61 धक्कँ । धक्क् । धक्कयति / ते । U। सेट्।स०। धक्कि।धक्कय। 6.4.52 **धक्कितः धक्किता धक्कितम् । धक्कितवान् धक्कितवती धक्कितवत् ।**

1595 चक्क व्यथने । torture, be tortured 10c 62 चक्कँ । चक्क् । चक्कयति/ते । U । सेट् । स० ।चक्कि । 6.4.52 **चक्कितः चक्किता चक्कितम् । चक्कितवान् चक्कितवती चक्कितवत् ।**

1596 चुक्क व्यथने । cause trouble, feel troubled 10c 63 चुक्कँ । चुक्क् । चुक्कयति/ते । U । सेट् । स० । चुक्कि । 6.4.52
चुक्कितः चुक्किता चुक्कितम् । चुक्कितवान् चुक्कितवती चुक्कितवत्।

1597 क्षल शौचकर्मणि । wash, purify. *Famous word प्रक्षालनम् ।*
10c 64 क्षलँ । क्षल् । क्षालयति/ते । U । सेट् । स० । क्षालि । 7.2.116, 6.4.52
क्षालितः क्षालिता क्षालितम् । क्षालितवान् क्षालितवती क्षालितवत् ।

1598 तल प्रतिष्ठायाम् । accomplish, establish
10c 65 तलँ । तल् । तालयति/ते । U । सेट् । स० । तालि । 7.2.116, 6.4.52
तालितः तालिता तालितम् । तालितवान् तालितवती तालितवत् ।

1599 तुल उन्माने । weigh. *Famous words तोलनम्, तुला, तोलना ।*
10c 66 तुलँ । तुल् । तोलयति/ते । U । सेट् । स० । तोलि । 6.4.52
तोलितः तोलिता तोलितम् । तोलितवान् तोलितवती तोलितवत् ।

1600 दुल उत्क्षेपे । swing, shake to and fro, oscillate
10c 67 दुलँ । दुल् । दोलयति/ते । U । सेट् । स० । दोलि । 6.4.52
दोलितः दोलिता दोलितम् । दोलितवान् दोलितवती दोलितवत् ।

1601 पुल महत्त्वे । बुल निमज्जने इत्यानुपूर्व्या क्षीरतरङ्गिणी । be great, be large, be high 10c 68 पुलँ । पुल् । पोलयति/ते । U । सेट् । अ० । पोलि । 6.4.52
पोलितः पोलिता पोलितम् । पोलितवान् पोलितवती पोलितवत् ।

1602 चुल समुच्छ्राये ।षुल समुच्छ्राये । raise, lift, soak
10c 69 चुलँ । चुल् । चोलयति/ते । U । सेट् । स० । चोलि । 6.4.52
चोलितः चोलिता चोलितम् । चोलितवान् चोलितवती चोलितवत् ।

1603 मूल रोहणे । plant, grow, sprout 10c 70 मूलँ । मूल् । मूलयति/ते । U । सेट् । स० । चोलि । 6.4.52 मूलितः मूलिता मूलितम् । मूलितवान् मूलितवती मूलितवत् ।

1604 कल क्षेपे । कल किल पिल इति क्षीरतरङ्गिणी । throw, toss, cast
10c 71 कलँ । कल् । कालयति/ते । U । सेट् । स० । कालि । 7.2.116, 6.4.52
कालितः कालिता कालितम् । कालितवान् कालितवती कालितवत् ।

1605 विल क्षेपे । throw, send 10c 72 विलँ । विल् । वेलयति/ते । U । सेट् । स० । वेलि । 6.4.52 वेलितः वेलिता वेलितम् । वेलितवान् वेलितवती वेलितवत् ।

1606 बिल भेदने । make hole, pierce, split 10c 73 बिलँ । बिल् । बेलयति/ते । U । सेट् । स० । बेलि । 6.4.52 बेलितः बेलिता बेलितम् । बेलितवान् बेलितवती बेलितवत् ।

1607 तिल स्नेहने । anoint, be oily 10c 74 तिलँ । तिल् । तेलयति/ते । U । सेट् । अ० । तेलि । 6.4.52 तेलितः तेलिता तेलितम् । तेलितवान् तेलितवती तेलितवत् ।

1608 चल भृतौ । maintain, nurture, foster, bring up
10c 75 चलँ । चल् । चालयति/ते । U । सेट् । स० । चालि । 7.2.116, 6.4.52
चालितः चालिता चालितम् । चालितवान् चालितवती चालितवत् ।

1609 पाल रक्षणे । protect, govern. *Famous word पालनम् ।*
10c 76 पालँ । पाल् । पालयति/ते । U । सेट् । स० । पालि । 6.4.52
पालितः पालिता पालितम् । पालितवान् पालितवती पालितवत् ।

1610 लूष हिंसायाम् । hurt, injure 10c 77 लूषँ । लूष् । लूषयति / ते । U । सेट् । स० ।
लूषि । 6.4.52 **लूषितः लूषिता लूषितम् । लूषितवान् लूषितवती लूषितवत् ।**

1611 शुल्ब माने । measure, count, weigh. *Famous word शुल्ब सूत्रः ।*
10c 78 शुल्बँ । शुल्ब् । शुल्बयति/ते । U । सेट् । स० । शुल्बि । 6.4.52
शुल्बितः शुल्बिता शुल्बितम् । शुल्बितवान् शुल्बितवती शुल्बितवत् ।

1612 शूर्प च । माने । measure, count, weigh 10c 79 शूर्पँ । शूर्प् । शूर्पयति/ते । U ।
सेट् । स० । शूर्पि । 6.4.52 **शूर्पितः शूर्पिता शूर्पितम् । शूर्पितवान् शूर्पितवती शूर्पितवत् ।**

1613 चुट छेदने । cut, trim, strike, be small, be artless, naive
10c 80 चुटँ । चुट् । चोटयति/ते । U । सेट् । स० । चोटि । 6.4.52
चोटितः चोटिता चोटितम् । चोटितवान् चोटितवती चोटितवत् ।

1614 मुट सञ्चूर्णने । crush, powder 10c 81 मुटँ । मुट् । मोटयति/ते । U । सेट् ।
स० । मोटि । 6.4.52 **मोटितः मोटिता मोटितम् । मोटितवान् मोटितवती मोटितवत् ।**

1615 पडि नाशने । इदित् वैकल्पिकः णिच् । destroy
10c 82 पडिँ । पण्ड् । पण्डयति/ते, पण्डति । U । सेट् । स० । पण्डि । 7.1.58, 6.4.52
पण्डितः पण्डिता पण्डितम् । पण्डितवान् पण्डितवती पण्डितवत् ।

1616 पसि नाशने । **इदित्करणं णिचः पाक्षिकत्वे लिङ्गम् ।** destroy
10c 83 पसिँ । पंस् । पंसयति/ते, पंसति । U । सेट् । स० । पंसि । 7.1.58, 6.4.52
पंसितः पंसिता पंसितम् । पंसितवान् पंसितवती पंसितवत् ।

1617 व्रज मार्गसंस्कारगत्योः । व्रज च मार्ग द्वौ धातू इति सिद्धान्तकौमुदी । prepare, go,
roam 10c 84 व्रजँ । व्रज् । व्राजयति/ते । U । सेट् । स० । व्राजि । 7.2.116 , 6.4.52
व्राजितः व्राजिता व्राजितम् । व्राजितवान् व्राजितवती व्राजितवत् ।

1618 शुल्क अतिस्पर्शने । अतिसर्जने इत्येके । tax, pay duty, grow, release
10c 85 शुल्कँ । शुल्क् । शुल्कयति/ते । U । सेट् । स० । शुल्कि । 6.4.52 ।
शुल्कितः शुल्किता शुल्कितम् । शुल्कितवान् शुल्कितवती शुल्कितवत् ।

1619 चपि गत्याम् । **इदित्करणं णिचः पाक्षिकत्वे लिङ्गम्** । go
10c 86 चपिँ । चम्प् । चम्पयति/ते, चम्पति । U । सेट् । स० । चम्पि । 6.4.52
चम्पितः चम्पिता चम्पितम् । चम्पितवान् चम्पितवती चम्पितवत् ।

1620 क्षपि क्षान्त्याम् । **इदित्करणं णिचः पाक्षिकत्वे लिङ्गम्** । bear, suffer, pity, shine
10c 87 क्षपिँ । क्षम्प् । क्षम्पयति/ते, क्षम्पति । U । सेट् । स० । क्षम्पि । 7.1.58,
6.4.52 **क्षम्पितः क्षम्पिता क्षम्पितम् । क्षम्पितवान् क्षम्पितवती क्षम्पितवत् ।**

1621 छजि कृच्छ्रजीवने । क्षजि इत्येके । **इदित् वैकल्पिकः णिच्** । bear with, live in distress 10c 88 छजिँ । छञ्ज् । छञ्जयति/ते, छञ्जति । U । सेट् । अ० । छञ्जि । 7.1.58,
6.4.52 **छञ्जितः छञ्जिता छञ्जितम् । छञ्जितवान् छञ्जितवती छञ्जितवत् ।**

1622 श्वर्त गत्याम् । go, fall in ditch 10c 89 श्वर्तँ । श्वर्त् । श्वर्तयति/ते । U । सेट् ।
स० । श्वर्ति । 6.4.52 **श्वर्तितः श्वर्तिता श्वर्तितम् । श्वर्तितवान् श्वर्तितवती श्वर्तितवत् ।**

1623 श्वभ्र च । गत्याम् । go, pierce 10c 90 श्वभ्रँ । श्वभ्र् । श्वभ्रयति/ते । U । सेट् ।
स० । श्वभ्रि । 6.4.52 **श्वभ्रितः श्वभ्रिता श्वभ्रितम् । श्वभ्रितवान् श्वभ्रितवती श्वभ्रितवत् ।**

नान्ये मितोऽहेतौ गणसूत्र इति ज्ञपादि षट् मित् । 6.4.92 **मितां ह्रस्वः । इति उपधा ह्रस्वः ।**

1624 ज्ञपादि अन्तर्गणः ।

1624 ज्ञप ज्ञानज्ञापनमारणतोषणनिशाननिशामनेषु । मिच्च इत्येके । अयं ज्ञाने ज्ञापने च वर्तते इति सिद्धान्तकौमुदी । know, teach, please, hit, sharpen, see
10c 91 ज्ञपँ । ज्ञप् । ज्ञपयति/ते । U । सेट् । स० । ज्ञपि । 6.4.52, 7.2.27, 7.2.49

क्त 7.2.27, 6.4.52	**ज्ञप्तः ज्ञप्ता ज्ञप्तम्**	**क्तवत्**	**ज्ञप्तवान् ज्ञप्तवती ज्ञप्तवत्**
क्त पक्षे 6.4.52	**ज्ञपितः ज्ञपिता ज्ञपितम्**	**क्तवत्**	**ज्ञपितवान् ज्ञपितवती ज्ञपितवत्**

1625 यम च परिवेषणे । चान्मित् । अयं मित् । control, keep in check 10c 92 यमँ । यम् । यमयति / ते । U । सेट् । स० । ज्ञपि । Note – Here the word चान्मित् is चा त् मित् । चात् is 5th case singular for stem च । The reference is to the चकारः in यम च परिवेषणे । The meaning is "from/due to चकारः" , i.e. the presence of चकारः alludes to this Root being a मित् । 6.4.52

यमितः यमिता यमितम् । यमितवान् यमितवती यमितवत् ।

1626 चह परिकल्कने । चप इत्येके । अयं मित् । deceive, cheat
10c 93 चहँ । चह् । चहयति / ते । U । सेट् । स० । चहि । 6.4.52

चहितः चहिता चहितम् निष्ठा । चहितवान् चहितवती चहितवत् ।

1627 रह त्यागे । अयं मित् । रह त्यागे इत्येके सिद्धान्तकौमुदी । give up, split, leave, delegate, refuse 10c 94 रहँ । रह् । रहयति / ते । U । सेट् । स० । चहि । 6.4.52

रहितः रहिता रहितम् । रहितवान् रहितवती रहितवत् ।

1628 बल प्राणने । अयं मित् । nourish, support, be strong
10c 95 बलँ । बल् । बलयति / ते । U । सेट् । स० । बलि । 6.4.52

बलितः बलिता बलितम् । बलितवान् बलितवती बलितवत् ।

1629 चिञ् चयने । अयं मित् । ञित् वैकल्पिकः णिच् । collect, select, gather, pile up
10c 96 चिञ् । चि । चपयति / ते, चययति / ते, चयति / ते । U । सेट् । द्वि० । चपि । चयि ।
अस्य धातोः ञित् करणसामर्थ्यात् णिचः वैकल्पिकत्वम् , इति सिद्धान्तकौमुदी । णिजभावे औत्सर्गिकः शप् , उभयपदी अनिट् च । Also See 1251 **चिञ् चयने** । 6.1.54 7.3.36 6.4.92 6.4.52
चपितः चपिता चपितम् । चपितवान् चपितवती चपितवत् । आत्वाभावपक्षे वृद्धिः अयादेशः ह्रस्वः च । चयि । चयितः चयिता चयितम् । चयितवान् चयितवती चयितवत् ।
णिजभावे औत्सर्गिकः शप् , उभयपदी अनिट् च । इति पक्षे भ्वादिः अङ्गः चि । U । अनिट् । द्वि० । 7.4.25 **अकृत्सार्वधातुकयोर्दीर्घः । अजन्तस्य धातुभ्यः दीर्घः, किति सार्वधातुके भिन्नः यकारादिः प्रत्यये परतः । चितः चिता चितम् । चितवान् चितवती चितवत् ।**

वृत् ।इति मित् गतः ॥ नान्ये मितोऽहेतौ । गणसूत्र । अहेतौ = स्वार्थे । इति ज्ञपादि अन्यत्र न मित् ।

1630 घट्ट चलने । shake, touch, rub, stir 10c 97 घट्टँ । घट्ट् । घट्टयति / ते । U । सेट्

। अ० । घट्टि । 6.4.52 घट्टितः घट्टिता घट्टितम् । घट्टितवान् घट्टितवती घट्टितवत् ।

1631 मुस्त सङ्घाते । gather, collect 10c 98 मुस्तँ । मुस्त् । मुस्तयति/ते । U । सेट् । स० । मुस्ति । 6.4.52 मुस्तितः मुस्तिता मुस्तितम् । मुस्तितवान् मुस्तितवती मुस्तितवत् ।

1632 खट्ट संवरणे । cover, hide 10c 99 खट्टँ । खट्ट् । खट्टयति / ते । U । सेट् । स० । खट्टि । 6.4.52 खट्टितः खट्टिता खट्टितम् । खट्टितवान् खट्टितवती खट्टितवत् ।

1633 षट्ट हिंसायाम् । hurt, injure 10c 100 षट्टँ । सट्ट् । सट्टयति/ते । U । सेट् । स० । सट्टि । 6.4.52 सट्टितः सट्टिता सट्टितम् । सट्टितवान् सट्टितवती सट्टितवत् ।

1634 स्फिट्ट हिंसायाम् । hurt, injure 10c 101 स्फिट्टँ । स्फिट्ट् । स्फिट्टयित/ते । U । सेट् । स० । खट्टि । 6.4.52 स्फिट्टितः स्फिट्टिता स्फिट्टितम् । स्फिट्टितवान् स्फिट्टितवती स्फिट्टितवत् ।

1635 चुबि हिंसायाम् । इदित्करणं णिचः पाक्षिकत्वे लिङ्गम् । cause hurt 10c 102 चुबिँ । चुम्ब् । चुम्बयति/ते, चुम्बति । U । सेट् । स० । चुम्बि । 7.1.58, 6.4.52 चुम्बितः चुम्बिता चुम्बितम् । चुम्बितवान् चुम्बितवती चुम्बितवत् ।

1636 पूल सङ्घाते । पूर्ण इत्येके । पुण इत्यन्ये । heap, collect, gather 10c 103 पूलँ । पूल् । पूलयति/ते । U । सेट् । स० । पूलि । 6.4.52 पूलितः पूलिता पूलितम् । पूलितवान् पूलितवती पूलितवत् ।

1637 पुंस अभिवर्धने । grind, destroy, give pain, grow 10c 104 पुंसँ । पुंस् । पुंसयति/ते । U । सेट् । स० । पुंसि । 6.4.52 पुंसितः पुंसिता पुंसितम् । पुंसितवान् पुंसितवती पुंसितवत् ।

1638 टकि बन्धने । व्यप क्षेपे । व्यय विप इत्येके । इदित् वैकल्पिकः णिच् । bind, tie, fasten, join 10c 105 टकिँ । टङ्क् । टङ्कयति/ते, टङ्कति । U । सेट् । स० । टङ्कि । 7.1.58, 6.4.52 टङ्कितः टङ्किता टङ्कितम् । टङ्कितवान् टङ्कितवती टङ्कितवत् ।

1639 धूस कान्तिकरणे । धूष मूर्धन्यान्त इत्येके । धूश तालव्यान्त इत्यन्ये । embellish, adorn 10c 106 धूसँ । धूस् । धूसयति/ते । U । सेट् । स० । धूसि । 6.4.52

धूसितः धूसिता धूसितम् । धूसितवान् धूसितवती धूसितवत् ।

1640 कीट वर्णे । colour, dye, tie, rust 10c 107 कीटँ । कीट् । कीटयति/ते । U । सेट् । स० । कीटि । 6.4.52 कीटितः कीटिता कीटितम् । कीटितवान् कीटितवती कीटितवत् ।

1641 चूर्ण सङ्कोचने । pulverize, pound, crush, bruise 10c 108 चूर्णँ । चूर्ण् । चूर्णयति/ते । U । सेट् । स० । चूर्णि । 6.4.52 चूर्णितः चूर्णिता चूर्णितम् । चूर्णितवान् चूर्णितवती चूर्णितवत् ।

1642 पूज पूजायाम् । worship, adore. *Famous word पूजा ।* 10c 109 पूजँ । पूज् । पूजयति/ते । U । सेट् । स० । पूजि । 6.4.52 पूजितः पूजिता पूजितम् । पूजितवान् पूजितवती पूजितवत् ।

1643 अर्क स्तवने । तपने इत्येके । praise, heat 10c 110 अर्कँ । अर्क् । अर्कयति/ते । U । सेट् । स० । अर्कि । 6.4.52 अर्कितः अर्किता अर्कितम् । अर्कितवान् अर्कितवती अर्कितवत् ।

1644 शुठ आलस्ये । be idle, be dull 10c 111 शुठँ । शुठ् । शोठयति/ते । U । सेट् । अ० । शोठि । 6.4.52 शोठितः शोठिता शोठितम् । शोठितवान् शोठितवती शोठितवत् ।

1645 शुठि शोषणे । इदित्करणं णिचः पाक्षिकत्वे लिङ्गम् । dry, be dry 10c 112 शुठिँ । शुण्ठ् । शुण्ठयति/ते, शुण्ठति । U । सेट् । स० । शुण्ठि । 7.1.58, 6.4.52 शुण्ठितः शुण्ठिता शुण्ठितम् । शुण्ठितवान् शुण्ठितवती शुण्ठितवत् ।

1646 जुड प्रेरणे । prompt, send, grind, powder 10c 113 जुडँ । जुड् । जोडयति/ते । U । सेट् । स० । जोडि । 6.4.52 जोडितः जोडिता जोडितम् । जोडितवान् जोडितवती जोडितवत् ।

1647 गज शब्दार्थः । roar, be drunk 10c 114 गजँ । गज् । गाजयति/ते । U । सेट् । अ० । गाजि । 7.2.116, 6.4.52 गाजितः गाजिता गाजितम् । गाजितवान् गाजितवती गाजितवत् ।

1648 मार्ज शब्दार्थः । sound 10c 115 मार्जँ । मार्ज् । मार्जयति/ते । U । सेट् । अ० । मार्जि । 6.4.52 मार्जितः मार्जिता मार्जितम् । मार्जितवान् मार्जितवती मार्जितवत् ।

1649 मर्च च । शब्दार्थः । मर्ज इत्यपि इति क्षीरस्वामी । take, cleanse, sound
10c 116 मर्चँ । मर्च् । मर्चयति / ते । U । सेट् । अ० । मर्चि । 6.4.52
मर्चितः मर्चिता मर्चितम् । मर्चितवान् मर्चितवती मर्चितवत् ।

1650 घृ प्रस्रवणे । स्रावणे इत्येके । trickle, drip, sprinkle
10c 117 घृ । घृ । घारयति / ते । U । सेट् । स०* । घारि । 7.2.115, 6.4.52
घारितः घारिता घारितम् । घारितवान् घारितवती घारितवत् ।

1651 पचि विस्तारवचने । इदित्करणं णिचः पाक्षिकत्वे लिङ्गम् । spread, stretch
10c 118 पचिँ । पञ्च् । पञ्चयति / ते, पञ्चति । U । सेट् । स० । पञ्चि । 7.1.58,
6.4.52 । पञ्चितः पञ्चिता पञ्चितम् । पञ्चितवान् पञ्चितवती पञ्चितवत् ।

1652 तिज निशाने । निशातने । stir up, sharpen, excite, agitate
10c 119 तिजँ । तिज् । तेजयति / ते । U । सेट् । स० । तेजि । See 971 तिज निशाने ।
6.4.52   तेजितः तेजिता तेजितम् । तेजितवान् तेजितवती तेजितवत् ।

1653 कृत संशब्दने । recite, do japa, glorify
10c 120 कृतँ । कृत् । कीर्तयति / ते । U । सेट् । स० । कीर्ति । 7.1.101, 8.2.78,
6.4.52 कीर्तितः कीर्तिता कीर्तितम् । कीर्तितवान् कीर्तितवती कीर्तितवत् ।

1654 वर्ध छेदनपूरणयोः । cut, severe, fill, shear 10c 121 वर्धँ । वर्ध् । वर्धयति / ते ।
U । सेट् । स० । वर्धि । 6.4.52 वर्धितः वर्धिता वर्धितम् । वर्धितवान् वर्धितवती वर्धितवत् ।

1655 कुबि आच्छादने । कुभि इत्येके । इदित्करणं णिचः पाक्षिकत्वे लिङ्गम् । cover, tremble
10c 122 कुबिँ । कुम्ब् । कुम्बयति / ते, कुम्बति । U । सेट् । स० । कुम्बि । 7.1.58,
6.4.52 कुम्बितः कुम्बिता कुम्बितम् । कुम्बितवान् कुम्बितवती कुम्बितवत् ।

1656 लुबि अदर्शने । इदित्करणं णिचः पाक्षिकत्वे लिङ्गम् । be hidden, be invisible, be
destroyed 10c 123 लुबिँ । लुम्ब् । लुम्बयति / ते, लुम्बति । U । सेट् । अ० । लुम्बि ।
7.1.58, 6.4.52 लुम्बितः लुम्बिता लुम्बितम् । लुम्बितवान् लुम्बितवती लुम्बितवत् ।

1657 तुबि अदर्शने । तुपि अर्दने इत्येके । इदित्करणं णिचः पाक्षिकत्वे लिङ्गम् । be invisible
10c 124 तुबिँ । तुम्ब् । तुम्बयति / ते, तुम्बति । U । सेट् । अ० । तुम्बि । 7.1.58, 6.4.52 तुम्बितः तुम्बिता तुम्बितम् । तुम्बितवान् तुम्बितवती तुम्बितवत् ।

1658 ह्लप व्यक्तायां वाचि । क्लप इत्येके । ह्वप इत्यन्ये । speak clearly
10c 125 ह्लपँ । ह्लप् । ह्लापयति / ते । U । सेट् । स० । ह्लापि । 7.2.116, 6.4.52
ह्लापितः ह्लापिता ह्लापितम् । ह्लापितवान् ह्लापितवती ह्लापितवत् ।

1659 चुटि छेदने । इदित्करणं णिचः पाक्षिकत्वे लिङ्गम् । break, claw, pinch
10c 126 चुटिँ । चुण्ट् । चुण्टयति / ते, चुण्टति । U । सेट् । स० । चुण्टि । 7.1.58, 6.4.52 चुण्टितः चुण्टिता चुण्टितम् । चुण्टितवान् चुण्टितवती चुण्टितवत् ।

1660 इल प्रेरणे । urge, encourage 10c 127 इलँ । इल् । एलयति / ते । U । सेट् । स० । एलि । 6.4.52 एलितः एलिता एलितम् । एलितवान् एलितवती एलितवत् ।

1661 म्रक्ष म्लेच्छने । म्रछ इत्येके । रोषे छेदने इत्यन्ये । mix, adulterate
10c 128 म्रक्षँ । म्रक्ष् । म्रक्षयति / ते । U । सेट् । अ० । म्रक्षि । 6.4.52
म्रक्षितः म्रक्षिता म्रक्षितम् । म्रक्षितवान् म्रक्षितवती म्रक्षितवत् ।

1662 म्लेच्छ अव्यक्तायां वाचि । म्लेछ । speak incorrectly, speak in confusion
10c 129 म्लेच्छँ । म्लेच्छ् । म्लेच्छयति / ते । U । सेट् । अ० । म्लेच्छि । 6.4.52
म्लेच्छितः म्लेच्छिता म्लेच्छितम् । म्लेच्छितवान् म्लेच्छितवती म्लेच्छितवत् ।

1663 ब्रूस हिंसायाम् । hurt 10c 130 ब्रूसँ । ब्रूस् । ब्रूसयति / ते । U । सेट् । स० । ब्रूसि । 6.4.52 ब्रूसितः ब्रूसिता ब्रूसितम् । ब्रूसितवान् ब्रूसितवती ब्रूसितवत् ।

1664 बर्ह हिंसायाम् । केचित् इह गर्ज गर्द शब्दे, गर्ध अभिकाङ्क्षायाम् इति पठन्ति ।
strike, hurt 10c 131 बर्हँ । बर्ह् । बर्हयति / ते । U । सेट् । स० । बर्हि । 6.4.52
बर्हितः बर्हिता बर्हितम् । बर्हितवान् बर्हितवती बर्हितवत् ।

1665 गुर्द पूर्वनिकेतने । पूर्व निकेतने इति धातुप्रदीपे, पूर्वयति / ते । dwell, invite, call
10c 132 गुर्दँ । गुर्द् । गुर्दयति / ते । U । सेट् । अ० । गुर्दि । 6.4.52

गुर्दितः गुर्दिता गुर्दितम् । गुर्दितवान् गुर्दितवती गुर्दितवत् ।

1666 जसि रक्षणे । मोक्षणे इति केचित् । इदित्करणं णिचः पाक्षिकत्वे लिङ्गम् । protect, set free, release 10c 133 जसिँ । जंस् । जंसयति / ते, जंसति । U । सेट् । स० । जंसि । 7.1.58, 6.4.52 जंसितः जंसिता जंसितम् । जंसितवान् जंसितवती जंसितवत् ।

1667 ईड स्तुतौ । praise 10c 134 ईडँ । ईड् । ईडयति / ते । U । सेट् । स० । ईडि । 6.4.52 ईडितः ईडिता ईडितम् । ईडितवान् ईडितवती ईडितवत् ।

1668 जसु हिंसायाम् । उदित् वैकल्पिकः णिच् । hurt, injure, strike
10c 135 जसुँ । जस् । जासयति / ते, जसति । U । सेट् । स० । जासि । 7.2.116, 6.4.52 । जासितः जासिता जासितम् । जासितवान् जासितवती जासितवत् ।
णिजभावपक्षे 1.3.78 शेषात् कर्त्तरि परस्मैपदम् । इति पक्षे भ्वादिः इव जस् । P । सेट् । स० ।
7.2.56 उदितो वा । 7.2.15 यस्य विभाषा । इति निष्ठायाम् इण्णिषेधः ।
जस्तः जस्ता जस्तम् । जस्तवान् जस्तवती जस्तवत् ।

1669 पिडि सङ्घाते । इदित्करणं णिचः पाक्षिकत्वे लिङ्गम् । join, unite, accumulate, make heap 10c 136 पिडिँ । पिण्ड् । पिण्डयति / ते, पिण्डति । U । सेट् । अ० । पिण्डि । 7.1.58, 6.4.52 पिण्डितः पिण्डिता पिण्डितम् । पिण्डितवान् पिण्डितवती पिण्डितवत् ।

1670 रुष रोषे । रुट इत्येके । be angry, be vexed, be offended 10c 137 रुषँ । रुष् । रोषयति / ते । U । सेट् । अ० । रोषि । 6.4.52 । 7.2.28 8.4.41 7.2.48 । By these 2 sutras for निष्ठा the Anga is रुष् and not रोष् i.e. णिच् doesn't apply.
7.2.28, 8.4.41 रुष्टः रुष्टा रुष्टम् । रुष्टवान् रुष्टवती रुष्टवत् ।
पक्षे रुषितः रुषिता रुषितम् । रुषितवान् रुषितवती रुषितवत् ।

1671 डिप क्षेपे । send, throw, fly, backbite 10c 138 डिपँ । डिप् । डेपयति / ते । U । सेट् । स० । डेपि । 6.4.52 डेपितः डेपिता डेपितम् । डेपितवान् डेपितवती डेपितवत् ।

1672 ष्टुप समुच्छ्राये । ष्टूप इति माधवीय । heap, pile, erect, raise
10c 139 ष्टुपँ । स्तुप् । स्तोपयति / ते । U । सेट् । स० । स्तोपि । 6.4.52
स्तोपितः स्तोपिता स्तोपितम् । स्तोपितवान् स्तोपितवती स्तोपितवत् ।

1673 आकुस्मीय अन्तर्गणः ।

नवत्रिंशत् आत्मनेपदिनः। इति अकर्त्रभिप्रायक्रियाफले अपि आत्मनेपदिनः। पक्षे शपि तु परस्मैपदी ।

1673 चित सञ्चेतने । आकुस्मीयः । perceive, see, notice, observe, know. *Famous word चेतना* / 10c 140 चितँ । चित् । चेतयते । A । सेट् । स० । चेति । 6.4.52 चेतितः चेतिता चेतितम् । चेतितवान् चेतितवती चेतितवत् ।

1674 दशि दंशने । दंशनदर्शनयोः । आकुस्मीयः । इदित्करणं णिचः पाक्षिकत्वे लिङ्गम् । bite, sting, see 10c 141 दशिँ । दंश् । दंशयते , दंशति । A । सेट् । स० । दंशि । दंशय । Note – 6.4.25 दंशसञ्जस्वञ्जां शपि , इति उपधा नकारस्य लोपः । Applies to Dhatu 989 दंश दशने by paribhasha सहचरितासहचरितयोः सहचरितस्यैव ग्रहणम् , not here.
7.1.58, 6.4.52 दंशितः दंशिता दंशितम् । दंशितवान् दंशितवती दंशितवत् ।

1675 दसि दर्शनदंशनयोः । दस इत्यप्येके। आकुस्मीयः । इदित् वैकल्पिकः णिच् । bite, sting, see 10c 142 दसिँ । दंस् । दंसयते , दंसति । A । सेट् । स० । दंसि । 7.1.58, 6.4.52 दंसितः दंसिता दंसितम् । दंसितवान् दंसितवती दंसितवत् ।

1676 डप सङ्घाते । आकुस्मीयः । collect, accumulate, gather
10c 143 डपँ । डप् । डापयते । A । सेट् । स० । डापि । 7.2.116, 6.4.52
डापितः डापिता डापितम् । डापितवान् डापितवती डापितवत् ।

1677 डिप सङ्घाते । आकुस्मीयः । collect, accumulate 10c 144 डिपँ । डिप् । डेपयते । A । सेट् । स० । डेपि । 6.4.52 डेपितः डेपिता डेपितम् । डेपितवान् डेपितवती डेपितवत् ।

1678 तत्रि कुटुम्बधारणे । कुटुम्ब धात्वन्तरमिति चान्द्राः । आकुस्मीयः । अयं नित्यं णिच् । spread, support, maintain, rule, govern 10c 145 तत्रिँ । तन्त्र् । तन्त्रयते । A । सेट् । अ० । तन्त्रि । 7.1.58 However in this Dhatu there is a Conjunct त्र , so वैकल्पिकत्वम् does not apply. 6.4.52 निष्ठायां सेटि ।
तन्त्रितः तन्त्रिता तन्त्रितम् । तन्त्रितवान् तन्त्रितवती तन्त्रितवत् ।

1679 मत्रि गुप्तपरिभाषणे । आकुस्मीयः । अयं नित्यं णिच् । consult, deliberate upon,

counsel 10c 146 मन्त्रँ । मन्त्र् । मन्त्रयते । A । सेट् । स० । मन्त्रि । *Famous words मन्त्रः, मन्त्री* / 7.1.58 However in this Dhatu there is a Conjunct त्र , so वैकल्पिकत्वम् does not apply. 6.4.52
मन्त्रितः मन्त्रिता मन्त्रिमम् । मन्त्रितवान् मन्त्रिमवती मन्त्रिमवत् ।

1680 स्पश ग्रहणसंश्लेषणयोः । आकुस्मीयः । take, hold, touch, unite, join 10c 147 स्पशँ । स्पश् । स्पाशयते । A । सेट् । स० । स्पाशि । 6.4.52 7.2.116, 7.2.27 वा दान्तशान्तपूर्णदस्तस्पष्टच्छन्नज्ञप्ताः । दम् शम् पूरी दस् स्पश् छद् ज्ञप् इत्येतेषां ण्यन्तानां धातूनां वा अनिट् निपात्यते। स्पष्टः , स्पाशितः। इट् प्रतिषेधो णिलुक् च निपात्यते । 8.2.36 8.4.41
स्पष्टः स्पष्टा स्पष्टम् । स्पष्टवान् स्पष्टवती स्पष्टवत् ।
पक्षे स्पाशितः स्पाशिता स्पाशितम् । स्पाशितवान् स्पाशितवती स्पाशितवत् ।

1681 तर्ज तर्जने । आकुस्मीयः । blame, frighten, scold, warn
10c 148 तर्जँ । तर्ज् । तर्जयते । A । सेट् । स० । तर्जि । 6.4.52
तर्जितः तर्जिता तर्जितम् । तर्जितवान् तर्जितवती तर्जितवत् ।

1682 भर्त्स तर्जने । सन्तर्जने इति । आकुस्मीयः । revile, threaten, abuse
10c 149 भर्त्सँ । भर्त्स् । भर्त्सयते । A । सेट् । स० । भर्त्सि । 6.4.52
भर्त्सितः भर्त्सिता भर्त्सितम् । भर्त्सितवान् भर्त्सितवती भर्त्सितवत् ।

1683 बस्त अर्दने । बस्तु इति मैत्रेयः । वस्त केचित् । आकुस्मीयः । move, ask, hurt
10c 150 बस्तँ । बस्त् । बस्तयते । A । सेट् । स० । बस्ति । 6.4.52
बस्तितः बस्तिता बस्तितम् । बस्तितवान् बस्तितवती बस्तितवत् ।

1684 गन्ध अर्दने । आकुस्मीयः । injure, ask, beg, move, feel ashamed, grace
10c 151 गन्धँ । गन्ध् । गन्धयते । A । सेट् । स० । गन्धि । 6.4.52
गन्धितः गन्धिता गन्धितम् । गन्धितवान् गन्धितवती गन्धितवत् ।

1685 विष्क हिंसायाम् । हिष्क इत्येके । आकुस्मीयः । hurt, injure
10c 152 विष्कँ । विष्क् । विष्कयते । A । सेट् । स० । विष्कि । 6.4.52
विष्कितः विष्किता विष्कितम् । विष्कितवान् विष्कितवती विष्कितवत् ।

1686 निष्क परिमाणे । आकुस्मीयः । measure, count
10c 153 निष्कँ । निष्क् । निष्कयते । A । सेट् । स० । निष्कि । 6.4.52
निष्कितः निष्किता निष्कितम् । निष्कितवान् निष्कितवती निष्कितवत् ।

1687 लल ईप्सायाम् । आकुस्मीयः । desire, keep, caress, fondle, copulate
10c 154 ललँ । लल् । लालयते । A । सेट् । स० । लालि । *Famous word लाला ।*
7.2.116, 6.4.52 लालितः लालिता लालितम् । लालितवान् लालितवती लालितवत् ।

1688 कूण सङ्कोचे । आकुस्मीयः । contract, close, twist, be conceited
10c 155 कूणँ । कूण् । कूणयते । A । सेट् । स० । कूणि । 6.4.52
कूणितः कूणिता कूणितम् । कूणितवान् कूणितवती कूणितवत् ।

1689 तूण पूरणे । आकुस्मीयः । fill, fill up 10c 156 तूणँ । तूण् । तूणयते । A । सेट् । स० । तूणि । तूणितः तूणिता तूणितम् । तूणितवान् तूणितवती तूणितवत् ।

1690 भ्रूण आशाविशङ्कयोः । आकुस्मीयः । hope, expect, doubt, be pregnant
10c 157 भ्रूणँ । भ्रूण् । भ्रूणयते । A । सेट् । स० । भ्रूणि । 6.4.52 भ्रूणितः भ्रूणिता भ्रूणितम् । भ्रूणितवान् भ्रूणितवती भ्रूणितवत् ।

1691 शठ श्लाघायाम् । आकुस्मीयः । praise, flatter
10c 158 शठँ । शठ् । शाठयते । A । सेट् । स० । शाठि । 7.2.116, 6.4.52
शाठितः शाठिता शाठितम् । शाठितवान् शाठितवती शाठितवत् ।

1692 यक्ष पूजायाम् । आकुस्मीयः । worship, honour, be quick
10c 159 यक्षँ । यक्ष् । यक्षयते । A । सेट् । स० । यक्षि । 6.4.52
यक्षितः यक्षिता यक्षितम् । यक्षितवान् यक्षितवती यक्षितवत् ।

1693 स्यम वितर्के । आकुस्मीयः । sound, go, consider, think
10c 160 स्यमँ । स्यम् । स्यामयते । A । सेट् । स० । स्यामि । 6.4.52
स्यामितः स्यामिता स्यामितम् । स्यामितवान् स्यामितवती स्यामितवत् ।

1694 गूर उद्यमने । आकुस्मीयः । make effort, work hard 10c 161 गूरँ । गूर् । गूरयते

। A । सेट् । स० । गूरि । 6.4.52 गूरितः गूरिता गूरितम् । गूरितवान् गूरितवती गूरितवत् ।

1695 शम आलोचने । आकुस्मीयः । declare, express, make popular
10c 162 शमँ । शम् । शामयते । A । सेट् । स० । शामि । 6.4.92 मितां ह्रस्वः । इति उपधा ह्रस्वः । 7.2.27, 6.4.52, 6.4.15, 8.4.58 शान्तः शान्ता शान्तम् । शान्तवान् शान्तवती शान्तवत् । पक्षे, 6.4.52, 6.4.92 शमितः शमिता शमितम् । शमितवान् शमितवती शमितवत् ।

1696 लक्ष आलोचने । आकुस्मीयः । mark, denote, characterize
10c 163 लक्षँ । लक्ष् । लक्षयते । A । सेट् । स० । लक्षि । 6.4.52
लक्षितः लक्षिता लक्षितम् । लक्षितवान् लक्षितवती लक्षितवत् ।

1697 कुत्स अवक्षेपणे । निन्दने । आकुस्मीयः । abuse, revile, condemn
10c 164 कुत्सँ । कुत्स् । कुत्सयते । A । सेट् । स० । कुत्सि । 6.4.52
कुत्सितः कुत्सिता कुत्सितम् । कुत्सितवान् कुत्सितवती कुत्सितवत् ।

1698 त्रुट छेदने । कुट इत्येके । आकुस्मीयः । break into pieces
10c 165 त्रुटँ । त्रुट् । त्रोटयते । A । सेट् । स० । त्रोटि । 6.4.52
त्रोटितः त्रोटिता त्रोटितम् । त्रोटितवान् त्रोटितवती त्रोटितवत् ।

1699 गल स्रवणे । आकुस्मीयः । pour out, filter, drip, ooze 10c 166 गलँ । गल् । गालयते । A । सेट् । अ० । गालि । 7.2.116, 6.4.52
गालितः गालिता गालितम् । गालितवान् गालितवती गालितवत् ।

1700 भल आभण्डने । आकुस्मीयः । scrutinize, argue
10c 167 भलँ । भल् । भालयते । A । सेट् । स० । भालि । 7.2.116, 6.4.52
भालितः भालिता भालितम् । भालितवान् भालितवती भालितवत् ।

1701 कूट आप्रदाने । अवसादने इत्येके । आकुस्मीयः । abstain from giving, be secretive 10c 168 कूटँ । कूट् । कूटयते । A । सेट् । स० । कूटि । 6.4.52
कूटितः कूटिता कूटितम् । कूटितवान् कूटितवती कूटितवत् ।

1702 कुट्ट प्रतापने । आकुस्मीयः । heat 10c 169 कुट्टँ । कुट्ट् । कुट्टयते । A । सेट् । स०

। कुट्टि । 6.4.52 कुट्टितः कुट्टिता कुट्टितम् । कुट्टितवान् कुट्टितवती कुट्टितवत् ।

1703 वञ्चु प्रलम्भने । आकुस्मीयः । उदित् वैकल्पिकः णिच् । cheat, trap, deceive
10c 170 वञ्चुँ । वञ्च् । वञ्चयते , वञ्चति । A । सेट् । स० । वञ्चि । वञ्चय । 6.4.52
वञ्चितः वञ्चिता वञ्चितम् । वञ्चितवान् वञ्चितवती वञ्चितवत् ।
णिजभावपक्षे 1.3.78 शेषात् कर्त्तरि परस्मैपदम् । इति पक्षे भ्वादिः इव वञ्च् । P । सेट् । स० ।
7.2.56 7.2.15 । इति निष्ठायाम् इण्णिषेधः । 6.4.24 8.2.30
वक्तः वक्ता वक्तम् । वक्तवान् वक्तवती वक्तवत् ।

1704 वृष शक्तिबन्धने । आकुस्मीयः । be pregnant, be powerful
10c 171 वृषँ । वृष् । वर्षयते । A । सेट् । अ० । वर्षि । वर्षय ।6.1.87 6.4.52
वर्षितः वर्षिता वर्षितम् । वर्षितवान् वर्षितवती वर्षितवत् ।

1705 मद तृप्तियोगे । आकुस्मीयः । satisfy, solve, resolve 10c 172 मदँ । मद् ।
मादयते । A । सेट् । स० । मादि । मादय । 7.2.116 6.4.52
मादितः मादिता मादितम् । मादितवान् मादितवती मादितवत् ।

1706 दिवु परिकूजने । आकुस्मीयः । उदित् वैकल्पिकः णिच् । feel sad, lament, cry
10c 173 दिवुँ । दिव् । देवयते, देवति । A । सेट् । अ० । देवि । देवय ।6.1.87
6.4.52 देवितः देविता देवितम् । देवितवान् देवितवती देवितवत् ।

णिजभावपक्षे 1.3.78 शेषात् कर्त्तरि परस्मैपदम् । इति पक्षे भ्वादिः इव दिव् । P । सेट् । अ० ।
7.2.56 उदितो वा । 7.2.15 यस्य विभाषा । इति निष्ठायाम् इण्णिषेधः । 6.4.19 च्छ्वोः शूडनुनासिके
च । इति ऊठ् आदेशः । 8.2.49 दिवोऽविजिगीषायाम् । इति निष्ठा तकारस्य विकल्पेन नकारादेशः ।
7.2.15, 6.4.19, 8.2.49 द्यूनः द्यूना द्यूनम् । द्यूनवान् द्यूनवती द्यूनवत् ।
पक्षे 7.2.15, 6.4.19 द्यूतः द्यूता द्यूतम् । द्यूतवान् द्यूतवती द्यूतवत् ।

1707 गृ विज्ञाने । आकुस्मीयः । know, understand
10c 174 गृ । गृ । गारयते । A । सेट् । स० । गूरि । गूरय । 7.2.115 6.4.52
गूरितः गूरिता गूरितम् । गूरितवान् गूरितवती गूरितवत् ।

1708 विद चेतनाख्यानानिवासेषु । आकुस्मीयः । tell, declare, announce, feel, experience, reside. 10c 175 विदँ । विद् । वेदयते । A । सेट् । स० । वेदि । वेदय । 6.1.87 आद्गुणः । 6.4.52 वेदितः वेदिता वेदितम् । वेदितवान् वेदितवती वेदितवत् ।

1709 मान स्तम्भे । मन इति माधवीय । आकुस्मीयः । be rigid, be stubborn, be arrogant 10c 176 मानँ । मान् । मानयते । A । सेट् । अ० ।। मानि । मानय । 6.4.52 । मानितः मानिता मानितम् । मानितवान् मानितवती मानितवत् ।

1710 यु जुगुप्सायाम् । आकुस्मीयः । abuse, blame
10c 177 यु । यु । यावयते । A । सेट् । स० । यावि । यावय । 7.2.115 6.4.52
यावितः याविता यावितम् । यावितवान् यावितवती यावितवत् ।

1711 कुस्म नाम्नो वा कुत्सितस्मयने । आकुस्मीयः । smile indecently, see thoughtfully 10c 178 कुस्मँ । कुस्म् । कुस्मयते । A । सेट् । अ० । कुस्मि । कुस्मय । गणसूत्र० कुस्म नाम्नो वा । कुस्म इति प्रातिपदिकात् धात्वर्थे णिच् इति व्याख्यायते । This is a Ganasutra and Dhatu Sutra is कुस्म कुत्सितस्मयने । 7.2.115 6.4.52
कुस्मितः कुस्मिता कुस्मितम् । कुस्मितवान् कुस्मितवती कुस्मितवत् ।

वृत् । आकुस्मीयाः गताः । अथ उभयतो भाषाः ।

1712 चर्च अध्ययने । study, read carefully, pause while
10c 179 चर्चँ । चर्च् । चर्चयति/ते । U । सेट् । स० । चर्चि । चर्चय । 6.4.52
चर्चितः चर्चिता चर्चितम् । चर्चितवान् चर्चितवती चर्चितवत् ।

1713 बुक्क भाषणे । bark, sound like a dog
10c 180 बुक्कँ । बुक्क् । बुक्कयति/ते । U । सेट् । अ० । बुक्कि । बुक्कय । 6.4.52
बुक्कितः बुक्किता बुक्कितम् । बुक्कितवान् बुक्कितवती बुक्कितवत् ।

1714 शब्द उपसर्गादाविष्कारे च । चाद्भाषणे । lecture, express, scream
10c 181 शब्दँ । शब्द् । शब्दयति/ते । U । सेट् । स० । शब्दि । शब्दय ।
6.4.52 शब्दितः शब्दिता शब्दितम् । शब्दितवान् शब्दितवती शब्दितवत् ।

1715 कण निमीलने । wink.

10c 182 कणँ । कण् । काणयति/ते । U । सेट् । अ० । काणि । काणय । 7.2.116 6.4.52 काणितः काणिता काणितम् । काणितवान् काणितवती काणितवत् ।

1716 जभि नाशने । इदित्करणं णिचः पाक्षिकत्वे लिङ्गम् । destroy 10c 183 जभिँ । जम्भ् । जम्भयति/ते, जम्भति । U । सेट् । स० । जम्भि । जम्भय । 7.1.58 6.4.52
जम्भितः जम्भिता जम्भितम् । जम्भितवान् जम्भितवती जम्भितवत् ।
णिजभावपक्षे 1.3.78 शेषात् कर्त्तरि परस्मैपदम् । इति पक्षे भ्वादिः इव जम्भ् । P । सेट् । स० ।
Note – कर्मणि and निष्ठा forms for णिच् /णिजभावे are same.
जम्भितः जम्भिता जम्भितम् । जम्भितवान् जम्भितवती जम्भितवत् ।

1717 षूद क्षरणे । flow, trickle, splash.
10c 184 षूदँ । सूद् । सूदयति/ते । U । सेट् । अ० । सूदि । सूदय । 6.4.52
सूदितः सूदिता सूदितम् । सूदितवान् सूदितवती सूदितवत् ।

1718 जसु ताडने । उदित् वैकल्पिकः णिच् । hurt, injure, strike
10c 185 जसुँ । जस् । जासयति/ते, जसति । U । सेट् । स० । जासि । जासय ।
7.2.116 6.4.52 जासितः जासिता जासितम् । जासितवान् जासितवती जासितवत् ।
णिजभावपक्षे 1.3.78 शेषात् कर्त्तरि परस्मैपदम् । इति पक्षे भ्वादिः इव जस् । P । सेट् । स० ।
7.2.56 उदितो वा । 7.2.15 यस्य विभाषा । इति निष्ठायाम् इण्णिषेधः । जस्तः जस्ता जस्तम् ।
जस्तवान् जस्तवती जस्तवत् ।

1719 पश बन्धने । bind, tie a knot, strangle with noose
10c 186 पशँ । पश् । पाशयति/ते । U । सेट् । स० । पाशि । पाशय । 7.2.116 6.4.52 पाशितः पाशिता पाशितम् । पाशितवान् पाशितवती पाशितवत् ।

1720 अम रोगे । be ill. 10c 187 अमँ । अम् । आमयति/ते । U । सेट् । अ० । आमि । आमय । गणसूत्र० जनीजृष्क्नसुरञ्जोऽमन्ताश्च । मितः इति अनुवर्तते । 6.4.92 मितां ह्रस्वः । इति उपधा ह्रस्वः । किन्तु गणसूत्र० नान्ये मितोऽहेतौ । इति मित्त्वनिषेधः । 7.2.116 6.4.52
7.2.28 रुष्यमत्वरसंघुषास्वनाम् । तत्त्वबोधिनी० अम गत्यादिषु। अम रोगे इति चौरादिकस्तु न गृह्यते, `एकाचः` इत्यधिकारादित्ययाहुः। आमितः आमिता आमितम् । आमितवान् आमितवती आमितवत् ।

1721 चट भेदने । kill, cut to pieces, break

10c 188 चटँ । चट् । चाटयति / ते । U । सेट् । स० । चाटि । चाटय । 7.2.116
6.4.52 चाटितः चाटिता चाटितम् । चाटितवान् चाटितवती चाटितवत् ।

1722 स्फुट भेदने । burst open, come in view 10c 189 स्फुटँ । स्फुट् । स्फोटयति / ते । U । सेट् । अ० । स्फोटि । स्फोटय । 6.1.87 6.4.52
स्फोटितः स्फोटिता स्फोटितम् । स्फोटितवान् स्फोटितवती स्फोटितवत् ।

1723 घट सङ्घाते । accumulate, unite, join, bring together
10c 190 घटँ । घट् । घाटयति / ते । U । सेट् । स० । घाटि । घाटय । 7.2.116
6.4.52 घाटितः घाटिता घाटितम् । घाटितवान् घाटितवती घाटितवत् ।

हन्त्यर्थाश्च । गणसूत्र । Roots having हन्ति अर्थः in 1c – 9c take स्वार्थे णिच् in 10c

1724 दिवु मर्दने । उदित् वैकल्पिकः णिच् । rub, moan, crush
10c 191 दिवुँ । दिव् । देवयति / ते, देवति । U । सेट् । स० । देवि । देवय । 6.1.87
6.4.52 देवितः देविता देवितम् । देवितवान् देवितवती देवितवत् ।
णिजभावपक्षे 1.3.78 शेषात् कर्त्तरि परस्मैपदम् । इति पक्षे भ्वादिः इव दिव् । P । सेट् । अ० ।
7.2.56 उदितो वा । 7.2.15 यस्य विभाषा । इति निष्ठायाम् इण्णिषेधः । 6.4.19 च्छ्वोः शूडनुनासिके च । इति ऊठ् आदेशः । 8.2.49 दिवोऽविजिगीषायाम् । इति निष्ठा तकारस्य विकल्पेन नकारादेशः ।
7.2.15, 6.4.19, 8.2.49 द्यूनः द्यूना द्यूनम् । द्यूनवान् द्यूनवती द्यूनवत् ।
पक्षे 7.2.15, 6.4.19 द्यूतः द्यूता द्यूतम् । द्यूतवान् द्यूतवती द्यूतवत् ।

1725 अर्ज प्रतियत्ने । procure, edit
10c 192 अर्जँ । अर्ज् । अर्जयति / ते । U । सेट् । स० । अर्जि । अर्जय । 6.4.52
अर्जितः अर्जिता अर्जितम् । अर्जितवान् अर्जितवती अर्जितवत् ।

1726 घुषिर् विशब्दने । अयं वैकल्पिकः णिच् । proclaim aloud, praise, declare
10c 193 घुषिँर् । घुष् । घोषयति / ते । U । सेट् । स० । घोषि । घोषय । वा० इर इत्संज्ञा वाच्या । 6.1.87 6.4.52 7.2.23 घुषिरविशब्दने।घुषिर् धातोः विशब्दने अर्थे निष्ठायाम् इडागमः न । इति वैकल्पिकः णिच् इति सिद्धान्तकौमुदी । 7.2.28 रुष्यमत्वरसंघुषास्वनाम् । रुष् अम् त्वर् सङ्घुष् आस्वन् इत्येतेषां निष्ठायां वा अनिट् । 8.4.41
7.2.28 सङ्घुष्टः सङ्घुष्टा सङ्घुष्टम् । सङ्घुष्टवान् सङ्घुष्टवती सङ्घुष्टवत् ।

पक्षे सङ्घुषितः सङ्घुषिता सङ्घुषितम् । सङ्घुषितवान् सङ्घुषितवती सङ्घुषितवत् ।
णिजभावपक्षे 1.3.78 शेषात् कर्त्तरि परस्मैपदम् । इति पक्षे भ्वादिः इव घुष् । P । सेट् । स० ।
7.2.23 अवघुषितः अवघुषिता अवघुषितम् । अवघुषितवान् ।
7.2.28, 8.4.41 सङ्घुष्टः सङ्घुष्टा सङ्घुष्टम् । सङ्घुष्टवान् सङ्घुष्टवती सङ्घुष्टवत् ।
पक्षे सङ्घुषितः सङ्घुषिता सङ्घुषितम् । सङ्घुषितवान् सङ्घुषितवती सङ्घुषितवत् ।

1727 आङः क्रन्द सातत्ये । cry, call continually 10c 194 आङः क्रन्दँ । आक्रन्द् ।
आक्रन्दयति/ते । U । सेट् । अ० । आक्रन्दि । आक्रन्दय । आङः क्रन्दः सातत्ये इति पाठे,
आङः परः क्रन्दतिः सतत् आह्वाने सतत् रोदने च अर्थे गम्यमाने णिचं लभते इत्यर्थः । आङः
क्रन्दसातत्ये इति पाठे तु, धातुपाठे चुरादौ पूर्वं पठितस्य घुषेः अत्र अनुवृत्त्या आङ्पूर्वकात् तस्मात् सतत्
क्रन्दने णिच् उत्पत्तिः ज्ञेया इति । एवं द्वेधा व्याख्या । 6.4.52
आक्रन्दितः आक्रन्दिता आक्रन्दितम् । आक्रन्दितवान् आक्रन्दितवती आक्रन्दितवत् ।

1728 लस शिल्पयोगे । be intelligent, appreciate art, be artist
10c 195 लसँ । लस् । लासयति/ते । U । सेट् । अ० । लासि । लासय । 7.2.116
6.4.52 लासितः लासिता लासितम् । लासितवान् लासितवती लासितवत् ।

1729 तसि अलङ्करणे । इदित् वैकल्पिकः णिच् । प्रायेण अव पूर्वकः । decorate
10c 196 तसिँ । तंस् । तंसयति/ते, तंसति । U । सेट् । स० । तंसि । तंसय । 7.1.58
6.4.52 तंसितः तंसिता तंसितम् । तंसितवान् तंसितवती तंसितवत् ।
णिजभावपक्षे 1.3.78 शेषात् कर्त्तरि परस्मैपदम् । इति पक्षे भ्वादिः इव तंस् । P । सेट् । स० ।
तंसितः तंसिता तंसितम् । तंसितवान् तंसितवती तंसितवत् ।

1730 भूष अलङ्करणे । घोष असने , मोक्ष असने माधवीयः । adorn, decorate
10c 197 भूषँ । भूष् । भूषयति/ते । U । सेट् । स० । भूषि । भूषय । 6.4.52
भूषितः भूषिता भूषितम् । भूषितवान् भूषितवती भूषितवत् ।

1731 अर्ह पूजायाम् । deserve, honour
10c 198 अर्हँ । अर्ह् । अर्हयति/ते । U । सेट् । स० । अर्हि । अर्हय । 6.4.52
अर्हितः अर्हिता अर्हितम् । अर्हितवान् अर्हितवती अर्हितवत् ।

1732 ज्ञा नियोगे । स्वभावात् अयम् आङ् पूर्वः । मारणादौ अस्य मित् ज्ञपयति । order,

appoint 10c 199 ज्ञा । ज्ञा । आज्ञापयति/ते । U । सेट् । स० । आज्ञापि । आज्ञापय ।
7.3.36 अर्त्तिह्रीब्लीरीक्नूयीक्ष्माय्यातां पुङ्णौ । इति पुक् आगमः । 6.4.52
आज्ञापितः आज्ञापिता आज्ञापितम् । आज्ञापितवान् आज्ञापितवती आज्ञापितवत् ।

1733 भज विश्राणने । grant, cook, complete, divide
10c 200 भजँ । भज् । भाजयति/ते । U । सेट् । स० । भाजि । भाजय । 7.2.116
6.4.52 भाजितः भाजिता भाजितम् । भाजितवान् भाजितवती भाजितवत् ।

1734 शृधु प्रसहने । प्रहसने इत्येके । उदित् वैकल्पिकः णिच् । strive, ridicule, tolerate, defeat 10c 201 शृधुँ । शृध् । शर्धयति/ते, शर्धति । U । सेट् । स० । शर्धि । शर्धय ।
6.1.87 6.4.52 शर्धितः शर्धिता शर्धितम् । शर्धितवान् शर्धितवती शर्धितवत् ।
णिजभावपक्षे 1.3.78 शेषात् कर्त्तरि परस्मैपदम् । इति पक्षे भ्वादिः इव शृध् । P । सेट् । स० ।
7.2.56 उदितो वा । 7.2.15 यस्य विभाषा । इति निष्ठायाम् इण्णिषेधः । 8.2.40 8.4.53 झलां जश् झशि । शृद्धः शृद्धा शृद्धम् । शृद्धवान् शृद्धवती शृद्धवत् ।

1735 यत निकारोपस्कारयोः । attempt, strive, hurt, slap, order, collect, prevent
10c 202 यतँ । यत् । यातयति/ते । U । सेट् । स० । याति । यातय । 7.2.116
6.4.52 यातितः यातिता यातितम् । यातितवान् यातितवती यातितवत् ।

1736 रक आस्वादने । relish
10c 203 रकँ । रक् । राकयति/ते । U । सेट् । स० । राकि । राकय । 7.2.116
6.4.52 राकितः राकिता राकितम् । राकितवान् राकितवती राकितवत् ।

1737 लग आस्वादने । रघ इत्येके । रग इत्यन्ये । taste, savour
10c 204 लगँ । लग् । लागयति/ते । U । सेट् । स० । लागि । लागय । 7.2.116
6.4.52 लागितः लागिता लागितम् । लागितवान् लागितवती लागितवत् ।

1738 अञ्चु विशेषणे । उदित् वैकल्पिकः णिच् । individualise, honour
10c 205 अञ्चुँ । अञ्च् । अञ्चयति/ते, अञ्चति । U । सेट् । स० । अञ्चि । अञ्चय ।
6.4.52 अञ्चितः अञ्चिता अञ्चितम् । अञ्चितवान् अञ्चितवती अञ्चितवत् ।
णिजभावपक्षे 1.3.78 शेषात् कर्त्तरि परस्मैपदम् । इति पक्षे भ्वादिः इव अञ्च् । P । सेट् । स० ।
6.4.24 7.2.56 7.2.15 8.2.30 अक्तः अक्ता अक्तम् । अक्तवान् अक्तवती अक्तवत् ।

1739 लिगि चित्रीकरणे । इदित् वैकल्पिकः णिच् । paint, depict a noun by gender
10c 206 लिगिँ । लिङ्ग् । लिङ्गयति / ते, लिङ्गति । U । सेट् । स० । लिङ्गि । लिङ्गय ।
7.1.58 6.4.52 निष्ठायां सेटि । लिङ्गितः लिङ्गिता लिङ्गितम् । लिङ्गितवान् लिङ्गितवती लिङ्गितवत् ।
णिजभावपक्षे 1.3.78 शेषात् कर्त्तरि परस्मैपदम् । इति पक्षे भ्वादिः इव लिङ्ग् । P । सेट् । स० ।
लिङ्गितः लिङ्गिता लिङ्गितम् । लिङ्गितवान् लिङ्गितवती लिङ्गितवत् ।

1740 मुद संसर्गे । collect, mix, cleanse
10c 207 मुदँ । मुद् । मोदयति / ते । U । सेट् । स० । मोदि । मोदय । 6.1.87
6.4.52 निष्ठायां सेटि । मोदितः मोदिता मोदितम् । मोदितवान् मोदितवती मोदितवत् ।

1741 त्रस धारणे । ग्रहणे इत्येके । वारणे इत्यन्ये । go, move, take, seize, oppose,
prevent 10c 208 त्रसँ । त्रस् । त्रासयति / ते । U । सेट् । स० । त्रासि । त्रासय ।
7.2.116 6.4.52 त्रासितः त्रासिता त्रासितम् । त्रासितवान् त्रासितवती त्रासितवत् ।

1742 उध्रस उञ्छे । उकारो धात्ववयव इत्येके । नेत्यन्ये । उदित् वैकल्पिकः णिच् । glean
10c 209 उँध्रसँ । ध्रस् । ध्रासयति / ते, ध्रसति, उध्रासयति / ते । U । सेट् । स० । ध्रासि । ध्रासय ।
7.2.116 6.4.52 ध्रासितः ध्रासिता ध्रासितम् । ध्रासितवान् ध्रासितवती ध्रासितवत् ।
णिजभावपक्षे 1.3.78 शेषात् कर्त्तरि परस्मैपदम् । इति पक्षे भ्वादिः इव ध्रस् । P । सेट् । स० ।
7.2.56 7.2.15 ध्रस्तः ध्रस्ता ध्रस्तम् । ध्रस्तवान् ध्रस्तवती ध्रस्तवत् ।

उकारो धात्ववयव इत्येके । उध्रस् । U । सेट् । स० । 6.4.52
उध्रासितः उध्रासिता उध्रासितम् । उध्रासितवान् उध्रासितवती उध्रासितवत् ।

1743 मुच प्रमोचने मोदने च । leave, deliver, be happy
10c 210 मुचँ । मुच् । मोचयति / ते । U । सेट् । स० । मोचि । मोचय । 6.1.87
6.4.52 निष्ठायां सेटि । मोचितः मोचिता मोचितम् । मोचितवान् मोचितवती मोचितवत् ।

1744 वस स्नेहच्छेदापहरणेषु । love, pity, sympathize, hurt, cut, take
10c 211 वसँ । वस् । वासयति / ते । U । सेट् । स० । वासि । वासय । 7.2.116
6.4.52 निष्ठायां सेटि । वासितः वासिता वासितम् । वासितवान् वासितवती वासितवत् ।

1745 चर संशये । doubt, suspect
10c 212 चरँ । चर् । चारयति/ते । U । सेट् । स० । चारि । चारय । 7.2.116
6.4.52 चारितः चारिता चारितम् । चारितवान् चारितवती चारितवत् ।

1746 च्यु सहने । हसने च इत्येके । च्युस इत्येके । laugh, endure
10c 213 च्यु । च्यु । च्यावयति/ते । U । सेट् । स० । च्यावि । च्याव । 7.2.115
6.4.52 च्यावितः च्याविता च्यावितम् । च्यावितवान् च्यावितवती च्यावितवत् ।

1747 भुवोऽवकल्कने । अवकल्कनं मिश्रीकरणम् इत्येके । चिन्तनम् इत्यन्ये । imagine, contemplate, mix. 10c 214 भू । भू । भावयति/ते, भवति । U । सेट् । स० । भावि । भावय । भुवोऽवकल्कने इति पाठः अनित्यण्यन्तत्वार्थः । पक्षे शप् । Siddhanta Kaumudi - The 1c Root 1 भू सत्तायाम् takes णिच् in the sense of अवकल्कने । 7.2.115 6.4.52 भावितः भाविता भावितम् । भावितवान् भावितवती भावितवत् ।

1748 कृपेश्च । अवकल्कने । क्लृपेश्च इति माधवीयः । imagine, contemplate, mix, draw, knead 10c 215 कृपँ । कृप् । कल्पयति/ते । U । सेट् । अ० । कल्पि । कल्पय ।
8.2.18 कृपो रो लः । 6.4.52 कल्पितः कल्पिता कल्पितम् । कल्पितवान् कल्पितवती कल्पितवत् ।

आ स्वदः सकर्मकात् । गणसूत्र ।

1749 आस्वदीयः अन्तर्गणः ।

अतः परं स्वदिमभिव्याप्य सम्भवत् कर्मकेभ्य एव णिच् । णिच् is affixed to transitive roots in this internal group. Here all Roots except ष्वद् are transitive. ष्वद् prefixed with आङ् i.e. आस्वद् also becomes transitive.
Purpose of this internal group is to indicate that these Roots are already there in 1c - 9c, and such Roots will take णिच् only when सकर्मकः ।

1749 ग्रस ग्रहणे । आस्वदीयः , पूर्वः पठितः अपि । take, seize, eclipse
10c 216 ग्रसँ । ग्रस् । ग्रासयति/ते । U । सेट् । स० । ग्रासि । ग्रासय । 7.2.116
6.4.52 ग्रासितः ग्रासिता ग्रासितम् । ग्रासितवान् ग्रासितवती ग्रासितवत् ।

1750 पुष धारणे । आस्वदीयः , पूर्वः पठितः अपि । bear
10c 217 पुषँ । पुष् । पोषयति/ते । U । सेट् । स० । पोषि । पोषय । 6.1.87 6.4.52

पोषितः पोषिता पोषितम् । पोषितवान् पोषितवती पोषितवत् ।

1751 दल विदारणे । आस्वदीयः , पूर्वः पठितः अपि । burst open, crack, cleave
10c 218 दलँ । दल् । दालयति / ते । U । सेट् । स० । दालि । दालय । 7.2.116
6.4.52 दालितः दालिता दालितम् । दालितवान् दालितवती दालितवत् ।

1752 पट भाषार्थः । ग्रन्थे । आस्वदीयः , पूर्वः पठितः अपि । separate, tear, shine, speak
10c 219 पटँ । पट् । पाटयति / ते । U । सेट् । स० । पाटि । पाटय । 7.2.116 6.4.52
पाटितः पाटिता पाटितम् । पाटितवान् पाटितवती पाटितवत् ।

1753 पुट भाषार्थः । आस्वदीयः , पूर्वः पठितः अपि । shine, speak, grind
10c 220 पुटँ । पुट् । पोटयति / ते । U । सेट् । स० । पोटि । पोटय ।6.1.87 6.4.52
पोटितः पोटिता पोटितम् । पोटितवान् पोटितवती पोटितवत् ।

1754 लुट भाषार्थः । आस्वदीयः , पूर्वः पठितः अपि । shine, speak, deliver oratory
10c 221 लुटँ । लुट् । लोटयति / ते । U । सेट् । स० । पोटि । पोटय । 6.1.87 6.4.52
लोटितः लोटिता लोटितम् । लोटितवान् लोटितवती लोटितवत् ।

1755 तुजि भाषायां हिंसाबलादाननिकेतनेषु च । आस्वदीयः , पूर्वः पठितः अपि । इदित् वैकल्पिकः णिच् । reside, be strong, take, shine, hurt, tell 10c 222 तुजिँ । तुञ्ज् । तुञ्जयति/ते, तुञ्जति । U । सेट् । स० । तुञ्जि । तुञ्जय । 7.1.58 6.4.52
तुञ्जितः तुञ्जिता तुञ्जितम् । तुञ्जितवान् तुञ्जितवती तुञ्जितवत् ।
णिजभावपक्षे 1.3.78 शेषात् कर्त्तरि परस्मैपदम् । इति पक्षे भ्वादिः इव तुञ्ज् । P । सेट् । स० ।
तुञ्जितः तुञ्जिता तुञ्जितम् । तुञ्जितवान् तुञ्जितवती तुञ्जितवत् ।

1756 मिजि भाषायाम् । आस्वदीयः , पूर्वः पठितः अपि । इदित् वैकल्पिकः णिच् । shine, speak 10c 223 मिजिँ । मिञ्ज् । मिञ्जयति / ते, मिञ्जति । U ।सेट् । स०। मिञ्जि । मिञ्जय 7.1.58 6.4.52 मिञ्जितः मिञ्जिता मिञ्जितम् । मिञ्जितवान् मिञ्जितवती मिञ्जितवत् ।
णिजभावपक्षे 1.3.78 शेषात् कर्त्तरि परस्मैपदम् । इति पक्षे भ्वादिः इव मिञ्ज् । P । सेट् । स० ।
मिञ्जितः मिञ्जिता मिञ्जितम् । मिञ्जितवान् मिञ्जितवती मिञ्जितवत् ।

1757 पिजि भाषायाम् । आस्वदीयः , पूर्वः पठितः अपि । इदित् वैकल्पिकः णिच् । shine,

speak 10c 224 पिजिँ । पिञ्ज् । पिञ्जयति / ते, पिञ्जति । U । सेट् । स० । पिञ्जि । पिञ्जय । 7.1.58 6.4.52 पिञ्जितः पिञ्जिता पिञ्जितम् । पिञ्जितवान् पिञ्जितवती पिञ्जितवत् ।
णिजभावपक्षे 1.3.78 शेषात् कर्त्तरि परस्मैपदम् । इति पक्षे भ्वादिः इव पिञ्ज् । P । सेट् । स० ।
पिञ्जितः पिञ्जिता पिञ्जितम् । पिञ्जितवान् पिञ्जितवती पिञ्जितवत् ।

1758 लुजि भाषायाम् । आस्वदीयः , पूर्वः पठितः अपि । इदित् वैकल्पिकः णिच् । shine, speak 10c 225 लुजिँ । लुञ्ज् । लुञ्जयति / ते, लुञ्जति । U । सेट् । स० । लुञ्जि । लुञ्जय । 7.1.58 6.4.52 लुञ्जितः लुञ्जिता लुञ्जितम् । लुञ्जितवान् लुञ्जितवती लुञ्जितवत् ।
णिजभावपक्षे 1.3.78 शेषात् कर्त्तरि परस्मैपदम् । इति पक्षे भ्वादिः इव लुञ्ज् । P । सेट् । स० ।
लुञ्जितः लुञ्जिता लुञ्जितम् । लुञ्जितवान् लुञ्जितवती लुञ्जितवत् ।

1759 भजि भाषायाम् । आस्वदीयः , पूर्वः पठितः अपि । इदित् वैकल्पिकः णिच् । shine, speak 10c 226 भजिँ । भञ्ज् । भञ्जयति / ते, भञ्जति । U । सेट् । स० । भञ्जि । भञ्जय । 7.1.58 6.4.52 भञ्जितः भञ्जिता भञ्जितम् । भञ्जितवान् भञ्जितवती भञ्जितवत् ।
णिजभावपक्षे 1.3.78 शेषात् कर्त्तरि परस्मैपदम् । इति पक्षे भ्वादिः इव भञ्ज् । P । सेट् । स० ।
भञ्जितः भञ्जिता भञ्जितम् । भञ्जितवान् भञ्जितवती भञ्जितवत् ।

1760 लघि भाषायाम् । आस्वदीयः , पूर्वः पठितः अपि । shine, speak, go beyond 10c 227 लघिँ । लङ्घ् । लङ्घयति / ते, लङ्घति । U । सेट् । स० । लङ्घि । लङ्घय । 7.1.58 इदितो नुम् धातोः । Siddhanta Kaumudi इदित्करणं णिचः पाक्षिकत्वे लिङ्गम् । 6.4.52 लङ्घितः लङ्घिता लङ्घितम् । लङ्घितवान् लङ्घितवती लङ्घितवत् ।
णिजभावपक्षे 1.3.78 शेषात् कर्त्तरि परस्मैपदम् । इति पक्षे भ्वादिः इव लङ्घ् । P । सेट् । स० ।
लङ्घितः लङ्घिता लङ्घितम् । लङ्घितवान् लङ्घितवती लङ्घितवत् ।

1761 त्रसि भाषायाम् ।आस्वदीयः , पूर्वः पठितः अपि। go, catch, obstruct, oppose 10c 228 त्रसिँ । त्रंस् । त्रंसयति / ते, त्रंसति । U । सेट् । स० । त्रंसि । त्रंसय । 7.1.58 इदितो नुम् धातोः । Siddhanta Kaumudi इदित्करणं णिचः पाक्षिकत्वे लिङ्गम् । 6.4.52 त्रंसितः त्रंसिता त्रंसितम् । त्रंसितवान् त्रंसितवती त्रंसितवत् ।
णिजभावपक्षे 1.3.78 शेषात् कर्त्तरि परस्मैपदम् । इति पक्षे भ्वादिः इव त्रंस् । P । सेट् । स० ।
त्रंसितः त्रंसिता त्रंसितम् । त्रंसितवान् त्रंसितवती त्रंसितवत् ।

1762 पिसि भाषायाम् । आस्वदीयः , पूर्वः पठितः अपि । इदित् वैकल्पिकः णिच् । shine, speak 10c 229 पिसिँ । पिंस् । पिंसयति / ते, पिंसति । U । सेट् । स० । पिंसि । पिंसय । 7.1.58 6.4.52 पिंसितः पिंसिता पिंसितम् । पिंसितवान् पिंसितवती पिंसितवत् । णिजभावपक्षे 1.3.78 शेषात् कर्त्तरि परस्मैपदम् । इति पक्षे भ्वादिः इव पिंस् । P । सेट् । स० । पिंसितः पिंसिता पिंसितम् । पिंसितवान् पिंसितवती पिंसितवत् ।

1763 कुसि भाषायाम् । आस्वदीयः , पूर्वः पठितः अपि । इदित् वैकल्पिकः णिच् । speak, shine 10c 230 कुसिँ । कुंस् । कुंसयति / ते, कुंसति । U । सेट् । स० । कुंसि । कुंसय । 7.1.58 6.4.52 कुंसितः कुंसिता कुंसितम् । कुंसितवान् कुंसितवती कुंसितवत् । णिजभावपक्षे 1.3.78 शेषात् कर्त्तरि परस्मैपदम् । इति पक्षे भ्वादिः इव कुंस् । P । सेट् । स० । कुंसितः कुंसिता कुंसितम् । कुंसितवान् कुंसितवती कुंसितवत् ।

1764 दशि भाषायाम् । आस्वदीयः , पूर्वः पठितः अपि । इदित् वैकल्पिकः णिच् । shine, speak harshly. 10c 231 दशिँ । दंश् । दंशयति / ते, दंशति । U । सेट् । स० । दंशि । दंशय । 7.1.58 6.4.52 दंशितः दंशिता दंशितम् । दंशितवान् दंशितवती दंशितवत् । णिजभावपक्षे 1.3.78 शेषात् कर्त्तरि परस्मैपदम् । इति पक्षे भ्वादिः इव दंश् । P । सेट् । स० । दंशितः दंशिता दंशितम् । दंशितवान् दंशितवती दंशितवत् ।

1765 कुशि भाषायाम् । आस्वदीयः , पूर्वः पठितः अपि । इदित् वैकल्पिकः णिच् । speak, shine 10c 232 कुशिँ । कुंश् । कुंशयति / ते, कुंशति । U । सेट् । स० । कुंशि । कुंशय । 7.1.58 6.4.52 कुंशितः कुंशिता कुंशितम् । कुंशितवान् कुंशितवती कुंशितवत् । णिजभावपक्षे 1.3.78 शेषात् कर्त्तरि परस्मैपदम् । इति पक्षे भ्वादिः इव कुंश् । P । सेट् । स० । कुंशितः कुंशिता कुंशितम् । कुंशितवान् कुंशितवती कुंशितवत् ।

1766 घट भाषायाम् । आस्वदीयः , पूर्वः पठितः अपि । speak, shine, be published 10c 233 घटँ । घट् । घाटयति / ते । U । सेट् । स० । घाटि । घाटय । 7.2.116 6.4.52 घाटितः घाटिता घाटितम् । घाटितवान् घाटितवती घाटितवत् ।

1767 घटि भाषायां भासार्थो वा । आस्वदीयः, पूर्वः पठितः अपि । speak, shine, be published 10c 234 घटिँ । घण्ट् । घण्टयति / ते, घण्टति । U । सेट् । स० । घण्टि । घण्टय । 7.1.58 Siddhanta Kaumudi इदित्करणं णिचः पाक्षिकत्वे लिङ्गम् । घण्टितः घण्टिता घण्टितम् । घण्टितवान् घण्टितवती घण्टितवत् । णिजभावपक्षे 1.3.78 शेषात् कर्त्तरि परस्मैपदम् । इति पक्षे भ्वादिः इव घण्ट् । P । सेट् । स० ।

घण्टितः घण्टिता घण्टितम् । घण्टितवान् घण्टितवती घण्टितवत् ।

1768 बृहि भाषायाम् । आस्वदीयः, पूर्वः पठितः अपि । इदित् वैकल्पिकः णिच् । shine, speak
10c 235 बृहिँ । बृंह् । बृंहयति/ते, बृंहति । U । सेट् । स० । बृंहि । बृंहय । 7.1.58
6.4.52 बृंहितः बृंहिता बृंहितम् । बृंहितवान् बृंहितवती बृंहितवत् ।
णिजभावपक्षे 1.3.78 शेषात् कर्त्तरि परस्मैपदम् । इति पक्षे भ्वादिः इव बृंह् । P । सेट् । स० ।
बृंहितः बृंहिता बृंहितम् । बृंहितवान् बृंहितवती बृंहितवत् ।

1769 बर्ह भाषायाम् । आस्वदीयः, पूर्वः पठितः अपि । shine, speak
10c 236 बर्हँ । बर्ह् । बर्हयति/ते । U । सेट् । स० । बर्हि । बर्हय । 7.2.116 6.4.52
बर्हितः बर्हिता बर्हितम् । बर्हितवान् बर्हितवती बर्हितवत् ।

1770 बल्ह भाषायाम् । आस्वदीयः, पूर्वः पठितः अपि । shine, speak
10c 237 बल्हँ । बल्ह् । बल्हयति/ते । U । सेट् । स० । बल्हि । बल्हय । 7.2.116
6.4.52 बल्हितः बल्हिता बल्हितम् । बल्हितवान् बल्हितवती बल्हितवत् ।

1771 गुप भाषायाम् । आस्वदीयः, पूर्वः पठितः अपि । speak, shine, conceal
10c 238 गुपँ । गुप् । गोपयति/ते । U । सेट् । स० । गोपि । गोपय । Note 3.1.28
गुपूधूपविच्छिपणिपनिभ्य आयः । 3.1.31 आयादय आर्धधातुके वा । Apply to 1c – 9c Roots
only 6.1.87 6.4.52 गोपितः गोपिता गोपितम् । गोपितवान् गोपितवती गोपितवत् ।

1772 धूप भाषायाम् । आस्वदीयः, पूर्वः पठितः अपि । shine, speak
10c 239 धूपँ । धूप् । धूपयति/ते । U । सेट् । स० । धूपि । धूपय ।
Note 3.1.28 3.1.31 Apply to 1c – 9c Roots only.
6.4.52 धूपितः धूपिता धूपितम् । धूपितवान् धूपितवती धूपितवत् ।

1773 विच्छ भाषायाम् । आस्वदीयः, पूर्वः पठितः अपि । shine, speak
10c 240 विच्छँ । विच्छ् । विच्छयति/ते । U । सेट् । स० । विच्छि । विच्छय ।
Note 3.1.28 3.1.31 Apply to 1c – 9c Roots only.
6.4.52 विच्छितः विच्छिता विच्छितम् । विच्छितवान् विच्छितवती विच्छितवत् ।

1774 चीव भाषायाम् । भासार्थः । आस्वदीयः, पूर्वः पठितः अपि । speak, shine

10c 241 चीवँ । चीव् । चीवयति/ते । U । सेट् । स० । चीवि । चीवय । 6.4.52
चीवितः चीविता चीवितम् । चीवितवान् चीवितवती चीवितवत् ।

1775 पुथ भाषायाम् । आस्वदीयः, पूर्वः पठितः अपि । shine, speak, grind
10c 242 पुथँ । पुथ् । पोथयति/ते । U । सेट् । स० । पोथि । पोथय । 6.1.87
6.4.52 **पोथितः पोथिता पोथितम् । पोथितवान् पोथितवती पोथितवत् ।**

1776 लोकृ भाषायाम् । आस्वदीयः, पूर्वः पठितः अपि । observe, shine, speak, be enlightened 10c 243 लोकृँ । लोक् । लोकयति/ते । U । सेट् । स० । लोकि । लोकय । 6.4.52 **लोकितः लोकिता लोकितम् । लोकितवान् लोकितवती लोकितवत् ।**

1777 लोचृ भाषायाम् । आस्वदीयः, पूर्वः पठितः अपि । shine, speak
10c 244 लोचृँ । लोच् । लोचयति/ते । U । सेट् । स० । लोचि । लोचय । 6.4.52
लोचितः लोचिता लोचितम् । लोचितवान् लोचितवती लोचितवत् ।

1778 णद भाषायाम् । णोपदेशः । आस्वदीयः, पूर्वः पठितः अपि । sound
10c 245 णदँ । नद् । नादयति/ते । U । सेट् । स० । नादि । नादय । 7.2.116
6.4.52 **नादितः नादिता नादितम् । नादितवान् नादितवती नादितवत् ।**

1779 कुप भाषायाम् । आस्वदीयः, पूर्वः पठितः अपि । scold, speak, shine
10c 246 कुपँ । कुप् । कोपयति/ते । U । सेट् । स० । कोपि । कोपय । 6.1.87
6.4.52 **कोपितः कोपिता कोपितम् । कोपितवान् कोपितवती कोपितवत् ।**

1780 तर्क भाषायाम् । आस्वदीयः, पूर्वः पठितः अपि । guess, debate, speak
10c 247 तर्कँ । तर्क् । तर्कयति/ते । U । सेट् । स० । तर्कि । तर्कय । 6.4.52
तर्कितः तर्किता तर्कितम् निष्ठा । तर्कितवान् तर्कितवती तर्कितवत् ।

1781 वृतु भाषायाम् । आस्वदीयः, पूर्वः पठितः अपि । उदित् वैकल्पिकः णिच् । shine, speak
10c 248 वृतुँ । वृत् । वर्तयति/ते, वर्तति । U । सेट् । स० । वर्ति । वर्तय । 7.2.26
णेरध्ययने वृत्तम् । 6.1.87 6.4.52

6.4.52	**वर्तितः वर्तिता वर्तितम्**	**वर्तितवान् वर्तितवती वर्तितवत्**
7.2.26	**वृत्तः वृत्ता वृत्तम्**	**वृत्तवान् वृत्तवती वृत्तवत्**

णिजभावपक्षे 1.3.78 शेषात् कर्त्तरि परस्मैपदम् । इति पक्षे भ्वादिः इव वृत् । P । सेट् । स० । 7.2.56 7.2.15 वृत्तः वृत्ता वृत्तम् । वृत्तवान् वृत्तवती वृत्तवत् ।

1782 वृधु भाषार्थाः । आस्वदीयः, पूर्वः पठितः अपि । उदित् वैकल्पिकः णिच् । shine, speak 10c 249 वृधुँ । वृध् । वर्धयति/ते, वर्धति । U । सेट् । स० । वर्धि । वर्धय । 6.1.87 6.4.52 वर्धितः वर्धिता वर्धितम् । वर्धितवान् वर्धितवती वर्धितवत् ।

णिजभावपक्षे 1.3.78 । P । सेट् । स० । 7.2.56 7.2.15 8.2.40 8.4.53
वृद्धः वृद्धा वृद्धम् । वृद्धवान् वृद्धवती वृद्धवत् ।

1783 रुट भाषायाम् । आस्वदीयः , पूर्वः पठितः अपि । shine, speak 10c 250 रुटँ । रुट् । रोटयति/ते । U । सेट् । स० । रोटि । रोटय । 6.1.87 6.4.52 रोटितः रोटिता रोटितम् । रोटितवान् रोटितवती रोटितवत् ।

1784 लजि भाषायाम् । आस्वदीयः , पूर्वः पठितः अपि । इदित् वैकल्पिकः णिच् । shine, speak 10c 251 लजिँ । लञ्ज् । लञ्जयति/ते, लञ्जति । U । सेट् । स० । लञ्जि । लञ्जय । 7.1.58 6.4.52 लञ्जितः लञ्जिता लञ्जितम् । लञ्जितवान् लञ्जितवती लञ्जितवत् ।
णिजभावपक्षे 1.3.78 शेषात् कर्त्तरि परस्मैपदम् । इति पक्षे भ्वादिः इव लञ्ज् । P । सेट् । स० । लञ्जितः लञ्जिता लञ्जितम् । लञ्जितवान् लञ्जितवती लञ्जितवत् ।

1785 अजि भाषायाम् । आस्वदीयः , पूर्वः पठितः अपि । इदित् वैकल्पिकः णिच् । speak, make clear
10c 252 अजिँ । अञ्ज् । अञ्जयति/ते, अञ्जति । U । सेट् । स० । अञ्जि । अञ्जय । 7.1.58 6.4.52 अञ्जितः अञ्जिता अञ्जितम् । अञ्जितवान् अञ्जितवती अञ्जितवत् ।
णिजभावपक्षे 1.3.78 शेषात् कर्त्तरि परस्मैपदम् । इति पक्षे भ्वादिः इव अञ्ज् । P । सेट् । स० ।
अञ्जितः अञ्जिता अञ्जितम् । अञ्जितवान् अञ्जितवती अञ्जितवत् ।

1786 दसि भाषायाम् । आस्वदीयः , पूर्वः पठितः अपि । इदित् वैकल्पिकः णिच् । shine, speak harshly 10c 253 दसिँ । दंस् । दंसयति/ते, दंसति । U । सेट् । स० । दंसि । दंसय । 7.1.58 6.4.52 दंसितः दंसिता दंसितम् । दंसितवान् दंसितवती दंसितवत् ।
णिजभावपक्षे 1.3.78 शेषात् कर्त्तरि परस्मैपदम् । इति पक्षे भ्वादिः इव दंस् । P । सेट् । स० ।

दंसितः दंसिता दंसितम् । दंसितवान् दंसितवती दंसितवत् ।

1787 भृशि भाषायाम् । आस्वदीयः , पूर्वः पठितः अपि । इदित् वैकल्पिकः णिच् । shine, speak
10c 254 भृशिँ । भृंश् । भृंशयति / ते, भृंशति । U । सेट् । स० । भृंशि । भृंशय ।
7.1.58 6.4.52 **भृंशितः भृंशिता भृंशितम् । भृंशितवान् भृंशितवती भृंशितवत् ।**
णिजभावपक्षे 1.3.78 **शेषात् कर्त्तरि परस्मैपदम् । इति पक्षे भ्वादिः इव भृंश् ।** P । सेट् । स० ।
भृंशितः भृंशिता भृंशितम् । भृंशितवान् भृंशितवती भृंशितवत् ।

1788 रुशि भाषायाम् । आस्वदीयः , पूर्वः पठितः अपि । इदित् वैकल्पिकः णिच् । shine, speak
10c 255 रुशिँ । रुंश् । रुंशयति / ते, रुंशति । U । सेट् । स० । रुंशि । रुंशय । 7.1.58
6.4.52 । **रुंशितः रुंशिता रुंशितम् । रुंशितवान् रुंशितवती रुंशितवत् ।**
णिजभावपक्षे 1.3.78 **शेषात् कर्त्तरि परस्मैपदम् । इति पक्षे भ्वादिः इव रुंश् ।** P । सेट् । स० ।
रुंशितः रुंशिता रुंशितम् । रुंशितवान् रुंशितवती रुंशितवत् ।

1789 शीक भाषायाम् । आस्वदीयः, पूर्वः पठितः अपि । shine, speak
10c 256 शीकँ । शीक् । शीकयति / ते । U । सेट् । स० । शीकि । शीकय । 6.4.52
शीकितः शीकिता शीकितम् । शीकितवान् शीकितवती शीकितवत् ।

1790 रुसि भाषायाम् । आस्वदीयः , पूर्वः पठितः अपि । इदित् वैकल्पिकः णिच् । shine, speak
10c 257 रुसिँ । रुंस् । रुंसयति / ते, रुंसति । U । सेट् । स० । रुंसि । रुंसय । 7.1.58
6.4.52 **रुंसितः रुंसिता रुंसितम् । रुंसितवान् रुंसितवती रुंसितवत् ।**
णिजभावपक्षे 1.3.78 **शेषात् कर्त्तरि परस्मैपदम् । इति पक्षे भ्वादिः इव रुंस् ।** P । सेट् । स० ।
रुंसितः रुंसिता रुंसितम् । रुंसितवान् रुंसितवती रुंसितवत् ।

1791 नट भाषायाम् । अयं णोपदेशः न । आस्वदीयः , पूर्वः पठितः अपि । shine, act
10c 258 नटँ । नट् । नाटयति / ते । U । सेट् । स० । नाटि । नाटय । 7.2.116
6.4.52 **नाटितः नाटिता नाटितम् । नाटितवान् नाटितवती नाटितवत् ।**

1792 पुटि भाषायाम् । आस्वदीयः , पूर्वः पठितः अपि । इदित् वैकल्पिकः णिच् । shine, speak,
grind 10c 259 पुटिँ । पुण्ट् । पुण्टयति / ते, पुण्टति । U । सेट् । स० । **पुण्टि** । **पुण्टय** ।
7.1.58 । Siddhanta Kaumudi **इदित्करणं णिचः पाक्षिकत्वे लिङ्गम्** । 7.2.116 6.4.52
पुण्टितः पुण्टिता पुण्टितम् । पुण्टितवान् पुण्टितवती पुण्टितवत् ।

णिजभावपक्षे 1.3.78 शेषात् कर्त्तरि परस्मैपदम् । इति पक्षे भ्वादिः इव पुण्ट् । P । सेट् । स० । पुण्टितः पुण्टिता पुण्टितम् । पुण्टितवान् पुण्टितवती पुण्टितवत् ।

1793 जि भाषार्थः । भासार्थः । आस्वदीयः , पूर्वः पठितः अपि । speak, shine 10c 260 जि । जि । जाययति / ते । U । सेट् । स० । जायि । जायय । 7.2.115 अचो ञ्णिति । 6.4.52 जायितः जायिता जायितम् । जायितवान् जायितवती जायितवत् ।

1794 चि भाषार्थः । भासार्थः । जि चि — जुचि इत्येके । आस्वदीयः , पूर्वः पठितः अपि । illumine 10c 261 चि । चि । चाययति / ते, चापयति / ते । U । सेट् । स० । चायि । चायय । 7.3.36 अर्त्तिह्रीब्लीरीक्नूयीक्ष्माय्यातां पुङ्णौ । 7.2.115 6.4.52
चायितः चायिता चायितम् । चायितवान् चायितवती चायितवत् ।
6.1.54 चिस्फुरोर्णौ । चि स्फुर इत्येतयोः धात्वोः णौ परतः एचः स्थाने विभाषा आकारादेशः । इति पुक् आगमः । U । सेट् । स० । चापि । चापय ।
चापितः चापिता चापितम् । चापितवान् चापितवती चापितवत् ।

1795 रघि भाषायाम् । आस्वदीयः , पूर्वः पठितः अपि । इदित् वैकल्पिकः णिच् । shine, speak 10c 262 रघिँ । रङ्घ् । रङ्घयति / ते, रङ्घति । U । सेट् । स० । रङ्घि । रङ्घय । 7.1.58 6.4.52 रङ्घितः रङ्घिता रङ्घितम् । रङ्घितवान् रङ्घितवती रङ्घितवत् ।
णिजभावपक्षे 1.3.78 शेषात् कर्त्तरि परस्मैपदम् । इति पक्षे भ्वादिः इव रङ्घ् । P । सेट् । स० ।
रङ्घितः रङ्घिता रङ्घितम् । रङ्घितवान् रङ्घितवती रङ्घितवत् ।

1796 लघि भाषायाम् । आस्वदीयः, पूर्वः पठितः अपि । इदित् वैकल्पिकः णिच् । shine, speak, go beyond. 10c 263 लघिँ । लङ्घ् । लङ्घयति / ते, लङ्घति । U । सेट् । स० । लङ्घि । लङ्घय । Repetition-Identical to Root 1760 लघि भाषायाम् । आस्वदीयः । Not in Madhaviya Dhatu Vritti. 7.1.58 6.4.52
लङ्घितः लङ्घिता लङ्घितम् । लङ्घितवान् लङ्घितवती लङ्घितवत् ।

णिजभावपक्षे 1.3.78 शेषात् कर्त्तरि परस्मैपदम् । इति पक्षे भ्वादिः इव लङ्घ् । P । सेट् । स० ।
Note — कर्मणि and निष्ठा forms for णिच् / णिजभावे are same.
लङ्घितः लङ्घिता लङ्घितम् । लङ्घितवान् लङ्घितवती लङ्घितवत् ।

1797 अहि भाषायाम् । आस्वदीयः, पूर्वः पठितः अपि । इदित् वैकल्पिकः णिच् । speak, shine

10c 264 अहिँ । अंह् । अंहयति / ते, अंहति । U । सेट् । स० । अंहि । अंहय । 7.1.58 6.4.52 **अंहितः अंहिता अंहितम् । अंहितवान् अंहितवती अंहितवत् ।**
णिजभावपक्षे 1.3.78 **शेषात् कर्त्तरि परस्मैपदम् । इति पक्षे भ्वादिः इव अंह्** । P । सेट् । स० । **अंहितः अंहिता अंहितम् । अंहितवान् अंहितवती अंहितवत् ।**

1798 रहि भाषायाम् । आस्वदीयः, पूर्वः पठितः अपि । इदित् वैकल्पिकः णिच् । shine, speak
10c 265 रहिँ । रंह् । रंहयति / ते, रंहति । U । सेट् । स० । रंहि । रंहय । 7.1.58 6.4.52 **निष्ठायां सेटि । रंहितः रंहिता रंहितम् । रंहितवान् रंहितवती रंहितवत् ।**
णिजभावपक्षे 1.3.78 **शेषात् कर्त्तरि परस्मैपदम् । इति पक्षे भ्वादिः इव रंह्** । P । सेट् । स० । **रंहितः रंहिता रंहितम् । रंहितवान् रंहितवती रंहितवत् ।**

1799 महि च । भाषार्थाः । आस्वदीयः, पूर्वः पठितः अपि । इदित् वैकल्पिकः णिच् । shine, speak 10c 266 महिँ । मंह् । मंहयति / ते, मंहति । U । सेट् । स० । मंहि । मंहय । 7.1.58 6.4.52 **मंहितः मंहिता मंहितम् । मंहितवान् मंहितवती मंहितवत् ।**
णिजभावपक्षे 1.3.78 **शेषात् कर्त्तरि परस्मैपदम् । इति पक्षे भ्वादिः इव मंह्** । P । सेट् । स० । **मंहितः मंहिता मंहितम् । मंहितवान् मंहितवती मंहितवत् ।**

1800 लडि भाषायाम् । आस्वदीयः, पूर्वः पठितः अपि । इदित् वैकल्पिकः णिच् ।
shine, speak, deliver discourse.
10c 267 लडिँ । लण्ड् । लण्डयति / ते, लण्डति । U । सेट् । स० । लण्डि । लण्डय । 7.1.58 6.4.52 **लण्डितः लण्डिता लण्डितम् । लण्डितवान् लण्डितवती लण्डितवत् ।**
णिजभावपक्षे 1.3.78 **शेषात् कर्त्तरि परस्मैपदम् । इति पक्षे भ्वादिः इव लण्ड्** । P । सेट् । स० । **लण्डितः लण्डिता लण्डितम् । लण्डितवान् लण्डितवती लण्डितवत् ।**

1801 तड भाषायाम् । तुड । आस्वदीय , पूर्वः पठितः अपि । strike, beat
10c 268 तडँ । तड् । ताडयति / ते । U । सेट् । स० । तडि । तडय । 7.2.116 6.4.52 **ताडितः ताडिता ताडितम् । ताडितवान् ताडितवती ताडितवत् ।**

1802 नल च । भाषार्थाः । आस्वदीय , पूर्वः पठितः अपि । shine, speak
10c 269 नलँ । नल् । नालयति / ते । U । सेट् । स० । नालि । नालय । 7.2.116 6.4.52 **नालितः नालिता नालितम् । नालितवान् नालितवती नालितवत् ।**

1803 पूरी आप्यायने । ईदित् वैकल्पिकः णिच् । satisfy, fill, be filled 10c 270 पूरीँ । पूर् । पूरयति/ते, पूरति । U । सेट् । स० । पूरि । पूरय । Siddhanta Kaumudi – ईदित्त्वं निष्ठायाम् इण्निषेधाय । अत एव णिज्वा । 6.4.52 7.2.27 8.2.42

7.2.27 पूरितः पूरिता पूरितम् पूरितवान् पूरितवती पूरितवत्
7.2.2 पूर्णः पूर्णा पूर्णम् पूर्णवान् पूर्णवती पूर्णवत्

णिजभावपक्षे 1.3.78 शेषात् कर्त्तरि परस्मैपदम् । इति पक्षे भ्वादिः इव पूर् । P । सेट् । स० । 7.2.14 8.2.42 पूर्णः पूर्णा पूर्णम् । पूर्णवान् पूर्णवती पूर्णवत् ।

1804 रुज हिंसायाम् । आस्वदीयः , पूर्वः पठितः अपि । hurt, harm
10c 271 रुजँ । रुज् । रोजयति/ते । U । सेट् । स० । रोजि । रोजय । 6.1.87 6.4.52 रोजितः रोजिता रोजितम् । रोजितवान् रोजितवती रोजितवत् ।

1805 ष्वद आस्वादने । स्वाद इत्येके । आस्वदीयः , पूर्वः पठितः अपि । savour, sweeten, enjoy 10c 272 ष्वदँ । स्वद् । आस्वादयति/ते । U । सेट् । स० । स्वादि । स्वादय । Siddhanta Kaumudi स्वादिमभिव्याप्य संभवत्कर्मभ्य एव णिच् । इति आङ् उपसर्गः योगेन सकर्मकः । 7.2.116 6.4.52
आस्वादितः आस्वादिता आस्वादितम् । आस्वादितवान् आस्वादितवती आस्वादितवत् ।

वृत् । आस्वदीयाः गताः । आ धृषाद्वा । गणसूत्र ।

1806 आधृषीयः अन्तर्गणः । (युजादिः अन्तर्गणः तु) ।

इत ऊर्ध्वं विभाषितणिचो धृषधातुम् अभिव्याप्य । पक्षे शप् ।

1806 युज संयमने । आधृषीयः , वैकल्पिकः णिचः । restrain, check, discipline, concentrate 10c 273 युजँ । युज् । योजयति/ते, योजति । U । सेट् । स० । योजि । योजय । 6.1.87 6.4.52 योजितः योजिता योजितम् । योजितवान् योजितवती योजितवत् ।
णिजभावपक्षे 1.3.78 शेषात् कर्त्तरि परस्मैपदम् । इति पक्षे भ्वादिः इव युज् । P । सेट् । स० । युजितः युजिता युजितम् । युजितवान् युजितवती युजितवत् ।

1807 पृच संयमने । आधृषीयः , वैकल्पिकः णिचः । restrain, check, discipline, concentrate 10c 274 पृचँ । पृच् । पर्चयति/ते, पर्चति । U । सेट् । स० । पर्चि ।

पर्चय । 6.1.87 6.4.52 पर्चितः पर्चिता पर्चितम् । पर्चितवान् पर्चितवती पर्चितवत् ।
णिजभावपक्षे 1.3.78 शेषात् कर्त्तरि परस्मैपदम् । इति पक्षे भ्वादिः इव पृच् । P । सेट् । स० ।
6.4.52 पृचितः पृचिता पृचितम् । पृचितवान् पृचितवती पृचितवत् ।

1808 अर्च पूजायाम् । आधृषीयः , वैकल्पिकः णिचः । worship
10c 275 अर्चँ । अर्च् । अर्चयति / ते, अर्चति (अर्चते) । U । सेट् । स० । अर्चि । अर्चय ।
शाकाटायनः अस्य धातोः अनुदात्तेत्त्वम् अङ्गीकृत्य आत्मनेपदित्वं प्रतिपादयति । 6.4.52
अर्चितः अर्चिता अर्चितम् । अर्चितवान् अर्चितवती अर्चितवत् ।
णिजभावपक्षे 1.3.78 शेषात् कर्त्तरि परस्मैपदम् । इति पक्षे भ्वादिः इव अर्च् । P । सेट् । स० ।
क्त अर्चितः अर्चिता अर्चितम् क्तवत् अर्चितवान् अर्चितवती अर्चितवत्

शाकाटायनः अस्य धातोः अनुदात्तेत्त्वम् अङ्गीकृत्य आत्मनेपदित्वं प्रतिपादयति । अर्च् । A । सेट् । स० । अर्चितः अर्चिता अर्चितम् । अर्चितवान् अर्चितवती अर्चितवत् ।

1809 षह मर्षणे । आधृषीयः , वैकल्पिकः णिचः । tolerate, conquer
10c 276 षहँ । सह् । साहयति / ते, सहति । U । सेट् । स० । साहि । साहय । 7.2.116
6.4.52 साहितः साहिता साहितम् । साहितवान् साहितवती साहितवत् ।
णिजभावपक्षे 1.3.78 शेषात् कर्त्तरि परस्मैपदम् । इति पक्षे भ्वादिः इव सह् । P । सेट् । स० ।
क्त सहितः सहिता सहितम् क्तवत् सहितवान् सहितवती सहितवत्

1810 ईर क्षेपे । आधृषीयः , वैकल्पिकः णिचः । inspire, impel, throw, move
10c 277 ईरँ । ईर् । ईरयति / ते, ईरति । U । सेट् । स० । ईरि । ईरय । 6.4.52
ईरितः ईरिता ईरितम् । ईरितवान् ईरितवती ईरितवत् ।

णिजभावपक्षे 1.3.78 शेषात् कर्त्तरि परस्मैपदम् । इति पक्षे भ्वादिः इव ईर् । P । सेट् । स० ।
Note — कर्मणि and निष्ठा forms for णिच् /णिजभावे are same.
क्त ईरितः ईरिता ईरितम् क्तवत् ईरितवान् ईरितवती ईरितवत्

1811 ली द्रवीकरणे । आधृषीयः , वैकल्पिकः णिचः । melt, dissolve, be one with, stick
10c 278 ली । ली । लाययति / ते, लयति । U । सेट् । स० । लायि । लायय ।
MahaBhashya – Sutras 6.1.51 विभाषा लीयतेः , 7.3.39 लीलोर्नुग्लुकावन्यतरस्यां स्नेहविपातने । apply to 4c Root 1139 लीङ् श्लेषणे and not to this. 7.2.115 6.4.52

लायितः लायिता लायितम् । लायितवान् लायितवती लायितवत् ।
णिजभावपक्षे 1.3.78 शेषात् कर्त्तरि परस्मैपदम् । इति पक्षे भ्वादिः इव ली । P । सेट् । स० ।
क्त लीतः लीता लीतम् क्तवत् लीतवान् लीतवती लीतवत्

1812 वृजी वर्जने । आधृषीयः , वैकल्पिकः णिचः । (ईदित् तु वैकल्पिकः णिच्) । let go, avoid, prevent 10c 279 वृजीँ । वृज् । वर्जयति / ते, वर्जति । U । सेट् । स० । वर्जि । वर्जय । 6.1.87 6.4.52 वर्जितः वर्जिता वर्जितम् । वर्जितवान् वर्जितवती वर्जितवत् ।
णिजभावपक्षे 1.3.78 शेषात् कर्त्तरि परस्मैपदम् । इति पक्षे भ्वादिः इव वृज् । P । सेट् । स० ।
क्त वृजितः वृजिता वृजितम् क्तवत् वृजितवान् वृजितवती वृजितवत्

1813 वृञ् आवरणे । आधृषीयः , वैकल्पिकः णिचः । 7.2.42 लिङि० । like, choose, cover, prevent 10c 280 वृञ् । वृ । वारयति / ते, वरति / ते । U । सेट् । स० । वारि । वारय । 7.2.115 6.4.52 वारितः वारिता वारितम् । वारितवान् वारितवती वारितवत् ।
णिजभावपक्षे 1.3.72 स्वरितञितः कर्त्रभिप्राये क्रियाफले । इति पक्षे भ्वादिः इव वृ । U । सेट् । स० ।
7.2.15 7.4.28 वृतः वृता वृतम् । वृतवान् वृतवती वृतवत् ।

1814 जॄ वयोहानौ । आधृषीयः , वैकल्पिकः णिचः । grow old, decay
10c 281 जॄ । जॄ । जारयति / ते, जरति । U । सेट् । अ० । जारि । जारय । 7.2.115
6.4.52 जारितः जारिता जारितम् । जारितवान् जारितवती जारितवत् ।
णिजभावपक्षे 1.3.78 शेषात् कर्त्तरि परस्मैपदम् । इति पक्षे भ्वादिः इव जॄ । P । सेट् । अ० ।
7.1.100 1.1.51 8.2.77 8.2.42 जीर्णः जीर्णा जीर्णम् । जीर्णवान् जीर्णवती जीर्णवत् ।

1815 ज्रि च । वयोहानौ । आधृषीयः , वैकल्पिकः णिचः । be old, decay
10c 282 ज्रि । ज्रि । ज्राययति / ते, ज्रयति । U । सेट् । अ० । ज्रायि । ज्रायय ।
7.2.115 6.4.52 । ज्रायितः ज्रायिता ज्रायितम् । ज्रायितवान् ज्रायितवती ज्रायितवत् ।
णिजभावपक्षे 1.3.78 शेषात् कर्त्तरि परस्मैपदम् । पक्षे अनिट् , भ्वादिः इव ज्रि । P। अनिट् । अ० ।
ज्रितः ज्रिता ज्रितम् । ज्रितवान् ज्रितवती ज्रितवत् ।

1816 रिच वियोजनसम्पर्चनयोः । आधृषीयः , वैकल्पिकः णिचः । divide, discharge
10c 283 रिचँ । रिच् । रेचयति / ते, रेचति । U । सेट् । स० । रेचि । रेचय । 6.1.87
6.4.52 रेचितः रेचिता रेचितम् । रेचितवान् रेचितवती रेचितवत् ।
णिजभावपक्षे 1.3.78 शेषात् कर्त्तरि परस्मैपदम् । पक्षे अनिट् , भ्वादिः इव रिच् । P। अनिट् । स० ।

8.2.30 रिक्तः रिक्ता रिक्तम् । रिक्तवान् रिक्तवती रिक्तवत् ।

1817 शिष असर्वोपयोगे । आधृषीयः , वैकल्पिकः णिचः । spare, leave remainder, save some 10c 284 शिषँ । शिष् । शेषयति / ते, शेषति । U । सेट् । स० । शेषि । शेषय । 6.1.87 6.4.52 शेषितः शेषिता शेषितम् । शेषितवान् शेषितवती शेषितवत् ।
णिजभावपक्षे 1.3.78 शेषात् कर्त्तरि परस्मैपदम् । पक्षे अनिट् , भ्वादिः इव शिष् । P। अनिट् । स० ।
क्त शिष्टः शिष्टा शिष्टम् क्तवत् शिष्टवान् शिष्टवती शिष्टवत्

1818 तप दाहे । आधृषीयः , वैकल्पिकः णिचः । heat, burn
10c 285 तपँ । तप् । तापयति / ते, तपति । U । सेट् । स० । तापि । तापय । 7.2.116 6.4.52 तापितः तापिता तापितम् । तापितवान् तापितवती तापितवत् ।
णिजभावपक्षे 1.3.78 शेषात् कर्त्तरि परस्मैपदम् । पक्षे अनिट् , भ्वादिः इव तप् । P। अनिट् । स० ।
क्त तप्तः तप्ता तप्तम् क्तवत् तप्तवान् तप्तवती तप्तवत्

1819 तृप तृप्तौ । सन्दीपने इत्येके । आधृषीयः , वैकल्पिकः णिचः । please, be pleased
10c 286 तृपँ । तृप् । तर्पयति / ते, तर्पति । U । सेट् । स०* । तर्पि । तर्पय । 6.1.87 6.4.52 तर्पितः तर्पिता तर्पितम् । तर्पितवान् तर्पितवती तर्पितवत् ।
णिजभावपक्षे 1.3.78 शेषात् कर्त्तरि परस्मैपदम् । पक्षे भ्वादिः इव तृप् । P। सेट् । स०* ।
क्त तृप्तः तृप्ता तृप्तम् क्तवत् तृप्तवान् तृप्तवती तृप्तवत्

1820 छृदी सन्दीपने । चृप छृप तृप दृप सन्दीपने इत्येके । आधृषीयः , वैकल्पिकः णिचः । burn, kindle, play, shine, vomit.
10c 287 छृदीँ । छृद् । छर्दयति / ते, छर्दति । U । सेट् । स० । छर्दि । छर्दय ।
6.1.87 6.4.52 छर्दितः छर्दिता छर्दितम् । छर्दितवान् छर्दितवती छर्दितवत् ।
णिजभावपक्षे 1.3.78 शेषात् कर्त्तरि परस्मैपदम् । पक्षे भ्वादिः इव छृद् । P। सेट् । स० ।
8.2.42 छृण्णः छृण्णा छृण्णम् छृण्णवान् छृण्णवती छृण्णवत्

1821 दृभी भये । आधृषीयः , वैकल्पिकः णिचः । fear
10c 288 दृभीँ । दृभ् । दर्भयति / ते, दर्भति । U । सेट् । अ० । दर्भि । दर्भय ।
ईदित्करणं निष्ठायाम् इण्णिषेधः , किन्तु णिचि धातुः दर्भि । शपि इण्णिषेधः । 6.1.87 6.4.52
दर्भितः दर्भिता दर्भितम् । दर्भितवान् दर्भितवती दर्भितवत् ।
णिजभावपक्षे 1.3.78 शेषात् कर्त्तरि परस्मैपदम् । पक्षे भ्वादिः इव दृभ् । P। सेट् । अ० ।

7.2.14 8.2.40 8.4.53 दृब्धः दृब्धा दृब्धम् । दृब्धवान् दृब्धवती दृब्धवत् ।

1822 दृभ सन्दर्भे । आधृषीयः , वैकल्पिकः णिचः । collect, mix, unite
10c 289 दृभँ । दृभ् । दर्भयति / ते, दर्भति । U । सेट् । स० । दर्भि । दर्भय । Forms identical to 1821 दृभी भये , however there ईदित्करणं निष्ठायाम् इण्णिषेधः शपि । 6.1.87 6.4.52 दर्भितः दर्भिता दर्भितम् । दर्भितवान् दर्भितवती दर्भितवत् ।
णिजभावपक्षे 1.3.78 शेषात् कर्त्तरि परस्मैपदम् । पक्षे भ्वादिः इव दृभ् । P। सेट् । स० ।
क्त दृभितः दृभिता दृभितम् क्तवत् दृभितवान् दृभितवती दृभितवत्

1823 श्रथ मोक्षणे । हिंसायाम् इत्यन्ये । आधृषीयः , वैकल्पिकः णिचः । liberate, release, kill 10c 290 श्रथँ । श्रथ् । श्राथयति / ते, श्रथति । U । सेट् । स० । श्राथि । श्राथय । 7.2.116 6.4.52 श्राथितः श्राथिता श्राथितम् । श्राथितवान् श्राथितवती श्राथितवत् ।
णिजभावपक्षे 1.3.78 शेषात् कर्त्तरि परस्मैपदम् । पक्षे भ्वादिः इव श्रथ् । P। सेट् । स० ।
क्त श्रथितः श्रथिता श्रथितम् क्तवत् श्रथितवान् श्रथितवती श्रथितवत्

1824 मी गतौ । आधृषीयः , वैकल्पिकः णिचः । go, understand
10c 291 मी । मी । माययति / ते, मयति । U । सेट् । स० । मायि । मायय । 7.2.115 6.4.52 मायितः मायिता मायितम् । मायितवान् मायितवती मायितवत् ।
णिजभावपक्षे 1.3.78 शेषात् कर्त्तरि परस्मैपदम् । पक्षे अनिट् , भ्वादिः इव मी । P। अनिट् । स० ।
क्त मीतः मीता मीतम् क्तवत् मीतवान् मीतवती मीतवत्

1825 ग्रन्थ बन्धने । आधृषीयः , वैकल्पिकः णिचः । fasten, string together, tie
10c 292 ग्रन्थँ । ग्रन्थ् । ग्रन्थयति / ते, ग्रन्थति । U । सेट् । स० । ग्रन्थि । ग्रन्थय ।
6.4.52 ग्रन्थितः ग्रन्थिता ग्रन्थितम् । ग्रन्थितवान् ग्रन्थितवती ग्रन्थितवत् ।
णिजभावपक्षे 1.3.78 शेषात् कर्त्तरि परस्मैपदम् । पक्षे भ्वादिः इव ग्रन्थ् । P। सेट् । स० ।
6.4.24 ग्रथितः ग्रथिता ग्रथितम् । ग्रथितवान् ग्रथितवती ग्रथितवत् ।

1826 शीक आमर्षणे । आधृषीयः , वैकल्पिकः णिचः । scold, touch, be calm, endure
10c 293 शीकँ । शीक् । शीकयति / ते, शीकति । U । सेट् । अ० । शीकि । शीकय ।
6.4.52 शीकितः शीकिता शीकितम् । शीकितवान् शीकितवती शीकितवत् ।
णिजभावपक्षे 1.3.78 शेषात् कर्त्तरि परस्मैपदम् । पक्षे भ्वादिः इव शीक् । P। सेट् । अ० ।
6.4.52 शीकितः शीकिता शीकितम् । शीकितवान् शीकितवती शीकितवत् ।

1827 चीक च । आमर्षणे । आधृषीयः , वैकल्पिकः णिचः । bear, tolerate, be impatient, be intolerant 10c 294 चीकँ । चीक् । चीकयति / ते, चीकति । U । सेट् । अ० । चीकि । चीकय । 6.4.52 **चीकितः चीकिता चीकितम् । चीकितवान् चीकितवती चीकितवत् ।**
णिजभावपक्षे 1.3.78 **शेषात् कर्त्तरि परस्मैपदम् । पक्षे भ्वादिः इव चीक् ।** P। **सेट् । अ०** । 6.4.52
चीकितः चीकिता चीकितम् । चीकितवान् चीकितवती चीकितवत् ।

1828 अर्द हिंसायाम् ।स्वरितेत् । आधृषीयः , वैकल्पिकः णिचः । hurt, torment
10c 295 अर्दँ । अर्द् । अर्दयति / ते, अर्दति / ते । U । सेट् । स० । अर्दि । अर्दय ।
6.4.52 **अर्दितः अर्दिता अर्दितम् । अर्दितवान् अर्दितवती अर्दितवत् ।**
णिजभावपक्षे 1.3.72 **स्वरितञितः कर्त्रभिप्राये क्रियाफले । पक्षे भ्वादिः इव अर्द् ।** U । **सेट् । स० ।**
क्त अर्दितः अर्दिता अर्दितम् क्तवत् अर्दितवान् अर्दितवती अर्दितवत्

1829 हिसि हिंसायाम् । आधृषीयः , वैकल्पिकः णिचः । strike, give pain
10c 296 हिसिँ । हिंस् । हिंसयति / ते, हिंसति । U । सेट् । स० । हिंसि । हिंसय ।
7.1.58 । Siddhanta Kaumudi **धातोः इदित्त्वात् णिचः वैकल्पिकः** । 6.4.52
हिंसितः हिंसिता हिंसितम् । हिंसितवान् हिंसितवती हिंसितवत् ।
णिजभावपक्षे 1.3.78 **शेषात् कर्त्तरि परस्मैपदम् । इति पक्षे भ्वादिः इव हिंस् ।** P । सेट् । स० ।
क्त हिंसितः हिंसिता हिंसितम् क्तवत् हिंसितवान् हिंसितवती हिंसितवत्

1830 अर्ह पूजायाम् । आधृषीयः , वैकल्पिकः णिचः । worship, deserve
10c 297 अर्हँ । अर्ह् । अर्हयति / ते, अर्हति । U । सेट् । स० । अर्हि । अर्हय । 6.4.52
अर्हितः अर्हिता अर्हितम् । अर्हितवान् अर्हितवती अर्हितवत् ।
णिजभावपक्षे 1.3.78 **शेषात् कर्त्तरि परस्मैपदम् । इति पक्षे भ्वादिः इव अर्ह् ।** P । सेट् । स० ।
क्त अर्हितः अर्हिता अर्हितम् क्तवत् अर्हितवान् अर्हितवती अर्हितवत्

1831 आङः षद पद्यर्थे ।गतौ । आधृषीयः , वैकल्पिकः णिचः । attack, go
10c 298 आङः षदँ ।आसद् ।आसादयति / ते, आसीदति ।U ।सेट्*।स० । आसादि । आसादय । 7.3.78 7.2.116 6.4.52
आसादितः आसादिता आसादितम् । आसादितवान् आसादितवती आसादितवत् ।
णिजभावपक्षे 1.3.78 **शेषात् कर्त्तरि परस्मैपदम् । इति पक्षे अनिट् , भ्वादिः इव आसीद् ।** P । अनिट् । स० । 7.3.78 **पाघ्रा० इति सीद् आदेशः शपि परतः। आसात्सीत्–शदिं सदिं स्विद्यतिपद्यती खिदिम्**

इति अनिट्कारिकायां पाठात् अनिट्त्वम् इति । 8.2.42
आसन्नः आसन्नः आसन्नः । आसन्नवान् आसन्नवती आसन्नवत् ।

1832 शुन्ध शौचकर्मणि । आधृषीयः , वैकल्पिकः णिचः । purify, cleanse
10c 299 शुन्धँ । शुन्ध् । शुन्धयति/ते, शुन्धति । U । सेट् । अ० । शुन्धि । शुन्धय ।
6.4.52 शुन्धितः शुन्धिता शुन्धितम् । शुन्धितवान् शुन्धितवती शुन्धितवत् ।
णिजभावपक्षे 1.3.78 शेषात् कर्त्तरि परस्मैपदम् । पक्षे भ्वादिः इव शुन्ध् । P । सेट् । स० ।
6.4.24 अनिदितां हल उपधायाः क्ङिति । इति न् लोपः ।
शुधितः शुधिता शुधितम् । शुधितवान् शुधितवती शुधितवत् ।

1833 छद अपवारणे । स्वरितेत् । आधृषीयः , वैकल्पिकः णिचः । cover, keep secret,
conceal 10c 300 छदँ । छद् । छादयति/ते, छदति/ते । U । सेट् । स० । छादि ।
छादय । 7.2.116   6.4.52 ।
7.2.27 वा दान्तशान्तपूर्णदस्तस्पष्टच्छन्नज्ञप्ताः । 8.2.42 रदाभ्यां निष्ठातो नः पूर्वस्य च दः ।
अस्य धातोः छदिरूर्जने घटादिषु पाठात् णिचि ऊर्जने अर्थे मित्त्वम् । 6.4.92 मितां ह्रस्वः ।

क्त 6.4.52	छादितः छादिता छादितम्	क्तवत्	छादितवान् छादितवती छादितवत्
क्त 6.4.92	छदितः छदिता छदितम्	क्तवत्	छदितवान् छदितवती छदितवत्
क्त 7.2.27	छन्नः छन्ना छन्नम्	क्तवत्	छन्नवान् छन्नवती छन्नवत्

णिजभावपक्षे 1.3.72 स्वरितञितः कर्त्रभिप्राये क्रियाफले । पक्षे भ्वादिः इव छद् । U । सेट् । स० ।
7.2.27 7.2.15 8.2.42   छन्नः छन्ना छन्नम् । छन्नवान् छन्नवती छन्नवत् ।

1834 जुष परितर्कणे । परितर्पणे इत्यन्ये । आधृषीयः , वैकल्पिकः णिचः । reason,
investigate, cause pain, like, fondle. 10c 301 जुषँ । जुष् । जोषयति/ते, जोषति ।
U । सेट् । स० । जोषि । जोषय । 6.1.87   6.4.52
जोषितः जोषिता जोषितम् । जोषितवान् जोषितवती जोषितवत् ।

णिजभावपक्षे 1.3.78 शेषात् कर्त्तरि परस्मैपदम् । पक्षे भ्वादिः इव जुष् । P । सेट् । स० ।
| क्त | जुषितः जुषिता जुषितम् | क्तवत् | जुषितवान् जुषितवती जुषितवत् |

1835 धूञ् कम्पने । आधृषीयः , वैकल्पिकः णिचः । tremble, shake, be shaken
10c 302 धूञ् । धू । धूनयति/ते, धावयति/ते, धवति/ते । U । सेट् । स० । धूनि । धूनय ।

7.3.37 शाच्छासाह्वाव्यावेपां युक् । वा० धूञ्प्रीञोः नुग्वक्तव्यः इति नुक् । पक्षे हेतुमण्ण्यन्तादेव नुग्वक्तव्यः न तु स्वार्थण्यन्तात् इति पर्यवसानात् अस्य धातोः स्वार्थण्यन्तात् नुगभावे एवं रूपम् । 6.4.52 धूनितः धूनिता धूनितम् । धूनितवान् धूनितवती धूनितवत् ।

पक्षे हेतुमण्ण्यन्तादेव नुग्वक्तव्यः न तु स्वार्थण्यन्तात् इति पर्यवसानात् अस्य धातोः स्वार्थण्यन्तात् नुगभावे एवं रूपम् । 7.2.115 अचो ञ्णिति । धावि । धावय । 6.4.52

धावितः धाविता धावितम् । धावितवान् धावितवती धावितवत् ।

णिजभावपक्षे 1.3.72 स्वरितञितः कर्त्रभिप्राये क्रियाफले । पक्षे वेट् , भ्वादिः इव धू । U । वेट् । स० । 7.2.44 7.2.15 धूतः धूता धूतम् । धूतवान् धूतवती धूतवत् ।

1836 प्रीञ् तर्पणे । आधृषीयः , वैकल्पिकः णिचः । please

10c 303 प्रीञ् । प्री । प्रीणयति / ते, प्राययति / ते, प्रयति / ते । U । सेट् । स० । प्रीणि । प्रीणय । 7.3.37 शाच्छासाह्वाव्यावेपां युक् । वा० धूञ्प्रीञोः नुग्वक्तव्यः इति नुक् । पक्षे हेतुमण्ण्यन्तादेव नुग्वक्तव्यः न तु स्वार्थण्यन्तात् इति पर्यवसानात् अस्य धातोः स्वार्थण्यन्तात् नुगभावे एवं रूपम् । 6.4.52

क्त प्रीणितः प्रीणिता प्रीणितम् क्तवत् प्रीणितवान् प्रीणितवती प्रीणितवत्

पक्षे हेतुमण्ण्यन्तादेव नुग्वक्तव्यः न तु स्वार्थण्यन्तात् इति पर्यवसानात् अस्य धातोः स्वार्थण्यन्तात् नुगभावे एवं रूपम् । 7.2.115 अचो ञ्णिति । प्रायि । प्रायय । 6.4.52

प्रायितः प्रायिता प्रायितम् । प्रायितवान् प्रायितवती प्रायितवत् ।

णिजभावपक्षे 1.3.72 स्वरितञितः कर्त्रभिप्राये क्रियाफले । पक्षे अनिट् , भ्वादिः इव प्री । U । अनिट् । स० । प्रीतः प्रीता प्रीतम् । प्रीतवान् प्रीतवती प्रीतवत् ।

1837 श्रन्थ सन्दर्भे । आधृषीयः , वैकल्पिकः णिचः । put together, compose, set in order

10c 304 श्रन्थँ । श्रन्थ् । श्रन्थयति / ते, श्रन्थति । U । सेट् । स० । श्रन्थि । श्रन्थय । 6.4.52 श्रन्थितः श्रन्थिता श्रन्थितम् । श्रन्थितवान् श्रन्थितवती श्रन्थितवत् ।

णिजभावपक्षे 1.3.78 शेषात् कर्त्तरि परस्मैपदम् । पक्षे भ्वादिः इव श्रन्थ् । P । सेट् । स० । 6.4.24 श्रथितः श्रथिता श्रथितम् । श्रथितवान् श्रथितवती श्रथितवत् ।

1838 ग्रन्थ सन्दर्भे । आधृषीयः , वैकल्पिकः णिचः । put together, compose

10c 305 ग्रन्थँ । ग्रन्थ् । ग्रन्थयति / ते, ग्रन्थति । U । सेट् । स० । ग्रन्थि । ग्रन्थय । 6.4.52 ग्रन्थितः ग्रन्थिता ग्रन्थितम् । ग्रन्थितवान् ग्रन्थितवती ग्रन्थितवत् ।

णिजभावपक्षे 1.3.78 शेषात् कर्त्तरि परस्मैपदम् । पक्षे भ्वादिः इव ग्रन्थ् । P । सेट् । स० । 6.4.24 ग्रथितः ग्रथिता ग्रथितम् । ग्रथितवान् ग्रथितवती ग्रथितवत् ।

1839 आपॢ लम्भने । स्वरितेदयमित्येके । आधृषीयः , वैकल्पिकः णिचः । get, procure
10c 306 आपॢँ । आप् । आपयति / ते, आपति / ते । U । सेट् । स० । आपि । आपय ।
6.4.52 आपितः आपिता आपितम् । आपितवान् आपितवती आपितवत् ।
णिजभावपक्षे 1.3.72 स्वरितञितः कर्त्रभिप्राये क्रियाफले । इति पक्षे अनिट् , भ्वादिः इव आप् । U ।
अनिट् । स० । आप्तः आप्ता आप्तम् । आप्तवान् आप्तवती आप्तवत् ।

1840 तनु श्रद्धोपकरणयोः । उपसर्गाच्च दैर्घ्ये । चन श्रद्धोपहननयोरित्येके । आधृषीयः,
वैकल्पिकः णिचः । confide, trust, help, assist. गणसूत्र० उपसर्गाच्च दैर्घ्ये । With Upasarga
the meaning becomes–to spread, increase, lengthen. 10c 307 तनुँ । तन् ।
तानयति / ते, तनति । U । सेट् । स० । तानि । तानय ।
7.2.116 6.4.52 तानितः तानिता तानितम् । तानितवान् तानितवती तानितवत् ।
णिजभावपक्षे 1.3.78 शेषात् कर्त्तरि परस्मैपदम् । पक्षे भ्वादिः इव तन् । P । सेट् । स० ।
7.2.56 7.2.15 6.4.37 ततः तता ततम् । ततवान् ततवती ततवत् ।

1841 वद सन्देशवचने । स्वरितेत् । अनुदात्तेदित्येके वदँ । शाकटायनस्य तु आत्मनेपदी ।
आधृषीयः , वैकल्पिकः णिचः । address, discourse, play music
10c 308 वदँ । वद् । वादयति / ते, वदति / ते । U । सेट् । स० । वादि । वादय ।
7.2.116 6.4.52 वादितः वादिता वादितम् । वादितवान् वादितवती वादितवत् ।
णिजभावपक्षे 1.3.72 स्वरितञितः कर्त्रभिप्राये क्रियाफले । इति पक्षे भ्वादिः इव वद् । U । सेट् । स० ।
6.1.15 वचिस्वपियजादीनां किति । यजादीनाम् इति Root 1002 यज् etc. सम्प्रसारणम् ।
क्त उदितः उदिता उदितम् क्तवत् उदितवान् उदितवती उदितवत्

1842 वच परिभाषणे । आधृषीयः , वैकल्पिकः णिचः । speak, describe, talk, declare
10c 309 वचँ । वच् । वाचयति / ते, वचति । U । सेट् । स० । वाचि । वाचय ।
7.2.116 6.4.52 वाचितः वाचिता वाचितम् । वाचितवान् वाचितवती वाचितवत् ।
णिजभावपक्षे 1.3.78 शेषात् कर्त्तरि परस्मैपदम् । पक्षे अनिट् , भ्वादिः इव वच् । P । अनिट् । स० ।
6.1.15 8.2.30 उक्तः उक्ता उक्तम् । उक्तवान् उक्तवती उक्तवत् ।

1843 मान पूजायाम् । आधृषीयः , वैकल्पिकः णिचः । respect
10c 310 मानँ । मान् । मानयति / ते, मानति । U । सेट् । स० । मानि । मानय ।
6.4.52 मानितः मानिता मानितम् । मानितवान् मानितवती मानितवत् ।

णिजभावपक्षे 1.3.78 शेषात् कर्त्तरि परस्मैपदम् । पक्षे भ्वादिः इव मान् । P। सेट् । स० ।
क्त मानितः मानिता मानितम् क्तवत् मानितवान् मानितवती मानितवत्

1844 भू प्राप्तौ ।आत्मनेपदी । णिच् सन्नियोगेनैव आत्मनेपदम् इत्येके । आधृषीयः , वैकल्पिकः णिचः । obtain, gain, think
10c 311 भू । भू । भावयते, भवते । A । सेट् । स० । भावि । भावय । Note – There is not any tag letter for anudata accent to be given for Atmanepadi. 7.2.115
6.4.52 भावितः भाविता भावितम् । भावितवान् भावितवती भावितवत् ।
णिजभावपक्षे अनिट् , भ्वादिः इव भू । A । सेट् । स० । 7.2.11 श्र्युकः किति । उक् प्रत्याहारः ।
क्त भूतः भूता भूतम् क्तवत् भूतवान् भूतवती भूतवत्

1845 गर्ह विनिन्दने । आधृषीयः , वैकल्पिकः णिचः । blame, criticize, accuse, reproach
10c 312 गर्हँ । गर्ह् । गर्हयति / ते, गर्हति । U । सेट् । स० । गर्हि । गर्हय । 6.4.52
गर्हितः गर्हिता गर्हितम् । गर्हितवान् गर्हितवती गर्हितवत् ।
णिजभावपक्षे 1.3.78 शेषात् कर्त्तरि परस्मैपदम् । इति पक्षे भ्वादिः इव गर्ह् । P । सेट् । स० ।
क्त गर्हितः गर्हिता गर्हितम् क्तवत् गर्हितवान् गर्हितवती गर्हितवत्

1846 मार्ग अन्वेषणे । आधृषीयः , वैकल्पिकः णिचः । seek, search
10c 313 मार्गँ । मार्ग् । मार्गयति / ते, मार्गति । U । सेट् । स० । मार्गि । मार्गय ।
6.4.52 मार्गितः मार्गिता मार्गितम् । मार्गितवान् मार्गितवती मार्गितवत् ।
णिजभावपक्षे 1.3.78 शेषात् कर्त्तरि परस्मैपदम् । इति पक्षे भ्वादिः इव मार्ग् । P । सेट् । स० ।
क्त मार्गितः मार्गिता मार्गितम् क्तवत् मार्गितवान् मार्गितवती मार्गितवत्

1847 कठि शोके । प्रायेण उत् पूर्वः उत्कण्ठावचनः । आधृषीयः , वैकल्पिकः णिचः । mourn, miss 10c 314 कठिँ । कण्ठ् । कण्ठयति / ते, कण्ठति । U । सेट् । अ० । कण्ठि । कण्ठय । 7.1.58 इदितो नुम् धातोः । (Redundant – Siddhanta Kaumudi धातोः इदित्त्वात् णिचः वैकल्पिकः ।) 6.4.52 कण्ठितः कण्ठिता कण्ठितम् । कण्ठितवान् कण्ठितवती कण्ठितवत् ।
णिजभावपक्षे 1.3.78 शेषात् कर्त्तरि परस्मैपदम् । इति पक्षे भ्वादिः इव मार्ग् । P । सेट् । अ० ।
6.4.52 कण्ठितः कण्ठिता कण्ठितम् । कण्ठितवान् कण्ठितवती कण्ठितवत् ।

1848 मृजू शौचालङ्करणयोः ।मृजूष् इति क्षीरस्वामी। आधृषीयः, वैकल्पिकः णिचः। purify, cleanse, adorn

10c 315 मृजूँ । मृज् । मार्जयति/ते, मार्जति । U । सेट् । स० । मार्जि । मार्जय ।
7.2.114 मृजेर्वृद्धिः । 6.4.52 मार्जितः मार्जिता मार्जितम् । मार्जितवान् मार्जितवती मार्जितवत् ।
णिजभावपक्षे 1.3.78 शेषात् कर्त्तरि परस्मैपदम् । इति पक्षे भ्वादिः इव मृज् । P । वेट् । स० ।
7.2.114 7.2.44 7.2.15 8.2.36 8.4.41 मृष्टः मृष्टा मृष्टम् । मृष्टवान् मृष्टवती मृष्टवत् ।

1849 मृष तितिक्षायाम् ।स्वरितेत् । आधृषीयः , वैकल्पिकः णिचः । forbear, endure, reflect 10c 316 मृषँ । मृष् । मर्षयति/ते, मर्षति/ते । U । सेट् । स० । मर्षि । मर्षय ।
8.4.2 6.1.87 6.4.52 मर्षितः मर्षिता मर्षितम् । मर्षितवान् मर्षितवती मर्षितवत् ।
णिजभावपक्षे 1.3.72 स्वरितञितः कर्त्रभिप्राये क्रियाफले । पक्षे भ्वादिः इव मृष् । U । सेट् । स० ।
1.2.20 मृषस्तितिक्षायाम् । इति निष्ठायाः कित्त्वनिषेधात् गुणे रूपम् ।
मर्षितः मर्षिता मर्षितम् । मर्षितवान् मर्षितवती मर्षितवत् ।
पक्षे काशिका – अपमृषितं वाक्यम् आह ।
काशिका । अपमृषितः अपमृषिता अपमृषितम्   अपमृषितवान् अपमृषितवती अपमृषितवत्

1850 धृष प्रसहने । आधृषीयः , वैकल्पिकः णिचः । defeat, treat with indignity
10c 317 धृषँ । धृष् । धर्षयति/ते, धर्षति । U । सेट् । स० । धर्षि । धर्षय । 6.1.87
6.4.52 धर्षितः धर्षिता धर्षितम् । धर्षितवान् धर्षितवती धर्षितवत् ।
णिजभावपक्षे 1.3.78 शेषात् कर्त्तरि परस्मैपदम् । इति पक्षे भ्वादिः इव धृष् । P । सेट् । स० ।
क्त   धृषितः धृषिता धृषितम्   क्तवत्   धृषितवान् धृषितवती धृषितवत्

वृत् । आधृषीयाः गताः ।

1851 कथादयः अदन्ताः ।

6.4.48 अतो लोपः । णिच् drops the अकार । 1.1.57 अचः परस्मिन् पूर्वविधौ ।
णिच् doesn't cause Guna/Vriddhi. अदन्तः इति अनुनासिकत्वम् (अँ) न । अक् प्रत्याहारः इति अग्लोपी । In these Roots नित्यं णिच् ।

1851 कथ वाक्यप्रबन्धे । कथादयः , अग्लोपी नित्यं णिच् । narrate, describe
10c 318 कथ । कथ् । कथयति/ते । U । सेट् । स० । कथि । कथय । 6.4.48 अतो
लोपः । 6.4.52 कथितः कथिता कथितम् । कथितवान् कथितवती कथितवत् ।

1852 वर ईप्सायाम् । कथादयः , अग्लोपी । wish, seek, choose, ask

245

10c 319 वर । वर् । वरयति/ते । U । सेट् । स० । वरि । वरय । 6.4.48   6.4.52
वरितः वरिता वरितम् । वरितवान् वरितवती वरितवत् ।

1853 गण सङ्ख्याने । कथादयः , अग्लोपी । count, enumerate, compute. *Famous word गणितः ।* 10c 320 गण । गण् । गणयति/ते । U । सेट् । स० । गणि । गणय । 6.4.48   6.4.52   गणितः गणिता गणितम् । गणितवान् गणितवती गणितवत् ।

1854 शठ सम्यगवभाषणे । कथादयः , अग्लोपी । speak ill, abuse elegantly, be quiet
10c 321 शठ । शठ् । शठयति/ते । U । सेट् । स० । शठि । शठय । 6.4.48   6.4.52
शठितः शठिता शठितम् । शठितवान् शठितवती शठितवत् ।

1855 श्वठ सम्यगवभाषणे । कथादयः , अग्लोपी । speak ill, abuse elegantly, be quiet
10c 322 श्वठ । श्वठ् । श्वठयति/ते । U । सेट् । स० । श्वठि । श्वठय । 6.4.48   6.4.52
श्वठितः श्वठिता श्वठितम् । श्वठितवान् श्वठितवती श्वठितवत् ।

1856 पट ग्रन्थे । कथादयः , अग्लोपी । string together, weave, split
10c 323 पट । पट् । पटयति/ते । U । सेट् । स० । पटि । पटय । 6.4.48   6.4.52
पटितः पटिता पटितम् । पटितवान् पटितवती पटितवत् ।

1857 वट ग्रन्थे । कथादयः , अग्लोपी । twist as a rope, make a wreath
10c 324 वट । वट् । वटयति/ते । U । सेट् । स० । वटि । वटय । 6.4.48 6.4.52
वटितः वटिता वटितम् । वटितवान् वटितवती वटितवत् ।

1858 रह त्यागे । कथादयः , अग्लोपी । give up, split, leave, delegate, refuse
10c 325 रह । रह् । रहयति/ते । U । सेट् । स० । रहि । रहय । 6.4.48 6.4.52
रहितः रहिता रहितम् । रहितवान् रहितवती रहितवत् ।

1859 स्तन देवशब्दे । कथादयः , अग्लोपी । thunder, roar (of clouds)
10c 326 स्तन । स्तन् । स्तनयति/ते । U । सेट् । स० । स्तनि । स्तनय । 6.4.48
6.4.52 स्तनितः स्तनिता स्तनितम् । स्तनितवान् स्तनितवती स्तनितवत् ।

1860 गदी देवशब्दे । कथादयः , अग्लोपी । इक्श्तिपौ धातुनिर्देशे । thunder (of clouds)

10c 327 गद । गद् । गदयति/ते । U । सेट् । स० । गदि । गदय ।
Kumudranjan Ray Siddhanta Kaumudi Vol 5 – Root is not ईकारान्तः but it is अकारान्तः । ईत्वम् is due to the dvandva compound स्तनय गदिय – स्तनगदी । 6.4.48 6.4.52 गदितः गदिता गदितम् । गदितवान् गदितवती गदितवत् ।

1861 पत गतौ वा । वा णिजन्तः । वा अदन्ते इत्येके । कथादयः , अग्लोपी । fall, go down
10c 328 पत । पत् । पतयति/ते, पतति, पातयति/ते । U । सेट् । स० । पति । पतय । Siddhanta Kaumudi – वा णिजन्तः i.e. optional णिच् । वा अदन्ते इति अदित् – पतँ । 6.4.48 6.4.52 पतितः पतिता पतितम् । पतितवान् पतितवती पतितवत् ।

वा णिजन्तः । णिजभावपक्षे 1.3.78 पक्षे भ्वादिः इव पत् । P । सेट् । स० ।
क्त पतितः पतिता पतितम् क्तवत् पतितवान् पतितवती पतितवत्
वा अदन्तः इत्येके पत् । U । सेट् । स० । पाति । पातय । 7.2.116 अत उपधायाः। 6.4.52 पातितः पातिता पातितम् । पातितवान् पातितवती पातितवत् ।

1862 पष अनुपसर्गात् । गतौ इत्येव । कथादयः , अग्लोपी । move, bind
10c 329 पष । पष् । पषयति/ते । U । सेट् । स० । पषि । पषय । पष् takes णिच् without Upasarga. 6.4.48 6.4.52 पषितः पषिता पषितम् । पषितवान् पषितवती पषितवत् ।

1863 स्वर आक्षेपे । कथादयः , अग्लोपी । find fault, blame, reprove, censure
10c 330 स्वर । स्वर् । स्वरयति/ते । U । सेट् । स० । स्वरि । स्वरय । 6.4.48 6.4.52 स्वरितः स्वरिता स्वरितम् । स्वरितवान् स्वरितवती स्वरितवत् ।

1864 रच प्रतियत्ने । कथादयः , अग्लोपी । decorate, produce, compose, write
10c 331 रच । रच् । रचयति/ते । U । सेट् । स० । वाचि । वाचय । *Famous word रचना ।* 6.4.48 6.4.52 । रचितः रचिता रचितम् । रचितवान् रचितवती रचितवत् ।

1865 कल गतौ सङ्ख्याने च । कथादयः , अग्लोपी । go, enumerate, calculate
10c 332 कल । कल् । कलयति/ते । U । सेट् । स० । कलि । कलय । 6.4.48 6.4.52 कलितः कलिता कलितम् । कलितवान् कलितवती कलितवत् ।

1866 चह परिकल्कने । कथादयः , अग्लोपी । deceive, be wicked, be proud

10c 333 चह । चह् । चहयति/ते । U । सेट् । अ० । चहि । चहय । 6.4.48   6.4.52 चहितः चहिता चहितम् । चहितवान् चहितवती चहितवत् ।

1867 मह पूजायाम् । कथादयः , अग्लोपी । honour, worship
10c 334 मह । मह् । महयति/ते । U । सेट् । स० । साहि । साहय । 6.4.48 6.4.52 महितः महिता महितम् । महितवान् महितवती महितवत् ।

1868 सार दौर्बल्ये । कथादयः , अग्लोपी । be weak, be docile. *Famous word सारिका ।*
10c 335 सार । सार् । सारयति/ते । U । सेट् । अ० । सारि । सारय । 6.4.48 6.4.52 सारितः सारिता सारितम् । सारितवान् सारितवती सारितवत् ।

1869 कृप दौर्बल्ये । कथादयः , अग्लोपी । be weak, be docile
10c 336 कृप । कृप् । कृपयति/ते । U । सेट् । अ० । कृपि । कृपय । 6.4.48 6.4.52 कृपितः कृपिता कृपितम् । कृपितवान् कृपितवती कृपितवत् ।

1870 श्रथ दौर्बल्ये । कथादयः , अग्लोपी । be weak, be infirm
10c 337 श्रथ । श्रथ् । श्रथयति/ते । U । सेट् । अ० । श्रथि । श्रथय । 6.4.48 6.4.52 श्रथितः श्रथिता श्रथितम् । श्रथितवान् श्रथितवती श्रथितवत् ।

1871 स्पृह ईप्सायाम् । कथादयः , अग्लोपी । long for, yearn, wish
10c 338 स्पृह । स्पृह् । स्पृहयति/ते । U । सेट् । स० । स्पृहि । स्पृहय । 6.4.48 6.4.52 स्पृहितः स्पृहिता स्पृहितम् । स्पृहितवान् स्पृहितवती स्पृहितवत् ।

1872 भाम क्रोधे । कथादयः , अग्लोपी । be angry, wrathful, annoyed
10c 339 भाम । भाम् । भामयति/ते । U । सेट् । अ० । भामि । भामय । 6.4.48 6.4.52 भामितः भामिता भामितम् । भामितवान् भामितवती भामितवत् ।

1873 सूच पैशुन्ये । कथादयः , अग्लोपी । gossip, point out mistakes, inform, have ill will 10c 340 सूच । सूच् । सूचयति/ते । U । सेट् । स० । सूचि । सूचय । 6.4.48 6.4.52 सूचितः सूचिता सूचितम् । सूचितवान् सूचितवती सूचितवत् ।

1874 खेट भक्षणे । तृतीयान्ते इत्येके खेड । खोट इत्यन्ये । कथादयः , अग्लोपी । eat, swallow

10c 341 खेट । खेट् । खेटयति/ते । U । सेट् । स० । खेटि । खेटय । 6.4.48 6.4.52 **खेटितः खेटिता खेटितम् । खेटितवान् खेटितवती खेटितवत् ।**

1875 क्षोट क्षेपे । कथादयः , अग्लोपी । throw, cast
10c 342 क्षोट । क्षोट् । क्षोटयति/ते । U । सेट् । स० । क्षोटि । क्षोटय । 6.4.48 6.4.52 **क्षोटितः क्षोटिता क्षोटितम् । क्षोटितवान् क्षोटितवती क्षोटितवत् ।**

1876 गोम उपलेपने । कथादयः , अग्लोपी । besmear, plaster, coat, whitewash
10c 343 गोम । गोम् । गोमयति/ते । U । सेट् । स० । गोमि । गोमय । 6.4.48 6.4.52 **गोमितः गोमिता गोमितम् । गोमितवान् गोमितवती गोमितवत् ।**

1877 कुमार क्रीडायाम् । कथादयः , अग्लोपी । be sportful, be playful like a boy
10c 344 कुमार । कुमार् । कुमारयति/ते । U । सेट् । अ० । कुमारि । कुमारय । 6.4.48 6.4.52 **कुमारितः कुमारिता कुमारितम् । कुमारितवान् कुमारितवती कुमारितवत् ।**

1878 शील उपधारणे । **अभ्यासः । परिचयः ।** कथादयः , अग्लोपी । practise, make a habit, go to meet 10c 345 शील । शील् । शीलयति/ते । U । सेट् । स० । शीलि । शीलय । 6.4.48 6.4.52 **शीलितः शीलिता शीलितम् । शीलितवान् शीलितवती शीलितवत् ।**

1879 साम सान्त्वप्रयोगे । कथादयः , अग्लोपी । console, soothe
10c 346 साम । साम् । सामयति/ते । U । सेट् । स० । सामि । सामय । 6.4.48 6.4.52 **सामितः सामिता सामितम् । सामितवान् सामितवती सामितवत् ।**

1880 वेल कालोपदेशे । **काल इति पृथग्धातुः इत्येके कालयति।** कथादयः , अग्लोपी । mark time, preach, advise timely
10c 347 वेल । वेल् । वेलयति/ते । U । सेट् । स० । दालि । दालय । 6.4.48 6.4.52 **वेलितः वेलिता वेलितम् । वेलितवान् वेलितवती वेलितवत् ।**

1881 पल्पूल लवनपवनयोः । **पल्यूल इत्येके।** कथादयः, अग्लोपी । cut, purify, salt, cleanse with soap
10c 348 पल्पूल । पल्पूल् । पल्पूलयति/ते । U । सेट् । स० । दालि । दालय । 6.4.48 6.4.52 **पल्पूलितः पल्पूलिता पल्पूलितम् । पल्पूलितवान् पल्पूलितवती पल्पूलितवत् ।**

1882 वात सुखसेवनयोः । गतिसुखसेवनेषु इत्येके । कथादयः , अग्लोपी । be happy, enjoy, serve, go 10c 349 वात । वात् । वातयति / ते । U । सेट् । स० । वाति । वातय । 6.4.48 6.4.52 **वातितः वातिता वातितम् । वातितवान् वातितवती वातितवत् ।**

1883 गवेष मार्गणे । कथादयः , अग्लोपी । find, search, trace, investigate 10c 350 गवेष । गवेष् । गवेषयति / ते । U । सेट् । स० । गवेषि । गवेषय । 6.4.48 6.4.52 **गवेषितः गवेषिता गवेषितम् । गवेषितवान् गवेषितवती गवेषितवत् ।**

1884 वास उपसेवायाम् । कथादयः, अग्लोपी । light incense,put scent,fumigate,be fragrant,spice 10c 351 वास । वास् । वासयति / ते । U । सेट् । स० । वासि । वासय । 6.4.48 6.4.52 **वासितः वासिता वासितम् । वासितवान् वासितवती वासितवत्।**

1885 निवास आच्छादने । कथादयः , अग्लोपी । cover, dress up 10c 352 निवास । निवास् । निवासयति / ते । U । सेट् । स० । निवासि । निवासय । 6.4.48 6.4.52 **निवासितः निवासिता निवासितम् । निवासितवान् निवासितवती निवासितवत् ।**

1886 भाज पृथक्कर्मणि । कथादयः , अग्लोपी । split, break into pieces, divide, distribute 10c 353 भाज । **भाज् । भाजयति / ते** । U । **सेट् । स० । भाजि । भाजय** । 6.4.48 6.4.52 **भाजितः भाजिता भाजितम् । भाजितवान् भाजितवती भाजितवत् ।**

1887 सभाज प्रीतिदर्शनयोः । **प्रीतिसेवनयोः इत्येके** । कथादयः , अग्लोपी । love, serve, look with affection, praise 10c 354 सभाज । सभाज् । सभाजयति / ते । U । सेट् । स० । सभाजि । सभाजय । 6.4.48 6.4.52

क्त सभाजितः सभाजिता सभाजितम् क्तवत् सभाजितवान् सभाजितवती सभाजितवत्

1888 ऊन परिहाणे । कथादयः , अग्लोपी । lessen, discount, measure, leave unfinished 10c 355 ऊन । ऊन् । ऊनयति / ते । U । सेट् । स० । ऊनि । ऊनय । 6.4.48 6.4.52 **ऊनितः ऊनिता ऊनितम् । ऊनितवान् ऊनितवती ऊनितवत् ।**

1889 ध्वन शब्दे । कथादयः , अग्लोपी । sound 10c 356 ध्वन । ध्वन् । ध्वनयति / ते । U । सेट् । अ० । ध्वनि । ध्वनय । 6.4.48 6.4.52

क्त ध्वनितः ध्वनिता ध्वनितम् क्तवत् ध्वनितवान् ध्वनितवती ध्वनितवत्

1890 कूट परितापे । परिदाहे इत्यन्ये । कूड इत्येके । कथादयः , अग्लोपी । burn, cause pain 10c 357 कूट । कूट् । कूटयति/ते । U । सेट् । स० । कूटि । कूटय । 6.4.48 6.4.52 कूटितः कूटिता कूटितम् । कूटितवान् कूटितवती कूटितवत् ।

1891 सङ्केत आमन्त्रणे । कथादयः , अग्लोपी । inform, invite, counsel 10c 358 सङ्केत । सङ्केत् । सङ्केतयति ते । U । सेट् । स० । सङ्केति । सङ्केतय । 6.4.48 6.4.52 सङ्केतितः सङ्केतिता सङ्केतितम् । सङ्केतितवान् सङ्केतितवती सङ्केतितवत् ।

1892 ग्राम आमन्त्रणे । कथादयः , अग्लोपी । invite 10c 359 ग्राम । ग्राम् । ग्रामयति/ते । U । सेट् । स० । ग्रामि । ग्रामय । 6.4.48 6.4.52 ग्रामितः ग्रामिता ग्रामितम् । ग्रामितवान् ग्रामितवती ग्रामितवत् ।

1893 कुण आमन्त्रणे । कथादयः , अग्लोपी । converse with, address, preach, call 10c 360 कुणँ । कुण् । कुणयति/ते । U । सेट् । स० । कुणि । कुणय । 6.4.48 6.4.52 कुणितः कुणिता कुणितम् । कुणितवान् कुणितवती कुणितवत् ।

1894 गुण चामन्त्रणे । चात् कूटोऽपि इति मैत्रेयः । कथादयः , अग्लोपी । invite, advise, multiply, counsel, seek advice. 10c 361 गुण । गुण् । गुणयति/ते । U । सेट् । स० । गुणि । गुणय । Note —चकारः in चामन्त्रणे refers to the fact that "AND the earlier read Root कूट also means आमन्त्रणे ।
6.4.48 6.4.52 गुणितः गुणिता गुणितम् । गुणितवान् गुणितवती गुणितवत् ।

पाठान्तरम् । Another Version exists for Roots केत, कूण

1895 केत श्रावणे निमन्त्रणे च । चकारात् केत इति । कथादयः , अग्लोपी । hear, invite, call, advise 10c 362 केत । केत् । केतयति/ते । U । सेट् । स० । केति । केतय । 6.4.48 6.4.52 केतितः केतिता केतितम् । केतितवान् केतितवती केतितवत् ।

1896 कूण सङ्कोचनेऽपि । कूण सङ्कोचने इति च अत्र पठन्ति । कथादयः , अग्लोपी । contract, close; call, invite, advise. 10c 363 कूण । कूण् । कूणयति/ ते । U । सेट्

। स० । कूणि । कूणय । Note – सङ्कोचनेऽपि, here अपि is used to say that this Root ALSO means आमन्त्रणे । On the other hand, सङ्कोचने इति, here इति signifies end of discussion on पाठान्तरम् from 1895 केत श्रावणे निमन्त्रणे च । पाठान्तरम् ।
6.4.48 6.4.52 कूणितः कूणिता कूणितम् । कूणितवान् कूणितवती कूणितवत् ।

1897 स्तेन चौर्ये । कथादयः , अग्लोपी । steal, rob
10c 364 स्तेन । स्तेन् । स्तेनयति / ते । U । सेट् । स० । सेट् । स० । स्तेनि । स्तेनय । 6.4.48 6.4.52 स्तेनितः स्तेनिता स्तेनितम् । स्तेनितवान् स्तेनितवती स्तेनितवत् ।

आ गर्वादात्मनेपदिनः । गणसूत्र ।

1898 आगर्वीय अन्तर्गणः ।

दश आत्मनेपदिनः । इतः परे गर्व माने इति वक्ष्यमाणपर्यन्ता आत्मनेपदिनः । Here Roots having final Conjunct will take वैकल्पिकः णिच् ।

1898 पद गतौ । आगर्वीयः आत्मनेपदी । अदन्तः , अग्लोपी । go, move, fall
10c 365 पद । पद् । पदयते । A । सेट् । स० । पदि । पदय ।
6.4.48 अतो लोपः । अकारः drops, 1.1.57 अचः परस्मिन् पूर्वविधौ । However णिच् sees the अकारः and thus cannot cause guna/vriddhi. अक् प्रत्याहारस्य लोपः इति अग्लोपि ।
6.4.52 पदितः पदिता पदितम् । पदितवान् पदितवती पदितवत् ।

1899 गृह ग्रहणे । आगर्वीयः आत्मनेपदी । अदन्तः , अग्लोपी । seize, take, accept
10c 366 गृह । गृह् । गृहयते । A । सेट् । स० । गृहि । गृहय । 6.4.48 6.4.52
क्त गृहितः गृहिता गृहितम् निष्ठा क्तवत् गृहितवान् गृहितवती गृहितवत्

1900 मृग अन्वेषणे । आगर्वीयः आत्मनेपदी । अदन्तः , अग्लोपी । search, seek, hunt
10c 367 मृग । मृग् । मृगयते । A । सेट् । स० । मृगि । मृगय । 6.4.48 6.4.52
मृगितः मृगिता मृगितम् । मृगितवान् मृगितवती मृगितवत् ।

1901 कुह विस्मापने । आगर्वीयः आत्मनेपदी । अदन्तः , अग्लोपी । astonish, germinate, grow, show a miracle 10c 368 कुह । कुह् । कुहयते । A । सेट् । स० । कुहि । कुहय । 6.4.48 6.4.52 कुहितः कुहिता कुहितम् । कुहितवान् कुहितवती कुहितवत् ।

1902 शूर विक्रान्तौ । आगर्वीयः आत्मनेपदी । अदन्तः , अग्लोपी । be a hero, be powerful
10c 369 शूर । शूर् । शूरयते । A । सेट् । अ० । शूरि । शूरय । 6.4.48 6.4.52
शूरितः शूरिता शूरितम् । शूरितवान् शूरितवती शूरितवत् ।

1903 वीर विक्रान्तौ । आगर्वीयः आत्मनेपदी । अदन्तः , अग्लोपी । be brave, be valiant
10c 370 वीर । वीर् । वीरयते । A । सेट् । अ० । वीरि । वीरय । *Famous word शूरवीरः /* 6.4.48 6.4.52 वीरितः वीरिता वीरितम् । वीरितवान् वीरितवती वीरितवत् ।

1904 स्थूल परिबृंहणे । आगर्वीयः आत्मनेपदी । अदन्तः , अग्लोपी । be fat, be fit, be healthy 10c 371 स्थूल । स्थूल् । स्थूलयते । A । सेट् । अ० । स्थूलि । स्थूलय ।
6.4.48 6.4.52 स्थूलितः स्थूलिता स्थूलितम् । स्थूलितवान् स्थूलितवती स्थूलितवत् ।

1905 अर्थ उपयाच्ञायाम् ।आगर्वीयः आत्मनेपदी। अदन्तः , अग्लोपी । request, sue, ask in marriage 10c 372 अर्थ । अर्थ् । अर्थयते, अर्थते । A । सेट् । स० । अर्थि । अर्थय । Madhviya – प्रार्थयन्ति शयनोत्थितं प्रियाः इत्यादि कृदन्तात् तत्करोति इति णिचि नेयम् ।
Some Grammarians are of the view that since this Root has a conjunct so it does not qualify for guna/vriddhi anyway. So its inclusion under अदन्तः , अग्लोपी simply means वैकल्पिकः णिच् । 6.4.48 6.4.52
अर्थितः अर्थिता अर्थितम् । अर्थितवान् अर्थितवती अर्थितवत् ।

णिजभावपक्षे भ्वादिः इव अर्थ् । A । सेट् । स० ।
Note – कर्मणि and निष्ठा forms for णिच् /णिजभावे are same.

क्त	अर्थितः अर्थिता अर्थितम्	क्तवत्	अर्थितवान् अर्थितवती अर्थितवत्

1906 सत्र सन्तानक्रियायाम्। आगर्वीयः आत्मनेपदी । अदन्तः , अग्लोपी । अषोपदेशे इति नित्यं णिच् । extend, be together, perform a ritual. 10c 373 सत्र । सत्र् । सत्रयते । A । सेट् । अ० । सत्रि । सत्रय ।
Siddhanta Kaumudi अनेकाच्त्वान् न षोपदेशः । Also See under 8.2.78 उपधायां च , एकाचः षोपदेशाः ष्वष्क् स्विद् स्वद स्वञ्ज स्वप् स्मिङः । So the Grammarians say even though this Root has a conjunct and hence does not qualify for guna/vriddhi, still it is under अदन्तः , अग्लोपी and has only णिच् form. 6.4.48 6.4.52 ।

सत्रितः सत्रिता सत्रितम् । सत्रितवान् सत्रितवती सत्रितवत् ।

1907 गर्व माने ।आगर्वीयः आत्मनेपदी। अदन्तः, अग्लोपी ।एवमग्रेऽपि पाक्षिकः णिचः। be proud, be arrogant 10c 374 गर्व । गर्व् । गर्वयते, गर्वते । A । सेट् । अ० । गर्वि । गर्वय । Siddhanta Kaumudi अदन्तत्वसामर्थ्याण्णिज्विकल्पः । एवमग्रेऽपि । Tattvabodhini Tika वृद्धेर्लोपो बलीयान् इत्यल्लोपान्न वृद्धिः । Hence optional णिच् and also further for Roots having conjunct.
6.4.48 6.4.52 गर्वितः गर्विता गर्वितम् । गर्वितवान् गर्वितवती गर्वितवत् ।

णिजभावपक्षे भ्वादिः इव गर्व् । A । सेट् । अ० । Note – कर्मणि and निष्ठा forms for णिच् /णिजभावे are same. गर्वितः गर्विता गर्वितम् । गर्वितवान् गर्वितवती गर्वितवत् ।

वृत् । आगर्वीयाः गताः । अथ उभयपदिनः आगताः ।

1908 सूत्र वेष्टने ।अदन्तः , अग्लोपी ।अषोपदेशे इति नित्यं णिच् । tie cord,wrap rope,release bonds, tell briefly
10c 375 सूत्र । सूत्र् । सूत्रयति / ते । U । सेट् । स० । सूत्रि । सूत्रय ।
Siddhanta Kaumudi under 1906 सत्र सन्तानक्रियायाम्। अनेकाच्त्वान् न षोपदेशः ।
Also See under 8.2.78 उपधायां च , एकाचः षोपदेशाः ष्वष्क् स्विद् स्वद् स्वञ्ज स्वप् स्मिङः । So the Grammarians say even though this Root has a conjunct and hence does not qualify for guna/vriddhi, still it is under अदन्तः , अग्लोपी and has only णिच् form. 6.4.48 6.4.52 सूत्रितः सूत्रिता सूत्रितम् । सूत्रितवान् सूत्रितवती सूत्रितवत् ।

1909 मूत्र प्रस्रवणे । अदन्तः , अग्लोपी । एवमग्रेऽपि पाक्षिकः णिचः । urinate
10c 376 मूत्र । मूत्र् । मूत्रयति / ते, मूत्रति । U । सेट् । अ० । मूत्रि । मूत्रय । See Siddhanta Kaumudi under 1907 गर्व माने ।अदन्तत्वसामर्थ्याण्णिज्विकल्पः । एवमग्रेऽपि । Optional णिच् for अदन्तः , अग्लोपी Root with conjunct. 6.4.48 6.4.52
मूत्रितः मूत्रिता मूत्रितम् । मूत्रितवान् मूत्रितवती मूत्रितवत् ।

णिजभावपक्षे 1.3.78 शेषात् कर्त्तरि परस्मैपदम् । पक्षे भ्वादिः इव मूत्र् । P । सेट् । स० ।
मूत्रितः मूत्रिता मूत्रितम् । मूत्रितवान् मूत्रितवती मूत्रितवत् ।

1910 रूक्ष पारुष्ये । अदन्तः , अग्लोपी । एवमग्रेऽपि पाक्षिकः णिचः । be difficult, be harsh, speak harshly, dry up 10c 377 रूक्ष । रूक्ष् । रूक्षयति / ते, रूक्षति । U । सेट् । अ० । रूक्षि । रूक्षय । 6.4.48 6.4.52 रूक्षितः रूक्षिता रूक्षितम् । रूक्षितवान् रूक्षितवती रूक्षितवत् ।

णिजभावपक्षे 1.3.78 शेषात् कर्त्तरि परस्मैपदम् । पक्षे भ्वादिः इव रूक्ष् । P । सेट् । अ० ।
Note – कर्मणि and निष्ठा forms for णिच् /णिजभावे happen to be same.
रूक्षितः रूक्षिता रूक्षितम् । रूक्षितवान् रूक्षितवती रूक्षितवत् ।

1911 पार कर्मसमाप्तौ । अदन्तः , अग्लोपी । accomplish, overcome
10c 378 पार । पार् । पारयति / ते । U । सेट् । स० । पारि । पारय । 6.4.48 6.4.52
पारितः पारिता पारितम् । पारितवान् पारितवती पारितवत् ।

1912 तीर कर्मसमाप्तौ । अदन्तः , अग्लोपी । complete, finish, accomplish
10c 379 तीर । तीर् । तीरयति / ते । U । सेट् । स० । तीरि । तीरय । 6.4.48
6.4.52 तीरितः तीरिता तीरितम् । तीरितवान् तीरितवती तीरितवत् ।

1913 पुट संसर्गे । अदन्तः , अग्लोपी । bind, mix
10c 380 पुट । पुट् । पुटयति / ते । U । सेट् । स० । पुटि । पुटय । 6.4.48 6.4.52
पुटितः पुटिता पुटितम् । पुटितवान् पुटितवती पुटितवत् ।

1914 धेक दर्शने इत्येके । अदन्तः , अग्लोपी । look, view, perceive
10c 381 धेक । धेक् । धेकयति / ते । U । सेट् । स० । धेकि । धेकय । सिद्धान्तकौमुद्याः मतम् अयं धातुः अनयत्र पाठे न दृश्यते । Note – इत्येके specifies that this Root is not given by Madhviya nor by Kshiratarangini. 6.4.48 6.4.52
धेकितः धेकिता धेकितम् । धेकितवान् धेकितवती धेकितवत् ।

1915 कत्र शैथिल्ये । कर्त इत्यप्येके । अदन्तः , अग्लोपी । एवमग्रेऽपि पाक्षिकः णिचः । slacken, relax 10c 382 कत्र । कत्र् । कत्रयति / ते, कत्रति । U । सेट् । स० । कत्रि । कत्रय । See Siddhanta Kaumudi under 1907 गर्व माने । अदन्तत्वसामर्थ्याण्णिज्विकल्पः । एवमग्रेऽपि । Optional णिच् for अदन्तः , अग्लोपी Root with conjunct. 6.4.48 6.4.52 । कत्रितः कत्रिता कत्रितम् । कत्रितवान् कत्रितवती कत्रितवत् ।

णिजभावपक्षे 1.3.78 शेषात् कर्त्तरि परस्मैपदम् । पक्षे भ्वादिः इव कत्र् । P । सेट् । स० ।
Note – कर्मणि and निष्ठा forms for णिच् /णिजभावे are same.
कत्रितः कत्रिता कत्रितम् । कत्रितवान् कत्रितवती कत्रितवत् ।

गणसूत्र० 203 प्रातिपदिकाद्धात्वर्थे बहुलमिष्ठवच्च ।

A Nominal Stem (Pratipadika) can take णिच् to form a new secondary Root. It functions similar to Stem + इष्ठन् Affix. To illustrate the meaning of बहुलम् the verse quoted by Grammarians is क्वचित्प्रवृत्तिः क्वचिदप्रवृत्तिः क्वचिद्विभाषा क्वचिदन्यदेव । विधेर्विधानं बहुधा समीक्ष्य चतुर्विधं बाहुलकं वदन्ति ॥

गणसूत्र० 204 तत्करोति तदाचष्टे ।

"He describes what he does", in this sense णिच् is affixed to a Stem to make a new Root.

गणसूत्र० 205 तेनातिक्रामति ।

"Using him he excels", in this sense णिच् is affixed to a Stem to make a new Root.

गणसूत्र० 206 धातुरूपं च ।

वा० 1768 आख्यानात् कृतस्तदाचष्टे कृल्लुक् प्रकृतिप्रत्यापत्तिः प्रकृतिवच्च कारकम् । A Stem that takes णिच् to make a new Root, gets its original Root form by shedding.

गणसूत्र० 207 कर्तृकरणाद्धात्वर्थे ।

In the sense of "the Instrument used by the Agent", णिच् is affixed to a Stem.

वृत् । Since this internal group ends here, the domain of एवमग्रेऽपि पाक्षिकः णिचः ends.
अथ नामधातवः। नित्यं णिच् । Roots made by affixing णिच् to a Nominal Stem (Pratipadika)

1916 बष्क दर्शने । वष्क वल्क इत्येके। अयं नामधातुः । अदन्तः, अग्लोपी । see, perceive
10c 383 बष्क । बष्क् । बष्कयति / ते, बष्कति । U । सेट् । स० । बष्कि । बष्कय ।
Note – Usage of गणसूत्र० 207 कर्तृकरणाद्धात्वर्थे । 6.4.48 6.4.52

क्त बष्कितः बष्किता बष्कितम् निष्ठा क्तवत् बष्कितवान् बष्कितवती बष्कितवत्

1917 चित्र चित्रीकरणे । कदाचित् दर्शने । आलेख्यलेखनम् । अयं नामधातुः । अदन्तः , अग्लोपी । take a picture, draw, evoke wow feeling from a scene. 10c 384 चित्र । चित्र् । चित्रयति/ते । U । सेट् । स० । चित्रि । चित्रय । 6.4.48 6.4.52
चित्रितः चित्रिता चित्रितम् । चित्रितवान् चित्रितवती चित्रितवत् ।

1918 अंस समाघाते । अंश इत्येके । अयं नामधातुः । अदन्तः , अग्लोपी । divide, distribute
10c 385 अंस । अंस् । अंसयति/ते । U । सेट् । स० । अंसि । अंसय ।
6.4.48 6.4.52 अंसितः अंसिता अंसितम् । अंसितवान् अंसितवती अंसितवत् ।
10c 385 अंश । अंश् । अंशयति/ते । U । सेट् । स० । अंशि । अंशय ।
क्त अंशितः अंशिता अंशितम् क्तवत् अंशितवान् अंशितवती अंशितवत्

1919 वट विभाजने । अयं नामधातुः । अदन्तः , अग्लोपी । divide, separate
10c 386 वट । वट् । वटयति/ते । U । सेट् । स० । वटि । वटय । 6.4.48 6.4.52
क्त वटितः वटिता वटितम् क्तवत् वटितवान् वटितवती वटितवत्

1920 लज प्रकाशने । वटि लजि इत्येके । अयं नामधातुः । अदन्तः , अग्लोपी । be seen, appear, shine, make clear 10c 387 लज । लज् । लजयति/ते । U । सेट् । अ० । लजि । लजय । 6.4.48 6.4.52 लजितः लजिता लजितम् । लजितवान् लजितवती लजितवत् ।

1921 मिश्र सम्पर्के । अयं नामधातुः । अदन्तः , अग्लोपी । collect, mix
10c 388 मिश्र । मिश्र् । मिश्रयति/ते । U । सेट् । स० । मिश्रि । मिश्रय । 6.4.48 6.4.52 मिश्रितः मिश्रिता मिश्रितम् । मिश्रितवान् मिश्रितवती मिश्रितवत् ।

1922 सङ्ग्राम युद्धे । अनुदात्तेत् । अकारप्रश्लेषात् । अयं नामधातुः । अदन्तः , अग्लोपी । fight
10c 389 सङ्ग्रामअँ । सङ्ग्राम् । सङ्ग्रामयते । A । सेट् । अ० । सङ्ग्रामि । सङ्ग्रामय । Siddhanta Kaumudi – अयमनुदात्तेत् अकारप्रश्लेषात् । Note – Usage of गणसूत्र० 207 कर्तृकरणाद्धात्वर्थे । 6.4.48 6.4.52
सङ्ग्रामितः सङ्ग्रामिता सङ्ग्रामितम् । सङ्ग्रामितवान् सङ्ग्रामितवती सङ्ग्रामितवत् ।

1923 स्तोम श्लाघायाम् । अयं नामधातुः । अदन्तः , अग्लोपी । praise, laud, flatter
10c 390 स्तोम । स्तोम् । स्तोमयति / ते । U । सेट् । स० । स्तोमि । स्तोमय । 6.4.48
6.4.52 स्तोमितः स्तोमिता स्तोमितम् । स्तोमितवान् स्तोमितवती स्तोमितवत् ।

1924 छिद्र कर्णभेदने । करणभेदने इत्येके । कर्ण इति धात्वन्तरमित्यपरे । अयं नामधातुः ।
अदन्तः, अग्लोपी । pierce the ears, break tools । Some Grammarians consider कर्ण
a separate Root. 10c 391 छिद्र । छिद्र् । छिद्रयति / ते । U । सेट् । स० । छिद्रि ।
छिद्रय । 6.4.48   6.4.52   छिद्रितः छिद्रिता छिद्रितम् । छिद्रितवान् छिद्रितवती छिद्रितवत् ।

1925 अन्ध दृष्ट्युपघाते । उपसंहारे इत्यन्ये । अयं नामधातुः । अदन्तः , अग्लोपी । be blind,
close eyes, make blind 10c 392 अन्ध । अन्ध् । अन्धयति / ते । U । सेट् । अ० ।
अन्धि । अन्धय । 6.4.48   6.4.52
अन्धितः अन्धिता अन्धितम् । अन्धितवान् अन्धितवती अन्धितवत् ।

1926 दण्ड दण्डनिपातने । अयं नामधातुः । अदन्तः , अग्लोपी । punish
10c 393 दण्ड । दण्ड् । दण्डयति / ते । U । सेट् । द्वि० । दण्डि । दण्डय । 6.4.48
6.4.52 दण्डितः दण्डिता दण्डितम् । दण्डितवान् दण्डितवती दण्डितवत् ।

1927 अङ्क पदे लक्षणे च । अयं नामधातुः । अदन्तः , अग्लोपी । count, mark, roam
10c 394 अङ्क । अङ्क् । अङ्कयति / ते । U । सेट् । स० । अङ्कि । अङ्कय । 6.4.48
6.4.52   अङ्कितः अङ्किता अङ्कितम् । अङ्कितवान् अङ्कितवती अङ्कितवत् ।

1928 अङ्ग च । पदे लक्षणे च । अयं नामधातुः । अदन्तः , अग्लोपी । count, mark, wander
10c 395 अङ्ग । अङ्ग् । अङ्गयति / ते । U । सेट् । स० । अङ्गि । अङ्गय । 6.4.48
6.4.52   अङ्गितः अङ्गिता अङ्गितम् । अङ्गितवान् अङ्गितवती अङ्गितवत् ।

1929 सुख तत्क्रियायाम् । सुखक्रियायाम् । अयं नामधातुः । अदन्तः , अग्लोपी । please,
gladden, be happy, make happy. 10c 396 सुख । सुख् । सुखयति / ते । U । सेट् ।
अ० । सुखि । सुखय । Note — Usage of गणसूत्र० 203 प्रातिपदिकाद्धात्वर्थे बहुलमिष्ठवच्च ।
गणसूत्र० 204 तत्करोति तदाचष्टे । 6.4.48   6.4.52
सुखितः सुखिता सुखितम् । सुखितवान् सुखितवती सुखितवत् ।

1930 दुःख तत्क्रियायाम् । अयं नामधातुः । अदन्तः , अग्लोपी । cause pain, be afflicted, deceive 10c 397 दुःख । दुःख् । दुःखयति/ते । U । सेट् । अ० । दुःखि । दुःखय । Note – Usage of गणसूत्र० 203 प्रातिपदिकाद्धात्वर्थे बहुलमिष्ठवच्च । गणसूत्र० 204 तत्करोति तदाचष्टे । 6.4.48 6.4.52 दुःखितः दुःखिता दुःखितम् । दुःखितवान् दुःखितवती दुःखितवत् ।

1931 रस आस्वादनस्नेहनयोः । अयं नामधातुः । अदन्तः , अग्लोपी । relish, taste, love, feel for 10c 398 रस । रस् । रसयति/ते । U । सेट् । स० । रसि । रसय । 6.4.48 6.4.52 रसितः रसिता रसितम् । रसितवान् रसितवती रसितवत् ।

1932 व्यय वित्तसमुत्सर्गे । अयं नामधातुः । अदन्तः , अग्लोपी । spend, dissipate, give away 10c 399 व्यय । व्यय् । व्यययति/ते । U । सेट् । स० । व्ययि । व्यय्य । 6.4.48 6.4.52 व्ययितः व्ययिता व्ययितम् । व्ययितवान् व्ययितवती व्ययितवत् ।

1933 रूप रूपक्रियायाम् । अयं नामधातुः । अदन्तः , अग्लोपी । be fashionable, act, perform, gesticulate, see beauty, make beautiful.
10c 400 रूप । रूप् । रूपयति / ते । U । सेट् । स० । रूपि । रूपय ।
6.4.48 6.4.52 रूपितः रूपिता रूपितम् । रूपितवान् रूपितवती रूपितवत् ।

1934 छेद द्वैधीकरणे । अयं नामधातुः । अदन्तः , अग्लोपी । cut, bisect, divide into two 10c 401 छेद । छेद् । छेदयति/ते । U । सेट् । स० । छेदि । छेदय ।
6.4.48 अतो लोपः । 6.4.52 निष्ठायां सेटि ।

क्त	छेदितः छेदिता छेदितम्	क्तवत्	छेदितवान् छेदितवती छेदितवत्

1935 छद अपवारणे । इत्येके । अयं नामधातुः । अदन्तः , अग्लोपी । cover, veil, remove 10c 402 छद । छद् । छदयति/ते । U । सेट् । स० । छदि । छदय । Siddhanta Kaumudi इत्येके specifies that some grammarians mention this Root 1935 छद अपवारणे instead of 1934 छेद द्वैधीकरणे ।
6.4.48 6.4.52 छदितः छदिता छदितम् । छदितवान् छदितवती छदितवत् ।

1936 लाभ प्रेरणे । अयं नामधातुः । अदन्तः , अग्लोपी । prompt, send, blow, throw 10c 403 लाभ । लाभ् । लाभयति/ते । U । सेट् । स० । लाभि । लाभय । 6.4.48 6.4.52 लाभितः लाभिता लाभितम् । लाभितवान् लाभितवती लाभितवत् ।

1937 व्रण गात्रविचूर्णने । अयं नामधातुः । अदन्तः , अग्लोपी । hurt, wound
10c 404 व्रण । व्रण् । व्रणयति / ते । U । सेट् । स० । व्रणि । व्रणय । 6.4.48   6.4.52
व्रणितः व्रणिता व्रणितम् । व्रणितवान् व्रणितवती व्रणितवत् ।

1938 वर्ण वर्णक्रियाविस्तारगुणवचनेषु । वर्णक्रिया वर्णकरणं वर्णनं वा । अयं नामधातुः ।
अदन्तः , अग्लोपी । describe, narrate, expand, colour, polish, praise, illuminate.
Famous word सुवर्णम् । 10c 405 वर्ण । वर्ण् । वर्णयति / ते । U । सेट् । स० । वर्णि
। वर्णय । 6.4.48   6.4.52   वर्णितः वर्णिता वर्णितम् । वर्णितवान् वर्णितवती वर्णितवत् ।

गणसूत्र० 208 ॥ बहुलमेतन्निदर्शनम् ॥

अदन्तधातुनिदर्शनमित्यर्थः । In this internal group कथादि अदन्तः , अग्लोपी, more Roots may be included, as given below, than those already mentioned.

1939 पर्ण हरितभावे । अयं नामधातुः । अदन्तः , अग्लोपी । make green, be greenish
10c 406 पर्ण । पर्ण् । पर्णयति / ते । U । सेट् । अ०* । पर्णि । पर्णय । 6.4.48
6.4.52   पर्णितः पर्णिता पर्णितम् । पर्णितवान् पर्णितवती पर्णितवत् ।

1940 विष्क दर्शने । अयं नामधातुः । अदन्तः , अग्लोपी । see, perceive
10c 407 विष्क । विष्क् । विष्कयति / ते । U । सेट् । स० । विष्कि । विष्कय । 6.4.48
6.4.52   विष्कितः विष्किता विष्कितम् । विष्कितवान् विष्कितवती विष्कितवत् ।

1941 क्षिप प्रेरणे । क्षप । अयं नामधातुः । अदन्तः , अग्लोपी । throw, send, bear, cry
10c 408 क्षिप । क्षिप् । क्षिपयति / ते । U । सेट् । स० । क्षिपि । क्षिपय ।
6.4.48   6.4.52   क्षिपितः क्षिपिता क्षिपितम् । क्षिपितवान् क्षिपितवती क्षिपितवत् ।
10c 408   क्षप । क्षप् । क्षपयति / ते । U । सेट् । स० । क्षपि । क्षपय ।
क्षपितः क्षपिता क्षपितम् । क्षपितवान् क्षपितवती क्षपितवत् ।

1942 वस निवासे । अयं नामधातुः । अदन्तः , अग्लोपी । dwell, inhabit, live, stay, abide, reside 10c 409 वस । वस् । वसयति / ते । U । सेट् । अ० । वसि । वसय ।
6.4.48   6.4.52   वसितः वसिता वसितम् । वसितवान् वसितवती वसितवत् ।

1943 तुत्थ आवरणे । अयं नामधातुः । अदन्तः , अग्लोपी । cover, spread, praise
10c 410 तुत्थ । तुत्थ् । तुत्थयति / ते । U । सेट् । स० । तुत्थि । तुत्थय । 6.4.48 अतो लोपः । अकारः drops, 1.1.57 अचः परस्मिन् पूर्वविधौ । However णिच् sees the अकारः and thus cannot cause guna/vriddhi. अक् प्रत्याहारस्य लोपः इति अग्लोपि । 6.4.52 तुत्थितः तुत्थिता तुत्थितम् । तुत्थितवान् तुत्थितवती तुत्थितवत् ।

वृत् । नामधातवः गताः । कथादयः अदन्ताः गताः ।

At the end, the opinion of various ancient Grammarians is summed up. एवं आन्दोलयति प्रेङ्खोलयति विडम्बयति अवधीरयति इत्यादि । By गणसूत्र० बहुलमेतन्निदर्शनम् more such words are shown those are noticed in literature.

अन्ये तु दशगणीपाठो बहुलम् इत्याहुः। तेनापठिता अपि सौत्राः लौकिकाः वैदिकाः अपि द्रष्टव्याः इत्याहुः।
अपरे तु नवगणीपाठो बहुलमित्याहुः । Even in the 1c – 9c Roots, स्वार्थे णिच् is possible.

तेनापठितेभ्योऽपि क्वचित् स्वार्थे णिच् । रामो राज्यमचीकरत् इत्यादि सिद्धिः इत्याहुः । By the 8c तनादिः Root 1472 डुकृञ् करणे, due to स्वार्थे णिच् , we can make the word अचीकरत् । The usage of रामो राज्यमचीकरत् is present in literature, and it has the sense of स्वार्थे णिच् and not हेतुमण्णिच् ।

चुरादिभ्यः एव बहुलं णिजित्यर्थ इत्यन्ये । While some ancient Grammarians are of the view that the स्वार्थे णिच् is for 10c Roots only.

गणसूत्र० 209 णिङङ्गात् निरसने ।

निस् + असु क्षेपणे used in the sense of 'to remove' , 'to separate'.

अङ्गवाची प्रातिपदिकम् , हस्त + णिङ् –> हस्ति। New Root to make words like हस्तयते etc.

e.g. हस्तौ निरस्यति हस्तयते । He takes away both hands.

The Affix णिङ् is used to indicate removal. As we have The Ashtadhyayi Sutra 1.3.74 णिचश्च to indicate Ubhayepadi, so णिङ् being ङित् applies 1.3.12 अनुदात्तङित आत्मनेपदम् ।

गणसूत्र० 210 श्वेताश्वाश्वतरगालोडिताह्वरकाणाम् अश्वतरेतकलोपः च ।

AND The Stems श्वेताश्व , अश्वतर , गालोडित , आह्वरक drop अश्व , तर , इत , क respectively. Then these Stems be used with णिङ् to make New Roots.

e.g. श्वेत Stem । श्वेति New Root । श्वेतयते ।

गणसूत्र० 211 पुच्छादिषु धात्वर्थे इत्येव सिद्धम् ॥

Ashtdhayayi Sutra 3.1.20 पुच्छभाण्डचीवराण्णिङ् gives णिङ् affix for Stems पुच्छ, भाण्ड, चीवर । Here we can apply गणसूत्र० 203 प्रातिपदिकाद्धात्वर्थे बहुलमिष्ठवच्च and गणसूत्र० 209 णिङङ्गात् निरसने to these Stems to get the words present in literature.

NOTE – The DHATUPATHA ends with the word सिद्धम् । सिद्धशब्दो ग्रन्थान्ते मङ्गलार्थः ।

Mahabhashya of Patanjali states that this is a Blessing and a Prayer to ensure success to the Reader.

Also we remember that the Dhatupatha begins with the first Root भू सत्तायाम् that signifies Birth, Truth, Existence, Stable governance.

इति स्वार्थणिजन्ताः चुरादयः ॥

॥ इति श्री पाणिनिमुनिप्रणीतः धातुपाठः समाप्तः ॥

END of Dhatupatha

Latin Transliteration Chart

International Alphabet of Sanskrit Transliteration (I.A.S.T.)

a	ā	i	ī	u	ū	ṛ	ṝ	ḷ	
अ	आ	इ	ई	उ	ऊ	ऋ	ॠ	ऌ	
	◌ा	ि◌	◌ी	◌ु	◌ू	◌ृ	◌ॄ	◌ॢ	
e	ai	o	au	ṃ	ḥ	Ardha Visarga	oṃ	m̐	
ए	ऐ	ओ	औ	अं	अः	⊠	ॐ	◌ँ	
◌े	◌ै	◌ो	◌ौ	◌ं	◌ः				
Consonants are shown with a vowel 'a= अ' for uttering									
ka	क	ca	च	ṭa	ट	ta	त	pa	प
kha	ख	cha	छ	ṭha	ठ	tha	थ	pha	फ
ga	ग	ja	ज	ḍa	ड	da	द	ba	ब
gha	घ	jha	झ	ḍha	ढ	dha	ध	bha	भ
ṅa	ङ	ña	ञ	ṇa	ण	na	न	ma	म
ya	ra	la	va		ḷa	'	.	.	
य	र	ल	व		ळ	ऽ	।	॥	
					Consonant only			**halanta**	
śa	ṣa	sa	ha		ka	क्अ = क		◌्	
श	ष	स	ह		k	क्			

Roots Set Flag to Anit for Nishtha

Roots in the Dhatupatha have a सेट् / अनिट् / वेट् Flag. This determines if the intermediate इट् Augment shall be applied to some Affixes during word construction.

- 7.2.8 to 7.2.78 are Sutras governing the सेट् Set Flag.
- 7.2.10 एकाच उपदेशेऽनुदात्तात् । defines the Anit Roots.
- 7.2.11 to 7.2.68 are Sutras that govern सेट् Set Flag for Nishtha.
    - 7.2.11 blocks many Roots for सेट् Set Flag Nishtha.
    - 7.2.15 blocks many Sutras for सेट् Set Flag Nishtha.
    - 7.2.12, 7.2.13, 7.2.39, 7.2.40, 7.2.55, 7.2.58 to 7.2.67 are unrelated to Nishtha.
    - 7.2.38 to 7.2.43 are blocked for Nishtha by 7.2.15, 7.2.11

7.2.15 यस्य विभाषा । सेट् विकल्पस्य विषये निष्ठायाम् इट् न । When any Sutra ordains Optional सेट् for any Root, that Root behaves as अनिट् for Nishtha Affixes.
7.2.8 to 7.2.34 are Sutras that have the नेट् Anuvritti, i.e. न इट् = अनिट् ।
7.2.14 to 7.2.34 are Sutras that have the निष्ठायाम् Anuvritti, in the context of Nishtha.
7.2.35 to 7.2.75 are Sutras that have the आर्धधातुकस्य इट् वलादेः Anuvritti, i.e. इट् augment applies to Nishtha, since क्त , क्तवतुँ Affixes begin with a वल् letter and are Ardhadhatuka Affixes.

Set Flag due to a Dhatu Tag Letter

Sutra		Roots affected
7.2.14	श्वीदितो निष्ठायाम् । Root टुओश्वि and All Roots with ई Tag.	टुओश्वि , यती etc.
7.2.16	आदितश्च । All Roots with आ Tag.	ञिमिदा , हुर्छा etc.
7.2.17	विभाषा भावादिकर्मणोः । Roots with आ Tag. 3.4.71 आदिकर्मणि क्तः कर्तरि च ।	ञिमिदा , हुर्छा etc.
7.2.44	स्वरतिसूतिसूयतिधूञूदितो वा । इति वेट् । Specific Roots and All Roots with ऊ Tag.	स्वृ , षूङ् 2 Roots, धूञ् 2 Roots, षिधू etc.
7.2.56	उदितो वा । All Roots with उ Tag.	शमु etc.

Set Flag due to a specific Sutra

7.2.11	श्र्युकः किति । Root श्रि and , Roots ending in उक् = उ , ऊ , ऋ , ॠ , ऌ	श्रिञ् , भू etc.
7.2.17	विभाषा भावादिकर्मणोः । वा० सौनागाः कर्मणि निष्ठायां शकेरिटमिच्छन्ति विकल्पेन । वा० अस्यतेर्भावे ।	शक् , शकॢ । असु
7.2.18	क्षुब्धस्वान्तध्वान्तलग्नम्लिष्टविरिब्धफाण्ट बाढानि मन्थमनस्तमःसक्ताविस्पष्ट-स्वरानायासभृशेषु ।	क्षुभ् 3 Roots, स्वन् 2 Roots, ध्वन् 2 Roots, लग् , म्लेच्छ् , रेभ् ,फण् , वाहृ
7.2.19	धृषिशसी वैयात्ये ।	ञिधृषा , शस्
7.2.20	दृढः स्थूलबलयोः ।	दृंह्
7.2.21	प्रभौ परिवृढः ।	बृह्
7.2.22	कृच्छ्रगहनयोः कषः ।	कष्
7.2.23	घुषिरविशब्दने ।	घुषिर् 2 Roots
7.2.24	अर्देः संनिविभ्यः ।	अर्द्
7.2.25	अभेश्चाविदूर्ये ।	अर्द्
7.2.26	णेरध्ययने वृत्तम् । णिच् ending Root	वृत् of 10c
7.2.27	वा दान्तशान्तपूर्णदस्तस्पष्टच्छन्नज्ञप्ताः । णिच् ending Roots	दमु , शमु , पूरी , दस् , स्पश् ,छद् , ज्ञप्
7.2.28	रुष्यमत्वरसंघुषास्वनाम् ।	रुष् 3 Roots, अम् of 1c , त्वर् , घुष् 2 Roots, स्वन् 2 Roots
7.2.29	हृषेर्लोमसु । वा० विस्मितप्रतिघातयोश्चेति वक्तव्यम् ।	हृष् 2 Roots
7.2.30	अपचितश्च ।	चाय्
7.2.31	ह्रु ह्वरेश्छन्दसि ।	ह्वृ कौटिलये ।
7.2.32	अपरिह्वृताश्च ।	ह्वृ कौटिलये ।
7.2.33	सोमे ह्वरितः ।	ह्वृ कौटिलये ।
7.2.34	ग्रसितस्कभितस्तभितोत्तभितचत्तविकस्त विशस्तृशंस्तृशास्तृतरुतृतरूतृवरुतृवरूतृव रुत्रीरुज्ज्वलितिक्षरितिक्षमितिवमित्यमिती ति च ।	ग्रस् अदने, चत् , कस् , 3.1.82 Sautra Roots स्कम्भु , स्तम्भु
	3.1.82 स्तन्भुस्तुन्भुस्कन्भुस्कुन्भुस्कुञ्भ्यः श्नुश्च । स्कम्भु , स्तम्भु सौत्र धात्वः ।	
7.2.36	स्नुक्रमोरनात्मनेपदनिमित्ते ।	ष्णु , क्रमु
7.2.37	ग्रहोऽलिटि दीर्घः ।	ग्रह्
7.2.38	वृतो वा । Root वृङ् , वृञ् and Roots	This Sutra does not apply to Nishtha due to 7.2.15

	ending in ॠ	
7.2.43	ऋतश्च संयोगादेः । Roots ending in ॠ	This Sutra does not apply to Nishtha due to 7.2.15
7.2.45	रधादिभ्यश्च । एतेषां अष्ट धातूनां उत्तरस्य वलादेः आर्धधातुकस्य विकल्पेन इट् ।	रध् , नश् , तृप् , दृप् , द्रुह् , मुह् , स्नुह् , स्निह्
7.2.46	निरः कुषः । 7.2.47 इण्निष्ठायाम् ।	कुष्
7.2.48	तीषसहलुभरुषरिषः । इति इट् विकल्पः ।	इषु , सह् 2 Roots, लुभ् गार्ध्ये , रुष् 2 Roots, रिष् 2 Roots
7.2.49	सनीवन्तर्धभ्रस्जदम्भुश्रिस्वृयूर्णुभरज्ञपिसनाम् । Roots ending in इव् are ष्ठिव् 2 Roots, दिव् , सिव् , स्रिव्	and ऋध् 2 Roots, भ्रस्ज् , दम्भ् , श्रिञ् , स्वृ , यु , ऊर्णुञ् , भृञ् , ज्ञप् , षणु , सन्
7.2.49	वा० भरज्ञपिसनितनिपतिदरिद्राणाम् । अथवा वा० तनिपतिदरिद्राणामुपसङ्ख्यानम ।	तन् , पत्लृ , दरिद्रा
7.2.50	क्लिशः क्त्वानिष्ठयोः ।	क्लिश् 2 Roots
7.2.51	पूङश्च । Also see 1.2.22 पूङः क्त्वा च ।	पूङ्
7.2.52	वसतिक्षुधोरिट् ।	वस निवासे, क्षुध्
7.2.53	अञ्चेः पूजायाम् । Refer 6.4.30, 8.2.48	अञ्चु of 1c
7.2.54	लुभो विमोहने । नित्य इट् ।	लुभ विमोहने
7.2.57	सेऽसिचि कृतचृतच्छृदतृदनृतः ।	कृत् ,चृत् , उछृदिर् , उतृदिर् , नृत्
7.2.65	विभाषा सृजिदृषोः । Ineffective in Nishtha because Roots are Anit	सृज् , दृशिर्
7.2.68	विभाषा गमहनविदविशाम् ।	गम् , हन् , विश् Anit Roots, विद्लृ
8.2.33	वा द्रुहमुहष्णुहष्णिहाम् ।	द्रुह् , मुह् , स्नुह् , स्निह्

Roots with आ Tag Letter

1c	211	हुर्छा	हुर्च्छ्	742	श्विता	श्वित्
	212	मुर्च्छा	मुर्च्छ्	743	ञिमिदा	मिद्
	213	स्फुर्छा	स्फुर्च्छ्	744	ञिष्विदा	स्विद्
	235	टुओस्फूर्जा	स्फूर्ज्	775	ञित्वरा	त्वर्
	516	ञिफला	फल्	978	ञिष्विदा	स्विद्

4c	1188	ष्विदा	स्विद्	1243	ञिमिदा	मिद्
	1188	ञिष्विदा	स्विद्	1244	ञिक्ष्विदा	क्ष्विद्
	1228	ञितृषा	तृष्			
5c	1269	ञिधृषा	धृष्			

Roots with ई Tag Letter

1c	**ईदित्**		**2c**			**7c**		
27	ह्लादी	ह्लाद्	1029	वृजी	वृज्	1447	कृती	कृत्
30	यती	यत्	1030	पृची	पृच्	1448	ञिइन्धी	इन्ध्
39	चिती	चित्	**4c**			1457	उन्दी	उन्द्
178	भृजी	भृज्	1165	ईशुचिर्	शुच्	1460	ओविजी	विज्
216	उछी	उच्छ्	1116	नृती	नृत्	1461	वृजी	वृज्
320	कटी	कट्	1117	त्रसी	त्रस्	1462	पृची	पृच्
388	जभी	जम्भ्	1149	जनी	जन्			
460	कनी	कन्	1150	दीपी	दीप्	**10c**		
483	ऊयी	ऊय्	1151	पूरी	पूर्	1803	पूरी	पूर्
484	पूयी	पूय्	1152	तूरी	तूर्	1811	ली	ली
485	क्नूयी	क्नूय्	1153	धूरी	धूर्	1812	वृजी	वृज्
486	क्ष्मायी	क्ष्माय्	1154	गूरी	गूर्	1820	छृदी	छृद्
487	स्फायी	स्फाय्	1155	घूरी	घूर्	1821	दृभी	दृभ्
488	ओप्यायी	उर्व्	1156	जूरी	जूर्	1860	गदी	गद्
569	उर्वी	तुर्व्	1157	शूरी	शूर्			
570	तुर्वी	थुर्व्	1158	चूरी	चूर्			
571	थुर्वी	दुर्व्	1208	मदी	मद्			
572	दुर्वी	धुर्व्	1221	मसी	मस्			
573	धुर्वी	गुर्व्						
574	गुर्वी	मुर्व्						
575	मुर्वी	मद्						
815	मदी	प्याय्						

6c

1287	ऋषी	ऋष्	1291	ओलस्जी	लस्ज्	1324	चृती	चृत्
1288	जुषी	जुष्	1295	उछी	उच्छ्	1396	गुरी	गुर्
1289	ओविजी	विज्	1323	दृभी	दृभ्	1435	कृती	कृत्
1290	ओलजी	लज्						

Roots with उ Tag Letter

1c	**उदित्**					706	वृषु	वृष्
188	**अञ्चु**	अञ्च्	469	चमु	चम्	707	मृषु	मृष्
189	**वञ्चु**	वञ्च्	470	छमु	छम्	708	घृषु	घृष्
190	**चञ्चु**	चञ्च्	471	जमु	जम्	709	हृषु	हृष्
191	**तञ्चु**	तञ्च्	472	झमु	झम्	727	शसु	शस्
192	**त्वञ्चु**	त्वञ्च्	473	क्रमु	क्रम्	728	शंसु	शंस्
193	**म्रुञ्चु**	म्रुञ्च्	560	ष्ठिवु	ष्ठिव्	754	स्रंसु	स्रंस्
194	**म्लुञ्चु**	म्लुञ्च्	567	क्षीवु	क्षीव्	755	ध्वंसु	ध्वंस्
195	**म्रुचु**	म्रुच्	568	क्षेवु	क्षेव्	756	भ्रंसु	भ्रंस्
196	**म्लुचु**	म्लुच्	601	धावु	धाव्	757	स्रम्भु	स्रम्भ्
197	**ग्रुचु**	ग्रुच्	630	ग्रसु	ग्रस्	758	वृतु	वृत्
198	**ग्लुचु**	ग्लुच्	631	ग्लसु	ग्लस्	759	वृधु	वृध्
199	**कुजु**	कुज्	697	जिषु	जिष्	760	शृधु	शृध्
200	**खुजु**	खुज्	698	विषु	विष्	826	स्यमु	स्यम्
201	**ग्लुञ्चु**	ग्लुञ्च्	699	मिषु	मिष्	850	भ्रमु	भ्रम्
393	**श्रम्भु**	श्रम्भ्	701	श्रिषु	श्रिष्	853	रमु	रम्
394	**ष्टुभु**	स्तुभ्	702	श्लिषु	श्लिष्	862	अञ्चु	अञ्च्
430	**षृभु**	सृभ्	703	प्रुषु	प्रुष्	873	शृधु	शृध्
431	**षृम्भु**	सृम्भ्	704	प्लुषु	प्लुष्	874	मृधु	मृध्
443	**कमु**	कम्	705	पृषु	पृष्	878	खनु	खन्

2c			1210	यसु	यस्	1466	क्षिणु	क्षिण्
1075	शासु	शास्	1211	जसु	जस्	1467	ऋणु	ऋण्
4c			1212	तसु	तस्	1468	तृणु	तृण्
1107	दिवु	दिव्	1213	दसु	दस्	1469	घृणु	घृण्

1108	षिवु	सिव्	1214	वसु	वस्	1470	वनु	वन्
1109	स्रिवु	स्रिव्	1224	भृशु	भृश्	1471	मनु	मन्
1110	ष्ठिवु	ष्ठिव्	1225	भ्रंशु	भ्रंश्	**9c**		
1111	ष्णुसु	स्नुस्	1245	ऋधु	ऋध्	1524	उध्रस	ध्रस्
1112	ष्णसु	स्नस्	1246	गृधु	गृध्	**10c**		
1113	क्नसु	क्नस्	**5c**			1668	जसु	जस्
1160	वृतु	वृत्	1270	दम्भु	दम्भ्	1703	वञ्चु	वञ्च्
1192	षिधु	सिध्	1271	ऋधु	ऋध्	1706	दिवु	दिव्
1201	शमु	शम्	1274	चमु	चम्	1718	जसु	जस्
1202	तमु	तम्	**7c**			1724	दिवु	दिव्
1203	दमु	दम्	1445	उच्छृदिर्	छृद्	1734	शृधु	शृध्
1204	श्रमु	श्रम्	**8c**			1738	अञ्चु	अञ्च्
1205	भ्रमु	भ्रम्	1463	तनु	तन्	1781	वृतु	वृत्
1207	क्लमु	क्लम्	1464	षणु	सन्	1782	वृधु	वृध्
1209	असु	अस्	1465	क्षणु	क्षण्	1840	तनु	तन्

Roots with ऊ Tag Letter

1c	ऊ		2c			7c		
48	षिधू	सिध्	1066	मृजू	मृज्	1458	अञ्जू	अञ्ज्
374	त्रपूष्	त्रप्	4c			1459	तञ्चू	तञ्च्
395	गुपू	गुप्	1206	क्षमू	क्षम्			
442	क्षमूष्	क्षम्	1242	क्लिदू	क्लिद्	9c		
649	गाहू	गाह्	5c			1522	क्लिशू	श्
650	गृहू	गृह्	1264	अशू	अश्	10c		
654	अक्षू	अक्ष्	6c			1848	मृजू	मृज्
655	तक्षू	तक्ष्	1347	वृहू	वृह्			
656	त्वक्षू	त्वक्ष्	1348	तृहू	तृह्			
761	स्यन्दू	स्यन्द्	1349	स्तृहू	स्तृह्			
762	कृपू	कृप्	1350	तृंहू	तृंह्			
896	गुहू	गुह्	1292	ओव्रश्चू	व्रश्च्			

Roots ending in ॠ

1c	808	दॄ	दॄ	6c	1409	कॄ	कॄ	9c	1492	मॄ	मॄ
1c	809	नॄ	नॄ	6c	1410	गॄ	गॄ	9c	1493	दॄ	दॄ
1c	969	तॄ	तॄ					9c	1494	जॄ	जॄ
				9c	1484	स्तॄञ्	स्तॄ	9c	1495	नॄ	नॄ
3c	1086	पॄ	पॄ	9c	1485	कॄञ्	कॄ	9c	1496	कॄ	कॄ
				9c	1486	वॄञ्	वॄ	9c	1497	ॠ	ॠ
4c	1130	जॄष्	जॄ	9c	1488	शॄ	शॄ	9c	1498	गॄ	गॄ
4c	1131	झॄष्	झॄ	9c	1489	पॄ	पॄ				
				9c	1490	वॄ	वॄ	10c	1548	पॄ	पॄ
				9c	1491	भॄ	भॄ	10c	1814	जॄ	जॄ

Roots Nishtha त् to न् , क् , व् , म्

निष्ठा – विकार – प्रकरणम्

Some Sutras change the तकारः of क्त क्तवतुँ Affixes to नकारः । ककार । वकारः । मकारः । when facing Anit Roots, i.e. in the absence of इट् ।

- 8.2.42 to 8.2.61 are Sutras that modify the Nishtha Affix
  - 8.2.42 to 8.2.50 modify the Nishtha त् to न् for Anit Roots
  - 8.2.50 modifies the Nishtha त् to क्
  - 8.2.51 modifies the Nishtha त् to व्
  - 8.2.52 to 8.2.54 modify the Nishtha त् to म्
  - 8.2.55 gives some निपातन forms
  - 8.2.56 modifies the Nishtha त् to न्
  - 8.2.57 to 8.2.61 Exceptions to the modification

Sutra		Roots affected
8.2.42	रदाभ्यां निष्ठातो नः पूर्वस्य च दः । Anit Roots ending in Repha, दकारः । Also Apply 7.1.100, 1.1.51, 8.2.77 for ॠकारान्तः Roots	शद्लृ , छिदिर् etc.

8.2.43	संयोगादेरातो धातोर्यण्वतः । Roots with Initial Conjunct and containing a यण् letter य् व् र् ल् and ending in आकारः	द्यै , ध्यै , ष्ट्यै , स्त्यै , श्यै , प्यै , द्रै , ध्रै , श्रै , त्रै , ग्लै , म्लै
8.2.44	ल्वादिभ्यः । तेभ्यः धातुभ्यः उत्तरस्य निष्ठातकारस्य नकारादेशः । वा० सिनोतेर्ग्रासकर्मकर्तृकस्य इति वक्तव्यम् । Internal Group	All Roots 1483 लूञ् to 1503 प्ली
8.2.45	ओदितश्च । Roots with ओ Tag. वै , प्याय् , श्वि , स्फूर्ज् , हा , हा , व्रश्च् , विज् , लज् , लस्ज् , मस्ज् , रुज् , भुज् , विज् । Also the internal group स्वादयः of 4c. षूङ् , दूङ् , दीङ् , डीङ् , धीङ् ,मीङ् , रीङ् , लीङ् , व्रीङ्	ओवै , ओप्यायी , टुओश्वि , टुओस्फूर्जा , ओहाङ् , ओहाक् , ओव्रश्चू , ओविजी , ओलजी , ओलस्जी , टुमस्जो रुजो , भुजो , ओविजी
8.2.46	क्षियो दीर्घात् । Refer 6.4.60, 6.4.61	1276 क्षि , 1407 क्षि
8.2.47	श्योऽस्पर्शे । Not when meaning is स्पर्श	श्यैङ्
8.2.48	अञ्चोऽनपादाने । Not in sense of Ablative	188 अञ्चु , 862 अञ्चु
8.2.49	दिवोऽविजिगीषायाम् । Not in sense of "win"	दिव्
8.2.50	निर्वाणोऽवाते । Not in sense of "windy"	निस् + वा of 2c
8.2.51	शुषः कः । इति ककारादेशः ।	शुष्
8.2.52	पचो वः । इति वकारादेशः ।	पच्
8.2.53	क्षायो मः । इति मकारादेशः ।	क्षै
8.2.54	प्रस्त्योऽन्यतरस्याम् । इति मकारादेशः । Option	प्र + स्त्यै , ष्ट्यै
8.2.55	अनुपसर्गात् फुल्लक्षीबकृशोल्लाघाः । Without Upasarga only for क्त	ञिफला , फल् , क्षीब् , कृश् ,लाघ्
8.2.56	नुदविदोन्दत्राघ्राह्रीभ्योऽन्यतरस्याम् । Optional	नुद् 2 Roots, विद विचारणे, उन्द् , त्रै , घ्रा , ह्री
8.2.57	न ध्याख्यापॄमूर्छिमदाम् । Exception, so no change in तकारः	ध्यै , ख्या , चक्षिङ् , पॄ 2 Roots, मुर्च्छ् , मदी 2 Roots
8.2.58	वित्तो भोगप्रत्यययोः ।	विद्लृ
8.2.59	भित्तं शकलम् ।	भिदिर्
8.2.60	ऋणमाधमर्ण्ये ।	ऋ 2 Roots
8.2.61	नसत्तनिषत्तानुत्तप्रतूर्तसूर्तगूर्तानि छन्दसि । Vedic usage	षद्लृ 2 Roots, उन्द् , ञित्वरा , तुर्व् , सृ 2

		Roots, गुर्

Anit Roots ending in Repha, दकारः

1c	854	षद्लृ	सद्	6c	1281	तुद	तुद्
1c	855	शद्लृ	शद्	6c	1282	णुद	नुद्
1c	977	हद	हद्	6c	1426	णुद	नुद्
1c	979	स्कन्दिर्	स्कन्द्	6c	1427	षद्लृ	सद्
2c	1011	अद	अद्	6c	1428	शद्लृ	शद्
4c	1169	पद	पद्	6c	1432	विद्लृ	विद्
4c	1170	खिद	खिद्	6c	1436	खिद	खिद्
4c	1171	विद	विद्	7c	1439	भिदिर्	भिद्
4c	1188	ष्विदा	स्विद्	7c	1440	छिदिर्	छिद्
4c		ञिष्विदा	स्विद्	7c	1443	क्षुदिर्	क्षुद्
4c	1242	क्लिदू	क्लिद्	7c	1449	खिद	खिद्
10c	1831	आङःषद	आसद्	7c	1450	विद	विद्

Roots Nishtha कित् to अकित्

Atidesha अतिदेशः Sutras that introduce a significant variation.

Nishtha Affixes are attached with the क् Tag letter, so that 1.1.5 gets enforced. It prevents Nishtha Affixes from causing Guna.

Some Sutras change the कित् quality of क्त क्तवतुँ Affixes to अकित् । That means in these cases Guna will become applicable.

Sutra		Roots affected
1.2.19	निष्ठा शीङ्स्विदिमिदिक्ष्विदिधृषः ।	शीङ् , स्विद् , ञिमिदा 2 Roots, क्ष्विद् , धृष् 2 Roots
1.2.20	मृषस्तितिक्षायाम् ।	मृष् तितिक्षायाम्
1.2.21	उदुपधाद्भावादिकर्मणोरन्यतरस्याम् । For	द्युत् , मुद् etc.

| | | Nishtha applies to 1c Roots only as per a Vartika. | |
| 1.2.22 | | पूङः क्त्वा च । Root पू with intermediate सेट् affix with Nishtha affixes is अकित् | पूङ् |

Relevant Ashtadhyayi Sutras

Siddhanta Kaumudi	Sutrapatha	Some Sandhi Sutras
50	1.1.57	अचः परस्मिन् पूर्वविधौ । निमित्तापायपरिभाषा । निमित्तापाये नैमित्तिकस्याप्यपायः इति न्यायेन ण्कारस्य नकारः ।
52	8.4.53	झलां जश् झशि ।
59	8.4.46	अचो रहाभ्यां द्वे । इति यर्-वर्णस्य विकल्पेन द्वित्वं ।
113	8.4.41	ष्टुना ष्टुः ।
121	8.4.55	खरि च । झल् letter converted to चर् letter when followed by खर् letter । इति द् त् ।
174	6.3.111	ढ्रलोपे पूर्वस्य दीर्घोऽणः ।
197	8.4.2	अट्कुप्वाङ्नुम्व्यवायेऽपि । A नकारः within a word changes to णकारः under extended conditions
212	8.3.59	आदेशप्रत्यययोः । इण् अथवा कवर्गः परस्य अपदान्तस्य आदेशरूपस्य प्रत्ययावयवरूपस्य स् ष् । A beginning सकारः of an affix is replaced with षकारः ।
235	8.4.1	रषाभ्यां नो णः समानपदे । A नकारः within a word changes to णकारः under certain conditions
271	6.4.77	अचि श्नुधातुभ्रुवां य्वोरियङुवङौ । इति अजादि प्रत्यय परतः इयङ् ।
294	8.2.36	व्रश्चभ्रस्जसृजमृजयजराजभ्राजच्छशां षः ।
295	8.2.41	षढोः कः सि । षकारस्य ढकारस्य च सकारे परे ककारः आदेशः ।
324	8.2.31	हो ढः ।
325	8.2.32	दादेर्धातोः घः ।
363	6.1.37	न सम्प्रसारणे सम्प्रसारणम् । सम्प्रसारने परतः पूर्वस्य यणः सम्प्रसारणं न । इति य् इ, किन्तु व् उ न ।
378	8.2.30	चोः कुः ।

380	8.2.29	स्कोः संयोगाद्योरन्ते च । इति सकारस्य लोपः ।
415	6.4.24	अनिदितां० इति न् लोपः । वा० शे तृम्फादीनां नुम्वाच्यः इति पुनः नुम् आगमः । अनुस्वारः परसवर्णः च ।
424	6.4.30	नाञ्चेः पूजायाम् ।
686	2.1.24	द्वितीया श्रितातीतपतितगतात्यस्तप्राप्तापन्नैः । इत्यत्र पतितेति निपातनात् 7.2.15 इत्यस्य अनित्यत्वं कुत्रचित् बोध्यते । तेन अत्रापि निष्ठायां तनितम् इति भवति इति प्रक्रियासर्वस्वे ।
1637	4.4.85	अन्नाण्णः । इति न जग्ध् आदेशः।
2264	6.1.64	धात्वादेः षः सः। In the Dhatupatha, beginning षकारः of a Dhatu is replaced with सकारः ।
2280	8.2.40	झषस्तथोर्धोऽधः ।
2286	6.1.65	णो नः । In the Dhatupatha, a beginning णकारः of a Dhatu is replaced with नकारः ।
2298	7.4.25	अकृत्सार्वधातुकयोर्दीर्घः । अजन्तस्य धातुभ्यः दीर्घः, किति सार्वधातुके भिन्नः यकारादिः प्रत्यये परतः ।
2335	8.3.13	ढो ढे लोपः ।
2366	7.2.70	ऋद्धनोः स्ये । ऋकारान्तानां धातूनां हन्तेश्च स्ये इडागमः ।
2372	6.4.64	आतो लोप इटि च । इट् आजादि आर्धधातुके क्ङिति च आकारान्तस्य अङ्गस्य लोपः । वा० दरिद्रातेरार्धधातुके विवक्षिते आलोपो वाच्यः ।
2381	7.2.11	श्र्युकः किति ।
2390	7.1.100	ॠत इद्धातोः ।
2428	6.4.37	अनुदात्तोपदेशवनतितनोत्यादीनामनुनासिक लोपो झलि क्ङिति । इति न् लोपः ।
2469	6.4.111	श्नसोरल्लोपः । वा० इर इत् संज्ञा वाच्या ।
2486	6.4.34	शास इदङ्हलोः ।
2504	6.4.42	जनसनखनां सञ्झलोः ।
2561	6.4.19	च्छ्वोः शूडनुनासिके च। क्वि, झलादि कित् ङित् , तथा अनुनासिकः प्रत्यये परतः, च्छ् शूठ् , व् ऊठ् ,आदेशः।
2654	6.4.20	ज्वरत्वरस्रिव्यविमवामुपधायाश्च ।
2618	7.2.49	सनीवन्तर्धभ्रस्जदम्भुश्रिस्वृयूर्णुभरज्ञपिसनाम् । एतेषां धातुभ्यः सन् प्रत्यये विकल्पेन इडागमः ।
2655	6.4.21	राल्लोपः ।

2832	3.4.67	कर्तरि कृत् ।
2833	3.4.70	तयोरेव कृत्यक्तखलर्थाः ।
2977	3.2.68	अदोऽनन्ने ।

NISHTHA PRAKARANAM – SECTION TOPIC RELATED TO क्त , क्तवतु Affixes		
627	2.3.67	क्तस्य च वर्तमाने । A Present Tense usage with 6th case.
899	2.2.36	निष्ठा । Related to Bahuvrihi Samasa process.
2292	2.4.56	अजेर्व्यघञपोः । Dhatu अज् gets replaced by वी ।
2370	6.1.45	आदेच उपदेशेऽशिति । Final ए of एजन्तः Roots replace by आ ।
2398	8.3.73	वेः स्कन्देरनिष्ठायाम् ।
2409	6.1.15	वचिस्वपियजादीनां किति । Samprasaranam.
2412	6.1.16	ग्रहिज्यावयिव्यधिवष्टिविचतिवृश्चतिपृच्छतिभृज्जतीनां ङिति च । एतेषां धातूनां ङित् कित् च परतः सम्प्रसारणम्।
2436	2.4.54	चक्षिङः ख्याञ् । Dhatu चक्षिङ् gets replaced by ख्या ।
2453	2.4.53	ब्रुवो वचिः । Dhatu ब्रू gets replaced by वच् ।
2506	7.2.57	सेऽसिचि कृतचृतच्छृदतृदनृतः ।
3012	1.2.26	क्तक्तवतू निष्ठा । Introducing the क्त , क्तवतु Affixes
3013	3.2.102	निष्ठा । Past Tense use, joined directly to Dhatu.
3014	6.4.60	निष्ठायां अण्यदर्थे ।
3015	8.2.46	क्षियो दीर्घात् ।
3016	8.2.42	रदाभ्यां निष्ठातो नः पूर्वस्य च दः ।
3017	8.2.43	संयोगादेरातो धातोर्यण्वतः ।
3018	8.2.44	ल्वादिभ्यः । तेभ्यः धातुभ्यः उत्तरस्य निष्ठातकारस्य नकारादेशः । वा० सिनोतेर्ग्रासकर्मकर्तृकस्य इति वक्तव्यम् ।
3019	8.2.45	ओदितश्च ।
3020	6.1.24	द्रवमूर्तिस्पर्शयोः श्यः ।
3021	8.2.47	श्योऽस्पर्शे ।
3022	6.1.25	प्रतेश्च ।
3023	6.1.26	विभाषाऽभ्यवपूर्वस्य ।
3024	8.2.48	अञ्चोऽनपादाने ।
3025	7.2.15	यस्य विभाषा । सेट् विकल्पस्य विषये निष्ठायाम् इट् न ।
3026	8.3.75	परिस्कन्दः प्राच्यभरतेषु ।
3027	8.3.114	प्रतिस्तब्धनिस्तब्धौ च ।
3028	8.2.49	दिवोऽविजिगीषायाम् । दिवः उत्तरस्य निष्ठा तकारस्य नकारादेशो भवति अविजिगीषायम् अर्थे।
3029	8.2.50	निर्वाणोऽवाते ।

3030	8.2.51	शुषः कः ।
3031	8.2.52	पचो वः ।
3032	8.2.53	क्षायो मः ।
3033	6.1.23	स्त्यः प्रपूर्वस्य ।
3034	8.2.54	प्रस्त्योऽन्यतरस्याम् ।
3035	8.2.55	अनुपसर्गात् फुल्लक्षीबकृशोल्लाघाः ।
3036	7.2.16	आदितश्च ।
3037	7.4.89	ति च ।
3038	8.2.56	नुदविदोन्दत्राघ्राह्रीभ्योऽन्यतरस्याम् ।
3039	7.2.14	श्वीदितो निष्ठायाम् ।
3040	8.2.57	न ध्याख्यापॄमूर्छिमदाम् ।
3041	8.2.58	वित्तो भोगप्रत्यययोः ।
3042	8.2.59	भित्तं शकलम् ।
3043	8.2.60	ऋणमाधमर्ण्ये ।
3044	6.1.22	स्फायः स्फी निष्ठायाम् ।
3045	7.2.47	इण्निष्ठायाम् ।
3046	7.2.52	वसतिक्षुधोरिट् ।
3047	7.2.53	अञ्चेः पूजायाम् ।
3048	7.2.54	लुभो विमोहने ।
3049	7.2.50	क्लिशः क्त्वानिष्ठयोः ।
3050	7.2.51	पूङश्च । Root पू takes intermediate सेट् affix Optionally when joined to Nishtha affixes.
3051	1.2.22	पूङः क्त्वा च । Root पू with intermediate सेट् affix when joined to Nishtha affixes is अकित्
3052	1.2.19	निष्ठा शीङ्स्विदिमिदिक्ष्विदिधृषः ।
3053	3.4.71	आदिकर्मणि क्तः कर्तरि च ।
3054	7.2.17	विभाषा भावादिकर्मणोः ।
3055	1.2.20	मृषस्तितिक्षायाम् ।
3056	1.2.21	उदुपधाद्भावादिकर्मणोरन्यतरस्याम् ।
3057	6.4.52	निष्ठायां सेटि ।
3058	7.2.18	क्षुब्धस्वान्तध्वान्तलग्नम्लिष्टविरिब्धफाण्टबाढानि मन्थमनस्तमःसक्ताविस्पष्टस्वरानायासभृशेषु ।
3059	7.2.19	धृषिशसी वैयात्ये ।
3060	7.2.20	दृढः स्थूलबलयोः ।
3061	7.2.21	प्रभौ परिवृढः।
3062	7.2.22	कृच्छ्रगहनयोः कषः ।

3063	7.2.23	घुषिरविशब्दने ।
3064	7.2.24	अर्देः संनिविभ्यः ।
3065	7.2.25	अभेश्चाविदूर्ये ।
3066	7.2.26	णेरध्ययने वृत्तम् ।
3067	6.1.27	शृतं पाके ।
3068	7.2.27	वा दान्तशान्तपूर्णदस्तस्पष्टच्छन्नज्ञप्ताः ।
3069	7.2.28	रुष्यमत्वरसंघुषास्वनाम् ।
3070	7.2.29	हृषेर्लोमसु ।
3071	7.2.30	अपचितश्च ।
3072	6.1.28	प्यायः पी ।
3073	6.4.95	ह्लादो निष्ठायाम् ।
3074	7.4.40	द्यतिस्यतिमास्थामित्ति किति ।
3075	7.4.41	शाछोरन्यतरस्याम् ।
3076	7.4.42	दधातेर्हिः ।
3077	7.4.46	दो दद् घोः ।
3078	7.4.47	अच उपसर्गात्तः ।
3079	6.3.124	दस्ति ।
3080	2.4.36	अदो जग्धिर्ल्यप्ति किति ।
3081	6.4.61	वाक्रोशदैन्ययोः ।
3082	8.3.89	निनदीभ्यां स्नातेः कौशले ।
3083	8.3.90	सूत्रं प्रतिष्णातम् ।
3084	8.3.91	कपिष्ठलो गोत्रे ।
3085	8.3.93	विकुशमिपरिभ्यः स्थलम् ।
3086	3.4.72	गत्यर्थाकर्मकश्लिषशीङ्स्थाऽऽसवसजनरुहजीर्यतिभ्यश्च ।
3087	3.4.76	क्तोऽधिकरणे च ध्रौव्यगतिप्रत्यवसानार्थेभ्यः ।
3088	3.2.187	ञीतः क्तः । Roots in Dhatupatha having Tag ञि , e.g. 743 ञिमिदा affixed with Nishtha क्त, have Present Tense sense.
3089	3.2.188	मतिबुद्धिपूजार्थेभ्यश्च । Also the Roots in Dhatupatha denoting मति, बुद्धि, पूजा etc. when affixed with Nishtha क्त, give the sense of Present Time.
3090	3.3.114	नपुंसके भावे क्तः । In the sense of abstract action, affix क्त is added to a Root, in Neuter gender
3099	7.2.68	विभाषा गमहनविदविशाम् ।
3693	6.1.205	निष्ठा च द्व्यजनात् ।
3780	6.2.46	कर्मधारयेऽनिष्ठा ।

Alphabetical Index of Dhatus

Indexed on original Dhatu as in Dhatupatha.
Contains 1943 Dhatus along with Tag letters.
Shows Dhatu Number which is unique and easily referenced in standard Dhatupathas.

Easily locate dhatus that begin with a tag letter e.g.
उबुन्दिर् 876 , ञिइन्धी 1448 , टुओश्वि 1010 , etc.

Dhatus with णो नः नत्वम् are under ण , e.g. णक्ष 662 , णख 134

Dhatus with षः सः सत्वम् are under ष , e.g. षगे 789 , षघ 1268

इदित् Dhatus e.g. अकि 87 , अजि 1785 , अठि 261

Dhatus that have a penultimate नकार are listed with the नकार changed to the corresponding row class nasal, e.g. अञ्चु 188 , तुम्प 1311

Out of 1943 Roots, there are some 662 Dhatus that are commonly found in literature. ञिष्विदा is present as ष्विदा 1188.

अ		अदि	62	असु	1209	**ई**		
अंश	1918	अन	1070	अह	1272	ईक्ष	610	
अंस	1918	अनोरुध	1174	अहि	635	ईखि	142	
अक	792	अन्ध	1925	अहि	1797	ईङ्	1143	
अकि	87	अबि	378	**आ**		ईज	182	
अक्षू	654	अभ्र	556	आङःषद्	1831	ईड	1019	
अग	793	अम	465	आङःक्रन्द	1727	ईड	1667	
अगि	146	अम	1720	आङःशसि	629	ईर	1018	
अघि	109	अय	474	आङःशासु	1022	ईर	1810	
अङ्क	1927	अर्क	1643	आच्छि	209	ईर्ष्य	510	
अङ्ग	1928	अर्च	204	आपॄ	1260	ईर्ष्य	511	
अज	230	अर्च	1808	आपॄ	1839	ईश	1020	
अजि	1785	अर्ज	224	आस	1021	ईशुचिर्	1165	
अञ्चु	188	अर्ज	1725	**इ**		ईष	611	
अञ्चु	862	अर्थ	1905	इक्	1047	ईष	684	
अञ्चु	1738	अर्द	55	इख	140	ईह	632	
अञ्जू	1458	अर्द	1828	इखि	141	**उ**		
अट	295	अर्ब	415	इगि	153	उक्ष	657	
अट्ट	254	अर्व	584	इङ्	1046	उख	128	
अट्ट	1561	अर्ह	740	इट	318	उखि	129	
अठि	261	अर्ह	1731	इण्	1045	उङ्	953	
अड	358	अर्ह	1830	इदि	63	उच	1223	
अडु	348	अल	515	इल	1357	उच्छि	215	
अण	444	अव	600	इल	1660	उच्छि	1294	
अण	1175	अश	1523	इवि	587	उछी	216	
अत	38	अशू	1264	इष	1127	उछी	1295	
अति	61	अस	886	इष	1351	उछ्रदिर्	1445	
अद	1011	अस	1065	इष	1525	उज्झ	1304	

उठ	338	ऋधु	1245	ओहाक्	1090	कदि	70
उतृदिर्	1446	ऋधु	1271	ओहाङ्	1089	कदि	772
उध्रस	1524	ऋफ	1315	औ		कनी	460
उध्रस	1742	ऋम्फ	1316	no entry		कपि	375
उन्दी	1457	ऋषी	1287	क		कबृ	380
उबुन्दिर्	876	ॠ		कक	90	कमु	443
उब्ज	1303	ॠ	1497	ककि	94	कर्ज	228
उभ	1319	ऌ		कख	120	कर्द	59
उम्भ	1320	no entry		कखे	784	कर्ब	420
उर्द	20	ए		कगे	791	कर्ब	581
उर्वी	569	एजॄ	179	कच	168	कल	497
उष	696	एजॄ	234	कचि	169	कल	1604
उहिर्	739	एठ	267	कटी	320	कल	1865
ऊ		एध	2	कटे	294	कल्ल	498
ऊन	1888	एषृ	618	कठ	333	कष	685
ऊयी	483	ऐ		कठि	264	कस	860
ऊर्ज	1549	no entry		कठि	1847	कसि	1024
ऊर्णुञ्	1039	ओ		कड	360	काक्षि	667
ऊष	683	ओखृ	121	कड	1380	काचि	170
ऊह	648	ओणृ	454	कडि	282	काशृ	647
ऋ		ओप्यायी	488	कडि	1582	काशृ	1162
ऋ	936	ओलजी	1290	कडु	349	कासृ	623
ऋ	1098	ओलडि	1542	कण	449	कि	1101
ऋच	1302	ओलस्जी	1291	कण	794	किट	301
ऋच्छ	1296	ओविजी	1289	कण	1715	किट	319
ऋज	176	ओविजी	1460	कत्थ	37	कित	993
ऋजि	177	ओवै	921	कत्र	1915	किल	1353
ऋणु	1467	ओत्र्श्रू	1292	कथ	1851	कीट	1640

कील	524	कुबि	1655	कृ	1409	क्लिदि	15
कु	1042	कुमार	1877	कृ	1496	क्लिदि	73
कुक	91	कुर	1341	कृञ्	1485	क्लिदू	1242
कुङ्	951	कुर्द	21	कृत	1653	क्लिश	1161
कुङ्	1401	कुल	842	कृप	1748	क्लिशू	1522
कुच	184	कुशि	1765	केत	1895	क्लीबृ	381
कुच	857	कुष	1518	केपृ	368	क्लेश	607
कुच	1368	कुस	1218	केलृ	537	क्वण	450
कुजु	199	कुसि	1763	कै	916	क्वथे	846
कुभ्र	185	कुस्म	1711	क्नथ	800	क्षजि	769
कुट	1366	कुह	1901	क्नसु	1113	क्षणु	1465
कुट्ट	1558	कूज	223	क्नूञ्	1480	क्षपि	1620
कुट्ट	1702	कूट	1701	क्नूयी	485	क्षमू	1206
कुठि	342	कूट	1890	क्मर	555	क्षमूष्	442
कुड	1383	कूण	1688	क्रथ	801	क्षर	851
कुडि	270	कूण	1896	क्रदि	71	क्षल	1597
कुडि	322	कूल	525	क्रदि	773	क्षि	236
कुडि	1583	कृञ्	1253	क्रप	771	क्षि	1276
कुण	1335	कृड	1382	क्रमु	473	क्षि	1407
कुण	1893	कृती	1435	क्रीडृ	350	क्षिणु	1466
कुत्स	1697	कृती	1447	क्रुभ्र	186	क्षिप	1121
कुथ	1118	कृप(कृपेः)	1748	क्रुड	1394	क्षिप	1285
कुथि	43	कृप	1869	क्रुध	1189	क्षिप(क्षप)	1941
कुद्रि	1539	कृपू	762	क्रुश	856	क्षीज	237
कुन्थ	1514	कृवि	598	क्लथ	802	क्षीबृ	382
कुप	1233	कृश	1227	क्लदि	72	क्षीबु	567
कुप	1779	कृष	990	क्लदि	774	क्षीष्	1506
कुबि	426	कृष	1286	क्लमु	1207	क्षुदिर्	1443

क्षुध	1190	खष	686	गर्ज	226	गुप	1771
क्षुभ	751	खाद्ऱ	49	गर्द	57	गुपू	395
क्षुभ	1239	खिट	302	गर्ब	422	गुफ	1317
क्षुभ	1519	खिद	1170	गर्व	583	गुम्फ	1318
क्षुर	1344	खिद	1436	गर्व	1907	गुरी	1396
क्षेवु	568	खिद	1449	गर्ह	636	गुर्द	23
क्षै	913	खुजु	200	गर्ह	1845	गुर्द	1665
क्षोट	1875	खुडि	1585	गल	546	गुर्वी	574
क्ष्णु	1037	खुर	1342	गल	1699	गुहू	896
क्ष्मायी	486	खुर्द	22	गल्भ	392	गूर	1694
क्ष्मील	520	खेट	1874	गल्ह	637	गूरी	1154
क्ष्वेलृ	539	खेलृ	538	गवेष	1883	गृ	937
ख		खै	912	गा	1106	गृ	1707
खच	1531	खोरृ	552	गाङ्	950	गृज	248
खज	232	खोलृ	551	गाधृ	4	गृजि	249
खजि	233	ख्या	1060	गाहू	649	गृधु	1246
खट	309	**ग**		गु	1399	गृह	1899
खट्ट	1632	गज	246	गुङ्	949	गृहू	650
खड	1580	गज	1647	गुज	1369	गृ	1410
खडि	283	गजि	247	गुजि	203	गृ	1498
खडि	1581	गड	777	गुड	1370	गेपृ	369
खद	50	गडि	65	गुडि	1584	गेवृ	502
खनु	878	गडि	361	गुण	1894	गेषृ	614
खर्ज	229	गण	1853	गुद	24	गै	917
खर्द	60	गद	52	गुध	1120	गोम	1876
खर्ब	421	गदी(गद)	1860	गुध	1517	गोष्ट	257
खर्व	582	गन्ध	1684	गुप	970	ग्रथि	36
खल	545	गमू	982	गुप	1234	ग्रन्थ	1513

ग्रन्थ्	1825	घुण	437	चण	796	चिञ्	1251
ग्रन्थ	1838	घुण	1338	चते	865	चिञ्	1629
ग्रस	1749	घुणि	435	चदि	68	चिट	315
ग्रसु	630	घुर	1345	चदे	866	चित	1673
ग्रह	1533	घुषि	652	चप	399	चिति	1535
ग्राम	1892	घुषिर्	653	चप	1626	चिती	39
गुचु	197	घुषिर्	1726	चपि	1619	चित्र	1917
ग्लसु	631	घूरी	1155	चमु	469	चिरि	1277
ग्लह	651	घूर्ण	438	चमु	1274	चिल	1355
ग्लुचु	198	घूर्ण	1339	चय	478	चिल्ल	533
ग्लुञ्चु	201	घृ	938	चर	559	चीक	1827
ग्लेपृ	366	घृ	1096	चर	1745	चीभृ	384
ग्लेपृ	370	घृ	1650	चर्करीतं	1081	चीव	1774
ग्लेवृ	503	घृणि	436	चर्च	717	चीवृ	879
ग्लै	903	घृणु	1469	चर्च	1299	चुक्क	1596
घ		घृषु	708	चर्च	1712	चुट	1377
घघ	159	घ्रा	926	चर्ब	425	चुट	1613
घट	763	ङ		चर्ब	579	चुटि	1659
घट	1723	ङुङ्	954	चल	832	चुट्ट	1560
घट	1766	च		चल	1356	चुड	1392
घटि	1767	चक	93	चल	1608	चुडि	325
घट्ट	259	चक	783	चलिः	812	चुडु	347
घट्ट	1630	चकासृ	1074	चष	889	चुद	1592
घसृ	715	चक्क	1595	चह	729	चुप	403
घिणि	434	चक्षिङ्	1017	चह	1626	चुबि	429
घुङ्	952	चञ्चु	190	चह	1866	चुबि	1635
घुट	746	चट	1721	चायृ	880	चुर	1534
घुट	1385	चडि	278	चि	1794	चुल	1602

चुल्ल	531	ज		जीव	562	ज्वल	831	
चूरी	1158	जक्ष	1071	जुगि	157	झ		
चूर्ण	1552	जज	242	जुड	1326	झट	306	
चूर्ण	1641	जजि	243	जुड	1379	झमु	472	
चूष	673	जट	305	जुड	1646	झर्झ	718	
चृती	1324	जन	1105	जुतृ	32	झर्झ	1300	
चेलृ	536	जनी	1149	जुष	1834	झष	689	
चेष्ट	256	जप	397	जुषी	1288	झष	891	
च्यु	1746	जभि	1716	जूरी	1156	झृष्	1131	
च्युङ्	955	जभी	388	जूष	681	ञ		
च्युतिर्	40	जमु	471	जृभि	389	ञिइन्ध्री	1448	
छ		जर्ज	716	जॄ	1494	ञिक्ष्विदा	1244	
छजि	1621	जर्ज	1298	जॄ	1814	ञितृषा	1228	
छद	1833	जल	833	जॄष्	1130	ञित्वरा	775	
छद	1935	जल	1543	जेषृ	616	ञिध्रषा	1269	
छदि	1577	जल्प	398	जेहृ	644	ञिफला	516	
छदिर्	813	जष	688	जै	914	ञिभी	1084	
छमु	470	जसि	1666	ञ		ञिमिदा	743	
छर्द	1589	जसु	1211	ञप	1624	ञिमिदा	1243	
छष	890	जसु	1668	ञा	811	ञिष्वप	1068	
छिदिर्	1440	जसु	1718	ञा	1507	ञिष्विदा	744	
छिद्र	1924	जागृ	1072	ञा	1732	ञिष्विदा	978	
छुट	1378	जि	561	ज्या	1499	ट		
छुप	1418	जि	946	ज्युङ्	956	टकि	1638	
छुर	1372	जि	1793	ज्रि	947	टल	834	
छृदी	1820	जिरि	1278	ज्रि	1815	टिकृ	103	
छेद	1934	जिवि	594	ज्वर	776	टीकृ	104	
छो	1146	जिषु	697	ज्वल	804	टुओश्वि	1010	

टुओस्फूर्जा	235	डुमिञ्	1250	णिल	1360	तप	985
टुक्षु	1036	डुलभष्	975	णिवि	590	तप	1159
टुदु	1256	डुवप	1003	णिश	722	तप	1818
टुनदि	67	**ढ**		णिसि	1025	तमु	1202
टुभ्राजृ	823	ढौकृ	98	णीञ्	901	तय	479
टुभ्राशृ	824	**ण**		णील	522	तर्कि	1780
टुभ्लाशृ	825	णक्ष	662	णीव	566	तर्ज	227
टुमस्जो	1415	णख	134	णु	1035	तर्ज	1681
टुयाचृ	863	णखि	135	णुद	1282	तर्द	58
टुवम	849	णट	310	णुद	1426	तल	1598
टुवेपृ	367	णट	781	णू	1397	तसि	1729
ट्वल	835	णद	54	णेदृ	872	तसु	1212
ठ		णद	1778	णेषृ	617	तायृ	489
no entry		णभ	752	**त**		तिक	1266
ड		णभ	1240	तक	117	तिकृ	105
डप	1676	णभ	1520	तकि	118	तिग	1267
डिप	1232	णम	981	तक्ष	665	तिज	971
डिप	1371	णय	480	तक्षू	655	तिज	1652
डिप	1671	णल	838	तगि	149	तिपृ	362
डिप	1677	णश	1194	तञ्चु	191	तिम	1123
डीङ्	968	णस	627	तञ्चू	1459	तिल	534
डीङ्	1135	णह	1166	तट	308	तिल	1354
डुकृञ्	1472	णासृ	625	तड	1579	तिल	1607
डुक्रीञ्	1473	णिक्ष	659	तड	1801	तीकृ	106
डुदाञ्	1091	णिजि	1026	तडि	280	तीर	1912
डुधाञ्	1092	णिजिर्	1093	तत्रि	1678	तीव	565
डुपचष्	996	णिदि	66	तनु	1463	तुज	244
डुभृञ्	1087	णिदृ	871	तनु	1840	तुजि	245

तुजि	1566	तूण	1689	त्रुफ	410	दशि	1674
तुजि	1755	तूरी	1152	त्रुम्प	407	दशि	1764
तुट	1376	तूल	527	त्रुम्फ	411	दसि	1675
तुड	1386	तूष	674	त्रैङ्	965	दसि	1786
तुडि	276	तृंहू	1350	त्रौकृ	99	दसु	1213
तुड्ड	351	तृणु	1468	त्वक्षू	656	दह	991
तुण	1332	तृप	1195	त्वगि	150	दाण्	930
तुत्थ	1943	तृप	1307	त्वच	1301	दान	994
तुद	1281	तृप	1819	त्वञ्चु	192	दाप्	1059
तुप	404	तृम्फ	1308	त्विष	1001	दाश	1279
तुप	1309	तृह	1455	त्सर	554	दाशृ	882
तुफ	408	तृहू	1348	**थ**		दासृ	894
तुफ	1311	तॄ	969	थुड	1387	दिवि	592
तुबि	428	तेज	231	थुर्वी	571	दिवु	1107
तुबि	1657	तेपृ	363	**द**		दिवु	1706
तुभ	753	तेवृ	499	दंश	989	दिवु	1724
तुभ	1241	त्यज	986	दक्ष	608	दिश	1283
तुभ	1521	**त्र**		दक्ष	770	दिह	1015
तुम्प	405	त्रकि	97	दघ	1273	दीक्ष	609
तुम्प	1310	त्रक्ष	660	दण्ड	1926	दीङ्	1134
तुम्फ	409	त्रदि	69	दद	17	दीधीङ्	1076
तुम्फ	1312	त्रपूष्	374	दध	8	दीपी	1150
तुर	1102	त्रस	1741	दमु	1203	दु	944
तुर्वी	570	त्रसि	1761	दम्भु	1270	दुःख	1930
तुल	1599	त्रसी	1117	दय	481	दुर्वी	572
तुष	1184	त्रुट	1375	दरिद्रा	1073	दुल	1600
तुस	710	त्रुट	1698	दल	548	दुष	1185
तुहिर्	737	त्रुप	406	दल	1751	दुह	1014

दुहिर्	738	द्राह	646	धृङ्	960	ध्वाक्षि	672
दूङ्	1133	द्रु	945	धृङ्	1412	ध्वृ	939
दृ	1280	द्रुण	1337	धृज	219	**न**	
दृङ्	1411	द्रुह	1197	धृजि	220	नक्क	1593
दृप	1196	द्रूञ्	1481	धृञ्	900	नट	1545
दृप	1313	द्रेकृ	78	धृष	1850	नट	1791
दृभ	1822	द्रै	906	धेक	1914	नर्द	56
दृभी	1323	द्विष	1013	धेट्	902	नल	1802
दृभी	1821	**ध**		धोर्	553	नाथृ	6
दृम्फ	1314	धक्क	1594	ध्मा	927	नाधृ	7
दृशिर्	988	धन	1104	ध्यै	908	निवास	1885
दृह	733	धवि	597	ध्रज	217	निष्क	1686
दृहि	734	धावु	601	ध्रजि	218	नृती	1116
दॄ	808	धि	1406	ध्रण	459	नृ	809
दॄ	1493	धिक्ष	603	ध्राक्षि	671	नॄ	1495
देङ्	962	धिवि	593	ध्राखृ	125	**प**	
देवृ	500	धिष	1103	ध्राडृ	288	पक्ष	1550
दैप्	924	धीङ्	1136	ध्रु	943	पचि	174
दो	1148	धुक्ष	602	ध्रु	1400	पचि	1651
द्यु	1040	धुञ्,धूञ्	1255	ध्रेकृ	79	पट	296
द्युत	741	धुर्वी	573	ध्रै	907	पट	1752
द्यै	905	धू	1398	ध्वंसु	755	पट	1856
द्रम	466	धूञ्	1487	ध्वज	221	पठ	330
द्रा	1054	धूञ्	1835	ध्वजि	222	पडि	281
द्राक्षि	670	धूप	396	ध्वण	453	पडि	1615
द्राखृ	124	धूप	1772	ध्वन	816	पण	439
द्राघृ,ध्राघृ	114	धूरी	1153	ध्वन	828	पत	1861
द्राडृ	287	धूस	1639	ध्वन	1889	पतृ	845

पथि	1575	पिडि	1669	पुष	1529	पेसृ	720
पथे	847	पिवि	588	पुष	1750	पै	920
पद	1169	पिश	1437	पुष्प	1122	पैणृ	458
पद	1898	पिष्ठ	1452	पुस्त	1590	प्यैङ्	964
पन	440	पिस	1568	पूङ्	966	प्रच्छ्	1413
पय	476	पिसि	1762	पूज	1642	प्रथ	765
पर्ण	1939	पिसृ	719	पूञ्	1482	प्रथ	1553
पर्द	29	पीड्ङ्	1141	पूयी	484	प्रस	766
पर्प	412	पीड	1544	पूरी	1151	प्रा	1061
पर्ब	416	पील	521	पूरी	1803	प्रीड्	1144
पर्व	577	पीव	563	पूल	528	प्रीज्	1474
पल	839	पुंस	1637	पूल	1636	प्रीज्	1836
पल्पूल	1881	पुट	1367	पूष	675	प्रुङ्	957
पश	1719	पुट	1753	पृ	1258	प्रुड	324
पष	1862	पुट	1913	पृङ्	1402	प्रुष	1527
पसि	1616	पुटि	1792	पृच	1807	प्रुषु	703
पा	925	पुट्ट	1559	पृची	1030	प्रेषृ	619
पा	1056	पुड	1384	पृची	1462	प्रोथृ	867
पार	1911	पुण	1333	पृड	1328	प्लिह	642
पाल	1609	पुथ	1119	पृण	1329	प्ली	1503
पि	1405	पुथ	1775	पृथ	1554	प्लुङ्	958
पिच्छ	1576	पुथि	44	पृषु	705	प्लुष	1115
पिजि	1028	पुर	1346	पृ	1086	प्लुष	1216
पिजि	1567	पुर्व	576	पृ	1489	प्लुष	1528
पिजि	1757	पुल	841	पृ	1548	प्लुषु	704
पिट	311	पुल	1601	पेलृ	541	प्सा	1055
पिठ	339	पुष	700	पेवृ	504		
पिडि	274	पुष	1182	पेषृ	615		

फ		बिस	1217	भल	495	भ्रंशु	1225
फक्क्	116	बुक्क्	119	भल	1700	भ्रंसु	756
फण	821	बुक्क्	1713	भल्ल	496	भ्रक्ष	892
फल	530	बुगि	158	भष	695	भ्रण	452
फुल्ल	532	बुध	858	भस	1100	भ्रमु	850
फेल्	542	बुध	1172	भा	1051	भ्रमु	1205
ब		बुधिर्	875	भाज	1886	भ्रस्ज	1284
बद	51	बुस	1219	भाम	441	भ्राजृ	181
बध	973	बुस्त	1591	भाम	1872	भ्री	1505
बध	1547	बृह	735	भाष	612	भूण	1690
बन्ध	1508	बृहि	736	भासृ	624	भ्रेजृ	180
बर्ब	418	बृहि	1768	भिक्ष	606	भ्रेषृ	884
बर्ह	638	ब्रूञ्	1044	भिदिर्	1439	भ्लक्ष	893
बर्ह	1664	ब्रूस	1663	भुज	1454	भ्लेषृ	885
बर्ह	1769	भ		भुजो	1417	म	
बल	840	भक्ष	1557	भू	1	मकि	89
बल	1628	भज	998	भू (भुवो)	1747	मख	132
बल्ह	639	भज	1733	भू	1844	मखि	133
बल्ह	1770	भजि	1759	भूष	682	मगि	148
बष्क	1916	भञ्ओ	1453	भूष	1730	मचि	111
बस्त	1683	भट	307	भृजी	178	मचि	160
बहि	633	भट	780	भृञ्	898	मच	171
बाड़ृ	286	भडि	273	भृड	1395	मचि	173
बाधृ	5	भडि	1588	भृशि	1787	मठ	332
बिट	317	भण	447	भृशु	1224	मठि	263
बिदि	64	भदि	12	भृ	1491	मडि	272
बिल	1359	भर्त्स	1682	भेषृ	883	मडि	321
बिल	1606	भर्व	580	भ्यस	628	मडि	1587

मण	448	महि	1799	मीव	564	मृग	1900
मत्रि	1679	मा	1062	मुच	1743	मृङ्	1403
मथि	46	माक्षि	669	मुचि	172	मृजू	1066
मथे	848	माङ्	1088	मुच्छ्	1430	मृजू	1848
मद	1705	माङ्	1142	मुज	250	मृड	1327
मदि	13	मान	972	मुजि	251	मृड	1516
मदी	815	मान	1709	मुट	1374	मृण	1331
मदी	1208	मान	1843	मुट	1614	मृद	1515
मन	1176	मार्ग	1846	मुठि	265	मृधु	874
मनु	1471	मार्ज	1648	मुड	323	मृश	1425
मन्थ	42	माह	895	मुडि	275	मृष	1164
मन्थ	1511	मिच्छ्	1297	मुडि	326	मृष	1849
मभ्र	558	मिजि	1756	मुण	1334	मृषु	707
मय	477	मिदि	1541	मुद	16	मृ	1492
मर्च	1649	मिदृ	868	मुद	1740	मेङ्	961
मर्ब	419	मिल	1364	मुर	1343	मेदृ	869
मर्व	578	मिल	1429	मुच्छ्र्ा	212	मेधृ	870
मल	493	मिवि	589	मुर्वी	575	मेपृ	371
मल्ल	494	मिश	723	मुष	1530	मेवृ	505
मव	599	मिश्र	1921	मुस	1220	म्रा	929
मव्य	508	मिष	1352	मुस्त	1631	म्रक्ष	1661
मश	724	मिषु	699	मुह	1198	म्रद	767
मष	692	मिह	992	मूङ्	967	म्लुचु	195
मसी	1221	मी	1824	मूत्र	1909	म्लुञ्चु	193
मस्क	102	मीङ्	1137	मूल	529	म्रेड्डृ	293
मह	730	मीञ्	1476	मूल	1603	म्लुचु	196
मह	1867	मीमृ	468	मूष	676	म्लुञ्चु	194
महि	634	मील	517	मृक्ष	664	म्लेच्छ	205

म्लेच्छ	1662	यौटृ	291	रस	1931	रुज	1804
म्लेटृ	292	**र**		रह	731	रुजो	1416
म्लेवृ	506	रक	1736	रह	1627	रुट	747
म्लै	904	रक्ष	658	रह	1858	रुट	1783
य		रख	136	रहि	732	रुटि	327
यक्ष	1692	रखि	137	रहि	1798	रुठ	336
यज	1002	रगि	144	रा	1057	रुठि	345
यत	1735	रगे	785	राखृ	122	रुदिर्	1067
यती	30	रघि	107	राघृ	112	रुधिर्	1438
यत्रि	1536	रघि	1795	राजृ	822	रुप	1236
यभ	980	रच	1864	राध	1180	रुश	1419
यम	984	रञ्ज	999	राध	1262	रुशि	1788
यम	1625	रञ्ज	1167	रासृ	626	रुष	693
यमो	819	रट	297	रि	1275	रुष	1230
यसु	1210	रट	334	रि	1404	रुष	1670
या	1049	रण	445	रिगि	154	रुसि	1790
यु	1033	रण	795	रिच	1816	रुह	859
यु	1710	रद	53	रिचिर्	1441	रूक्ष	1910
युगि	156	रध	1193	रिफ	1306	रूप	1933
युच्छ	214	रप	401	रिवि	595	रूष	678
युज	1177	रफ	413	रिश	1420	रेकृ	80
युज	1806	रफि	414	रिष	694	रेटृ	864
युजिर्	1444	रबि	376	रिष	1231	रेपृ	372
युञ्	1479	रभ	974	री	1500	रेभृ	385
युतृ	31	रमु	853	रीङ्	1138	रेवृ	507
युध	1173	रय	482	रु	1034	रेषृ	620
युप	1235	रवि	596	रुङ्	959	रै	909
यूष	680	रस	713	रुच	745	रोड़ृ	356

रौड़ृ	355	लस	714	लुठ	749	वधि	110
ल		लस	1728	लुठि	343	वच	1063
लक्ष	1538	ला	1058	लुठि	346	वच	1842
लक्ष	1696	लाखृ	123	लुण्ठ	1563	वज	252
लख	138	लाघृ	113	लुथि	45	वञ्चु	189
लखि	139	लाछ्रि	207	लुप	1237	वञ्चु	1703
लग	1737	लाज	240	लुपू	1431	वट	300
लगि	145	लाजि	241	लुबि	427	वट	779
लगे	786	लाभ	1936	लुबि	1656	वट	1857
लघि	108	लिख	1365	लुभ	1238	वट	1919
लघि	1760	लिगि	155	लुभ	1305	वटि	1586
लघि	1796	लिगि	1739	लूञ्	1483	वठ	331
लछ	206	लिप	1433	लूष	677	वठि	262
लज	238	लिश	1179	लूष	1610	वडि	271
लज	1920	लिश	1421	लेपृ	373	वण	446
लजि	239	लिह्	1016	लोकृ	76	वद	1009
लजि	1784	ली	1501	लोकृ	1776	वद	1841
लट	298	ली	1811	लोचृ	164	वदि	11
लड	359	लीङ्	1139	लोचृ	1777	वन	462
लड	1540	लुजि	1758	लोड़ृ	357	वन	463
लडि	1800	लुभ्र	187	लोष्ट	258	वन	803
लडिः	814	लुट	314	**व**		वनु	1470
लप	402	लुट	748	वकि	88	वभ्र	557
लबि	377	लुट	1222	वकि	95	वय	475
लबि	379	लुट	1381	वक्ष	663	वर	1852
लर्ब	417	लुट	1754	वख	130	वर्च	162
लल	1687	लुटि	328	वखि	131	वर्ण	1551
लष	888	लुठ	337	वगि	147	वर्ण	1938

वर्ध	1654	विजिर्	1094	वृतु	758	व्रज	253
वर्ष	613	विट	316	वृतु	1160	व्रज	1617
वर्ह	640	विथृ	33	वृतु	1781	व्रण	451
वल	491	विद	1064	वृधु	759	व्रण	1937
वल्क	1571	विद	1171	वृधु	1782	व्री	1504
वल्ग	143	विद	1450	वृश	1226	व्रीड्	1140
वल्भ	391	विद	1708	वृष	1704	व्रीड	1126
वल्ल	492	विदू	1432	वृषु	706	व्रुड	1393
वल्ह	641	विध	1325	वृहू	1347	व्ली	1502
वश	1080	विल	1358	वृ	1490	**श**	
वष	691	विल	1605	वृञ्	1486	शंसु	728
वस	1005	विश	1424	वेञ्	1006	शक	1187
वस	1023	विष	1526	वेणृ	877	शकि	86
वस	1744	विषु	698	वेथृ	34	शक्कू	1261
वस	1942	विष्णू	1095	वेल	1880	शच	165
वसु	1214	विष्क	1685	वेलृ	535	शट	299
वस्क	101	विष्क	1940	वेल्ल	540	शठ	340
वह	1004	वी	1048	वेवीड्	1077	शठ	1564
वा	1050	वीर	1903	वेष्ट	255	शठ	1691
वाक्षि	668	वृक	92	वेह्र	643	शठ	1854
वाछि	208	वृक्ष	604	व्यच	1293	शडि	279
वात	1882	वृङ्	1509	व्यथ	764	शण	797
वाशृ	1163	वृजी	1029	व्यध	1181	शद्रू	855
वास	1884	वृजी	1461	व्यय	881	शद्रू	1428
वाह्र	645	वृजी	1812	व्यय	1932	शप	1000
विचिर्	1442	वृञ्	1254	व्युष	1114	शप	1168
विच्छ	1423	वृञ्	1813	व्युष	1215	शब्द	1714
विच्छ	1773	वृण	1330	व्येञ्	1007	शम	1695

शमु	1201	शीङ्	1032	शृधु	873	श्रिञ्	897
शमो	818	शीभृ	383	शृधु	1734	श्रिषु	701
शम्ब	1556	शील	523	शॄ	1488	श्रीञ्	1475
शर्ब	423	शील	1878	शेलृ	543	श्रु	942
शर्व	585	शुच	183	शै	918	श्रै	919
शल	490	शुच्य	513	शो	1145	श्रोणृ	456
शल	843	शुठ	341	शोणृ	455	क्ष्णकि	85
शल्भ	390	शुठ	1644	शौटृ	290	क्ष्णगि	152
शव	725	शुठि	344	श्च्युतिर्	41	क्ष्णाखृ	127
शश	726	शुठि	1645	श्मील	518	क्ष्णाघृ	115
शष	690	शुध	1191	श्यैङ्	963	क्षिष	1186
शसु	727	शुन	1336	श्र		क्षिष	1574
शाखृ	126	शुन्ध	74	श्रकि	84	क्षिषु	702
शाडृ	289	शुन्ध	1832	श्रगि	151	क्ष्णोकृ	77
शान	995	शुभ	432	श्रण	798	क्ष्णोणृ	457
शासु	1075	शुभ	750	श्रण	1578	श्वकि	96
शिक्ष	605	शुभ	1321	श्रथ	799	श्वच	166
शिचि	161	शुम्भ	433	श्रथ	1546	श्वचि	167
शिजि	1027	शुम्भ	1322	श्रथ	1823	श्वठ	1565
शिज्	1249	शुल्क	1618	श्रथ	1870	श्वठ	1855
शिट	303	शुल्ब	1611	श्रथि	35	श्वभ्र	1623
शिल	1362	शुष	1183	श्रन्थ	1510	श्वर्त	1622
शिष	687	शूर	1902	श्रन्थ	1512	श्वल	549
शिष	1817	शूरी	1157	श्रन्थ	1837	श्वल्क	1570
शिषू	1451	शूर्प	1612	श्रमु	1204	श्वल्ल	550
शीक	1789	शूल	526	श्रम्भु	393	श्वस	1069
शीक	1826	शूष	679	श्रा	810	श्विता	742
शीकृ	75	शृधु	760	श्रा	1053	श्विदि	10

ष		षिञ्	1477	ष्टिघ्	1265	ष्वष्क	100	
षगे	789	षिट	304	ष्टिपृ	364	ष्विदा	1188	
षच	1268	षिध	47	ष्टिम	1124	**स**		
षच	163	षिध्रु	1192	ष्टीम	1125	सङ्केत	1891	
षच	997	षिध्रू	48	ष्टुच	175	सङ्ग्राम	1922	
षञ्	987	षिल	1363	ष्टुञ्	1043	सत्र	1906	
षट	313	षिवु	1108	ष्टुप	1672	सभाज	1887	
षट्ट	1633	षु	941	ष्टुभ	394	साध	1263	
षण	464	षु	1041	ष्टेपृ	365	साम	1879	
षणु	1464	षुञ्	1247	ष्टै	922	सार	1868	
षद्रू	854	षुट्ट	1562	ष्ट्यै	911	सुख	1929	
षद्रू	1427	षुर	1340	ष्ट्रक्ष	661	सूच	1873	
षप	400	षुह	1129	छल	836	सूत्र	1908	
षम	829	षू	1408	ष्टा	928	सूर्क्ष	666	
षम्ब	1555	षूङ्	1031	ष्टिवु	560	सूर्क्ष्य	509	
षर्ज	225	षूङ्	1132	ष्टिवु	1110	सृ	935	
षर्ब	424	षूद	25	ण्णसु	1112	सृ	1099	
षर्व	586	षूद	1717	ष्णा	1052	सृज	1178	
षल	547	षृभु	430	ष्णिह	1200	सृज	1414	
षस	1078	षृम्भु	431	ष्णिह	1572	सृपू	983	
षस्ज	202	षेवृ	501	ष्णु	1038	सेकृ	81	
षस्ति	1079	षै	915	ष्णुसु	1111	स्कन्दिर्	979	
षह	852	षो	1147	ष्णुह	1199	स्कभि	387	
षह	1128	ष्टक	782	ष्णै	923	स्कुञ्	1478	
षह	1809	ष्टगे	790	ष्म्रिङ्	948	स्कुदि	9	
षान्त्व	1569	ष्टन	461	ष्वञ्ज	976	स्खद	768	
षिच	1434	ष्टभि	386	ष्वद	18	स्खदिर्	820	
षिञ्	1248	ष्टम	830	ष्वद	1805	स्खल	544	

स्तन	1859	स्मील	519	हि	1257	ह्गे	787
स्तृञ्	1252	स्मृ	807	हिक्क	861	ह्स	711
स्तृहू	1349	स्मृ	933	हिठ	1532	ह्लाद	26
स्तृञ्	1484	स्यन्दू	761	हिडि	268	ह्री	1085
स्तेन	1897	स्यम	1693	हिल	1361	ह्रीछ	210
स्तोम	1923	स्यमु	826	हिवि	591	हेषृ	622
स्त्यै	910	स्त्रंसु	754	हिसि	1456	ह्गे	788
स्थुड	1388	स्रकि	83	हिसि	1829	ह्प	1658
स्थूल	1904	स्रम्भु	757	हु	1083	ह्स	712
स्पदि	14	स्रिवु	1109	हुडि	269	ह्लादी	27
स्पर्ध	3	स्रु	940	हुडि	277	ह्ल	805
स्पश	887	स्रेकृ	82	हुड्ड	352	ह्वृ	931
स्पश	1680	स्वन	817	हुर्छा	211	ह्वृ	934
स्पृ	1259	स्वन	827	हुल	844	हेज्	1008
स्पृश	1422	स्वर	1863	हुड्ड	353		
स्पृह	1871	स्वर्द	19	ह	1097		
स्फायी	487	स्वाद	28	हञ्	899		
स्फिट्ट	1634	स्वृ	932	हष	1229		
स्फुट	260	ह		हषु	709		
स्फुट	1373	हट	312	हेठ	266		
स्फुट	1722	हठ	335	हेठ	1532		
स्फुटिर्	329	हद	977	हेड	778		
स्फुड	1391	हन	1012	हेड्ड	284		
स्फुडि	1537	हम्म	467	हेषृ	621		
स्फुर	1389	हय	512	होड्ड	285		
स्फुर्छा	213	हर्य	514	होड्ड	354		
स्फुल	1390	हल	837	ह्नुङ्	1082		
स्मिट	1573	हसे	721	ह्मल	806		

Standard Alphabetical Index

Indexed on Dhatu ready for Conjugation.
Contains 1943-1=1942 Dhatus without Tag letters (ग० सू०1081.चर्करीतं)
Shows Dhatu Number which is unique and easily referenced in standard Dhatupathas.

Easily locate dhatus without tag e.g. बुन्द् 876 , इन्ध् 1448 , श्वि 1010

Dhatus with णो नः नत्वम् are under न e.g. नक्ष 662 , नख 134

Dhatus with षः सः सत्वम् are under स e.g. सगे 789 , सघ 1268

इदित् Dhatus are listed with the नुम् augment e.g.
अङ्क 87 , अञ्ज 1785 , अण्ठ 261

Dhatus that have a penultimate नकार are listed with the नकार changed to the corresponding row class nasal, e.g.
अञ्च् 188 , तुम्प् 1311

Out of 1943 Roots, there are some 662 Dhatus that are commonly found in literature.

अ		अद्	1011	अस्	1065	ई	
अंश्	1918	अन्	1070	अस्	1209	ई	1143
अंस्	1918	अन्त्	61	अह्	1272	ईक्ष्	610
अंह्	635	अन्द्	62	आ		ईङ्ख्	142
अंह्	1797	अन्ध्	1925	आक्रन्द्	1727	ईज्	182
अक्	792	अभ्र्	556	आञ्छ्	209	ईड्	1019
अक्ष्	654	अम्	465	आप्	1260	ईड्	1667
अग्	793	अम्	1720	आप्	1839	ईर्	1018
अङ्क्	87	अम्ब्	378	आशंस्	629	ईर्	1810
अङ्क्	1927	अय्	474	आशास्	1022	ईर्ष्य्	510
अङ्ग्	146	अर्क्	1643	आसद्	1831	ईर्ष्य्	511
अङ्ग्	1928	अर्च्	204	आस्	1021	ईश्	1020
अङ्घ्	109	अर्च्	1808	इ		ईष्	611
अज्	230	अर्ज्	224	इ	1045	ईष्	684
अञ्च्	188	अर्ज्	1725	इ	1046	ईह्	632
अञ्च्	862	अर्थ्	1905	इ	1047	उ	
अञ्च्	1738	अर्द्	55	इख्	140	उ	953
अञ्ज्	1458	अर्द्	1828	इङ्ख्	141	उक्ष्	657
अञ्ज्	1785	अर्ब्	415	इङ्ग्	153	उख्	128
अट्	295	अर्व्	584	इट्	318	उङ्ख्	129
अट्ट्	254	अर्ह्	740	इन्द्	63	उच्	1223
अट्ट्	1561	अर्ह्	1731	इन्ध्	1448	उच्छ्	216
अड्	358	अर्ह्	1830	इन्व्	587	उच्छ्	1295
अड्ड्	348	अल्	515	इल्	1357	उज्झ्	1304
अण्	444	अव्	600	इल्	1660	उच्छ्	215
अण्	1175	अश्	1264	इष्	1127	उच्छ्	1294
अण्ठ्	261	अश्	1523	इष्	1351	उठ्	338
अत्	38	अस्	886	इष्	1525	उध्रस्	1742

उन्द्	1457
उब्ज्	1303
उभ्	1319
उम्भ्	1320
उर्द्	20
उर्व्	569
उष्	696
उह्	739
ऊ	
ऊन्	1888
ऊय्	483
ऊर्ज्	1549
ऊर्णु	1039
ऊष्	683
ऊह्	648
ऋ	
ऋ	936
ऋ	1098
ऋच्	1302
ऋच्छ्	1296
ऋज्	176
ऋञ्ज्	177
ऋण्	1467
ऋध्	1245
ऋध्	1271
ऋफ्	1315
ऋम्फ्	1316
ऋष्	1287
ॠ	
ॠ	1497
ऌ	
no entry	
ए	
एज्	179
एज्	234
एठ्	267
एध्	2
एष्	618
ऐ	
no entry	
ओ	
ओख्	121
ओण्	454
ओलण्ड्	1542
औ	
no entry	
क	
कंस्	1024
कक्	90
कख्	120
कख्	784
कग्	791
कङ्क्	94
कच्	168
कञ्च्	169
कट्	294
कट्	320
कठ्	333
कड्	360
कड्	1380
कड्ड्	349
कण्	449
कण्	794
कण्	1715
कण्ठ्	264
कण्ठ्	1847
कण्ड्	282
कण्ड्	1582
कत्थ्	37
कत्र्	1915
कथ्	1851
कन्	460
कन्द्	70
कन्द्	772
कब्	380
कम्	443
कम्प्	375
कर्ज्	228
कर्द्	59
कर्ब्	420
कर्व्	581
कल्	497
कल्	1604
कल्	1865
कल्ल्	498
कष्	685
कस्	860
काङ्क्ष्	667
काञ्च्	170
काश्	647
काश्	1162
कास्	623
कि	1101
किट्	301
किट्	319
कित्	993
किल्	1353
कीट्	1640
कील्	524
कु	951
कु	1042
कु	1401
कुंश्	1765
कुंस्	1763
कुक्	91
कुच्	184
कुच्	857
कुच्	1368
कुज्	199
कुञ्च्	185
कुट्	1366
कुट्ट्	1558

कुट्ट्	1702	कूण्	1688	क्मर्	555	क्षम्	1206
कुड्	1383	कूण्	1896	क्रथ्	801	क्षम्प्	1620
कुण्	1335	कूल्	525	क्रन्द्	71	क्षर्	851
कुण्	1893	कृ	1253	क्रन्द्	773	क्षल्	1597
कुण्ठ्	342	कृ	1472	क्रप्	771	क्षि	236
कुण्ड्	270	कृड्	1382	क्रम्	473	क्षि	1276
कुण्ड्	322	कृत्	1435	क्री	1473	क्षि	1407
कुण्ड्	1583	कृत्	1447	क्रीड्	350	क्षिण्	1466
कुत्स्	1697	कृन्व्	598	कुञ्च्	186	क्षिप्	1121
कुथ्	1118	कृप्	762	कुड्	1394	क्षिप्	1285
कुन्थ्	43	कृप्	1748	कुध्	1189	क्षिप् (क्षप्)	1941
कुन्थ्	1514	कृप्	1869	कुश्	856	क्षी	1506
कुन्द्र्	1539	कृश्	1227	क्लथ्	802	क्षीज्	237
कुप्	1233	कृष्	990	क्लन्द्	72	क्षीब्	382
कुप्	1779	कृष्	1286	क्लन्द्	774	क्षीव्	567
कुमार्	1877	कॄ	1409	क्लम्	1207	क्षु	1036
कुम्ब्	426	कॄ	1485	क्लिद्	1242	क्षुद्	1443
कुम्ब्	1655	कॄ	1496	क्लिन्द्	15	क्षुध्	1190
कुर्	1341	कृत्	1653	क्लिन्द्	73	क्षुभ्	751
कुर्द्	21	कॢप्	1748	क्लिश्	1161	क्षुभ्	1239
कुल्	842	केत्	1895	क्लिश्	1522	क्षुभ्	1519
कुष्	1518	केप्	368	क्लीब्	381	क्षुर्	1344
कुस्	1218	केल्	537	क्लेश्	607	क्षेव्	568
कुस्म्	1711	कै	916	क्रण्	450	क्षै	913
कुह्	1901	क्नथ्	800	क्रथ्	846	क्षोट्	1875
कूज्	223	क्नस्	1113	क्षञ्ज्	769	क्षणु	1037
कूद्	1701	क्नू	1480	क्षण्	1465	क्ष्माय्	486
कूद्	1890	क्नूय्	485	क्षम्	442	क्ष्मील्	520

क्षिद्	1244	खेट्	1874	गल्ह्	637	गूर्	1694
क्ष्वेल्	539	खेल्	538	गवेष्	1883	गृ	937
ख		खै	912	गा	950	गृ	1707
खच्	1531	खोर्	552	गा	1106	गृज्	248
खज्	232	खोल्	551	गाध्	4	गृञ्ज्	249
खञ्ज्	233	ख्या	1060	गाह्	649	गृध्	1246
खट्	309	**ग**		गु	949	गृह्	650
खट्ट्	1632	गज्	246	गु	1399	गृह्	1899
खड्ड्	1580	गज्	1647	गुज्	1369	गृ	1410
खण्ड्	283	गञ्ज्	247	गुञ्ज्	203	गृ	1498
खण्ड्	1581	गड्	777	गुड्	1370	गेप्	369
खद्	50	गण्	1853	गुण्	1894	गेव्	502
खन्	878	गण्ड्	65	गुण्ड्	1584	गेष्	614
खर्ज्	229	गण्ड्	361	गुद्	24	गै	917
खर्द्	60	गद्	52	गुध्	1120	गोम्	1876
खर्ब्	421	गद्	1860	गुध्	1517	गोष्ट्	257
खर्व्	582	गन्ध्	1684	गुप्	395	ग्रन्थ्	36
खल्	545	गम्	982	गुप्	970	ग्रन्थ्	1513
खष्	686	गर्ज्	226	गुप्	1234	ग्रन्थ्	1825
खाद्	49	गर्द्	57	गुप्	1771	ग्रन्थ्	1838
खिट्	302	गर्ब्	422	गुफ्	1317	ग्रस्	630
खिद्	1170	गर्व्	583	गुम्फ्	1318	ग्रस्	1749
खिद्	1436	गर्व्	1907	गुर्	1396	ग्रह्	1533
खिद्	1449	गर्ह्	636	गुर्द्	23	ग्राम्	1892
खुज्	200	गर्ह्	1845	गुर्द्	1665	गुच्	197
खुण्ड्	1585	गल्	546	गुर्व्	574	ग्लस्	631
खुर्	1342	गल्	1699	गुह्	896	ग्लह्	651
खुर्द्	22	गल्भ्	392	गूर्	1154	ग्लुच्	198

ग्लुञ्च्	201	घृ	938	चर्	559	चीभ्	384
ग्लेप्	366	घृ	1096	चर्	1745	चीव्	879
ग्लेप्	370	घृ	1650	चर्च्	717	चीव्	1774
ग्लेव्	503	घृण्	1469	चर्च्	1299	चुक्क्	1596
ग्लै	903	घृण्ण्	436	चर्च्	1712	चुट्	1377
घ		घृष्	708	चर्ब्	425	चुट्	1613
घघ्	159	घ्रा	926	चर्ब्	579	चुट्ट्	1560
घट्	763	**ङ**		चल्	812	चुड्	1392
घट्	1723	ङु	954	चल्	832	चुड्ड्	347
घट्	1766	**च**		चल्	1356	चुण्ट्	1659
घट्ट्	259	चकास्	1074	चल्	1608	चुण्ड्	325
घट्ट्	1630	चक्	93	चष्	889	चुद्	1592
घण्ट्	1767	चक्	783	चह्	729	चुप्	403
घस्	715	चक्क्	1595	चह्	1626	चुम्ब्	429
घिण्ण्	434	चक्ष्	1017	चह्	1866	चुम्ब्	1635
घु	952	चञ्च्	190	चाय्	880	चुर्	1534
घुंष्	652	चट्	1721	चि	1251	चुल्	1602
घुट्	746	चण्	796	चि	1629	चुल्ल्	531
घुट्	1385	चण्ड्	278	चि	1794	चूर्	1158
घुण्	437	चत्	865	चिट्	315	चूर्ण्	1552
घुण्	1338	चद्	866	चित्	39	चूर्ण्	1641
घुण्ण्	435	चन्द्	68	चित्	1673	चूष्	673
घुर्	1345	चप्	399	चित्र्	1917	चृत्	1324
घुष्	653	चप्	1626	चिन्त्	1535	चेल्	536
घुष्	1726	चम्	469	चिरि	1277	चेष्ट्	256
घूर्	1155	चम्	1274	चिल्	1355	च्यु	955
घूर्ण्	438	चम्प्	1619	चिल्ल्	533	च्यु	1746
घूर्ण्	1339	चय्	478	चीक्	1827	च्युत्	40

छ		जम्भ्	388	जृम्भ्	389	**अ**	
छज्ज्	1621	जम्भ्	1716	जॄ	1130	no entry	
छद्	813	जर्ज्	716	जॄ	1494	**ट**	
छद्	1833	जर्ज्	1298	जॄ	1814	टङ्क्	1638
छद्	1935	जल्	833	जेष्	616	टल्	834
छन्द्	1577	जल्	1543	जेह्	644	टिक्	103
छम्	470	जल्प्	398	जै	914	टीक्	104
छर्द्	1589	जष्	688	**ञ**		ट्वल्	835
छष्	890	जस्	1211	ञप्	1624	**ठ**	
छिद्	1440	जस्	1668	ञा	811	no entry	
छिद्र्	1924	जस्	1718	ञा	1507	**ड**	
छुट्	1378	जागृ	1072	ञा	1732	डप्	1676
छुप्	1418	जि	561	ज्या	1499	डिप्	1232
छुर्	1372	जि	946	ज्यु	956	डिप्	1371
छृद्	1445	जि	1793	ज्रि	947	डिप्	1671
छृद्	1820	जिन्व्	594	ज्रि	1815	डिप्	1677
छेद्	1934	जिरि	1278	ज्वर्	776	डी	968
छो	1146	जिष्	697	ज्वल्	804	डी	1135
ज		जीव्	562	ज्वल्	831	**ढ**	
जंस्	1666	जुङ्ग्	157	**झ**		ढौक्	98
जक्ष्	1071	जुड्	1326	झट्	306	**ण**	
जज्	242	जुड्	1379	झम्	472	no entry	
जञ्ज्	243	जुड्	1646	झर्झ्	718	**त**	
जट्	305	जुत्	32	झर्झ्	1300	तंस्	1729
जन्	1105	जुष्	1288	झष्	689	तक्	117
जन्	1149	जुष्	1834	झष्	891	तक्ष्	655
जप्	397	जूर्	1156	झॄ	1131	तक्ष्	665
जम्	471	जूष्	681			तङ्क्	118

तङ्ग्	149	तिम्	1123	तुम्फ्	1312	त्र	
तञ्च्	191	तिल्	534	तुम्ब्	428	त्रंस्	1761
तञ्च्	1459	तिल्	1354	तुम्ब्	1657	त्रक्ष्	660
तट्	308	तिल्	1607	तुर्	1102	त्रङ्क्	97
तड्	1579	तीक्	106	तुर्व्	570	त्रन्द्	69
तड्	1801	तीर्	1912	तुल्	1599	त्रप्	374
तण्ड्	280	तीव्	565	तुष्	1184	त्रस्	1117
तन्	1463	तुज्	244	तुस्	710	त्रस्	1741
तन्	1840	तुञ्ज्	245	तुह्	737	त्रुट्	1375
तन्त्र्	1678	तुञ्ज्	1566	तूण्	1689	त्रुट्	1698
तप्	985	तुञ्ज्	1755	तूर्	1152	त्रुप्	406
तप्	1159	तुद्	1376	तूल्	527	त्रुफ्	410
तप्	1818	तुड्	351	तूष्	674	त्रुम्प्	407
तम्	1202	तुड्	1386	तृंह्	1350	त्रुम्फ्	411
तय्	479	तुण्	1332	तृण्	1468	त्रै	965
तर्क्	1780	तुण्ड्	276	तृद्	1446	त्रौक्	99
तर्ज्	227	तुत्थ्	1943	तृप्	1195	त्वक्ष्	656
तर्ज्	1681	तुद्	1281	तृप्	1307	त्वङ्ग्	150
तर्द्	58	तुप्	404	तृप्	1819	त्वच्	1301
तल्	1598	तुप्	1309	तृम्फ्	1308	त्वञ्च्	192
तस्	1212	तुफ्	408	तृष्	1228	त्वर्	775
ताय्	489	तुफ्	1311	तृह्	1348	त्विष्	1001
तिक्	105	तुभ्	753	तृह्	1455	त्सर्	554
तिक्	1266	तुभ्	1241	तृ	969	थ	
तिग्	1267	तुभ्	1521	तेज्	231	थुड्	1387
तिज्	971	तुम्प्	405	तेप्	363	थुर्व्	571
तिज्	1652	तुम्प्	1310	तेव्	499	द	
तिप्	362	तुम्फ्	409	त्यज्	986	दंश्	989

304

दंश्	1674	दिव्	1724	दॄ	1493	धि	1406
दंश्	1764	दिश्	1283	दे	962	धिक्ष्	603
दंस्	1675	दिह्	1015	देव्	500	धिन्व्	593
दंस्	1786	दी	1134	दै	924	धिष्	1103
दक्ष्	608	दीक्ष्	609	दो	1148	धी	1136
दक्ष्	770	दीधी	1076	द्यु	1040	धु , धू	1255
दघ्	1273	दीप्	1150	द्युत्	741	धुक्ष्	602
दण्ड्	1926	दु	944	द्यै	905	धुर्व्	573
दद्	17	दु	1256	द्रम्	466	धू	1398
दध्	8	दुःख्	1930	द्रा	1054	धू	1487
दम्	1203	दुर्व्	572	द्राख्	124	धू	1835
दम्भ्	1270	दुल्	1600	द्राघ् ,ध्राघ्	114	धूप्	396
दय्	481	दुष्	1185	द्राङ्क्ष्	670	धूप्	1772
दरिद्रा	1073	दुह्	738	द्राड्	287	धूर्	1153
दल्	548	दुह्	1014	द्राह्	646	धूस्	1639
दल्	1751	दू	1133	दृ	945	धृ	900
दस्	1213	दृ	1280	दृण्	1337	धृ	960
दह्	991	दृ	1411	दृह्	1197	धृ	1412
दा	930	दृंह्	734	दॄ	1481	धृज्	219
दा	1059	दृप्	1196	द्रेक्	78	धृञ्ज्	220
दा	1091	दृप्	1313	द्रै	906	धृष्	1269
दान्	994	दृभ्	1323	द्विष्	1013	धृष्	1850
दाश्	882	दृभ्	1821	ध		धे	902
दाश्	1279	दृभ्	1822	धक्क्	1594	धेक्	1914
दास्	894	दृम्फ्	1314	धन्	1104	धोर्	553
दिन्व्	592	दृश्	988	धन्व्	597	ध्मा	927
दिव्	1107	दृह्	733	धा	1092	ध्यै	908
दिव्	1706	दॄ	808	धाव्	601	ध्रज्	217

ध्रञ्ज्	218	नद्	54	नी	901	पद्	1169
ध्रण्	459	नद्	1778	नील्	522	पद्	1898
ध्रस्	1524	नन्द्	67	नीव्	566	पन्	440
ध्राख्	125	नभ्	752	नु	1035	पन्थ्	1575
ध्राङ्क्ष्	671	नभ्	1240	नुद्	1282	पय्	476
ध्राङ्	288	नभ्	1520	नुद्	1426	पर्ण्	1939
धु	943	नम्	981	नू	1397	पर्द्	29
धु	1400	नय्	480	नृत्	1116	पर्प्	412
ध्रेक्	79	नर्द्	56	नॄ	809	पर्ब्	416
धै	907	नल्	838	नॄ	1495	पर्व्	577
ध्वंस्	755	नल्	1802	नेद्	872	पल्	839
ध्वज्	221	नश्	1194	नेष्	617	पल्पूल्	1881
ध्वञ्ज्	222	नस्	627	**प**		पश्	1719
ध्वण्	453	नह्	1166	पंस्	1616	पष्	1862
ध्वन्	816	नाथ्	6	पक्ष्	1550	पा	925
ध्वन्	828	नाध्	7	पच्	996	पा	1056
ध्वन्	1889	नास्	625	पञ्च्	174	पार्	1911
ध्वाङ्क्ष्	672	निंस्	1025	पञ्च्	1651	पाल्	1609
ध्वृ	939	निक्ष्	659	पट्	296	पि	1405
न		निज्	1093	पट्	1752	पिंस्	1762
नक्क्	1593	निञ्ज्	1026	पट्	1856	पिच्छ्	1576
नक्ष्	662	निद्	871	पठ्	330	पिञ्ज्	1028
नख्	134	निन्द्	66	पण्	439	पिञ्ज्	1567
नङ्ख्	135	निन्व्	590	पण्ड्	281	पिञ्ज्	1757
नट्	310	निल्	1360	पण्ड्	1615	पिट्	311
नट्	781	निवास्	1885	पत्	845	पिठ्	339
नट्	1545	निश्	722	पत्	1861	पिण्ड्	274
नट्	1791	निष्क्	1686	पथ्	847	पिण्ड्	1669

पिन्व्	588	पुष्प्	1122	पैण्	458	फल्	516
पिश्	1437	पुस्त्	1590	प्याय्	488	फल्	530
पिष्	1452	पू	966	प्यै	964	फुल्ल्	532
पिस्	719	पू	1482	प्रच्छ्	1413	फेल्	542
पिस्	1568	पूज्	1642	प्रथ्	765	**ब**	
पी	1141	पूय्	484	प्रथ्	1553	बंह्	633
पीड्	1544	पूर्	1151	प्रस्	766	बद्	51
पील्	521	पूर्	1803	प्रा	1061	बध्	973
पीव्	563	पूल्	528	प्री	1144	बध्	1547
पुंस्	1637	पूल्	1636	प्री	1474	बन्ध्	1508
पुट्	1367	पूष्	675	प्री	1836	बर्ब्	418
पुट्	1753	पृ	1258	पु	957	बर्ह्	638
पुट्	1913	पृ	1402	पृड्	324	बर्ह्	1664
पुट्ट्	1559	पृच्	1030	पृष्	703	बर्ह्	1769
पुड्	1384	पृच्	1462	पृष्	1527	बल्	840
पुण्	1333	पृच्	1807	प्रेष्	619	बल्	1628
पुण्ट्	1792	पृड्	1328	प्रोथ्	867	बल्ह्	639
पुथ्	1119	पृण्	1329	प्लिह्	642	बल्ह्	1770
पुथ्	1775	पृथ्	1554	प्ली	1503	बष्क्	1916
पुन्थ्	44	पृष्	705	प्लु	958	बस्त्	1683
पुर्	1346	पृ	1086	प्लुष्	704	बाड्	286
पुर्व्	576	पृ	1489	प्लुष्	1115	बाध्	5
पुल्	841	पृ	1548	प्लुष्	1216	बिट्	317
पुल्	1601	पेल्	541	प्लुष्	1528	बिन्द्	64
पुष्	700	पेव्	504	प्सा	1055	बिल्	1359
पुष्	1182	पेष्	615	**फ**		बिल्	1606
पुष्	1529	पेस्	720	फक्क्	116	बिस्	1217
पुष्	1750	पै	920	फण्	821	बुक्क्	119

बुक्क्	1713	भल्	1700	भ्यस्	628	मञ्च्	173
बुङ्ग्	158	भल्ल्	496	भ्रंश्	1225	मठ्	332
बुध्	858	भष्	695	भ्रंस्	756	मण्	448
बुध्	875	भस्	1100	भ्रक्ष्	892	मण्ठ्	263
बुध्	1172	भा	1051	भ्रण्	452	मण्ड्	272
बुन्द्	876	भाज्	1886	भ्रम्	850	मण्ड्	321
बुस्	1219	भाम्	441	भ्रम्	1205	मण्ड्	1587
बुस्त्	1591	भाम्	1872	भ्रस्ज्	1284	मथ्	848
बृह्	736	भाष्	612	भ्राज्	181	मद्	815
बृह्	1768	भास्	624	भ्राज्	823	मद्	1208
बृह्	735	भिक्ष्	606	भ्राश्	824	मद्	1705
ब्रू	1044	भिद्	1439	भ्री	1505	मन्	1176
ब्रुस्	1663	भी	1084	भ्रूण्	1690	मन्	1471
भ		भुज्	1417	भ्रेज्	180	मन्त्र्	1679
भक्ष्	1557	भुज्	1454	भ्रेष्	884	मन्थ्	42
भज्	998	भू	1	भ्लक्ष्	893	मन्थ्	46
भज्	1733	भू	1747	भ्लाश्	825	मन्थ्	1511
भञ्ज्	1453	भू	1844	भ्लेष्	885	मन्द्	13
भञ्ज्	1759	भूष्	682	म		मभ्र्	558
भट्	307	भूष्	1730	मंह्	634	मय्	477
भट्	780	भृ	898	मंह्	1799	मर्च्	1649
भण्	447	भृ	1087	मख्	132	मर्ब्	419
भण्ड्	273	भृंश्	1787	मङ्क्	89	मर्व्	578
भण्ड्	1588	भृज्	178	मङ्ख्	133	मल्	493
भन्द्	12	भृड्	1395	मङ्ग्	148	मल्ल्	494
भर्त्स्	1682	भृश्	1224	मङ्घ्	111	मव्	599
भर्व्	580	भृ	1491	मङ्घ्	160	मव्य्	508
भल्	495	भेष्	883	मच्	171	मश्	724

मष्	692	मिष्	699	मुस्त्	1631	म्रक्ष्	1661
मस्	1221	मिष्	1352	मुह्	1198	म्रद्	767
मस्क्	102	मिह्	992	मू	967	म्रुच्	195
मस्ज्	1415	मी	1137	मूत्र्	1909	म्रुञ्च्	193
मह्	730	मी	1476	मूल्	529	म्रेड्	293
मह्	1867	मी	1824	मूल्	1603	म्लुच्	196
मा	1062	मीम्	468	मूष्	676	म्लुञ्च्	194
मा	1088	मील्	517	मृ	1403	म्लेच्छ्	205
मा	1142	मीव्	564	मृक्ष्	664	म्लेच्छ्	1662
माङ्क्ष्	669	मुच्	1430	मृग्	1900	म्लेट्	292
मान्	972	मुच्	1743	मृज्	1066	म्लेव्	506
मान्	1709	मुज्	250	मृज्	1848	म्लै	904
मान्	1843	मुञ्च्	172	मृड्	1327	**य**	
मार्ग्	1846	मुञ्ज्	251	मृड्	1516	यक्ष्	1692
मार्ज्	1648	मुट्	1374	मृण्	1331	यज्	1002
माह्	895	मुट्	1614	मृद्	1515	यत्	30
मि	1250	मुड्	323	मृध्	874	यत्	1735
मिच्छ्	1297	मुण्	1334	मृश्	1425	यन्त्र्	1536
मिञ्ज्	1756	मुण्ठ्	265	मृष्	707	यभ्	980
मिद्	743	मुण्ड्	275	मृष्	1164	यम्	819
मिद्	868	मुण्ड्	326	मृष्	1849	यम्	984
मिद्	1243	मुद्	16	मॄ	1492	यम्	1625
मिन्द्	1541	मुद्	1740	मे	961	यस्	1210
मिन्व्	589	मुर्	1343	मेद्	869	या	1049
मिल्	1364	मुच्र्छ्	212	मेध्	870	याच्	863
मिल्	1429	मुर्व्	575	मेप्	371	यु	1033
मिश्	723	मुष्	1530	मेव्	505	यु	1479
मिश्र्	1921	मुस्	1220	म्ना	929	यु	1710

युङ्ग्	156	रद्	53	रिफ्	1306	रूप्	1933
युच्छ्	214	रध्	1193	रिश्	1420	रूष्	678
युज्	1177	रन्व्	596	रिष्	694	रेक्	80
युज्	1444	रप्	401	रिष्	1231	रेट्	864
युज्	1806	रफ्	413	री	1138	रेप्	372
युत्	31	रभ्	974	री	1500	रेभ्	385
युध्	1173	रम्	853	रु	959	रेव्	507
युप्	1235	रम्फ्	414	रु	1034	रेष्	620
यूष्	680	रम्ब्	376	रुंश्	1788	रै	909
यौट्	291	रय्	482	रुंस्	1790	रोड्	356
र		रस्	713	रुच्	745	रौड्	355
रंह्	732	रस्	1931	रुज्	1416	**ल**	
रंह्	1798	रह्	731	रुज्	1804	लक्ष्	1538
रक्	1736	रह्	1627	रुट्	747	लक्ष्	1696
रक्ष्	658	रह्	1858	रुट्	1783	लख्	138
रख्	136	रा	1057	रुठ्	336	लग्	786
रग्	785	राख्	122	रुण्ट्	327	लग्	1737
रङ्ख्	137	राघ्	112	रुण्ठ्	345	लङ्ख्	139
रङ्ग्	144	राज्	822	रुद्	1067	लङ्ग्	145
रङ्घ्	107	राध्	1180	रुध्	1174	लङ्घ्	1760
रङ्घ्	1795	राध्	1262	रुध्	1438	लङ्घ्	1796
रच्	1864	रास्	626	रुप्	1236	लच्छ्	206
रञ्ज्	999	रि	1275	रुश्	1419	लज्	238
रञ्ज्	1167	रि	1404	रुष्	693	लज्	1290
रट्	297	रिङ्ग्	154	रुष्	1230	लज्	1920
रट्	334	रिच्	1441	रुष्	1670	लञ्ज्	239
रण्	445	रिच्	1816	रुह्	859	लञ्ज्	1784
रण्	795	रिन्व्	595	रूक्ष्	1910	लट्	298

लड् 359
लड् 814
लड् 1540
लण्ड् 1800
लन्घ् 108
लप् 402
लभ् 975
लम्ब् 377
लम्ब् 379
लर्ब् 417
लल् 1687
लष् 888
लस् 714
लस् 1728
लस्ज् 1291
ला 1058
लाख् 123
लाघ् 113
लाज् 240
लाञ्छ् 207
लाञ्ज् 241
लाभ् 1936
लिख् 1365
लिङ्ग् 155
लिङ्ग् 1739
लिप् 1433
लिश् 1179
लिश् 1421
लिह् 1016
ली 1139
ली 1501
ली 1811
लुञ्च् 187
लुञ्ज् 1758
लुट् 314
लुट् 748
लुट् 1222
लुट् 1381
लुट् 1754
लुठ् 337
लुठ् 749
लुण्ट् 328
लुण्ठ् 343
लुण्ठ् 346
लुण्ठ् 1563
लुन्थ् 45
लुप् 1237
लुप् 1431
लुभ् 1238
लुभ् 1305
लुम्ब् 427
लुम्ब् 1656
लू 1483
लूष् 677
लूष् 1610
लेप् 373
लोक् 76
लोक् 1776
लोच् 164
लोच् 1777
लोड् 357
लोष्ट् 258

व

वक्ष् 663
वख् 130
वङ्क् 88
वङ्क् 95
वङ्ख् 131
वङ्ग् 147
वङ्घ् 110
वच् 1063
वच् 1842
वज् 252
वञ्च् 189
वञ्च् 1703
वट् 300
वट् 779
वट् 1857
वट् 1919
वठ् 331
वण् 446
वण्ट् 1586
वण्ठ् 262
वण्ड् 271
वद् 1009
वद् 1841
वन् 462
वन् 463
वन् 803
वन् 1470
वन्द् 11
वप् 1003
वभ्र् 557
वम् 849
वय् 475
वर् 1852
वर्च् 162
वर्ण् 1551
वर्ण् 1938
वर्ध् 1654
वर्ष् 613
वर्ह् 640
वल् 491
वल्क् 1571
वल्ग् 143
वल्भ् 391
वल्ल् 492
वल्ह् 641
वश् 1080
वष् 691
वस् 1005
वस् 1023

वस्	1214	विश्	1424	वे	1006	व्ली	1502
वस्	1744	विष्	698	वेण्	877	**श**	
वस्	1942	विष्	1095	वेथ्	34	शंस्	728
वस्क्	101	विष्	1526	वेप्	367	शक्	1187
वह्	1004	विष्	1685	वेल्	535	शक्	1261
वा	1050	विष्क्	1940	वेल्	1880	शङ्क्	86
वाङ्क्ष्	668	विष्क्	1048	वेल्ल्	540	शच्	165
वाञ्छ्	208	वी	1903	वेवी	1077	शट्	299
वात्	1882	वीर्	1254	वेष्ट्	255	शठ्	340
वाश्	1163	वृ	1509	वेह्	643	शठ्	1564
वास्	1884	वृ	1813	वै	921	शठ्	1691
वाह्	645	वृ	92	व्यच्	1293	शठ्	1854
विच्	1442	वृक्	604	व्यथ्	764	शण्	797
विच्छ्	1423	वृक्ष्	1029	व्यध्	1181	शण्ड्	279
विच्छ्	1773	वृज्	1461	व्यय्	881	शद्	855
विज्	1094	वृज्	1812	व्यय्	1932	शद्	1428
विज्	1289	वृज्	1330	व्युष्	1114	शप्	1000
विज्	1460	वृण्	758	व्युष्	1215	शप्	1168
विट्	316	वृत्	1160	व्ये	1007	शब्द्	1714
विथ्	33	वृत्	1781	व्रज्	253	शम्	818
विद्	1064	वृध्	759	व्रज्	1617	शम्	1201
विद्	1171	वृध्	1782	व्रण्	451	शम्	1695
विद्	1432	वृश्	1226	व्रण्	1937	शम्ब्	1556
विद्	1450	वृष्	706	व्रश्च्	1292	शर्ब्	423
विद्	1708	वृष्	1704	व्री	1140	शर्व्	585
विध्	1325	वृह्	1347	व्री	1504	शल्	490
विल्	1358	वृ	1486	व्रीड्	1126	शल्	843
विल्	1605	वृ	1490	व्रुड्	1393	शल्भ्	390

शव्	725	शुठ्	1644	शौट्	290	श्लङ्ग्	152
शश्	726	शुण्ठ्	344	श्च्युत्	41	श्लाख्	127
शष्	690	शुण्ठ्	1645	श्मील्	518	श्लाघ्	115
शस्	727	शुध्	1191	श्यै	963	श्लिष्	702
शाख्	126	शुन्	1336	श्र		श्लिष्	1186
शाड्	289	शुन्ध्	74	श्रङ्क्	84	श्लिष्	1574
शान्	995	शुन्ध्	1832	श्रङ्ग्	151	श्लोक्	77
शास्	1075	शुभ्	432	श्रण्	798	श्रोण्	457
शि	1249	शुभ्	750	श्रण्	1578	श्वङ्क्	96
शिक्ष्	605	शुभ्	1321	श्रथ्	799	श्वच्	166
शिङ्घ्	161	शुम्भ्	433	श्रथ्	1546	श्वञ्च्	167
शिञ्ज्	1027	शुम्भ्	1322	श्रथ्	1823	श्वठ्	1565
शिट्	303	शुल्क्	1618	श्रथ्	1870	श्वठ्	1855
शिल्	1362	शुल्ब्	1611	श्रन्थ्	35	श्वभ्र्	1623
शिष्	687	शुष्	1183	श्रन्थ्	1510	श्वर्त्	1622
शिष्	1451	शूर्	1157	श्रन्थ्	1512	श्वल्	549
शिष्	1817	शूर्	1902	श्रन्थ्	1837	श्वल्क्	1570
शी	1032	शूर्प्	1612	श्रम्	1204	श्वल्ल्	550
शीक्	75	शूल्	526	श्रम्भ्	393	श्वस्	1069
शीक्	1789	शूष्	679	श्रा	810	श्वि	1010
शीक्	1826	शृध्	760	श्रा	1053	श्वित्	742
शीभ्	383	शृध्	873	श्रि	897	श्विन्द्	10
शील्	523	शृध्	1734	श्रिष्	701		
शील्	1878	शृ	1488	श्री	1475	ष	
शुच्	183	शेल्	543	श्रु	942	ष्टिव्	560
शुच्	1165	शै	918	श्रै	919	ष्ठिव्	1110
शुच्य्	513	शो	1145	श्रोण्	456	ष्वष्क्	100
शुठ्	341	शोण्	455	श्लङ्क्	85		

313

स

संस्त् 1079
सग् 789
सघ् 1268
सङ्केत् 1891
सङ्ग्राम् 1922
सच् 163
सच् 997
सञ्ज् 987
सट् 313
सट्ट् 1633
सत्र् 1906
सद् 854
सद् 1427
सन् 464
सन् 1464
सप् 400
सभाज् 1887
सम् 829
सम्ब् 1555
सर्ज् 225
सर्ब् 424
सर्व् 586
सल् 547
सस् 1078
सस्ज् 202
सह् 852
सह् 1128
सह् 1809
साध् 1263
सान्त्व् 1569
साम् 1879
सार् 1868
सि 1248
सि 1477
सिच् 1434
सिट् 304
सिध् 47
सिध् 48
सिध् 1192
सिल् 1363
सिव् 1108
सु 941
सु 1041
सु 1247
सुख् 1929
सुट्ट् 1562
सुर् 1340
सुह् 1129
सू 1031
सू 1132
सू 1408
सूच् 1873
सूत्र् 1908
सूद् 25
सूद् 1717
सूर्क्ष् 666
सूर्क्ष्य् 509
सृ 935
सृ 1099
सृज् 1178
सृज् 1414
सृप् 983
सृभ् 430
सृम्भ् 431
सेक् 81
सेव् 501
सै 915
सो 1147
स्कन्द् 979
स्कम्भ् 387
स्कु 1478
स्कुन्द् 9
स्खद् 768
स्खद् 820
स्खल् 544
स्तक् 782
स्तग् 790
स्तन् 461
स्तन् 1859
स्तम् 830
स्तम्भ् 386
स्तिघ् 1265
स्तिप् 364
स्तिम् 1124
स्तीम् 1125
स्तु 1043
स्तुच् 175
स्तुप् 1672
स्तुभ् 394
स्तृ 1252
स्तृह् 1349
स्तॄ 1484
स्तेन् 1897
स्तेप् 365
स्तै 922
स्तोम् 1923
स्त्यै 910
स्त्यै 911
स्त्रक्ष् 661
स्थल् 836
स्था 928
स्थुड् 1388
स्थूल् 1904
स्नस् 1112
स्ना 1052
स्निह् 1200
स्निह् 1572
स्नु 1038
स्नुस् 1111
स्नुह् 1199
स्नै 923

स्पन्द् 14
स्पर्ध् 3
स्पश् 887
स्पश् 1680
स्पृ 1259
स्पृश् 1422
स्पृह् 1871
स्फाय् 487
स्फिट्ट् 1634
स्फुट् 260
स्फुट् 329
स्फुट् 1373
स्फुट् 1722
स्फुड् 1391
स्फुण्ड् 1537
स्फुर् 1389
स्फुर्छ् 213
स्फुल् 1390
स्फूर्ज् 235
स्मि 948
स्मिट् 1573
स्मील् 519
स्मृ 807
स्मृ 933
स्यन्द् 761
स्यम् 826
स्यम् 1693
स्रंस् 754
स्रङ्क् 83
स्रम्भ् 757
स्रिव् 1109
स्रु 940
स्रेक् 82
स्वञ्ज् 976
स्वद् 18
स्वद् 1805
स्वन् 817
स्वन् 827
स्वप् 1068
स्वर् 1863
स्वर्द् 19
स्वाद् 28
स्विद् 744
स्विद् 978
स्विद् 1188
स्वृ 932

ह

हट् 312
हठ् 335
हद् 977
हन् 1012
हम्म् 467
हय् 512
हर्य् 514
हल् 837
हस् 721
हा 1089
हा 1090
हि 1257
हिंस् 1456
हिंस् 1829
हिक्क् 861
हिठ् 1532
हिण्ड् 268
हिन्व् 591
हिल् 1361
हु 1083
हुड् 352
हुण्ड् 269
हुण्ड् 277
हुर्छ् 211
हुल् 844
हूड् 353
हृ 899
हृ 1097
हृष् 709
हृष् 1229
हेठ् 266
हेठ् 1532
हेड् 284
हेड् 778
हेष् 621
होड् 285
होड् 354
ह्नु 1082
ह्मल् 806
ह्रग् 787
ह्रस् 711
ह्राद् 26
ह्री 1085
ह्रीछ् 210
ह्रेष् 622
ह्लग् 788
ह्लप् 1658
ह्लस् 712
ह्लाद् 27
ह्वल् 805
ह्वृ 931
ह्वृ 934
ह्वे 1008

References

Author-Title-Year-Ed-Publisher

- Pushpa Dikshit-अष्टाध्यायी सहजबोध –Vol3 - 2011-3rd -Pratibha Prakashan, New Delhi.
- Gopabandhu Mishra – कृत्–प्रत्ययविश्लेषण -2012 -1st – Chaukhamba Vidya Bhawan, Varanasi.
- Janardana Hegde – कृदन्तरूपनन्दिनी – 2014 – Samskrita Bharati, Bangalore.
- Govindacharya – वैयाकरणसिद्धान्तकौमुदी – 2015 – 1st – Chaukhamba Surbharti Prakashan, Varanasi.
- Ashwini Kumar Aggarwal - Dhatupatha Verbs in 5 Lakaras - Vol1, Vol2, Vol3 -2017 - 1st , Ashtadhyayi of Panini Complete -2018 – 1st – Devotees of Sri Sri Ravi Shankar Ashram, Punjab.

https://www.ashtangayoga.info/philosophy/sanskrit-and-devanagari/transliteration-tool/
http://spokensanskrit.org/
http://ashtadhyayi.com/
http://tdil-dc.in/san/skt_gen/generators.html#
https://kosha.sanskrit.today/word/sa/zasu

Epilogue

Nishtha is **D**etermination, Nishtha is **C**ommitment, Nishtha is **C**onfidence, Nishtha is **E**arnestness, Nishtha is Faith Devotion Assimilation. Nishtha is the **W**ILL.

सर्वे भवन्तु सुखिनः । सर्वे सन्तु निरामयाः ।
सर्वे भद्राणि पश्यन्तु । मा कश्चिद् दुःख भाग् भवेत् ॥
ॐ शान्तिः शान्तिः शान्तिः ॥

When faith has blossomed in life, Every step is led by the Divine.

Sri Sri Ravi Shankar

Om Namah Shivaya

जय गुरुदेव

www.ingramcontent.com/pod-product-compliance
Lightning Source LLC
LaVergne TN
LVHW012033070526
838202LV00056B/5488
* 9 7 8 8 1 9 4 7 3 3 8 6 7 *